Gunnar Decker

Vincent van Gogh
Eine Pilgerreise zur Sonne

Gunnar Decker

Vincent van Gogh
Eine Pilgerreise zur Sonne

Matthes & Seitz Berlin

Julius Meier-Graefe, dem großen Kunstverführer und Tabubrecher

Von van Goghs Nagel aufgekratzt, zeigen die Landschaften ihr feindseliges Fleisch, die Bissigkeit der aufgeschlitzten geheimsten Winkel, dass man andererseits nicht weiß, welch seltsame Kraft gerade dabei ist, sich zu verwandeln.
Antonin Artaud

Aber die Malerei ist ebenso zwingend und fordernd wie eine Geliebte, die einen ruiniert.
Vincent van Gogh an seinen Bruder Theo

Der Maler, den niemand rettete 11

Erster Teil

ERSTES KAPITEL

Bruder Vincent 21
Fotos – Ein Sonnengesang

ZWEITES KAPITEL

Das Pfarrhaus und das Eigene 28
(30. März 1853 - Juli 1869)
Zundert. Theodorus van Gogh als »kleiner protestantischer Papst« – Der tote Bruder. Vincent der erste und Vincent der zweite – Das Paradies ist verriegelt – »Familienvampirismus« oder Warum Vincent kein van Gogh sein will

DRITTES KAPITEL

Glanz und Elend des »Tulpenhandels« 46
(Juli 1869 - März 1876)
Bei Goupil in Den Haag – London – Erste Liebe. Ursula (Eugenie) Loyer – Die religiöse Wende. Das Leben Jesu – Kunsthandel in Paris – Gescheitert

VIERTES KAPITEL

Narr in Christo 57
(März 1876 - April 1881)
Vincent wird Gottsucher – Als Hilfslehrer in Ramsgate – Plädoyer für die Legende – Der traurige Hilfsbuchhändler – Amsterdam. Leben für die Aufnahmeprüfung – In der Wüste. Die Borinage – Brüssel. Lehrzeit eines Malers, der nicht zu lernen vermag – Rembrandts Licht im Dunkel

FÜNFTES KAPITEL

Holland ohne Heimkehr 100
(April 1881 - Februar 1886)
Etten. Vergebliches Werben um die Cousine Kee – Liebe als Stimulanz zur Selbststeigerung – Zweierlei Liebe

– Den Haag. Malen mit Farbe und Leben mit der (un-)
heiligen Hure Sien – Drenthe-Melancholien – Nuenen
– Die Weber als neues Motiv und Vincents fortgesetztes
Leben als (unzufriedener) Sohn – Erstes Nachdenken
über die Natur des Lichts und der Farbe – Die Margo-
Begemann-Affäre – Tod des Vaters – Die Kartoffelesser
– Zwischenspiel in Antwerpen

Zweiter Teil

SECHSTES KAPITEL

Paris 163

(März 1886 - 20. Februar 1888)

Theos Untermieter – In Zolas »Bauch von Paris« – Das Atelier Cormon – Die Entdeckung Japans – Das »Tambourin« – Der Gast, der stört – Delacroix oder Die Entdeckung der Wissenschaft von den Farben – Magie des Auges. Ich und Welt – Vater Tanguy – Die feindliche Stadt

SIEBENTES KAPITEL

Arles 204

(21. Februar 1888 - 3. Mai 1889)

Flucht in den Süden – Tartarin von Tarascon – Das »gelbe Haus« – »Ich denke ungeheuer viel an Monticelli.« – Am Meer – Warten auf Gauguin – Der fremde Freund – »Der Mörder ist geflohen!« – Zwei leere Stühle. Die Magie des Abwesend-Seins – Sonnenblumen – Ikonen einer zerbrechenden Zeit – Der kranke Maler – Fortgesetzte Desillusionierung, fortgesetzte Isolation – Postmeister Roulin – Zwangseinweisung in die Irrenanstalt – Vincent als Fremdenlegionär? – Zweiter Versuch über die Nachthelle: Nachtcafé und Sternennacht

ACHTES KAPITEL

Saint-Rémy 269

(3. Mai 1889 - 16. Mai 1890)

Malen in der Irrenanstalt – Zypressen – Sämann und Schnitter – »Dostojewskis Neffe« – Vincent wird bemerkt – Die erste Rezension – Bilder nach Bildern – Erinnerung an den Norden

NEUNTES KAPITEL

Auvers-sur-Oise 293
(20. Mai - 29. Juli 1890)
Doktor Gachet – Malen in Auvers – Vögel – Wiederkehrende Krisen – Wege in den Symbolismus. Apokalypsen – Ein Selbstmörder durch die Gesellschaft? – Wahrer Wahnsinn trifft falsche Vernunft: Vincent van Gogh als Teil moderner Ketzergeschichte – Vincents letzter Sommer. Eine Allegorie

ZEHNTES KAPITEL

Nachleben 328
Vincents Begräbnis – Theo als Nachlassverwalter, sein Zusammenbruch und Tod – Kurze Biografie der Bilder

EPILOG

Vom Nutzen und Nachteil der Kritik für die Biografie 340

Der Maler, den niemand rettete

Die Sonne ist es, die er malen möchte, und nicht die Strahlen.
Emile Bernard

Der 27. Juli 1890 ist ein glutheißer Sommertag. Oft geht Vincent van Gogh bei solchen Temperaturen erst am Nachmittag zum Malen in die Felder rund um Auvers-sur-Oise. Wann er an diesem Sonntag die Pension verlassen hat, weiß man nicht. Die einen erinnern sich, er sei besonders früh aufgebrochen, die anderen, er sei später als sonst losgegangen. Für gewöhnlich kehrt er pünktlich zum Abendessen zurück. Diesmal nicht.

Die Wirtsleute Ravoux sind beunruhigt, als sie auf der Veranda sitzend Vincent spät nach Hause kommen sehen. Etwas an ihm ist anders als sonst. Er nähert sich so schleppend und hält die Hand auf den Magen gepresst. Gefragt, was er habe, antwortet er: *Ich bin verwundet* und steigt mühsam hinauf in sein Zimmer, von wo kurze Zeit später ein Stöhnen zu hören ist. Der Wirt geht zu ihm und sieht den Maler mit dem Gesicht zur Wand liegen. Er zeigt auf seinen Bauch. Aus einer Wunde blutet es: *Ich habe mich erschossen. Ich hoffe nur, dass ich es nicht verpfuscht habe.* Die Pistole war von Ravoux geborgt. Er brauche sie, um Vögel zu vertreiben, soll er gesagt haben. Andere erinnern sich an andere Worte. Es gibt eine ganze Reihe von Erzählmöglichkeiten für Vincents Tat, von der nur klar ist, dass sie tatsächlich geschah.

Eigentlich wollte er sein Herz treffen, aber der Schuss ging zu tief. Oft wird behauptet, man habe den Arzt des Ortes, Dr. Mazéry geholt. Der sei ratlos gewesen und Vincent habe gebeten, auch Dr. Gachet zu holen, den kunstsinnigen Kauz von einem Arzt, dessen Obhut Vincent anvertraut ist, seit er aus der Irrenanstalt von Saint-Rémy entlassen wurde und aus Südfrankreich in die Nähe von Paris zog.

In der Erinnerung von Adeline Ravoux, der Tochter der Wirtsleute, stellt es sich jedoch anders da, als es die Mehrzahl der Biografen schildert. Sie gibt 1953 zu Protokoll: »Zuerst liefen wir zu dem, der zweimal in der Woche nach Auvers kam und das ganze Dorf betreute. Der Arzt war aber nicht da. Dann dachten wir an Dr. Gachet. Er praktizierte nicht in Auvers, und er war nie bei uns gewesen. Als er kam, hatten wir den Eindruck, dass Herr Vincent und er einander gar nicht kannten ... Mein Vater hat immer behauptet, sie hätten kein einziges Wort gewechselt.«

Was ist zwischen ihnen vorgefallen?

Gachet, der kein Blut sehen kann, zeigt sich von der Wunde abgestoßen. Sicher scheint: die Kugel hat kein lebenswichtiges Organ verletzt. Der Sohn des Arztes, Paul Gachet jun., wird später sogar folgende These aufstellen: »Er brachte sich einen Streifschuss bei, in der Leibgegend. Das tut man nicht, wenn man sich töten will! Es war ein hysterischer Selbstmordversuch aus Liebeskummer.« Streifschuss? Der Sohn des Arztes müsste es besser wissen: die Kugel steckt in Vincents Bauch. Unglücklich verliebt ist Vincent allerdings – in Gachets Tochter Marguerite, was zu Spannungen mit dem Vater geführt hatte.

Gachet überwindet sich nicht, die tief sitzende Kugel herauszuoperieren und beschließt abzuwarten. Er will an Theo van Gogh in Paris telegrafieren, aber Vincent weigert sich, ihm dessen Privatadresse zu geben, die Gachet merkwürdigerweise nicht besitzt. Vielleicht weigert er sich auch nicht, wie behauptet wird, sondern ist einfach nicht ansprechbar. Vincents Leben lässt sich in vielen Varianten erzählen – daran haben auch immer neue (sich natürlich widersprechende) Forschungen nichts geändert. Jeder schafft sich selbst ein Bild vom Menschen, das ihm zu dem Werk, das immer noch auf starke Weise zu faszinieren und zu provozieren vermag, zu passen scheint.

Es gibt keine gesicherte Objektivität im Bereich der lebendigen Dinge. Man unternehme nur einmal den Selbstversuch, ein Lebensjahr, das etwa zehn Jahre zurückliegt, Tag für Tag, Woche für Woche zu erinnern – und stelle das Resultat dann mit fremden Zeugnissen und Erinnerungen zusammen. Schon hier ist so manches Rätsel nicht mehr lösbar, könnte man ganze Lehrstühle damit beschäftigen, echte und scheinbare Widersprüche aufzuklären. Doch sie würden sich immer nur weiter fortzeugen.

Ist damit denn Lebensdarstellung unmöglich geworden? Virginia Woolf hat eine Art von Biografie vorgeschlagen, die an jedem neuen Gegenüber auch sich selber neu erfinden muss. Sie unternimmt es, ein längst vergangenes Leben zusammen mit seinen bleibenden – eben darum antibiografischen – Hervorbringungen in eine eigene Form zu bringen. Nicht selten wird diese dann paradox: »Auch können wir nicht den Biografen nennen, dessen Kunst subtil und kühn genug wäre, um jene sonderbare Verschmelzung von Traum und Wirklichkeit zustande zu bringen, jene immerwährende Vermählung von Granit und Regenbogen. Seine Methode muss erst noch entdeckt werden.« Es ist, soviel lässt sich hier bereits sagen, die Methode des biografischen Essays, der erzählende und reflektierende Momente ständig aufeinander bezieht, damit gleich gelten lässt. Wie man ein Gedicht nicht einfach von einer Sprache in die andere übersetzen kann, sondern nachdichten muss, so lässt sich auch ein Leben nicht einfach nacherzählen. Man erfindet es gleichsam neu, um ihm nahe zu kommen.

Eine Nachricht wird an Theos Galerie geschickt. Am nächsten Tag, gegen Mittag, kommt der Bruder aus Paris und findet den Verwundeten in besserer Verfassung als er fürchtete. Vincent raucht Pfeife und sie unterhalten sich. Am Abend aber verschlechtert sich sein Zustand plötzlich – die Wunde hat sich entzündet, er bekommt kaum noch Luft. Eine glühende Hitze herrscht in der Dachstube, in der Vincent van Gogh nun mit dem Tod kämpft. Er hat furchtbare Schmerzen und stöhnt: *Ist denn keiner da, der mir den Bauch auf-*

schneidet? Nein, Gachet schneidet nicht und Vincent stirbt in der kommenden Nacht, um 1.30 Uhr.

Anton Hirschig, ein holländischer Maler, der ebenfalls in der Pension Ravoux wohnte, erinnert sich: »Als er tot war, war er furchtbar, noch furchtbarer als im Leben. Aus seinem schlecht gezimmerten Sarg sickerte eine stinkende Flüssigkeit, alles bei diesem Menschen war furchtbar.«

Ein Brief vom 27. Juli, den Vincent nicht mehr an Theo abgeschickt hat und den man nach seinem Tod in seiner Tasche fand, ist sein Vermächtnis geworden. In diesem letzten Brief spricht er als Ekstatiker, in einer ganz eigenen Diktion, einer nicht mehr jedem verständlichen Sprache. Dieser Franz von Assisi der Malerei zeigt uns das Heilige als etwas, das nicht jenseits des Profanen, sondern mitten in ihm aufscheint. Das Heilige ist dann immer zugleich eine Form des Ketzerischen. Die gesteigerte Intensität löst das Sehen nach und nach vom äußeren Gegenstand ab, wird zur eigenen Wirklichkeit. Dass hierin ein Ursprüngliches, ein Primitives, ein Barbarisches wiedergeboren wird, gehört zum Geheimnis dieser neuen Wirklichkeiten.

Dem Normalverstand erscheint das unbedingte Eintauchen in eine solche Gegenwelt nur verrückt, dem Eingeweihten aber wird sie eine Form der Erleuchtung. Die Deutungen darüber, ob Vincent in Auvers nun eine neue – expressionistische – Stufe seine Schaffens erreicht hat, ob dieser Stufe (wie beim unerschöpflichen Picasso) noch weitere Metamorphosen hätten folgen können, gehen weit auseinander. Werner Weisbach urteilt über eine mögliche Zukunft Vincents ganz und gar negativ: »Fragt man, ob durch Vincents frühen Tod die Kunst einen großen Verlust erlitten, so dürfte sich das im Hinblick auf die Gesamtheit der in Auvers entstandenen Werke und unter Berücksichtigung seines geistig-seelischen Zustands kaum bejahen lassen. Er hat die von ihm erarbeiteten, seiner Fantasie und seinem Temperament gemäßen Darstellungsmittel bis zu einem Stadium entwickelt, über das es kein Hinaus mehr gab. Und da bei der Unrast seiner letzten Lebenszeit ein ruhevoll schöpferisches Sichversenken stark gehemmt war, dünkt mich ein weiteres Fortschreiten, das zu etwas Höherem geführt hätte, unwahrscheinlich.«

Von einem »ruhevoll schöpferischen Sichversenken« erscheint Vincents Leben tatsächlich vollständig frei. Vincent van Gogh ist ein zum Malen Getriebener, der in seinen Bildern nach einer Erlösung sucht, die es für ihn nicht geben kann. Davon zeugt auch jener letzte Brief an Theo, den er bei seinem Tod immer noch in der Tasche trägt. In dem Kunsthändler, der sein jüngerer Bruder ist und der sich doch wie ein Mäzen zu ihm verhält, findet er den einzigen Halt seines Lebens. Wenn Vincent in seinen Briefen zu ihm spricht, dann klingt es wie ein den anderen ganz selbstverständlich in sich aufnehmendes Selbstgespräch. Auch jetzt wieder, zum letzten Mal: *Wir können, offen gesagt, nichts anderes tun, als unsere Bilder sprechen zu lassen. Aber nichtsdestoweniger, mein lieber Bruder, besteht das, was ich Dir immer gesagt habe, und ich sage es noch einmal mit dem ganzen Ernst, den einem eine Gedankenanstrengung verleihen kann, die beharrlich darauf gerichtet ist, es so gut zu machen, wie man kann – ich sage und versichere Dir noch einmal, dass Du meiner Ansicht nach etwas anderes bist als ein simpler Händler mit Corots, dass Du, indem Du mir ein Vermittler warst, Teil hast an der Herstellung gewisser Bilder, die selbst im Zusammenbruch ihre Ruhe bewahren werden ... Was meine Arbeit betrifft, so setze ich dabei mein Leben aufs Spiel und mein Verstand ist zur Hälfte draufgegangen – mag es sein – aber Du gehörst nicht zu den Menschenhändlern, soviel ich weiß, und Du kannst Partei ergreifen, denn Deine Handlungsweise ist wahrhaft menschlich, aber was willst Du?*

Der Stakkato-Ton zeigt den ekstatischen Mystiker, für den nur jene Wahrheit zählt, die erlebbar ist, was auch einschließt, sie zu erleiden.

Vincent im Jahre 1866 im Alter von 13 Jahren

Vincent im Jahre 1871 während seiner Assistenzzeit bei Goupil & Cie in Den Haag

Vincent (mit dem Rücken zur Kamera) mit seinem Freund und Malerkollegen Emile Bernard am Ufer der Seine in Asnières, 1886

Erster Teil

ERSTES KAPITEL
Bruder Vincent

> *Ich komme mir immer wie ein Wanderer vor, der ein Stück Weges zieht, zu irgendeiner Bestimmung.*
>
> Vincent van Gogh an seinen Bruder Theo

Nur zweieinhalb Fotos gibt es von Vincent van Gogh. Auf dem ersten von 1866 begegne ich dem wilden Rimbaud-Blick des Dreizehnjährigen. Daraus spricht die Kränkung eines Internatskindes, das sich von den Eltern verstoßen fühlt. Nun ist der Junge – vielleicht bei einem der wenigen Besuche zu Hause – vor die Kamera gesetzt worden. Wahrscheinlich sehr gegen seinen Willen. Er gibt sich keine Mühe zu verbergen, was er fühlt. Die Botschaft dieser Augen ist bereits dieselbe wie die des in der Irrenanstalt von Saint-Rémy Internierten: Ihr könnt mich demütigen, aber brechen könnt ihr mich nicht.

Auf dem zweiten Foto sehe ich Vincent mit neunzehn Jahren, da beendet er gerade seine Kunsthändlerlehre, aber von einem servilen Händler hat dieser Kopf nichts. Ein erratischer Block, der Welt Widerstand bietend, zeigt sich hier. Der Blick geht stärker nach Innen, da liegt viel zurückgestaute Kraft brach. In seinem makellos weißen Kragen mit Krawatte wirkt er wie ein Prophet, *bevor* er den Ruf empfangen hat. Ein gefährlicher Überdruss sammelt sich in seinem Gesicht. Da spürt einer bereits, dass ihm aufgegeben sein wird, zu verkünden. Nur was, das ist noch offen. Bei der Betrachtung dieses Fotos muss ich an Rilkes Gedicht »Der Panther« denken: »Sein Blick ist vom Vorübergehn der Stäbe / so müd geworden, dass er nichts mehr hält. / Ihm ist, als ob es tausend Stäbe gäbe / und hinter tausend Stäben keine Welt.«

Vincent van Gogh mit Franz von Assisi zu vergleichen, liegt zugleich sehr nahe und sehr fern. Wo bleiben Demut und Milde? Doch die Wildheit des Ekstatikers, der Vincent van Gogh ist, entspringt einer »religio« – der Rückwendung zum Ursprung. Er ist religiös in seinem Anstaunen der Schöpfung, seine Ehrfurcht vor dem Leben hat einen demütigen Charakter. Dass viele diese Demut nicht erkennen – nur die Elendsten der Elenden, die Leidensten der Leidenden wissen davon, gehört zu jenen Kränkungen, die Vincent ins Exil der Malerei treiben. Und die Milde? Manchmal maskiert sie sich mit Gewalt.

Vincent van Gogh kommt kunstgeschichtlich daher wie Franziskus und Giotto in *einer* Person. Ohne das franziskanische Naturgefühl, gäbe es das neue Bild vom Menschen nicht, wäre die Malerei im Goldgrund des Byzantinismus stecken geblieben und wir hätten nie vom Göttlichen der Natur erfahren.

Genauso steht Vincent an der Schwelle eines Zeitalters: Etwas geht zu Ende, ob etwas Neues kommt, scheint ungewiss – vielleicht ist es sogar gestaltbar und bricht nicht bloß wie blindes Schicksal über uns herein? Vincent: ein Naturereignis von einem Menschen, dabei höchst belesen und in seinen Briefen ein Autor von expressiver Innigkeit.

Seltsamerweise ist dieses zweite Foto, das 1914 noch in der ersten Ausgabe der Briefe abgebildet wurde, heute nicht mehr auffindbar. Es ist, als ob der Maler Dutzender von Selbstporträts noch postum die allzu oberflächenhafte Wahrheit der fotografischen Momentaufnahme tilgen wollte. Glauben wir, dass es so war und nicht Nachlassverwalter eigenmächtig darüber entschieden haben, welches Bild wir uns von Vincent machen sollen, diesem am Ende von Krankheit und Alkohol, dem unablässigen Kampf gegen eine ignorante Welt und gegen sich selbst Beschädigten. Schöne Fotos wären das sicher nicht, aber wahrhaftige Leidensdokumente, die von der Würde eines Menschen zeugen, der von der Welt unbesiegt schließlich durch eigene Hand stirbt. Ein »Selbstmörder durch die Gesellschaft« wie Antonin Artaud meint? Ja und nein, der letzte Schritt auf dem Kornfeld war ein freiwilliger, keine Tat eines Verrückten, sondern die eines, der die Kräfte schwinden fühlte, seine Vernunft noch länger gegen den Irrsinn der Welt zu stellen.

Gewiss lügen Fotos – aber sie zeigen auch etwas, das im bewussten Erzeugen eines gemalten Porträts nicht vorkommt. Sie geben dem flüchtigen Augenblick einen Ausdruck, der in all seiner Zufälligkeit etwas offenbart, was keinem Gemälde gelingt, das ansonsten vieles vermag, woran keine Fotografie heranreicht. Was das ist? Der Schein von Wirklichkeit, die Imagination von Echtheit noch des schlechtesten Fotos. Das Dokumentarische, das uns zu Zeitgenossen macht.

Das dritte – jenes halbe – Foto von 1887 ist eine reine Behauptung. Es zeigt in einiger Entfernung zwei Männer am Ufer der Seine bei Asnière, nördlich von Paris. Emile Bernard sitzt mit dem Gesicht zur Kamera hin, eine zweite Person, in dicker Jacke und mit Hut, wendet ihr den Rücken zu. Vincent van Gogh? Bernard behauptet es. Aber es könnte auch jeder andere sein. Im ersten Moment will ich über dieses Foto lachen, das bloß einen x-beliebigen Schatten zeigt. Dann wächst der Wunsch, der Rücken möge sich doch einmal umdrehen, damit ich Gewissheit bekomme. Irgendeine. Er wird es nicht tun, er behält sein Geheimnis.

Verwunderlich, warum es von Vincent nicht mehr Fotos gibt, zu einer Zeit, wo Fotografien längst zum Alltag gehören. Vom Bruder Theo, dem Kunsthändler, von der ganzen weiteren unseligen Familie existieren Fotos – aber von ihm nur das eines Dreizehnjährigen und ein heute verschwundenes als Neunzehnjähriger. Danach bloß noch diese vage Rückansicht. Warum diese Askese des Sich-Zeigens von einem, der sich so häufig wie wenige andere Maler – und höchst schonungslos auch in Phasen des Verfalls – selbst porträtiert? Mehr als vierzig Selbstporträts existieren, allein in Paris malt er zweiundzwanzigmal sich selbst. Welch ruheloses Suchen nach dem wahren Gesicht! Auch in Arles und der Irrenanstalt von Saint-Rémy wird er sich immer wieder selbst porträtieren. Erst in Auvers, seiner letzten Station, hört er auf sich zu malen, erlischt die Neugier auf den Blick in den Spiegel.

Ich denke bei diesem dem Betrachter entgegengehaltenen Rücken, der so aufreizend austauschbar wirkt, an Hermann Hesses »Kurzgefassten Lebenslauf«. Da steigt der von aller Welt bedrängte Maler in jene Eisenbahn, die er eben noch selbst gemalt hat – und fährt auf und davon: »In großer Verlegenheit blieben die Wärter zurück.« Ein guter Schluss oder ein böser Schluss?

Tatsächlich lehnt Vincent das Foto als Mittel, einen Menschen zu porträtieren, rundweg ab: *Fotografien sind schrecklich. Ich möchte keine besitzen und schon gar nicht von Leuten, die ich kenne und die ich liebe.*

Allerdings: Mit der Fotografie lassen sich auch in Sekundenbruchteilen Menschen in alltäglichen Situationen oder bei der Arbeit zeigen, Szenen werden so dokumentiert, die nie Gegenstand eines Gemäldes geworden waren. Diese Seite, den alltäglichen Menschen auch bei der Arbeit zu zeigen, reizt Vincents Neugierde. 1884 vermeldet er Theo aus Nuenen: *Hier zwei Fotografien von den Webern.* Der nächste Brief beginnt: *Hier noch zwei Fotografien.* Und der übernächste: *Hier ein paar kleinere Fotos nach den Studien, von denen du schon die größeren hast.* Vincent lässt also seine Zeichnungen in eine fotografische »Visitenkartenform« bringen, um sie zu verschicken.

In Saint-Rémy beginnt er, als er nach schweren Anfällen oft lange nicht ins Freie gehen kann, nach Reproduktionen von Rembrandt, Millet oder Delacroix zu malen. Die fotomechanische Reproduktion ist ihm dabei ganz selbstverständlich ein Hilfsmittel für die eigene Arbeit – aber mehr auch nicht. Denn seine Gemälde nach Reproduktionen sind alles andere als Kopien, es sind Übersetzungen vorliegender Motive ins eigene Bild. So wird diese Praxis zu mehr als einer Verlegenheitslösung für den in seinen Bewegungsmöglichkeiten eingeschränkten Maler. Vincents neues Sehen führt weg vom naturalistisch begrenzten Bild, wo man sich mit einer Staffelei in die Landschaft stellt und versucht, das vor einem Liegende wiederzugeben, hin zu symbolisch verdichteten, ja erfundenen »Farbsinfonien«.

Ein Sonnengesang

Was sieht der Maler? Bei Vincent van Gogh, *nach* dem Ausbruch seiner Gemütserkrankung, steht das innere Bild gegen das bloß äußere. Erst jetzt öffnen sich Türen zu verborgenen Räumen der Vorstellung. Innen und Außen provozieren sich gegenseitig, treiben so den Begriff der Realität über die Grenze des bislang Vorstellbaren. Die Spannung zwischen Urbild und Abbild in *einem* Bild schmerzt. Es kann nicht anders sein, wenn man das in sich Widerstreitende zum Ausdruck bringen will.

»Vincent van Gogh schoss sich eine Kugel in den Leib, und seine Bilder kamen ins Museum. Deshalb ist es besser, die Bilder wegzulassen.« Das klingt irritierend. Interessieren wir uns nicht seiner Bilder wegen für sein Leben? Aber Julius Meier-Graefe, dieser kluge Anwalt moderner Kunst am Beginn des 20. Jahrhunderts, meint mit diesem Satz etwas anderes: Er sieht, um welchen Preis die Bilder Vincent van Goghs Erfolg haben. Sein Glaubensbekenntnis, die Sonnenblume, wird zum bloßen Schmuckornament degradiert, tritt die Nachfolge des röhrenden Hirsches und des Alpenglühens an. Sofabilder neuerer Mode, die niemandem wehtun, die immer passen – ob ins Hotelzimmer, ins Büro oder zu Hause neben die Schrankwand. Sind sie nicht hell, freundlich, nett anzuschauen? Millionenfache Reproduktionen machen letztendlich blind für das Einmalige.

Deshalb spricht Meier-Graefe sein Bilderverbot aus. Dass diese Bilder niemandem wehtun, ist ein blasphemisches Missverständnis, eine Lüge, die Vincent van Gogh nachträglich immer wieder tötet. Aber ist die Gesellschaft, wie Antonin Artaud meint, wirklich der Anstifter zum Selbstmord? Wird nicht der schlecht gezielte Schuss auf sich selbst, mitten im reifen Weizen von Auvers, zum letzten souveränen Akt eines Malerlebens? Schließlich signierte er seine Bilder eben darum nie mit »van Gogh«, sondern einem schlichten »Vincent«, weil er diesen Familiennamen als Inbegriff bürgerlichen Erfolgsstrebens durch seine Bilder auslöschen wollte.

Vincents Selbstmord verstehe ich nicht als einen von der feindlichen Umwelt – und ihrem Vorposten, der Familie – erzwungenen (er hat nicht vor ihr kapituliert), sondern als einen letzten Affront gegen die ihn gefangensetzende Gesellschaft, die sich blind stellte vor seinen Bildern. Der Schuss auf sich selbst wird so zum unwiderleglichen Beweis der Freiheit inmitten äußerster Verzweiflung über die allgegenwärtige Trägheit der Herzen.

Aber Artaud hat doch auch wieder recht mit seinem Schuldspruch über eine Gesellschaft, die den Außenseiter ausstößt und in den Untergang treibt. Das entspricht dem Erhaltungsgesetz der Majorität. So wie Artaud das Theater als »Gegen-Pest« zur herrschenden gesellschaftlichen »Pest« versteht, sind auch Vincents Bilder Liebeserklärungen, die manchmal wie Gegen-Liebe in Form eines intimen Angriffs aussehen. Sie wollen eine andere Wirklichkeit erzwingen, zuerst innerlich, aber dann auch äußerlich. So werden Vincents Bilder zu inständigen Beschwörungen einer neuen Art zu leben, Akte magischen Herbeirufens.

Wie der religiöse Mensch sich im Glauben seine eigene Wirklichkeit imaginiert, die ihn humanisiert, insofern er sie humanisiert, so erfindet der Künstler sich selbst in seinem Werk, schafft sich seine eigene Gegen-Welt. Die bewohnt er dann, als ein Flüchtling. Vincent van Goghs Exil ist das bejahte Zugleich von Tag und Nacht, Leben und Tod, Licht und Finsternis, Gut und Böse.

Vincent, der zur Sonne pilgert und wieder umkehrt, eben weil es ein Irrtum ist zu glauben, man brauche nur in den Süden zu fahren, um ihr nahe zu kommen (vielleicht ein notwendiger, gewiss ein verzeihlicher), Vincent, der die Sonne nun versteht, als das, was Licht bringt ins Dunkel, vor allem das des eigenen Lebens, er bleibt auf seiner Lebenswanderung ein Fremder. Seine Aura der Fremdheit ist es, die fasziniert – ihn uns nahebringt und unberührbar macht zugleich.

Es scheint mir wie ein Zeichen der Vorbestimmtheit, um nicht von Auserwähltheit zu sprechen, wenn ich bei Vincents Schwester Elisabetha-Huberta lese: »Nicht nur seine kleinen Brüder und Schwestern waren Fremde für ihn, sondern er war sich selbst ein Fremder.« Die Insignien eines lebenslang Suchenden.

Seine Fremdheit vermag er nur malend zu überwinden – um dann auch noch die Ächtung seiner wütend auf die Leinwand geschleuderten Liebessehnsucht durch die den so ungestüm Liebenden keineswegs zurückliebende Welt ertragen zu müssen. Erzwingt hier, was in der Kunst gelingt, ein Misslingen im Leben? Besteht die von Vincent so energisch angestrebte Einheit von Kunst und Leben am Ende aus gegenseitiger Verhinderung?

Wie bei Kleist erweist sich auch bei Vincent das Paradies als verriegelt. Sogar die sonnigsten Landschaften werden zuletzt zu Dokumenten der Fremdheit. Der Wanderer geht und der Schatten, den er wirft, geht parallel zu ihm mit, ein dunkles Alter Ego.

Vincents Pilgerreise zur Sonne mündet in einer Flucht vor der Sonne – und hört doch darum nicht auf.

ZWEITES KAPITEL

Das Pfarrhaus und das Eigene

(30. März 1853 - Juli 1869)

Zundert. Theodorus van Gogh als »kleiner protestantischer Papst«

Geboren wird Vincent van Gogh zweimal.

Zum ersten Mal am 30. März 1853 als Sohn des Predigers Theodorus van Gogh in der niederländischen reformierten Gemeinde Zundert nahe Breda in Brabant. Als Vincents Vater, Theodorus van Gogh, hier sein Pfarramt übernahm, zählte die protestantische Gemeinde 114 Mitglieder. Die Zahl, so hört man, ist bis heute ungefähr konstant geblieben, was einiges über die sektenartige Verfassung dieser Glaubensgemeinschaft sagt.

Die Provinz potenziert sich in diesem Milieu. Stärker kann man von der Welt nicht getrennt sein. Aber gleichzeitig verleiht es den hier Lebenden auch ein Gefühl besonderer – beschaulicher – Stärke, geradezu von Auserwähltheit. In solchen Milieus wächst man als Repräsentant einer Tradition auf, gleichermaßen aufgehoben in Familie und Gemeinde wie kontrolliert von ihr.

Zum zweiten Mal wird Vincent van Gogh als Maler geboren, da ist er fast dreißig Jahre alt. Die zweite Geburt ist schwerer als die erste, denn sie bedeutet den Bruch mit seiner Herkunft, der ebenso stolzen wie selbstgerechten Art des in der Welt-Seins der van Goghs, selbst da noch, wo man sich professionell demütig gibt, wie die Pfarrer in der Familie. Die zweite Geburt, die Züge eines sich in eruptiven Phasen vollziehenden Ausbruchs trägt, dauert bis zu seinem Tod.

Von den anderen Mitgliedern der Zunderter Gemeinde und von seinen Familienangehörigen unterscheidet Vincent, dass sein Leben niemals beruhigt ist von Glaube, Familie und Tradition. Im Gegenteil: Je mehr er zu eigenen Gewissheiten findet, um so unruhiger wird er, provoziert von der selbstgerechten Fraglosigkeit konventioneller Lebenssicherheit, die für ihn nur eine Form komfortablen Stumpfsinns ist, bis zu einer ohnmächtigen Wut, die an seiner psychischen Gesundheit frisst. Ein Bedrängter, dem irgendwann die Antworten des Pfarrervaters nur wie eine seelenlose Verhöhnung wirklichen Leidens klingen.

Von da an ist Vincent van Gogh ein Ausgesetzter auf dem Meer der Fragen, ein Alleingelassener, der nur einen Wunsch hat: Aufgehoben in der Sicherheit von Liebe und Freundschaft, eine echte Gemeinschaft leben zu können, die nicht von starren Normen und Regeln vorgegeben, sondern freiwillig ist.

Aber warum ist dieser Vincent van Gogh so anders als sein Vater und seine Geschwister, die alle ehrwürdige aber biedere Naturen sind? Diese Frage berührt einen schwierigen Punkt: Warum ist jemand bestimmt zu einem Leben, das ihm nur Schmerz und Enttäuschung bringt – und doch wird es sein eigener, notwendiger und zuletzt auch fruchtbarer Weg, dem man das Wort Passion zu geben sich nicht scheuen sollte?

Wir müssen, um in die Nähe einer Antwort zu gelangen, noch einmal an den Anfang zurückgehen, zu seiner ersten Geburt. Denn die Umstände dieser ersten Geburt beeinflussen seinen weiteren Weg – bis hin zu seiner zweiten Geburt.

Brabant ist ein geteiltes Land, holländisch sein Norden, belgisch sein Süden. Dem Süden wie dem Norden gemeinsam aber sind die tiefen Himmel und die schwere Erde. Was hier wächst, bedarf der Anstrengung, die Natur schenkt dem Menschen nichts. Die Familie van Gogh passt in diese Landschaft. Sie widersteht mit beharrlicher Konzentration auf das täglich zu Leistende jeder Versuchung zur Melancholie und produziert seit Generationen schon erfolgreiche Bürger: Kaufleute, Goldschmiede, Pfarrer und seit kurzem auch Kunsthändler. Gleich drei von Vincents Onkeln handeln – natürlich gewinnträchtig – mit Bildern. Auch die Mutter Anna Cornelia, eine geborene Carbentus, kommt aus einer Familie, in der man sich durch Leistung rechtfertigt, die sich in Zahlen ausdrücken lassen. Ihr Vater war in Den Haag königlicher Buchbindermeister.

Der Vater Theodorus ist in diesem Reigen der tüchtigen Tagmenschen bereits ein Grenzfall. Als eines unter elf Geschwistern gilt er seinen erfolgreichen Brüdern – Star unter ihnen ist Onkel Jan, der als Admiral den Hafen von Amsterdam kommandiert, aber auch die Kunsthändler Onkel Hein (Hendrik Vincent), Onkel Cor und Onkel Cent (noch ein Vincent) sind wohlhabend – bereits als ein der Fürsorge bedürftiger Familienangehöriger. Besonders auf Onkel Cent als Mäzen hofft Theodorus, ist dieser doch kinderlos geblieben und hat sein eigenes Kunsthandelsgeschäft in Europas größte Galerienhandelskette Goupil eingebracht.

Theodorus war wie sein Vater Pfarrer geworden. Aber während es dieser in der Kirchenhierarchie zu einigem Ansehen brachte, blieb Theodorus ein Außenseiter und bekam spät seine erste eigene Pfarrstelle. Der Grund dafür, dass Theodorus, der in Groningen studiert und promoviert hatte, beruflich so wenig erfolgreich war, lag in der Natur seiner Frömmigkeit. Er gehörte einem Reformprotestantismus an, den man als »Groninger Richtung mittlerer Stömung« bezeichnet. Dieser Gruppierung fehlte es in der niederländisch-reformierten Kirche jedoch an einer Lobby, die ihre Anhänger in großen Städten zu platzieren vermocht hätte. So also kam Theodorus van Gogh nach Zundert in Nordbrabant, eine stockkatholische Gegend mit einer protestantischen Minderheit. Das schmale Jahresgehalt eines Landpfarrers von 1.000 Gulden musste reichen, um sechs Kinder zu versorgen.

Zudem konnte Theodorus nur schlecht predigen und diese mangelnde Gabe der freien Rede vererbte sich auf Vincent. Dennoch galt Theodorus van Gogh etwas in Zundert und in den anderen kleinen Orten, in denen er seine winzigen Gemeinden betreute. Denn er war frei von Fanatismus, für Provinzverhältnisse sehr undogmatisch, geradezu freisinnig. Die »Groninger Richtung mittlerer Strömung«

zeichnete sich dadurch aus, dass sie Christus als Mensch in den Mittelpunkt ihrer Lehre stellte. Wie die Arianer im frühchristlichen Streit gegen Athanasius leugneten die Groninger die Göttlichkeit Jesu, der für sie ausschließlich ein leidender, sich opfernder Mensch war. Neben der Ablehnung des Dogmas der Trinität, die sich daraus ergibt, sprachen sie sich gegen jeden Bekenntniszwang aus.

In Jesus den leidenden Menschen zu sehen, das wird auch Vincent über den Bruch mit dem Vater und der Amtskirche hinaus prägen. Bücher wie Thomas von Kempens »Nachfolge Christi« und Ernest Renans »Das Leben Jesu« bleiben ihm zeitlebens wichtig. Es gibt also keinen Grund, warum sich Vincent in Sachen Religion nicht mit seinem Vater verstehen sollte, wo dieser Vater doch selbst eine Ahnung vom Außenseitertum des Bekenners haben müsste. Am Anfang ist da auch ausschließlich Bewunderung für den Vater. Aber der Drang bürgerlich zu repräsentieren ist bei Theodorus, wie bei allen van Goghs, ausgeprägt und die Angst vor dem eigenen Außenseitertum stärkt noch seinen Konformismus, der Vincent von einem bestimmten Zeitpunkt an maßlos provoziert.

Der Stachel gegenseitiger Provokation: Vincent nimmt den Vater in der von ihm geforderten Nachfolge Jesu radikaler beim Wort als es diesem vernünftig erscheint – und das macht seiner gemäßigt-liberalen Gesinnung, die nicht mit dem selbstzerstörerischen Genie Vincents rechnet (als der Vater damit auch nicht rechnen darf), alle Ehre. Natürlich steht Theodorus, wie jeder Vater seinem Sohn, Vincent irgendwann im Weg und der muss ihn überwinden, um er selbst zu werden. Daran, wie schwer ihm das fällt, welch katastrophische Züge die Vater-Sohn-Beziehung annehmen wird, zeigt sich, wie eng Vincents Bindung an ihn ist.

Theodorus van Gogh hatte gelernt sich zu bescheiden. Noch auf dem kleinsten Dorfflecken kann man König sein! Das ist er dann auch, immer ein würdevoller Repräsentant, den man schon mal einen »kleinen protestantischen Papst« nannte. Fotos zeigen einen gutaussehenden, sehr kultiviert wirkenden Mann, in dem man unwillkürlich den Stadtmenschen vermutet, obwohl er die meiste Zeit seines Lebens auf dem Dorf unter Bauern leben musste, was ihm schwergefallen sein mag.

Theodorus also, der Herr auf dem Dorfe, wird der »schöne Pastor« gerufen. Alles steht zum besten, wenn man beiseite lässt, dass die Familie in Zundert gleichsam im Exil lebt, abgeschoben von der eigenen Kirche. Theodorus jedoch hat gelernt mit Niederlagen zu leben. Er vermag Haltung zu bewahren, trotz der Demütigung. Wer ihn näher kennt, achtet ihn, auch die katholische Gemeinde. Solch ein Leben erfordert eine strenge Selbstdisziplin des Pfarrers – und die fordert er ebenso von seiner ganzen Familie. Obwohl auch bei ihnen das Geld knapp ist, bringt die »Frau Pastor« regelmäßig »etwas Kräftiges« zu den Armen des Dorfes, die das nötig haben, völlig unabhängig davon, ob sie nun katholisch oder protestantisch sind. So ist sich dann bald das ganze Dorf einig, dass man in Zundert »nie wieder so einen Pastor« bekommen wird wie Theodorus van Gogh.

Die Mutter Anna Cornelia gilt als musisch veranlagt und eher weich in ihrem Naturell. Sie malte als junges Mädchen gelegentlich und schreibt immer noch schöne Briefe. Sieht man sie jedoch auf Fotos, prallt man zurück. Da erscheint sie so gar nicht weich, eher verhärtet, geradezu grob. Und nicht halb so schön wie der »schöne Pastor«, mit dem sie verheiratet ist. Glücklich verheiratet übrigens, die beiden verstehen sich blind in allem. Das wird es Vincent noch schwerer machen, sich gegen die lange übermächtigen Eltern zu behaupten. Er hängt sehr an seiner Mutter, leidet darunter, dass auch sie sich weigert, seine Berufung zum Maler anzuerkennen, ja, dass sie seine Bilder offen missachtet. Da ist viel Sturheit brabantischer Bauern im Spiel, von der Vincent einiges von der Mutter mitbekommen hat – neben ihrem unansehnlichen Äußeren.

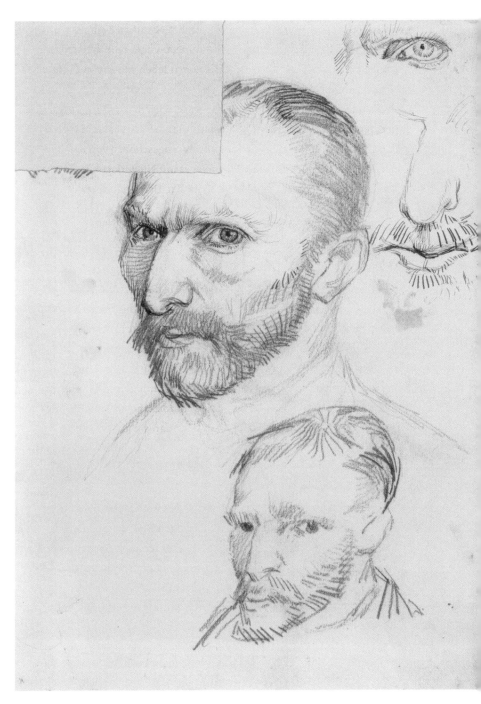

Selbstbildnisse, Paris, Herbst 1886
Amsterdam, Rijksmuseum Vincent van Gogh, Vincent van Gogh Stiftung

Paul Gauguin: **Vincent van Gogh, Sonnenblumen malend**, Arles, November 1888
Amsterdam, Van Gogh Museum Amsterdam

Vincents Bruder Theodorus Vincent, genannt Theo (1857-1891). Um 1888-1890

Parkanlage an der Place Lamartine, Arles, Juli 1888
Küsnacht, Kunststiftung Merzbacher

Der tote Bruder. Vincent der erste und Vincent der zweite

Es würde Bibliotheken psychoanalytischer Literatur füllen, die ungewöhnlichen Umstände von Vincents Geburt zu deuten. Anna Cornelia van Gogh bringt spät, mit dreiunddreißig Jahren, ihr erstes Kind zur Welt. Es wird auf den Namen Vincent Wilhelm getauft. Kurz darauf stirbt es.

Auf den Tag genau ein Jahr später, am 30. März 1853, kommt wieder ein Vincent Wilhelm zur Welt, und man ist versucht hinzuzufügen, der zweite. Dieser zweite Vincent Wilhelm van Gogh hatte als Kind seinen eigenen Namen vor Augen – auf dem Grabstein des ersten Vincent Wilhelm, mit dem Sterbedatum 30. März, der sein Geburtstag ist. Damit der unheimlichen Seltsamkeiten nicht genug, auch er, der zweite Vincent van Gogh, wird unter derselben Geburtsnummer, der 29, auf dem Standesamt eingetragen, wie zuvor schon der erste Vincent Wilhelm! Kann man als zweiter Vincent van Gogh überhaupt – ohne Minderwertigkeitskomplexe – zum »eigentlichen Vincent« werden?

Allerdings: die Säuglingssterblichkeit im 19. Jahrhundert war hoch. Es schien nicht außergewöhnlich, dass Kinder tot zur Welt kamen – auch nicht, dass ihnen weitere Geschwister folgten und diese wieder die in der Familie üblichen Namen bekamen. Doch ohne Folgen wird es kaum geblieben sein, wenn die Eltern nach dem Tod des so herbeigewünschten Erstgeborenen versuchten, mit einem zweiten Kind schnell den Schmerz über den Verlust des ersten zu überwinden. Schließlich hatte man ja nun wieder einen Vincent Wilhelm! In gewisser Weise also verschmolzen hier der erste und zweite Vincent zu einer imaginären Gesamtperson. »Sämann« und »Schnitter«, diese beiden Grundsymbole seiner Existenz, haben ihren Ursprung in frühesten Kindheitstagen.

Es gibt die These, dass zuerst die Eltern und dann er selbst im »zweiten Vincent« unbewusst immer einen – letztlich ungenügenden – Ersatz für den ersten gesehen haben, denn sollte nicht der

»zweite Vincent« die Rolle spielen, die für den ersten bestimmt war? Als »Stellvertreter« für einen Gestorbenen kam er sich tatsächlich oft vor. Dieses: Ich bin gar nicht gemeint, man hält mich für einen, der ich nicht bin, und das, was ich bin, wird übersehen, prägt Vincents Charakter.

Aber die bei ihm tatsächlich zu konstatierende »Stellvertreter«-Neurose ist nicht so selten, wie man annehmen könnte. Um nur ein Beispiel zu nennen: Auch Rainer Maria Rilke wächst in solch einer Konstellation auf, der Ersatz für seine gestorbene Schwester zu sein – der zweite Vorname Maria verweist darauf, ebenso die Tatsache, dass ihn die Mutter bis zu seinem fünften Lebensjahr Mädchenkleider tragen ließ, was allerdings in ambitionierten Gesellschaftskreisen jener Zeit, wo man gern verfeinerte Lebensart ausstellte, bei Knaben im Vorschulalter nicht ganz so ungewöhnlich war.

Darf man den gestorbenen Bruder also gleichsam als Schlüssel für all das nehmen, was sich wie bei Vincent van Gogh im späteren Leben der schnellen Erklärung entzieht? Der Psychoanalytiker Humberto Nagara hat das getan, dabei jedoch seine durchaus originellen Überlegungen am Ende wieder dogmatisch befestigt, was den Wert seiner Deutung erheblich mindert. Auch Vivianne Forrester fasst in ihrem sich ansonsten wohltuend freisinnig über alle kunstwissenschaftlichen Einhegungen hinwegsetzenden Buch »Van Gogh oder das Begräbnis im Weizen« die Geschichte vom toten Bruder als eine Ur-Szene auf. Das wirkt dann wie ein Tunnelblick auf etwas, das die verschiedensten Perspektiven erforderte, um es in seiner vitalen Verwandlungskraft zu zeigen.

Das häusliche Milieu mit einem glaubensstark-dominanten Vater und einer nach dem erfahrenen Verlust nun überängstlich-besorgten, Vincent darum über die Maßen verzärtelnden Mutter sind Faktoren, die man zweifelsohne mit ins Lebens-Bild hineinholen muss. Aber wenn man daraus eine Kausalkette konstruiert, von diesem toten namensgleichen Bruder, dem Vincent van Gogh nachfolgte, hin zu wesentlichen Wandlungen seines Malerlebens, dann erscheint der hier angenommene Automatismus, die Unterordnung des Lebendigen unter ein Abstraktum, recht unangemessen. Zum Dogma erhoben, verstellt die tatsächlich unheimliche Geburtszenerie den Blick auf die Erstrangigkeit der künstlerischen Produktivität des »zweiten Vincent«. Denn natürlich könnte man aus der Kindheitskonstellation nahezu eines jeden schöpferischen Menschen eine narzisstische Kränkung konstruieren, die ja bereits dann eintritt, wenn sich der Erstgeborene mit der Geburt eines Geschwisterkindes konfrontiert sieht. Nagara schreibt: »Es war Vincents Schicksal, ohne eine eigene Identität auf die Welt zu kommen.« Was wird hier unter »Identität« verstanden? Ist es etwas geburtlich Vorbestimmtes, wie Nagara meint, dann sind wir ganz in der Sphäre metaphysischer Prädestination gefangen. Oder aber ist Identität etwas, das sich jeder selbst im Laufe des Lebens erwerben muss – gerade in der Überwindung der Handicaps seines Herkommens?

Gewiss ist, dass Vincent schon als Kind ein Außenseiter war, der auf derbe Weise eine Aura der Distanz verbreitete. Die Geschwister wären nie auf den Gedanken verfallen, mit ihrem älteren Bruder zu spielen oder ihn auch nur auf seinen – schon hier – einsamen Gängen durch den Wald und zum Fluss zu begleiten. Das Kind Vincent scheint kein glückliches gewesen zu sein. Das hat aber weniger mit seinen Eltern oder einem toten Bruder zu tun als mit seinem schwierigen Naturell, in dem Annäherungs- und Abstoßungsbedürfnis miteinander im Streit liegen. Und dieses Naturell kann man nicht, wie gelegentlich versucht wird, allein aus äußeren Umständen heraus erklären wollen; der paradoxe Charakter wird selbst zum Vehikel, mit dem er sich schließlich wie der Vogel Abraxas, von dem Hermann Hesse im »Demian« schreibt, aus dem Ei kämpft. Vincents Leben prägt der Ausdruckswille des in ihm so stark Widerstreitenden.

Das Verhältnis zu seinen Geschwistern – außer zum Bruder Theo – ist unerheblich. Die drei Schwestern Anna Cornelia, Elisabetha Huberta und Wilhelmina Jacoba bleiben eifersüchtig auf die Sonderrolle, die Vincent bei den Eltern und bei Theo spielt. Der jüngste, 1867 geborene Bruder Cornelis, der auch als erster sterben wird, gehört schon fast einer anderen Generation an. Elisabetha Huberta beschreibt Vincent 1910 als wortlos an seinen Geschwistern vorbeischreitenden Bruder. In ihrer Erinnerung klingt keinerlei Sympathie für den nie so normal wie andere Menschen lebenden Bruder mit, etwas, das die Schwestern als einen persönlichen Affront ansehen: »Mehr breit von Gestalt als lang, den Rücken leicht gebogen durch die schlechte Gewohnheit, den Kopf hängen zu lassen, das rotblonde Haar kurz geschnitten unter einem Strohhut, der ein seltsames Gesicht beschattete: gar kein Jungensgesicht. Die Stirn schon leicht gerunzelt, die Augenbrauen über der weit ausgebauten Stirn in tiefem Nachdenken zusammengezogen, klein und tiefliegend die Augen, bald blau, bald wieder grünlich, je nach den wechselnden Eindrücken. Bei so unschönem, ungelenkem Äußeren hatte er doch etwas Merkwürdiges durch den unverkennbaren Ausdruck innerlicher Tiefe.«

Das Paradies ist verriegelt

Häufig erinnert sich Vincent an das unglückliche Kind, das er einmal war. Kein Paradies ist dieser Kindheitsgarten in Zundert, aber Heimat wohl doch. In seinem letzten Lebensjahr, als es ihm nach einem Anfall so schlecht geht wie nie zuvor, da ersteht vor seinen Augen diese so streng behütete Kindheitswelt wieder auf: *Während meiner Krankheit habe ich jedes Zimmer im Hause in Zundert vor mir gesehen, jeden Weg, jede Pflanze im Garten, die Umgebung, die Felder, die Nachbarn, den Friedhof, die Kirche, unseren Gemüsegarten dahinter – bis auf das Elsternnest in der hohen Akazie auf dem Friedhof.*

Die Atmosphäre im Haus ist von protestantischer Nüchternheit und der unangefochtenen Autorität des Vaters geprägt. Theodorus erlaubt seinen Kindern nicht, auf der Straße zu spielen. Er selbst geht mit Frau, Kindern und Gouvernante jeden Tag genau eine Stunde lang spazieren. Diese Art von Pedanterie des Vaters wird Vincent später bis aufs Blut reizen. Für die Kinder hält man drei Ziegen und einen Hund. Eine wohlgeordnete Idylle gewiss, die nur den Fehler hat, dass sie an der Grenze des Dorfes aufhört.

Eine unparteiische Zeugin, Dienstmädchen im Pfarrhaus, die von Vincents Berühmtheit nie etwas erfahren hat, erinnert sich später, Vincent sei das unfreundlichste und verschlossenste der sechs Kinder gewesen, dasjenige, das sie am wenigsten mochte und auf dessen Zukunft sie nichts gab.

Vincents Schulbildung darf man getrost als unsystematisch und lückenhaft bezeichnen. Am Anfang besucht der Siebenjährige die Dorfschule, in der zweihundert Kinder zusammen in einer Klasse unterrichtet werden. Natürlich lernt er dort wenig. Schon ein Jahr später nimmt Theodorus ihn und seine Schwester Anna von der Schule und lässt sie zu Hause von einer eigens dafür engagierten Gouvernante unterrichten. Insgesamt vier dieser Hauslehrerinnen versuchen ihr Glück, eine von ihnen erst siebzehn Jahre alt. Viel lernt Vincent auch diesmal nicht, und so entschließen sich die Eltern, den Elfjährigen auf ein Internat zu geben, in das protestantisch geführte Institut des Herrn Provily in Zevenbergen, etwa dreißig Kilometer von Zundert entfernt. Jetzt fühlt er sich wirklich in der Fremde ausgesetzt, von der Familie verstoßen – wie das Foto des dreizehnjährigen Jungen zeigt, dessen Gesicht ein ihm angetanes Unrecht demonstriert, dessen Gründe er nicht versteht und gegen das er mit seinem ganzen Wesen protestiert. 1889 wird er in der Nervenheilansalt Saint-Rémy notieren: *jetzt, da mein ganzes übriges Leben ebenso nichtig ist wie zu der Zeit, als ich mit zwölf Jahren in einer Pension war, wo ich überhaupt nichts lernte.*

Wie sehr mit der an den Tag gelegten Schroffheit bei Vincent eine übergroße Empfindsamkeit einhergeht, zeigt ein Brief, den der Dreiundzwanzigjährige am 17. April 1876 an die Eltern schrieb. Darin erinnert er sich des Trennungsschmerzes, der ihn befiel, als diese den Elfjährigen im Internat ablieferten: *Gerade kommen wir an Zevenbergen vorbei, und ich denke an den Tag, als ihr mich dorthin brachtet in Pension, und ich vor der Tür bei Herrn Provily stand und Eurem Wagen nachschaute auf dem nassen Weg. Und dann an jenen Abend, als Vater mich zum erstenmal besuchen kam. Und an das erste Nachhausekommen zu Weihnachten.*

Es ist anzunehmen, dass es anderen Kindern ähnlich schwer fiel wie Vincent, so früh – und meist völlig unvorbereitet – von zu Hause fort zu müssen. Aber Vincents eigentliche und nie überwundene Kränkung besteht darin, als Erwachsener wieder ins Elternhaus zurückkehren zu müssen, aus blanker Not, um ein Dach über dem Kopf zu haben.

Von einem besonderen Talent zum Zeichnen oder auch nur einem Interesse dafür, ist in der Kindheit nichts zu bemerken, wie Elisabetha Huberta rückblickend – nicht ohne Süffisanz – feststellt: »Nicht eine Federzeichnung noch irgendein Bleistiftgekritzel ist aus dieser Zeit erhalten. Er dachte gar nicht an Zeichnen, der zukünftige Zeichner.« Immerhin, einmal hat er doch durch ein Bild ein kleines Aufsehen erregt: »Mit acht Jahren überraschte er seine Mutter mit der Zeichnung nach einer Katze, die mit tollem Ungestüm gegen einen kahlen Apfelbaum des väterlichen Gartens sprang – überraschend waren diese spontanen Äußerungen seines Kunstsinns, um so überraschender, da sie so selten auftraten, zu selten, um nennenswert zu sein, so dass sie erst viel später den Eltern in die Erinnerung traten.«

Mit dreizehn Jahren ist die Grundschulzeit abgeschlossen und Vincent kommt auf die Mittelschule nach Tilburg, die noch weiter von Zundert entfernt liegt als Zevenbergen. Vincent ist sprachbegabt und lernt schnell Englisch, Französisch, auch Deutsch. Er liest Goethe und Heine in Originalsprache und wird während einer kurzen Episode als Hilfslehrer in England sogar Deutsch unterrichten. Das ist seine eigentliche Schule: das unablässige Lesen und Nachgrübeln über die Natur im Allgemeinen und die des Menschen im Besonderen. Matthias Arnold hat herausgefunden, was die triste Schulzeit in Tilburg vielleicht doch erwähnenswert macht. Es gab dort einen Zeichenlehrer, der als Maler einen gewissen Namen erlangt hatte und der – ebenso wie es Vincent später einmal tun wird – nach Südfrankreich gegangen war, um zu malen: Constatijn C. Huysmans. Er kostet die Schule mehr als andere Lehrer, er verfügt für seinen Unterricht über einen gut ausgestatteten Malsaal. Jeder Schüler arbeitet dort an seinem eigenen Reißbrett. Allerdings ist der Unterricht von jener stupiden Art, gegen die Vincent später immer wieder aufbegehren wird – und der er sich doch jedesmal neu aussetzt, weil er glaubt, das Zeichnen nach den akademischen Regeln der Perspektive erst perfekt beherrschen zu müssen, bevor er sie ignorieren darf. Eine elende Quälerei schon hier, dieses Malen nach Gipsabgüssen und ausgestopften Tieren. Da wo er seine Fantasie, seine gewaltige umformende Kraft nicht gebrauchen darf, sondern bloß korrekt und unter Absehung von sich selbst kopieren soll, da zeigt er sich auch unterdurchschnittlich in seinen Leistungen. Das bleibt eine Konstante in seinem Leben: unschöpferische Routine erträgt er nicht.

Eigentlich hätte Vincent fünf Jahre in Tilburg bleiben müssen, um danach ein Studium zu beginnen. Aber nach zwei Jahren ist der Fünfzehnjährige schon wieder zu Hause in Zundert. Auch dieser Bildungsversuch also endet vorzeitig. Ob es eher an ihm liegt, der kein eifriger Schüler ist – zumal einer, dem viele Grundlagen fehlen, oder ob Theodorus als Vater von nunmehr sechs Kindern das Schulgeld nicht mehr aufbringen kann, bleibt unklar. Wahrscheinlich kommt beides zusammen. Was Vincent die fünfzehn Monate zu Hause macht, bis er – durch Onkel Cents Vermittlung – die Stelle bei Goupil in Den Haag antritt, ist unbekannt. Vermutlich genießt er es, nach den Jahren der Abwesenheit, einmal nicht bloß besuchsweise zu Hause zu sein. Noch bewundert er den Vater, es gibt keinen Streit mit ihm, er müht sich, seinen Eltern zu gefallen.

»Familienvampirismus« oder Warum Vincent kein van Gogh sein will

Weil es ihm aber nie gelingt, sich von der Familie zu trennen, wird er weiter an den in ihr herrschenden Maßstäben gemessen. Sein Kampf um das »anders leben« und um »andere Werte« zermürbt und tötet ihn schließlich. Auf welcher Seite sein Bruder Theo dabei steht, darüber wird er sich nie ganz klar. Mitunter scheint es ihm, als ob auch er, der lebenserhaltende Mäzen, immer noch zu denen zählt, die ihn nicht verstehen können. Theo ist das Lieblingskind der Eltern, der – in ihrem Auftrag – seinen Bruder immer wieder an die Kette bürgerlicher Konvention zu legen versucht und so etwa seine katastrophische Verbindung mit der Prostituierten Sien mittels finanziellen Drucks von außen beendet. Damit bewahrt er Vincent wahrscheinlich vor der unvermeidlichen schnellen Selbstzerstörung, die dank Theos Eingreifen so etwas länger dauert: gerade lang genug, um ihn zur künstlerischen Blüte zu führen.

Antonin Artaud resümiert Vincents Herkunftsgeschichte auf drastische Weise: »Van Gogh konnte nicht rechtzeitig diese Art von Familienvampirismus abschütteln, der daran interessiert war, dass das Genie des Malers van Gogh es bei der Malerei bewenden lasse, ohne gleichzeitig die zur körperlichen und physischen Entfaltung seiner illuminierten Persönlichkeit unerlässliche Revolution zu fordern.«

War seine Flucht vor dem Familienvampirismus jemals erfolgreich? Sieht man seine Bilder, die eine eigene Welt sind, hat man an einem »Ja« keine Zweifel, liest man die Briefe an Theo, sind alle Zweifel wieder da. *Ich frage Dich ganz offen,* heißt es in einem Brief an den Bruder, *wie stehen wir zueinander – bist Du auch ein ›van Gogh‹? Für mich bist Du immer ›Theo‹ gewesen. Im Charakter weiche ich von den verschiedenen Familienmitgliedern ziemlich ab, und eigentlich bin ich kein ›van Gogh‹.*

Die Familie bestimmt den Sechzehnjährigen zum Kunsthändler, aber er wäre viel lieber Prediger des Evangeliums geworden, wie sein

Vater, der Pfarrer, der nicht predigen kann, was seiner Autorität jedoch nichts anzuhaben vermag. Wenn Vincent spricht, klingt das auch nie angenehm und oft so verworren, dass seine Zuhörer sich entnervt abwenden. Im Unterschied zum Vater, dem alle Fehler im Leben nachgesehen werden, wird Vincent nie etwas nachgesehen, er muss immer den vollen, nein, einen völlig überhöhten Preis für seine Fehler und Irrtümer bezahlen.

DRITTES KAPITEL
Glanz und Elend des »Tulpenhandels«
(Juli 1869 - März 1876)

Bei Goupil in Den Haag

Im Juli 1869 kommt Vincent nach Den Haag. Die Eltern haben mit Onkel Cent verabredet, dass auch er Kunsthändler werden soll. Die Filiale der Kunsthandlung Goupil, bei der Onkel Cent Anteilseigner ist, leitet der erst vierundzwanzigjährige H.G. Tersteeg, der den Sechzehnjährigen mit seiner energischen Art sofort beeindruckt. Aber es ist wohl weniger das Geschäftstüchtige, was er bewundert, sondern mehr etwas anderes: ... *überdies ging etwas wie Poesie von ihm aus – aber von der echten, unsentimentalen Art. Ich hatte damals so großen Respekt vor ihm, dass ich mich immer in einer gewissen Entfernung von ihm hielt, und ich betrachtete ihn als Wesen höherer Ordnung, als ich es war.*

Noch ist Vincent ganz beflissen bei der Sache, gibt keinen Anlass zur Klage. Zwar führt der Laden nur solche Kunst, die sich auch als verkäuflich erweist, aber noch reagiert Vincent nicht so allergisch wie später gegen gefällig gemachten Kitsch. Viel Neues sieht der Junge vom Lande hier, neben Originalen bietet der Kunsthandel vor allem Reproduktionen und auch Fotografien. Noch hofft man in der Familie, dass Onkel Cent seinen Neffen Vincent einmal zu seinem Erben machen könnte. Die Bahn für seinen Erfolg scheint frei. Und noch spielt auch Vincent mit. Insgesamt vier Jahre bleibt Vincent van Gogh bei Goupil und führt bereits das angenehme Leben eines, der aus den künstlerischen Hervorbringungen anderer seinen Profit zieht.

Im Sommer 1872 erhält er vom fünfzehnjährigen Theo Besuch, auch er soll sich im Kunsthandel umsehen, in dem Vincent nun schon das dritte Jahr tätig ist. Nach seiner Abreise schreibt Vincent in dem ersten von insgesamt mehr als sechshundert Briefen der kommenden achtzehn Jahre: *Ich habe Dich die ersten Tage sehr vermisst, und es war mir fremd, Dich nicht vorzufinden, als ich mittags nach Hause kam. Wir haben vergnügte Tage zusammen gehabt ... Gestern war Trabrennen anlässlich der Ausstellung, aber die Illumination und das Feuerwerk sind des schlechten Wetters wegen aufgeschoben; es ist also nur gut, dass Du nicht dageblieben bist, um es zu sehen.*

Das klingt noch sehr harmlos nach Amüsement und Einverstanden-Sein mit der Welt. Aber schon bald wird Vincent diese Begegnung mit dem Bruder immer wieder in ihrer Innigkeit beschwören, von der dahingestellt bleiben muss, ob beide Brüder so empfunden haben, oder ob sie Vincent im Nachhinein imaginiert: *Welch herrliche Tage haben wir im Haag zusammen verlebt, ich denke noch oft an den Spaziergang auf dem Rijkschen Weg, wo wir nach dem Regen in der Mühle Milch getrunken haben. ... Dieser Rijksche Weg hat für mich Erinnerungen, die vielleicht die herrlichsten sind, die ich habe.*

So beginnt Vincent seinen Briefwechsel mit Theo, in dem er sein Alter Ego zu erkennen glaubt, mit dem er seine Träume teilen will. Phasen des Vertrauens wechseln mit denen des Misstrauens. Aber was für Träume sind das? An Theo schreibt er nun gar: *Es ist ein wunderbares Geschäft; je länger man darin ist, um so ehrgeiziger wird man.* Das ist dann auch der Befund von vier Jahren Lehrzeit in Den Haag. Die Eltern, Onkel Cent, alle sind zufrieden mit dem Zeugnis, das sein Lehrmeister Tersteeg ihm gibt. Ob es den Tatsachen entspricht, oder ob dieser – des mächtigen Onkels wegen – einfach ein Gefälligkeitszeugnis ausstellt, ist dabei ungewiss. Jedenfalls wird Vincent in diesem »ausgezeichneten« Zeugnis bescheinigt, jeder im Geschäft habe gern mit ihm zu tun gehabt und er würde es sicher noch weit bringen. Für Vincent endet mit diesen vier Jahren in Den Haag eine – vielleicht die einzige! – Zeit seines Lebens, in der er sich anerkannt und geliebt fühlt: *Theo, Du kannst Dir nicht vorstellen, wie lieb alle zu mir sind; dass es mir leid tut, von so vielen Freuden Abschied nehmen zu müssen, kannst Du wohl denken.*

Aber auch andere Töne, die etwas von dem späteren Vincent van Gogh ahnen lassen, mischen sich in Den Haag bereits darunter. So empfiehlt er in einem Postskriptum des Briefes vom 17. März 1873 dem Bruder, er solle beginnen, Pfeife zu rauchen, denn *das ist so gut, wenn Du moralischen Jammer hast, was mir augenblicklich wohl passiert.* Also so ganz heil ist Vincents Verhältnis zur Welt wohl doch nicht – und schon gar nicht zur Welt des Kunsthandels, in der es immer nur um eines geht: um Geld.

Vincent, wie er uns hier erscheint: unscheinbar, beflissen, höchst angepasst.

London

Im Juni 1873 tritt Vincent eine Stelle in der Londoner Filiale von Goupil an. Er hatte – wohl als Belohnung für die erfolgreich abgeschlossene Lehre in Den Haag – einige Wochen in Paris verbracht, auch dort besitzt Goupil eine von insgesamt sieben Filialen. Er ist nun zwanzig Jahre alt und soll etwas mehr Weltläufigkeit bekommen. Tatsächlich wird er sich in diesen beiden Londoner Jahren völlig verwandeln – er beginnt zu tun, was er meint tun zu müssen und das zu lassen, was ihm eitel und falsch erscheint. Die Familie wird die hier in London erfolgende Abwendung vom für ihn geplanten Weg als Händler als eine Form des religiösen Wahns ansehen, in dem sein später zum Ausbruch kommender Irrsinn sich bereits angedeutet habe – die Nachwelt wird es nicht viel anders begeifen können. Aber das Gegenteil ist der Fall. Denn in London sieht sich Vincent auf dem falschen Weg. Erstmals wird er sich selbst zum Problem, spürt den unüberbrückbaren Abstand zwischen sich und seiner Umwelt. Deren Maßstäbe sind nicht die seinen.

Keineswegs verwirrt also beschließt er, dass er umkehren muss. Dass er dem direkten Einfluss der Familie entzogen ist, hilft ihm dabei. Die Einsamkeit in der ungewohnten Umgebung schmerzt, aber sie lässt ihn klarer sehen.

Theo ist trotz seiner erst fünfzehn Jahre ebenfalls ins Kunsthandelsgeschäft Goupil in Den Haag gegeben worden, auch er soll bei Herrn Tersteeg die Kunst lernen, mit Bildern armer Maler reich zu werden. Wobei man ohnehin fast nur Konfektionsware zeigt. Vincents brüderliche Gefühle für Theo verstärken sich, weiß er doch gut, was es bedeutet, so früh von zu Hause fort zu müssen. Er hat Angst, dass auch sein Bruder ein kaltschnäuziger Kunst-Profiteur werden könnte – und in dieser Sorge spürt er wohl erstmals, dass der Kunsthandel eine besonders perfide Art des Handels sein könnte: der Handel mit dem, was seiner Natur nach göttlich ist. Darum schickt er Theo eine lange Liste mit Namen von Malern, von denen er besonders viel hält, versehen mit der Aufforderung: *bewundere, soviel Du nur kannst, die meisten bewundern nicht genug.* Wenn er nun am 21. Juli 1874 verkündet, er sei dabei, schwimmen zu lernen, so kann man das auch symbolisch verstehen. Vincent liest viel und was er liest, das entzündet seine Fantasie. So das Buch »l'amour« von Michelet. Eine Offenbarung: *So ein Buch lehrt einen wenigstens einsehen, dass weit mehr in der Liebe steckt, als die Leute meistens dahinter suchen.* Bei Michelet findet er den Satz »Es gibt keine alte Frau!« Dieser Satz, bekennt er, habe ihn erschüttert: *Das heißt nicht, dass es keine alten Frauen gäbe, sondern dass eine Frau nicht alt wird, solange sie liebt und geliebt wird. ... Dass eine Frau ein ganz anderes Wesen ist als ein Mann und ein Wesen, das wir noch nicht kennen, wenigstens nur sehr oberflächlich, wie Du sagtest, – ja, das glaube ich auch. Und dass ein Mann und ein Weib eins werden können, ein einziges Ganzes mit zwei Hälften, das glaube ich auch.*

In Vincent erwacht der Erotiker, der er sein Leben lang bleiben wird. Was er sucht: ein religiöses Mysterium, ein Medium der Selbsterhöhung, ja der Selbststimulation. Insofern sucht er nicht die schöne Frau, sondern die sich opfernde, die sich in der Liebe hingebende Frau: die Heilige. Wo gibt es die? Er beginnt unter den bürgerlichen

Frauen seiner Umgebung zu suchen. Das Ergebnis der Suche wird zur Katastrophe für alle Gewissheiten, die er noch mit sich trägt. Er wird sehr bald dazu kommen, die Heilige nur noch in der Hure zu sehen, die Schönheit im Schmutz und das Erhabene im Niedrigen. Diese Einsicht verhindert jede Form von bürgerlichem Erfolg, von angenehmem Leben – aber sie eröffnet auch den Blick in jene nächtliche Welt, von der seine Bilder zeugen: wo Schönheit immer etwas ist, das nur kurz aufblitzt, an Orten, wo man es nicht vermutet hätte. Vincent beginnt in London die herrschenden Maßstäbe, nach denen man zu leben habe, zurückzulassen und nur noch einen Maßstab zuzulassen: Nächstenliebe, die keine Gegenliebe fordert.

Erste Liebe. Ursula (Eugenie) Loyer

Als er sich das erste Mal verliebt, ist alles anders. Ursula Loyer, die Tochter seiner Londoner Vermieterin, einer Pfarrerswitwe, wird ihm zum Sehnsuchtsbild, dem er in dieser Zeit folgt. Als er ihr dann doch einmal eine Liebeserklärung macht, erfährt er, dass sie längst verlobt ist. Später wird sich herausstellen, dass sie gar nicht Ursula heißt, sondern Eugenie. Hat Vincent hier bewusst etwas verschleiert (was seinem Naturell widerspräche), oder wusste er ihren wirklichen Namen vielleicht gar nicht, war er ihm egal?

An profane, sein unbedingtes Liebesgefühl störende Dinge hatte Vincent nicht einen Augenblick gedacht und ist nun irritiert. So also funktioniert die Welt? Man liebt jemanden, aber das zählt nicht, weil dieser längst andere Bindungen eingegangen ist? Doch, beschließt Vincent, es zählt nur das, die Rücksichten und Bindungen anderer dagegen zählen nicht. Nein, ein Taktiker ist er nie gewesen, ein Taktiker hätte auch diese Bilder nicht malen können. Jedoch im bürgerlichen Sinne erfolgreich wird man so nicht. Und die Ehe, das bekommt Vincent hier zu spüren, ist eine bürgerliche Einrichtung. So bleibt es beim Ausmalen von Liebe, bei der die längst anderweitig verlobte Vermieterstochter eher eine Nebenrolle spielt.

In dieser ersten großen Liebeserfahrung offenbart sich die Struktur des Möglichen, die Vincent zum Antrieb wird, ihn zwingt, schöpferisch zu sein. Er ist kein Tatmensch, Ziele verwirklichen, ist etwas für Krämer. Und in den »organisierten Diebstahl«, der die kapitalistische Wirklichkeit bestimmt, hat er mit dem »Tulpenhandel« Goupils bereits einen Einblick bekommen.

Es stößt ihn ab. Und was heißt schon Wirklichkeit? Nichts Großes, nichts Schönes, Wahres und Gutes im Leben kann man schaffen, ohne einen Glauben, der über diese Art »Wirklichkeit« hinausgeht. Der Glaubende schafft sich eine Gegenwelt aus lauter Möglichkeit. In ihr ist er frei. Nur, welche Art Werk das für ihn sein soll, fragt sich Vincent. Wachsende Anspannung, Nervosität und aggressive Unruhe wechseln abrupt mit passiver Niedergeschlagenheit. Das signalisiert eine Krise, die aus der ausbleibenden Anwort auf die Frage erwächst: Für welches Werk soll ich leben?

In der Liebe zur Säuglingsschwester Eugenie Loyer sucht Vincent etwas, das weiter reicht als gesellschaftliche Stellung, Familie und Kinder. Vielleicht sagt der Vermieterstochter ihr weiblicher Instinkt, dass sie in dieser Liebe eigentlich entbehrlich ist. Es geht Vincent nicht um sie, sondern um die Selbststeigerungsmöglichkeiten, deren inspirierende Macht er gerade an sich erlebt. Aber er ist auch ein Brabantischer Dickschädel, der Zurückweisung nicht erträgt und sich in seine fixen Ideen verbeißt. Unbegabt, überhaupt wahrzunehmen, wie andere eine Situation empfinden, wird er schnell rücksichtslos. Er bleibt lebenslang ein Egoist noch in der größten Hingabe, wie jeder Künstler, der für sein Werk und damit für seine eigene Welt lebt. Ein Nein akzeptiert er nicht. Alles lässt sich erzwingen, wenn man es nur mit aller Unbedingtheit will, so denkt Vincent. Aber die Welt hat eigene Regeln – und auf Kollisionskurs mit diesen begibt er sich von nun an und bleibt es, bis zu seinem Tod.

Und so ist er bald der Meinung, nicht energisch genug um die Vermieterstocher, die er eigentlich »nur« vom Anschauen kannte, gekämpft zu haben. Später wird er sich bei einem ähnlichen Anlass wie ein Berserker aufführen, der glaubt, eine Frau könne man erobern wie eine Festung: mit andauernder Belagerung und massivster Bedrängung der verschlossenen Tore.

Die religiöse Wende. Das Leben Jesu

Vincent liest in dieser Zeit auch Renans »Leben Jesu«. Ein Buch, das er mal liebt und mal hasst, denn es stellt ihn vor eine Entscheidung: Wofür lebe ich? Aus dem Buch schreibt er lange Passagen ab. Darunter folgende: »Um auf der Welt zu wirken, muss man selbst absterben ... Der Mensch ist nicht auf Erden, nur um glücklich zu sein, er ist nicht einmal hier, um einfach anständig zu sein. Er ist hier, um für die Gesellschaft große Dinge zu verwirklichen, um Seelengröße zu erlangen und die Gemeinheit hinter sich zu lassen, in der sich das Dasein fast aller Menschen hinschleppt.«

Die Liebe, die sich in ihrem Adressaten täuschte, braucht ein neues Ziel. Bei den Frauen hat er anhaltend wenig Glück. Also muss er seinen großen Liebeswillen einem anderen, größeren Ziel widmen. Aber ist der Kunsthandel bei Goupil diese unbedingte Liebe wert? Am 31. Juli 1874 schreibt er an Theo: *Meine Lust zum Zeichnen hat hier in England wieder aufgehört, aber vielleicht bekomme ich den einen oder anderen Tag wieder einen Einfall.*

Er wartet auf das Unbedingte. Liebe, das heißt für ihn völlige Hingabe. Liebe ist maßlos. Es ist eine Erwartung von etwas, das die Grundfragen des Lebens berührt: Leben und Sterben. Die Frage nach dem Wozu.

Dann trifft es ihn unerwartet mit ganzer Wucht. Ebenso stark ist dieser Eindruck, wie der seiner ersten erotischen Projektion auf Eugenie Loyer. Eine ebenso unbedingte Gewalt, wie die Liebe, von der er träumt: die Erfahrung des Todes. Der »Sämann« trifft auf den »Schnitter«. An dem Morgen im April 1875, an dem die dreizehnjährige Tochter seiner Wirtin stirbt, macht Vincent eine Zeichung, die er an Theo schickt: *Es ist der Blick auf Streatham Common, eine große, mit Gras bewachsene Fläche mit Eichen und Ginster. Es hatte nachts geregnet, und der Boden war hier und da morastig und das junge Frühlingsgras frisch und grün.* Da trifft etwas zusammen: die Erschütterung über den Tod eines jungen Mädchens wird zum schöpferischen Impuls.

Vincent ist von einer religiösen Kraft ergriffen worden, die sein bisheriges Leben als bloßen Schwindel dastehen lässt. Zumal es zunehmend Ärger im Kunsthandel gibt. Lieben diese Leute überhaupt die Bilder, die sie verkaufen? Vincent beginnt, die Kunden anders zu beraten als man von ihm erwartet. Er rät vom Kauf schlechter Bilder ab. Das Falsche, das Sentimentale, das Kitschige zur Erbauung feister Bürger übers Sofa gehängt, das wird ihm unerträglich. Auch spürt er seine Verpflichtung Onkel Cent und Tersteeg gegenüber schwinden. Verärgert schreibt er Theo: *C.M. und Herr T. sind hier gewesen und sind vergangenen Sonnabend wieder abgereist. Sie waren meines Erachtens zu viel im Crystal Palace und an anderen Orten, wo sie nichts zu suchen hatten. Sie hätten, meine ich, auch einmal zu mir kommen können und sehen, wo ich wohne.*

Kunsthandel in Paris

Vincents Position bei Goupil in London wird immer problematischer. Er zieht sich mit religiösen Büchern mehr und mehr zurück. Da beschließt die besorgte Familie, ihn in die Goupil-Filiale nach Paris zu holen. Die Eltern sind wieder mit einem Umzug beschäftigt, denn Theodorus wird gerade von Helvoirt nach Etten versetzt, seine Karriere, nun immerhin als Kirchenrat, beschränkt sich weiterhin auf winzige Gemeinden.

Der älteste Sohn macht ihnen nun Sorgen, denn er scheint überhaupt nicht zu wissen, was er mit seinem Leben anfangen soll. Zudem ist er oft gereizt und für seine Umgebung schwer zu ertragen. Er fühlt sich in seiner Suche nach dem wahren unbedingten Leben missverstanden. In seinem letzten Brief aus London an Theo heißt es: *Ich hoffe und glaube, dass ich nicht bin, was mancher von mir denkt, nous verrons.* Vincent ist dabei, ein Narr in Christo zu werden. Der Pfarrersfamilie geht dieser radikale Rückzug aus der Welt der falschen Maßstäbe, den Vincent im Geiste Thomas von Kempens »Nachfolge Christi« praktiziert, gehörig auf die Nerven. Schwester Lies schreibt an Theo: »Wieviel Sorge dieser Junge Vater und Mutter verursacht. Wenn man sie betrachtet, kommt man nicht umhin, dies festzustellen. Es ist ein Jammer, dass er nicht ein bisschen mehr Energie hat. Er wird stumpfsinnig vor Frömmigkeit, glaube ich.«

Paris und die Goupil-Filiale kennt er schon von seinem Kurzaufenthalt hier, bevor er nach London ging. Goupil gehört jetzt den Herren Boussod und Valandon, aber für Vincent bleibt es doch immer »Goupil«, Inbegriff minderwertiger, also gut verkäuflicher Kunst – »Tulpenhandel« eben. Am 15. Mai 1875 trifft er in Paris ein und hofft auf einen Neuanfang. Er mietet ein Zimmer auf dem Montmartre, der zu dieser Zeit noch ein ländlicher Hügel ist, geprägt von Gärten und Windmühlen: *Es ist winzig, aber das Fenster geht auf den kleinen, von Efeu und wildem Wein überwucherten Garten hinaus.*

Bei Goupil aber hängen auch in Paris die gleichen Schinken wie in London oder Den Haag. Vincent interessiert das nicht mehr. Längst nicht mehr der beflissene Angestellte, ist er lustlos und benimmt sich den Kunden gegenüber oft genug verkaufsverhindernd. Von den ersten Skandalen, die die Impressionisten in Paris erregen, weiß er nichts. Er geht in den Louvre und in Gottesdienste. Abends liest er alles was er bekommen kann, von Victor Hugo über Charles Dickens und Heinrich Heine bis zur Bibel.

Er wartet auf das, was ihn zum neuen Menschen machen könnte und wegbringt aus der unwahren Welt Goupils, wo die ihrer Natur nach göttliche Kunst wie eine x-beliebige Ware über den Tisch geht. Am 14. Oktober 1875 schreibt er: *Suche das Licht und die Freiheit und stürze Dich nicht zu tief in den Schmutz dieser Welt.* Der Schmutz, das ist Goupil, das ist die Lüge. Wäre also die Wahrheit in einer anderen Art Schmutz zu finden, in jener Dunkelheit, in der die Opfer einer menschenfeindlichen Industrialisierung gezwungen sind zu leben? Wer bringt ihnen das Licht – und was wäre das denn, wenn nicht zuerst die vorgelebte Wahrheit? Das ist es, was Vincent an seinen langen einsamen Abenden in Paris beschäftigt: Wie soll ich leben?

Gescheitert

Es kommt, wie es kommen muss: Auch bei noch so großer Nachsicht dem Neffen des stillen Teilhabers gegenüber ist Vincent in der Pariser Filiale nicht länger zu halten. Er benimmt sich in den Augen der Pariser Kunst-Klientel wie ein holländischer Bauer.

Weihnachten kommt er – wie jedes Jahr – nach Hause zur Familie, die nun in Etten wohnt. Diesmal grenzt sein Kommen an unerlaubtes Entfernen, denn in der Galerie herrscht zu Weihnachten Hochbetrieb. Aber das interessiert Vincent nicht mehr. Mit dem Kunsthandel hat er nach über fünf Jahren innerlich abgeschlossen.

Am 10. Januar 1876 macht er Theo folgende Mitteilung: *inzwischen ist etwas vorgefallen, was mir nicht ganz unerwartet kam. Beim Wiedersehen mit Herrn Boussod fragte ich ihn, ob er damit einverstanden sei, dass ich auch dieses Jahr weiter in der Firma tätig wäre, und dass er wohl nichts sehr Ernstliches gegen mich einzuwenden hätte. Das letztere war doch der Fall, und er holte mir sozusagen die Worte aus dem Mund, dass ich am 1. April gehen würde unter Danksagungen an die Herren für alles, was ich in ihrem Hause etwa gelernt habe. Wenn der Apfel reif ist, genügt ein leiser Wind, dass er vom Baume fällt; so ist es auch hier;*

ich habe wohl allerlei getan, was in gewisser Weise sehr verkehrt war, und darum habe ich nur wenig zu sagen.

Jahre später wird er noch einmal auf sein Stillhalten zurückkommen, das ihn daran hinderte, sich gegen die Entlassung zur Wehr zu setzen: *Wäre damals das Geschäft das für mich gewesen, was die Kunst jetzt für mich ist, so hätte ich entschlossener gehandelt. Aber es war mir damals zweifelhaft, ob das der rechte Beruf für mich sei oder nicht, und so verhielt ich mich eher passiv. Als man mich fragte: ›Würden Sie nicht weggehen?‹, sagte ich: ›Sie finden, dass ich weggehen sollte? Also gehe ich‹ – mehr nicht. Es ist damals mehr geschwiegen als gesprochen worden.*

Der Vater hatte bereits bei Vincents Weihnachtsbesuch bemerkt, dass es mit ihm so nicht weitergehen könne und kündigt Theo nun eine Veränderung an: »Wie Vincent weitermachen wird, wissen wir noch nicht – er ist zweifellos *nicht* glücklich. Ich glaube, es ist dort nicht der richtige Platz für ihn. ... Es ist so viel Gutes in Vincent. Aus diesem Grund könnte es nötig sein, einen Wechsel in seiner Stellung herbeizuführen.« Da offenbart sich der Vater als liebender Patriarch, der es Vincent mit seiner Liebe schwer macht, denn den Patriarchen muss er überwinden, um er selbst zu werden. Hier zeigt sich die Konstellation, in der Vincent lebt. Die Eltern meinen es zweifellos gut mit ihm und er meint es gut mit seinen Eltern. Dennoch wächst die nicht mehr mit Liebe überwindbare Kluft zwischen ihnen. Keiner will es, keiner kann etwas dafür und dennoch steht man sich nun immer mehr gegenseitig im Wege. Der jeweils andere stört das eigene Befinden erheblich, allein dadurch, dass er so ist wie er ist.

VIERTES KAPITEL

Narr in Christo

(März 1876 - April 1881)

Vincent wird Gottsucher

Die Stelle in der Galerie bekommt ein junger Engländer, Harry Gladwell. Vincent ist das sehr recht, denn zu diesem jungen Mann hatte er in den letzten Wochen eine besonders innige Beziehung hergestellt, mit ihm sogar in einer Art Wohngemeinschaft gelebt. Wie sehr hungert er nach einem Menschen, dem er nah sein kann. Aber es ist etwas Befremdendes in seiner Freundschaft, etwas Unberechenbares, das den anderen aus Selbsterhaltungsgründen zur Flucht treibt. Am 11. Oktober 1875 hatte er voller Euphorie an Theo über Harry Gladwell geschrieben: *Wie Du weißt, wohne ich auf dem Montmartre. Es wohnt noch ein junger Engländer hier, Angestellter im Geschäft, 18 Jahre alt, Sohn eines Kunsthändlers in London, der wahrscheinlich später in das Geschäft seines Vaters eintreten wird. Er war noch nie von zu Hause fort und war besonders die ersten Wochen seines Hierseins gewaltig ungeschliffen ... Dieser junge Mensch wurde viel verlacht, anfangs selbst von mir. Dennoch fühlte ich mich nach und nach zu ihm hingezogen, und nun versichere ich Dir, dass ich äußerst froh bin, ihn des Abends zur Gesellschaft zu haben. Er hat ein naives und unverdorbenes Herz und arbeitet sehr tüchtig im Geschäft. Jeden Abend gehen wir zusammen nach Hause, essen das eine oder das andere auf meinem Zimmer, und den Rest des Abends lese ich vor, meistens aus der Bibel. Wir haben die Absicht, sie ganz vorzulesen.* Vincent findet hier bereits Gefallen am Verkünden von Gottes Wort, aber von Wahn oder Fanatismus kann eigentlich keine Rede sein. Alles, was Vincent unternimmt, ist von einer unbedingten Hingabe, so auch seine Lektüre der Bibel und der christlichen Mystiker, wie Thomas von Kempens »Nachfolge Christi«, ein Buch ganz im Geiste des Franziskanismus, das die Abwendung von der verderbten Kirche und eine Rückkehr zu der Reinheit der Anfänge, zur Passion Christi, fordert. Wie sehr dieser Geist Vincent prägt, zeigt eine andere Stelle in demselben Brief: *Gestern gingen wir zusammen ins Luxemburg, ich zeigte ihm dort die Bilder, welche mich am meisten anziehen und in der Tat, die Einfältigen wissen viel, was die Verständigen nicht wissen.* Da spricht sich der franziskanische Armutsgedanke aus, ein christlicher Geist, der nicht herrschen oder repräsentieren, sondern den Ärmsten und Verachtetsten dienen will. Aus diesem latenten Franziskanismus bei Vincent an Gogh erwächst auch seine Naturinnigkeit – dieselbe, die schon Giotto seine Meisterwerke ermöglicht hatte.

Später wird sich van Gogh über seine religiöse Inbrunst, die noch keine eigene Gestaltungsform gefunden hatte, selbst verwundern – mehr als einmal in seinem Leben ist er sich in einer überlebten Gestalt fremd geworden – aber sie ist für das, was als Maler aus ihm herausdrängen sollte, eine notwendige Phase. Entscheidend: Vincent hat sich abgelöst von den Maßstäben der Familie. Darüber, was das Christentum im Grunde ist, weiß er nun selber, was er zu denken hat: jedenfalls kein bequemes Beamtenverhältnis. Die Nachfolge Christi muss erschüttern und den ganzen Menschen ergreifen – darin ist er sich sicher. Auch mit dem »Tulpenhandel« hat er in diesem Pariser Jahr 1875 endgültig abgeschlossen: Schwindel und Frevel ist es, mit Göttlichem Handel zu treiben. Und nichts anderes als das Göttliche sucht er nun in den Bildern. Die neue Stärke, die Autonomie des Urteilens wird auch in dem Rat spürbar, den er Theo gibt: *Finde nur nicht alles gut und lerne für Dich den Unterschied fühlen zwischen verhältnismäßig gut und schlecht und lass das Gefühl Dir dann den rechten Weg weisen unter höherer Leitung; denn, mein Junge, wir haben es nötig ›que Dieu nous méne‹.*

Aber die Ideale sind immer zu groß für den Alltag, das muss Vincent erfahren. Auch sein getreuer Gladwell erweist sich als untreu. Kaum hat er seine Stelle bei Goupil bekommen, zieht er bei ihm aus. Wieder eine Enttäuschung mehr. Nicht nur die bürgerliche Karriere als Kunsthändler ist gescheitert, was er nicht bereut, auch die menschlichen Bindungen zerbrechen unerwartet schnell. So lesen wir schon im Februar 1876 in einem Brief an Theo: *Gladwell hat es, glaube ich, getan, ohne nachzudenken, ich bedauere ganz außerordentlich, dass er fortgeht, es wird schon bald sein, Ende des Monats wahrscheinlich.* Nun hält auch Vincent nichts mehr in Paris – Gladwell bringt ihn noch zur Bahn. Damit ist das erste Kapitel in seinem Leben abgeschlossen, ein anderes beginnt.

Es beginnt mit Umwegen und Verzögerungen. Die Richtung jedoch, in die sich sein Leben nun bewegen soll, ist in einem Brief an Theo ausgesprochen. Wieder ist es ein Buch, das ihm etwas gibt, was ihm sonst keiner zu geben vermag. Am 19. Februar – da ist er bereits bei Goupil gekündigt – schreibt er aus Paris: *Dieser Tage habe ich ein schönes Buch von Eliot gelesen, drei Erzählungen ›Scenes of Clerical Life‹. Besonders die letzte Erzählung, ›Janets's repentance‹, packte mich. Es ist das Leben eines Predigers, der richtig mitlebte mit den Bewohnern der schmutzigen Straßen einer Stadt. Sein Studierzimmer geht hinaus auf Gärten mit Kohlstrünken etc. und auf die roten Dächer und rauchenden Schornsteine armer Häuser. Als Mittagessen bekommt er gewöhnlich schlecht gekochtes Hammelfleisch mit wässrigen Kartoffeln. Im Alter von 34 Jahren stirbt er und wird in seiner langwierigen Krankheit gepflegt von einer Frau, die früher dem Trunk ergeben war, aber durch seine Worte und sozusagen auf ihn gestützt sich selbst überwunden und Ruhe gefunden hat für ihre Seele. Und bei seiner Beerdigung liest man den Text, worin es heißt: ›Ich bin die Auferstehung und das Leben, wer an mich glaubt, wird leben, ob er gleich stürbe.‹* Die Idee bekommt nun einen Zug ins Zwanghafte. Der Drang zum Leiden gehört zu ihm. Er sieht sich auf dem Passionsweg. Die Bilder seiner letzten Lebensjahre transformieren diese Sätze in Kunst.

Als Hilfslehrer in Ramsgate

Am Tag vor seiner Abreise aus Paris erhält Vincent ein Angebot. Er hatte auf mehrere Stellenanzeigen in englischen Zeitungen geantwortet und nun meldet sich eine Knabenschule im Seebad Ramsgate. Man bietet ihm eine Hilfslehrerstelle an, auf Probe und unentgeltlich, bei freier Kost und Logis. Vincent nimmt trotzdem an. Über seine Reise berichtet er am 7. April 1876 an die Eltern: *In London angekommen, ging zwei Stunden später ein Zug nach Ramsgate. Das ist noch ungefähr viereinhalb Stunden Bahnfahrt.* Das was er aus dem Zugfenster sieht und vor allem wie er das Gesehene dann nach Hause berichtet, zeigt den genauen Beobachter mit einem Gespür für die großen Kontraste und die kleinsten Nuancen: *Es ist ein schöne Strecke, unter anderem kamen wir auch durch eine hügelige Gegend. Die Hügel sind unten mit dürftigem Gras und oben mit Eichengebüsch bewachsen. Es hat viel von unseren Dünen. Mitten in den Hügeln lag ein Dorf, die graue Kirche – wie die meisten Häuser – mit Efeu bewachsen. Die Obstgärten standen in Blüte, und der Himmel war lichtblau mit grauen und weißen Wolken.* Und über Ramsgate erfahren die Eltern: *Die Häuser am Meer sind meist in schlichtem gotischem Stil gebaut, aus gelbem Stein, und haben Gärten voll Zedern und anderer dunkler, immergrüner Sträucher. Einen Hafen voll Schiffe gibt es, umschlossen von steinernen Dämmen, auf denen man spazierengehen kann.*

Die Szenerie der Anstalt erinnert an Beschreibungen Charles Dickens'. Mr. Stokes, der Betreiber, spart an seinen Schülern, wo er nur kann. Beim kleinsten Vergehen wird den Kindern das Essen gestrichen. Die hygienischen Zustände sind katastrophal; Wanzen bevölkern das Schulhaus. Vincent unterrichtet in allen Fächern, von Französisch bis Mathematik, liest mit seinen Schülern Hans Christian Andersens »Das Mädchen mit den Schwefelhölzern« oder probt englische Kirchenchoräle. Auf die Dauer kommt er sich, bei aller Anspruchslosigkeit, doch ausgebeutet vor. Kurz darauf zieht die Schule von Ramsgate in den Londoner Stadtteil Isleworth um. Vincent soll mitkommen, denn einen günstigeren Lehrer als ihn kann Mr. Stoke nicht bekommen. Er stimmt zu. Weil er endlich die Natur wieder einmal spüren will, die er, eingesperrt im dunklen Schulhaus, lange vermisste, und wohl auch, weil er kein Geld hat, wandert er zu Fuß die über hundert Meilen nach London. Nur zwei Wege meint er gehen zu können: *Es ist mir in diesen Tagen, als ob es keinen anderen Beruf mehr auf der Welt gäbe als den eines Schulmeisters oder Predigers mit allem, was dazwischen liegt, Missionar, London missionary etc. London missionary ist wohl ein eigenartiger Beruf, glaube ich, man muss umhergehen unter den Arbeitern und Armen, um die Bibel zu verbreiten ...*

Auch in London weigert sich Mr. Stokes, Vincent für seine Arbeit zu bezahlen, mit der Begründung, freie Kost und Logis wären schon genug Entlohnung. Vincent hat diese schnöde Behandlung schon längst satt, aber der Grund dafür, dass er Mr. Stoke verlässt – oder genauer: von diesem gekündigt wird – ist ein anderer. Vincent soll als Geldeintreiber die Eltern seiner Schüler aufsuchen und die ausstehenden Monatsbeiträge kassieren. Die Familien, die er nun besucht, wohnen in den elendsten Gegenden Londons, den schmutzigen East-End-Vierteln. Völlig überbelegt starren diese Proletarierwohnungen vor Schmutz und Verwahrlosung. Nie hätte er sich vorstellen können, dass es gibt, was er hier zu sehen bekommt. So unwürdig müssen Menschen vegetieren und er soll ihnen ihnen noch das letzte Geld abpressen? Das kann er nicht, statt dessen lässt er sich von den Lebensumständen dieser Familien erzählen, deren hoffnungslose Armut ihn bedrückt und empört. Mr. Stokes jedoch ist über seinen unfähigen Geldeintreiber empört – Vincent kann gehen. Aber diesmal geht er aufrecht mit dem Gefühl, das Richtige getan zu haben.

Er wechselt an eine andere Knabenschule in Isleworth, die vom Methodistenpfarrer Thomas Slade Jones geleitet wird, dort bekommt er wenigstens ein symbolisches Gehalt. An die Eltern schreibt er: *Man hört hier oft das Wort: Gott sorgt für die, die für ihn arbeiten.* Der Widerspruch zwischen dem hohen Idealismus dieses Satzes und dem in ihm mitschwingenden Zynismus beginnt ihm langsam aufzugehen.

Bei Mr. Jones wird er gleichzeitig Hilfsprediger. Dem Pfarrer gefällt, dass Vincent so starke theologische Ambitionen hat – und lässt ihn Ende Oktober seine erste Predigt halten, von der er seinem Bruder sofort voller Euphorie berichtet: *Ich hatte das Gefühl wie jemand, der aus einem dunklen unterirdischen Gewölbe wieder an das freundliche Tageslicht kommt. Als ich auf der Kanzel stand, war es mir ein herrlicher Gedanke, dass ich fortan, wohin ich kommen werde, das Evangelium verkünden werde – um das gut zu tun, muss man das Evangelium in seinem Herzen haben.* Und einige Tage später erfährt Theo, der zum Christentum in einem distanziert-nüchternen Verhältnis steht und den die ungebremste Ekstase seines Bruders tief beunruhigt: *Theo, weh mir, wenn ich das Evangelium nicht predige, wenn ich das nur im Auge hätte und nicht Hoffnung und Vertrauen in Christus, dann würde ich nur Weh haben, nun aber habe ich einigen Mut.*

Die Predigt ist erhalten geblieben. In ihr enthalten sind alle Motive seines späteren Malerlebens, nur eben noch unmittelbar-bekenntnishaft verstanden, nicht in einen wirklich erfahrbaren Lebensausdruck gebracht. Vincent pedigt über den Psalm 119,19. »Ich bin ein Gast auf Erden; verbirg Deine Gebote nicht vor mir.« Ein Leitmotiv seiner Pilgerreise zur Sonne ist hier ausgesprochen: Fremd zu sein auf Erden und durch das göttliche Licht ein Erkennender zu werden. So also spricht er aus, was ihn am meisten bewegt: *Es ist ein alter Glaube, und es ist ein guter Glaube, dass unser Leben eines Pilgers Reise ist – dass wir Fremdlinge auf Erden sind, aber dass wir, obwohl dem so ist, nicht allein sind, denn unser Vater ist bei uns. Wir sind Pilger, unser Leben ist ein lange Wanderung oder Reise von der Erde zum Himmel.* Den Ausweg des Himmels wird sich Vincent dann schon kurze Zeit später versperren; was göttlich ist an unserem flüchtigen Leben, das muss sich auch hier und jetzt zeigen – wenigstens als Funke, der Gesehenes verwandelt, als Geheimnis, dessen Aura spürbar wird. Das Jenseits aber ist eine Lüge der Pfaffen, damit braucht man sich nicht zu beschäftigen. Bis zu dieser Einsicht hat Vincent noch einige Erfahrungen zu durchleiden, hier aber spricht er noch mit jugendlicher Unbefangenheit aus, was auf seiner Pilgerreise als eine schwere Bürde lasten wird: *Trauern ist besser denn Lachen – und selbst in der*

Freude ist das Herz traurig – und es ist besser, in das Klagehaus zu gehen denn in das Trinkhaus ... Es wird eine Zeit für ihn kommen, da wird er selbst nur noch das Trinkhaus und sogar das Hurenhaus als Orte akzeptieren, an denen nicht gelogen wird und an die er vor dem Ekel flieht, den die Welt in ihm hervorruft. Es steckt darin sogar ein Bekenntnis: auch dies sind Orte, an denen Menschen sind, die Jesus geliebt hat – viel mehr als die Pharisäer.

In dieser Zeit steigert sich Vincents ohnehin schon bescheidene, geradezu asketische Lebensweise bis zur Selbstkasteiung. Er sieht sich nun in der Nachfolge Jesu. Das allein ist es jetzt, worüber er noch nachdenken und sprechen mag. Auf seine Umwelt wirkt er wie ein Schwärmer, der jeden Kontakt zur Realität verloren hat und sich an seiner eigenen Auserwähltheit berauscht. Aber Vincent entsetzt die Not, die eine brutale Industrialisierung über die Arbeiter gebracht hat. Die lässt ihn danach fragen, wie die Menschen im Sinne des leidenden und sich opfernden Menschen Jesus leben sollen. Die Übersteigerung seines Willens zum Mitfühlen macht ihn krank. Er fiebert, magert ab und ist erschreckend blass. Nur seine Pfeife genießt er noch, ansonsten ist er nun bereit, sein Leben nach den Evangelien zu leben, was heißt, es anderen zum Opfer zu bringen und nichts für sich selbst zu wollen. Und dennoch steigert sich dabei seine Empfänglichkeit für die sinnliche Kraft der Natur. Sein Blick auf die Natur ist schon der registrierende eines Malers – und zugleich der eines von Heimweh Gequälten: *Aus dem Fenster dort hat man einen Blick, der sehr an Holland erinnerte – ein Grasanger, den der Regen beinah in einen Morast verwandelt hatte, ringsherum die Reihen der Häuschen mit ihren Gärten und die Lichter der Laternen, die gerade angezündet wurden.*

Weihnachten 1876 ist Vincent wieder bei seinen Eltern in Etten. Er ist sich sicher, dass er danach wieder nach London zurückkehren wird. Aber die Familie, in höchster Sorge um sein in ihren Augen maßloses Schwärmertum, beschließt anderes. Der Vater hatte bereits am 8. September folgendes an Theo geschrieben: »Gerade ein Brief von Vincent. Wir waren noch nicht in der Lage, ihn vollständig zu lesen, wegen der wackeligen Schrift. Aber es ist jedenfalls kein Brief, der uns Freude spendet, leider! Wenn er nur lernen würde, einfach wie ein Kind zu bleiben und nicht immer wieder seinen Brief auf solch übertriebene und überreizte Weise mit Bibeltexten zu füllen. Das versetzt uns mehr und mehr in Sorge, und ich fürchte, dass er gänzlich unfähig fürs praktische Leben wird; es ist bitterlich enttäuschend. Wie sind seine Briefe an Dich? Wenn er ein Evangelist werden möchte, so sollte er bereit sein, mit den Vorbereitungen und notwendigen Studien zu beginnen; dann hätte ich mehr Zutrauen.« Da spricht der liberale Theologe mit einer Lebensklugheit, von der Vincent hier und jetzt gerade nichts hören will. Er befindet sich in einem Zustand der Ekstase – ist bereits *Narr in Christo*, etwas, das später zur Grundvoraussetzung seines schöpferischen Malrauschs werden wird. Strukturell ist Vincent schon hier ein *Mystiker*, aber noch im Evangelientext gefangen. Später wird seine Mystik überhaupt keinen religiösen Inhalt mehr zulassen, sie ist dann ganz ekstatische Form geworden. Aber das, was ihm erst malend auszudrücken gelingt, die Heiligung des Profanen (die Natur!), es rumort schon hier in Vincent, wenn auch noch ohne eigene Form. In seiner Art anzubeten steckt von Anfang an ein Pantheismus, der Geist eines Mystikers, der den Heiligen nur in Gestalt des Ketzers akzeptiert. Die konventionellen Antworten auf die Grundfragen menschlicher Existenz befindet Vincent ab jetzt Schritt für Schritt für untauglich (damit auch die konfessionelle Gestalt des Religiösen), aber die Fragen danach drängen wie neu und so noch nie gehört auf ihn ein.

Auf diese Weise drückt sich bei ihm ganz elementar ein Franziskanismus aus, der die Nähe zu den Elenden, Kranken und Schmutzigen sucht, im Kleinsten das Größte findet – und nur dort.

Plädoyer für die Legende

Vor Jahren sah ich im Fernsehen das Porträt der damals ältesten lebenden Französin, sie war fast 120 Jahre alt. Als sie gefragt wurde, was sie aus ihrer Kindheit noch besonders deutlich erinnere, antwortete sie: Vincent van Gogh! Im Arles ihrer Kindheit sei der verrückte Kerl stadtbekannt gewesen. Völlig ausgeschlossen ist das natürlich nicht, aber höchst unwahrscheinlich. Etwas, das zwar denkbar, aber sehr unwahrscheinlich ist, wird zum Stoff für eine Legende. Und noch etwas ist hier berührt: die Frage der Zeitgenossenschaft. Stirbt sie mit dem letzten der Dabeigewesen aus, oder gelingt es den Zeugnissen einer nicht mehr unmittelbar erinnerbaren Zeit, sie uns gegenwärtig zu halten? Und wie müssten diese Zeugnisse beschaffen sein? Solange man den Lebensbogen zu einem vergangenen Ereignis oder einer inzwischen gestorbenen Person zurückschlagen kann, so lange wird immer mehr als bloße Historie verhandelt. Selbst wenn der Zusammenhang nur ein möglicher bleibt, ist damit der Zeitbegriff der Aktualität gesetzt. Sobald aber die letzten der Dabeigewesen gestorben sind, gibt es nur zweierlei: das Vergessen oder die Legende. Das scheint unvermeidlich. Nicht ob es zur Legende wird, sondern wie diese aussieht, ist dann die Frage.

Wie also funktioniert unser Gedächtnis? Was schafft sich unsere Erinnerung für Tatsachen, an denen sie dann eisern festhält und was an tatsächlicher Begebenheit löst sie auf, so lange bis es im Nebel des Namenlosen verschwunden ist? Und warum machen wir das – im Zusammenspiel unserer bewussten und unbewussten Kräfte, die sich als Ganzes unserem Zugriff entziehen?

Was tun wir mit solchen Legenden? Sie entschlossen mittels faktischer Richtigstellung korrigieren, bis nichts mehr von ihnen übrig ist? Und was tritt dann an ihre Stelle? Etwas, das sich nicht für eine Legende, sondern für gesicherte Erkenntnis hält. Wird diese angestrebte Legendenfreiheit am Ende vielleicht zur gefährlichsten aller

Legenden? Anders gefragt: Stehen Legenden einem lebendigen Erkennen von Biografie möglicherweise näher als alle wissenschaftlichen Erklärungsversuche? Die Biografie als Essay, das scheint wohl am ehesten jene Modernität des Werks zu erklären, das nicht allein aus gelebtem Leben resultiert, sondern anerkennt, dass auch die Bilder ihr eigenes Leben haben. Dass sie darüber hinaus zugleich Lebenszeugnisse sind, gibt dem biografischen Versuch den Charakter eines Experiments, das von der Tatsache ausgeht, dass in jeder schreibenden Annäherung an den Maler und seine Bilder sich ein Akt der Neuzeugung vollzieht.

Legenden sind Geschichten über das Mögliche, Schöpfungsmythen im Kleinen, im Alltäglichen. Legenden berühren Geheimnisse, ohne sie zu zerstören. Julius Meier-Graefe, ein ausdrucksstarker Autor mit jener Präzision »im Bereich der ungenauen Dinge«, die nach Robert Musil den Essayisten auszeichnet, bejaht die Legende als Vergegenwärtigungsform eines Lebens, das sich künstlerisch ausdrückt, indem es in sich selbst eine Welt findet.

Es ist die Rede vom Eintreten in das Geheimnis, das die eigene Unwägbarkeit entschlossen immer wieder neu in eine Form bringt. Meier-Graefe über Vincent van Gogh: »Aber wenn einst sein mutiger Eingriff in die Malerei verblassen sollte, wenn seine Gestalten, seine Ebenen, seine Himmel fühlende Menschen nicht mehr zu erschüttern vermöchten: Eins bleibt von ihm, sein Heldentum. Die Geschichte seines Lebens ist bestimmt, eine neue Art von Legenden zu bilden, die einzige, die uns übrigbleibt, die Legende von dem Sämann, der Menschen machen wollte. ... Was haben die Delacroix und Corot mit dem ungeheuren Umfang ihres Schaffens, mit der Tiefe ihrer Visionen erreicht? Sie sind ins Museum gekommen. Was nützte Cézanne sein zuweilen umstürzender Hass auf den Louvre? Er konnte sich der Ehre nicht erwehren. Was half Renoir der Ruf nach der kooperativen Schöpfung, die er so gut wie ein Rubens befruchten konnte? Er ist nichtsdestoweniger eine der Säulen mehr, die man im Museum

Sämann bei untergehender Sonne, Arles, November 1888
Amsterdam, Rijksmuseum Vincent van Gogh, Vincent van Gogh Stiftung

Erinnerung an den Norden, Saint-Rémy, März-April 1890
Amsterdam, Rijksmuseum Vincent van Gogh, Vincent van Gogh Stiftung

und nur im Museum bewundert. Nichts ist von allen übriggeblieben, außer dem Platz in dem gläsernen Haus. Ihr Leben selbst mit Frau und Kind ist Farbe geworden. Dieser eine hat widerstanden. Wohl sind auch seine Bilder in das Museum gewandert. Von dem Menschen aber ist ein Stück übriggeblieben, eine Legende. Die Legendenbildung zu fördern ist der Zweck des Buches Vincent van Gogh. Denn nichts ist uns nötiger als neue Symbole, Legenden eines Menschentums aus unseren Lenden.«

Um ein über das Faktische hinausgehendes Deuten kommen wir nicht herum, wenn wir nach den Quellen seiner unerhörten Wirkung suchen, denn das, was das Einmalige van Goghs ausmacht, es findet sich weder in einem bislang unveröffentlichten Brief, noch in einem weiteren als Sensationsfund dargebrachten Augenzeugenbericht aus den Papieren eines Zeitgenossen.

Nur zu dem sprechen die Bilder, der sehend in sie eintritt. Nur der bekommt von ihnen etwas, der auch von sich zu geben bereit ist. Manche Kunsthistoriker gefallen sich dagegen in der Pose des Kriminalisten. Die Jagd nach immer neuen Details wird ihnen zur lebensausfüllenden Tätigkeit. Glauben diese wirklich, wenn man die Legende – für sie bloßes Vorurteil, mehr noch Fehlurteil – ausstriche, dann bliebe die Wahrheit übrig? Akribie allein reicht da nicht aus. Wo die eigene Deutung ausbleibt, hat man es bei allem Sammeleifer doch eher mit einer Form des selbstgenügsam in neuen Funden schwelgenden Vereinslebens zu tun. Aber von so harmlosem Geist wie manche ihrer biederen Sachwalter ist die Kunst nun keineswegs – und Vincent van Goghs Bilder sind sogar, im Sinne Nietzsches, »Dynamit«.

Plädoyer für die Legende. Das klingt in den Ohren fortgesetzt entmythologisierender und dekonstruierender Kunstsachverständiger nicht gut, das klingt ihnen unerhört wissenschaftsfeindlich. Aber während diese Wissenschaft forciert auf ein Negieren aller Mythen und Legenden zielt, vermag sie wohl kaum noch erhellend über Bilder zu sprechen, die doch – im Falle Vincent van Goghs – nicht bloße Abbilder, sondern immer auch Urbilder sind. Das heißt, in ihnen ist etwas, das über das Gezeigte hinausgeht. Erst dann, wenn das Urbildhafte in ihnen wiedergeboren wird, sind Bilder anderes als Bebilderung. So steht alle moderne Kunst, wo sie wesentlich wird, in Opposition gegen das bloß Abbildhafte, das im 20. Jahrhundert der Sphäre des Konsums und der Ideologie anheimfallen sollte.

Die fruchtbringende Funktion einer Legende ist es, Symbole zu bilden, die selbst wieder wertsetzend sind, weil sie sich für das praktische Tun *unverfügbar* halten. Das Gegenteil davon wäre eine sich aufs äußere Gerüst von Fakten und Informationen zurückziehende Form der Biografie, die sich – um ein Wort des jungen Hegel in der Kritik der positiven Religion aufzunehmen – statt des Verstehens der lebendigen Natur mit dem Anlegen einer wohlsortierten, aber leider ganz und gar toten Schmetterlingssammlung begnügt. Von der einstigen Pracht sind dann nur noch tote, auf Nadeln gespießte Hüllen zu besichtigen: eine Tätigkeit für Archivare und Buchhalter.

Dieser Maler hat sich eine eigene Sprache erfunden – und die Tatsache, dass sie immer noch zu uns spricht, offenbart, dass er mit seinen Bildern nicht nur für sich etwas erfunden, sondern für uns alle etwas gefunden hat. Was das sein könnte? Im Selbermachen von etwas, das man glaubt, machen zu müssen, liegt ein Glück, das nicht trivial wird. Vincent van Gogh, der sich oft vorkam wie ein »zottiger Hund«, ein »schmutziges Vieh«, das nirgendwo erwünscht ist, hat es gefunden.

Der traurige Hilfsbuchhändler

Die Familie beschließt, dass er zuerst einmal etwas Praktisches arbeiten solle, was nichts mit Theologie zu tun hat. Vielleicht beruhigt sich Vincent wieder. Davon überzeugt man auch Onkel

Cent, der von seinem Neffen, in dem er bereits seinen Erben gesehen hatte, gründlich enttäuscht ist. Noch einmal kann er überredet werden, zum Wohle der Familie seine Beziehungen spielen zu lassen und Vincent eine Stelle als Buchhandlungsgehilfe zu besorgen; diesmal ganz nah bei den Eltern in Dordrecht, in der Buchhandlung Blussé & van Brahm. Vincent versucht, sich zu disziplinieren, die Legitimität der väterlichen Argumentation anzuerkennen und besichtigt den Buchladen, der für ihn ausgesucht wurde. Theo schreibt er am Silvestertag 1876: *Ich bin also gestern morgens früh dort gewesen, ich fand, dass ich das nicht vorübergehen lassen dürfte, ohne zu sehen, was es sei. ... Es gibt viele Dinge, die es wünschenswert machen, dass ich wieder daheim bin in Holland, in der Nähe von Vater und Mutter und auch von Dir und den anderen. Sodann wird das Gehalt dort sicher besser sein als bei Mr. Jones, und vor allem mit Hinblick auf später, ist es Pflicht, daran zu denken.* Da spricht der Vater aus dem Sohn – aber so ganz glaubt sich Vincent wohl selbst nicht. Es ist ein verzweifeltes Bemühen, den Eltern die Sorgen zu nehmen sich als guter Sohn zu zeigen. Aber innerlich ist er ihnen längst unerreichbar geworden.

In der Buchhandlung beschäftigt man ihn vor allem mit Verwaltungsarbeiten; wieder wird er fast ganz unsichtbar. Fünfundzwanzig Jahre nach seinem Tod erinnern sich die Tochter und der Sohn des Buchhändlers an den seltsamen Kauz. Wie sie das tun, das zeigt ihre anhaltende Verachtung. Die Tochter: »Ich habe nie gedacht, dass an ihm etwas wäre, an diesem van Gogh. Offen gestanden fand ich ihn einen richtigen Döskopp.« Und der Sohn: »Eigentlich hat er nicht richtig mitgezählt ... er hatte so etwas an sich, als wäre er von allen verlassen, als wäre ihm Unrecht geschehen. Wenn man den Jungen so gehen sah, musste man Mitleid mit ihm haben.«

Immer wenn er sich unbeobachtet glaubt, schiebt er die Lieferscheine beiseite und holt die Bibel hervor, die er parallel in mehrere Sprachen überträgt. Dordrecht, von Januar bis April 1877, das ist für ihn eine verlorene Zeit, eine reine Selbstkasteiung, den Eltern zuliebe. Einen einzigen Freund findet van Gogh hier, den Hilfslehrer an der Armenschule P.C. Görlitz. Dieser beschreibt ihn so: »Sein Gesicht war hässlich, sein Mund mehr oder weniger schief, überdies war sein Gesicht voll Sommersprossen, und seine Haarfarbe ging ins Rötliche. Wie gesagt, sein Gesicht war hässlich, aber wenn er über Religion und über Kunst sprach und dabei, was schnell geschah, in Feuer geriet, dann leuchteten seine Augen, und seine Gesichtszüge machten auf mich wenigstens einen tiefen Eindruck; es war nicht mehr dasselbe Gesicht, es war schön geworden.«

Da beim Buchhändler schon drei seiner jungen Angstellten in Pension sind, wird Vincent bei dem Lehrer untergebracht, mit dem er sein Zimmer teilt. Jeden Abend liest er lange in der Bibel und eines Tages trägt er zaghaft die Bitte vor, einige biblische Bilder auf die Tapete zu kleben: »Ich willigte natürlich sofort ein, und mit fieberhafter Eile ging er ans Werk. Nach einer Stunde war das ganze Zimmer mit biblischen Bildern und mit Ecce-Homos ausgeschmückt, und unter jeden Christuskopf hatte van Gogh geschrieben: ›Stets traurig, aber allzeit fröhlich.‹«

Görlitz berichtet auch, dass Vincent sonntags dreimal in den Gottesdienst ging, ohne dabei einen Unterschied zwischen der katholischen, protestantischen oder altkatholischen Kirche zu machen. Er kam allein wegen des Evangeliums, das gelesen wurde. Und er lebt auch streng danach, was ihn in den Augen anderer ein komischer Heiliger sein lässt: »Einen Sonntagnachmittag gingen wir spazieren, da sah er einen mageren, abgehetzten, herrenlosen Straßenköter, bettelnd und verhungert. Er suchte in seinem Portemonnaie und fand noch ein Zehn-Cent-Stück (es war das einzige, denn es war der Letzte des Monats). Nun kaufte er dem Hund zwei Semmeln für fünf Cent und sah befriedigt zu, wie das Tier mit ein paar Happen das Brot verschlang. Zu seinen beiden Gefährten zurückgekehrt, sagte van Gogh: ›Was glaubt ihr wohl, was das Tier mir gesagt hat? Dass es Appetit auf noch ein paar Semmeln hätte‹, und seiner Eingebung folgend, kaufte er noch zwei und gab sie dem hungernden Hund. Jetzt hatte er selber kein Geld mehr, um eine Unze Tabak zu kaufen, den einzigen Luxus, den er sich erlaubte.«

Dieser freundliche Herr Görlitz ist es dann auch, der von Vincents Mutter danach gefragt, wie es diesem gehe und ob er sich denn im Buchladen »eingewöhnen« könne, antwortet: »Frau Pastor, wenn ich Ihnen die volle Wahrheit sagen soll: Vincent taugt nicht für sein Fach, seine Berufung ist eine andere, der Gottesdienst.« Diese unverblühmte Mitteilung verfehlt dann auch nicht ihre Wirkung auf die Eltern.

Amsterdam. Leben für die Aufnahmeprüfung

Die Eltern haben ein Einsehen und sind einverstanden damit, dass Vincent Theologie studiert. Aber seine Schulbildung reicht dafür nicht aus, er wird – vor allem in alten Sprachen – viel nachholen müssen, um ein Theologie-Studium überhaupt beginnen zu können. Privatlehrer werden engagiert, die sind teuer, der Vater rechnet mit 1,50 Gulden pro Stunde, das summiert sich. Aber es ist nun einmal beschlossen und im Mai 1877 kommt Vincent in Amsterdam an, wieder ist alles bereits für ihn organisiert. Onkel Jan, der Admiral, stellt ein Zimmer zur Verfügung, Onkel Sticker (der Pfarrer, ein Bruder seiner Mutter) besorgt ihm die Privatlehrer – er darf bloß eines jetzt nicht: noch einmal versagen. An Theo schreibt er: *Wenn ich Prediger werden darf, wenn ich diesen Beruf so ausfülle, dass mein Schaffen dem unseres Vaters gleicht, dann werde ich Gott danken.*

Etwas macht ihm Sorge: er lernt schwer, man könnte fast sagen: gar nicht. Buchstabenwissen war es gerade nicht, was ihn am Evangelium fasziniert hat, sondern die lebendige Flamme, das Mitreißende im Jubel und Leiden, das Gefühlshafte. Aber für ein Theologiestudium muss man Latein und Griechisch beherrschen. Er bekommt gute Lehrer, die sich später auf ihrem Gebiet einen Namen machen werden. In Griechisch unterrichtet ihn ein junger Rabbiner, Mendes da

Costa, der im Judenviertel von Amsterdam wohnt. Ein Neffe von diesem, Teixeira de Mattos, Religionslehrer an der israelitischen Schule, versucht Vincent Algebra und Geometrie beizubringen. Er strenge sich an, wie ein Hund, der einen Knochen abnage, gesteht Vincent in einem Brief an Theo. Diesmal will er sich zum Erfolg zwingen. Er lebt strengste Askese, hat nur Bücher und Lernen im Kopf und dennoch will es ihm nicht gelingen. Für ein derartiges Schulwissen ist er einfach nicht begabt. Onkel Jan, der Admiral, sieht das fromme Gehabe seines untalentierten Neffen mit Widerwillen, er ist ein praktischer Mensch und mag diesen überanstrengten Jungen seines Bruders nicht. Für seine »Studien« wird er auf sein Zimmer verwiesen, da muss ihn der Onkel wenigstens nicht sehen.

Vincent ist ein Ekstatiker. Wenn man die Briefe aus dieser Zeit liest, dann befremdet ein pathetischer Ton, eine falsche Anstrengung, die wie ein verkrampftes Dauerlächeln wirkt, ein allzu penetranter Klang, mit dem er seine endlich gefundene Berufung feiert – und mit dem er sich über die in ihm mehr und mehr aufsteigenden Zweifel betrügt. Wie später, als er nicht aufhören kann, Theo zu überreden, dass auch er Maler werden solle, versucht er hier den gar nicht religiösen Theo immer wieder zu missionieren.

So funktioniert sein Seelenleben: er braucht Gefährten der eigenen Begeisterung. Er zeichnet nun auch ab und zu, interessiert sich – vielleicht zum ersten Mal – wirklich für Malerei, vor allem für Rembrandt, an dem ihn das Licht fasziniert. Und immer wieder wird Theo angehalten, er sollte doch Thomas von Kempens »Nachfolge Christi« lesen, darin seien Worte, *so tief und ernst, dass man sie nicht ohne Aufregung, ja beinahe nicht ohne Furcht lesen* könne. Dem bloßen Auswendiglernen verweigert sich etwas in ihm, ebenso wie später dem stumpfsinnigen Kopieren von Gipsmodellen. Wenn es jedoch um das Aufnehmen von Landschaft oder von menschlichen Tragödien geht, dann ist er hundertmal sensibler als all die, die ihre Lektionen so mühelos auswendig lernen. Immer wieder ist es der

Tod anderer, der ihn in eine starke Unruhe versetzt. Seine Fähigkeit zu einem fast grenzenlosen Mitleid zeigt sich, auch sie wird sich als eine notwendige Last erweisen, die er zu tragen hat um seiner Bilder willen.

Ein Erlebnis, das einen großen Eindruck auf ihn machte, schildert er Theo: *Vor einigen Tagen fielen bei der Kattenburger Brücke ein paar Kinder ins Wasser. Onkel sah es und kommandierte die Schaluppe der ›Makassar‹, die im Dock liegt. Ein kleiner Junge wurde herausgeholt; mit zwei Schiffsärzten, die Onkel dorthin schickte, und den Männern, die den Jungen trugen, ging ich zu einer Apotheke; dort wurde alles versucht, um das Kind wieder zu sich zu bringen, doch wollte es nicht gelingen. Inzwischen wurde es durch den Vater, der Heizer auf der Werft ist, erkannt, und die Leiche wurde in einer wollenen Decke nach Hause gebracht. Noch anderthalb Stunden hat man gesucht, in der Meinung, dass auch noch ein Mädchen hineingefallen sei, doch scheint das glücklicherweise nicht zuzutreffen. Abends bin ich noch einmal zu den Leuten gegangen, es war bereits dunkel im Haus; der kleine Leichnam lag so still in einem Seitenstübchen auf einem Bett, es war ein so liebes kleines Kerlchen. Es herrschte große Trauer, das Kind war sozusagen das Licht des Hauses, und dieses Licht war nun ausgelöscht. Äußert sich der Schmerz bei rohen Menschen auch roh und ohne Würde – wie bei der Mutter –, so fühlt man doch viel in einem solchen Haus der Klage, und der Eindruck blieb mir den ganzen Abend, während ich einen Spaziergang machte.*

Die Monate in Amsterdam sind für ihn eine einzige Tortour. Neben den alten Sprachen soll er auch noch Mathematik lernen.

Nach zwei Wochen kapituliert Vincent. Er schafft es nicht, den Stoff aufzuholen und das bedeutet, er wird nicht Theologie studieren können, er wird nicht wie der Vater Pfarrer werden. Wiederum bereitet er allen eine schwere Enttäuschung. Viel Geld hat der Vater ausgegeben – und wofür? Er hätte es ahnen können, sein erstgeborener Sohn bringt ihm nur Sorgen und Ärger.

Doch wozu muss man überhaupt Theologie studieren, genügt es nicht, ein fühlendes, mitleidiges Herz zu haben? Wo ist das Wort zu finden, das zum Licht auf dem Weg wird? Auf den Universitäten wohl ebensowenig wie in den Kirchen. Vincent steht ganz allein da, mit seiner brennenden Liebe zum Leben und Leiden Christi, des Bruders der Niedrigsten der Niedrigen. Er sieht sich wie Franziskus als einen Armen im Geiste, der doch mehr weiß als all jene, denen vom falschen Wissen die Herzen verdorben sind. Was bleibt ihm da anderes als selbst zum Missionar zu werden?

Das Scheitern ist eine gründliche Lektion für Vincent. Wenn er also nicht auf die Universität gehen kann, um Pfarrer zu werden, vielleicht gelingt es dann eine Stufe niedriger, schließlich geht es ihm um die praktische seelsorgerische Tätigkeit. Die Familie arrangiert einen Wechsel auf die Evangelisationsschule in Brüssel, wo er einen dreimonatigen Kursus belegt. Aber Vincent ist schon zu sehr ein Fremder unter Menschen, er kann sich nicht mehr an ein Schülerdasein gewöhnen, wie einige Episoden aus dieser Zeit bezeugen. Als er im Unterricht gefragt wird, ob ein bestimmtes Wort nun im Nominativ oder im Akkusativ stehe, antwortet er, das sei ihm wirklich ganz gleichgültig. Auch dieser Versuch, Vincent wieder in einer Ordnung einzufangen, misslingt. Er lebt inzwischen als Fremder in der Väterwelt, auch wenn er versucht, das mit doppelter Hinwendung und Liebe zum Vater wieder auszugleichen – vergeblich. Die anderen bemerken sein Fremdsein eher als er selbst.

Vincent, der eifrige Bibelleser, lässt sich von niemandem mehr erklären, was er selbst längst – und tiefer als alle Katheder-Theologen – begriffen hat: *Wenn man uns nur wenige, aber solche Worte sagen würde, die eine Bedeutung hätten, so würde man damit Besseres tun als mit den Reden der vielen anderen, die nur eitler Klang sind und so wenig Nutzen bringen, wie sie gefällig auszusprechen sind. Wenn man nur getreulich fortfährt zu lieben, was wahrlich der Liebe würdig ist, und wenn man seine Liebe nicht verschwendet an unbedeutende, nichtige und feigherzige Dinge, dann wird man nach und nach stets mehr Lie-*

be empfangen und stärker werden. ... Es ist manchmal gut, viel in der Welt zu gehen und mit den Menschen zu verkehren, und zeitweilig ist man wohl dazu verpflichtet und angehalten; am sichersten aber geht derjenige in der Welt und unter den Menschen umher, der lieber still allein an seiner Arbeit sein und nur sehr wenig Freunde haben möchte. ... Und auch in den gebildetsten Kreisen und der besten Umgebung und den besten Verhältnissen muss man etwas von der ursprünglichen Art eines Robinson Crusoe oder eines Naturmenschen behalten: denn sonst wurzelt man nicht in sich selbst; man muss das Feuer in seiner Seele nie erlöschen lassen, sondern es anfachen. Und wer für sich selbst fortfährt, die Armut zu bewahren und sie zu lieben, der besitzt einen Schatz und wird die Stimme seines Gewissens stets deutlich sprechen hören; wer diese Stimme, die beste Gabe Gottes, in seinem Innersten hört, folgt ihr, findet zuletzt darin einen Freund und ist nie mehr allein.

In dieser Zeit nimmt auch die Bedeutung der Askese für ihn immer mehr zu – sie führt sogar zu Formen der Selbstgeißelung, wie man sie aus dem Mittelalter kennt. So schläft er nun oft vor statt in seinem Bett, kniet lange und beginnt sich selbst mit einem Stock zu schlagen. Erste Zeichen des Wahnsinns, wie manche Biografen meinen? Aber er behauptet auch gar nichts anderes zu sein als ein *Narr in Christo*, der nicht dem Wort der Menschen, sondern dem Gottes untertan sein will. Die Unbedingtheit der Hingabe an das Höchste muss jedes vorfindbare Maß sprengen. Die Wiedergeburt Gottes auf dem Grunde der Seele des Menschen, dieses mystische Glaubensbekenntnis Meister Eckharts, weiß Gott im Menschen – wie den Menschen in Gott. Vincent erkennt nur noch eine Autorität an – das Wort des Evangeliums. Menschliche Autorität aber ist für ihn bloß eitle Anmaßung; ihr beugt er sich nicht mehr. Damit ist er zugleich der freieste und unfreieste Mensch, denn die Welt hört wegen eines Einzelnen nicht auf, nach ihren Regeln zu funktionieren.

Dieses Paradox treibt ihn schließlich zur Kunst. Allein malend kann er dem Verhängnis, das zugleich auch eine Auszeichnung ist, eine Form geben. Das macht seine Bilder so wuchtig, das verbraucht aber auch seine Kraft. Malen wird ihm zum fortgesetzten Opferdienst werden.

Natürlich legt die Welt gar keinen Wert auf Vincents Opfer. Er steht damit allein und unbemerkt da. Die Verkennung durch die Welt ist ein Teil des ihm aufgegebenen Martyriums. Der Verschleiß seiner Gesundheit beginnt sich zu zeigen: Ausbrüche von Jähzorn, Unbeherrschtheiten. Er kann sehr gewalttätig sein. Als ihm auf der Predigerschule jemand aus Spaß an seiner Jacke zieht, während er an der Tafel etwas zeichnet, dreht er sich um und beantwortet die Störung mit einem mächtigen Faustschlag. Nicht gerade die Sorte Evangelisation, die man sich hier bei einem angehenden Missionar vorstellt. So ist immer beides in ihm: die große Empfindsamkeit für die gequälte Kreatur trifft auf eine fast tierische Derbheit, die er mitunter an den Tag legt. Dieser quälende Widerspruch treibt ihn zum Zeichnen. Er sieht das Leid als Mitfühlender und zugleich mit den Augen des Künstlers unter einem reinen Formaspekt. Dieses Zugleich wird er beibehalten, die Wirkung seiner Bilder, die Karl Jaspers wie einen »Stoß« empfand, sie kommt auch daher.

Vincent bleibt allein, nachdem sich noch die kleinste und bescheidenste Laufbahn, mit der sich seine Familie hätte anfreunden können, zerschlagen hat. Ein Ärgernis allen, die sich so viel Mühe mit ihm gegeben haben. Auf der Schule wird Vincent – kein Wunder nach seinen Faustschlägen und anderen Grobheiten – für die Arbeit in den Missionen für unfähig befunden. Wieder eine schwere Niederlage für den nun schon Fünfundzwanzigjährigen, und auch für die Familie. Der Vater reist zu ihm nach Brüssel, um etwas für seinen unglücklichen Sohn zu tun, von dem es heißt, er sei abgemagert, könne nicht schlafen und leide an nervöser Erschöpfung.

Aber Vincent hat sein Schicksal bereits selbst in die Hand genommen und sich beim Komitee für Evangelisation um eine Anstellung als Prediger in der Borinage beworben. Zeugnisse kann er keine vorweisen, nur die Adresse seines Vaters angeben, der seine Ernsthaftigkeit bei der Verkündigung des Evangeliums bezeugen könne

– was dieser, von der Behörde angeschrieben, auch macht. Denn die Glaubens-Unbedingtheit seines ältesten Sohnes beeindruckt ihn tatsächlich (wie sie ihn auch beunruhigt). Wenn Vincent doch nur etwas lebenstüchtiger wäre, etwas genussfähiger, kompromissbereiter und diplomatischer im Umgang mit den Menschen! Was seine größte Schwäche ist, das ist auch seine größte Stärke. Dieser Widerspruch wird zu seinem wichtigsten Kapital als Künstler und seiner schwersten, nahezu unlebbaren Bürde als Mensch.

Für ein halbes Jahr auf Probe kommt Vincent nun ins belgische Bergbaugebiet Borinage. Vor ihm liegt die Wüste, eine triste Industrielandschaft, Ort brutalster Ausbeutung durch einen ungezähmten Kapitalismus, in dem alles Menschliche zu veröden scheint.

In der Wüste. Die Borinage

An Theo schreibt er am 15. November 1878 seinen ersten Brief aus der Borinage. Er schildert darin alte abgemagerte Gäule, die die Karren der Straßenkehrer nach Hause ziehen: ein Bild hoffnungslosen Elends. Vincent aber sieht das bereits mit den Augen eines Malers: *Einige dieser alten Schimmel glichen einer alten Aquinta, die Du vielleicht kennst, einem Stich, der wohl keinen großen Kunstwert hat, der mich jedoch sehr ergriffen und beeindruckt hat.* Und zugleich drängt eine andere Wahrnehmung ins Bild: *Sieh es packt mich stets und es ist etwas Eigenartiges, wenn wir das Bild von unaussprechlicher Verlassenheit sehen, wenn wir in der Einsamkeit, dem Elend und der Armut etwas wie ein Äußerstes, ein Ende der Dinge erblicken – denn dann steigt in uns der Gedanke an Gott auf.*

Im Bergbau, so erfährt er, bekommt das Wort, das die Finsternis erleuchtet, plötzlich eine ganz unmittelbare Bedeutung: *Durch Finsternis zum Licht. Nun haben manche ein ausgesprochenes Bedürfnis danach, manche werden wenigstens Ohren dafür haben. Die Erfahrung hat gelehrt, dass diejenigen, die in der Finsternis, im Schoß der Erde, ar-*

beiten, wie die Bergleute in der schwarzen Kohlengrube, durch das Wort des Evangeliums sehr ergriffen werden und auch daran glauben. Vor allem erfährt er, es geht gar nicht so sehr ums Reden, sondern ums Tun. Er besucht Kranke, von denen es hier viele gibt, verschenkt seine Kleidung. Er predigt vom Senfkorn, vom unfruchtbaren Feigenbaum, über die Blindgeborenen – und kommt sich mehr und mehr vor wie Paulus auf seinen Missionsreisen. Aber anders als dieser vermisst er in der neuen Umgebung die Bilder. Also beginnt er selber zu malen – schon in seinem ersten Brief schickt er Theo eine Zeichnung »au charbonnage«, die er »unwillkürlich« gemacht hat. Die Arbeit im Bergwerk fasziniert ihn als ein Blick in eine ihm bislang fremde Welt: *Der Kohlenarbeiter ist ein besonderer Typus der Borinage. Der Tag existiert für ihn nicht, und mit Ausnahme des Sonntags genießt er kaum die Strahlen der Sonne. Er arbeitet mühsam beim Schein einer bleichen und matten Lampe unter einer engen Galerie; den Körper gebeugt und manchmal gezwungen zu kriechen, arbeitet er ... Aber der belgische Bergmann hat einen glücklichen Charakter, er ist an derartiges Leben gewöhnt, und wenn er in die Grube steigt, die kleine Lampe auf dem Kopf, die ihn in der Finsternis leiten soll, so vertraut er sich seinem Gott an, der seine Arbeit sieht und ihn beschirmt ...* Die Gegend komme ihm vor wie bei Albrecht Dürer in seiner Radierung »Ritter, Tod und Teufel«. Überhaupt erinnert er sich – angesichts der Hässlichkeiten, die er nun ständig zu sehen bekommt – immer wieder an Bilder, die er hier vermisst. Es klingt wie eine Selbstbeschwörung, wenn er Theo gegenüber ausruft: *Wie viel Schönes gibt es doch in der Kunst! Wenn man sich nur dessen erinnern kann, was man gesehen hat, dann ist man niemals müßig oder wahrhaft einsam und niemals allein.* Auch der Vater, der Vincent aus der Ferne beobachtet, schreibt vorerst zufrieden an Theo: »Es scheint, als arbeite er dort mit Erfolg und Eifer, und seine Briefe sind wirklich interessant ... Es ist bemerkenswert, was er schreibt; beispielsweise fuhr er 635 Meter tief in eine Mine hinunter.«

Aber nur die erste Zeit begnügt er sich, das Neue bloß anzuschauen und Theo davon zu berichten, was er gesehen hat: *Die Leute sind ganz schwarz, wenn sie aus den Minen kommen, wie die Schornsteinfeger sehen sie aus. Ihre Behausungen, die längs dieser Hohlwege im Wald und an den Hängen des Hügels verstreut liegen, sind meistens klein, ja eigentlich muss man sie Hütten nennen.*

Schon nach kurzer Zeit beginnt Vincent sich dem Leben der ärmsten Bergarbeiter anzuverwandeln. Er verschenkt nicht nur seine Kleidung, auch sein Bett, sein Geld – lebt nur noch von Brot und Wasser. Er meint es ernst mit der Nachfolge Christi. Die Eltern sehen es mit Sorge. Muss Vincent denn immer in allem so übertreiben!

Die Briefe an Theo werden in dieser Zeit länger und gleichzeitig spärlicher. Sie besitzen fast den Charakter von Traktaten eines Eremiten in seiner Einsiedelei. Und tatsächlich, es ist für Vincent wie der vom Franziskanermönch Bonaventura von jedem Manne, der einmal etwas Außergewöhnliches leisten wolle, geforderte Aufenthalt in der Wüste. Genau das wird die Borinage für Vincent: jene äußerste Fremdheit auf Erden, die Thomas von Kempen in seinem Pilgerer zu Gott gesehen hat. Diese Fremdheit wird Vincent zum Antrieb einer tiefen Infragestellung: zur Anverwandlung an die Niedrigsten der Niedrigen, bar jeder herablassenden Attitüde, die ihn an der Kirche nun so zu stören beginnt. Die Kirche, auch die Evangelisationsbehörde, die ihn hierher geschickt hat, denkt in den Kategorien von Herren und Knechten. Vincent aber will mitten unter diesen Menschen leben – als ihr Bruder.

Fremd auf Erden, aber gleich unter denen, die eine schwere Last zu tragen haben. Wie ungerecht sind doch die Güter verteilt: die am schwersten arbeiten haben am wenigsten. Im März 1879 teilt er Theo mit, er habe ein kleines Häuschen gemietet, so eines, wie es die Bergarbeiter bewohnen. Im April schildert er Theo die Welt unter Tage: *Vor Kurzem hab ich einen sehr interessanten Gang gemacht, ich bin nämlich sechs Stunden lang in einem Bergwerk gewesen, und zwar in einer der ältesten und gefährlichsten Gruben der Gegend, Marcasse* genannt. Sie steht in sehr schlechtem Ruf, weil so viele darin umkommen, sei es beim Ein- oder Ausfahren, sei es durch Stickluft und durch Gasexplosionen, durch Grundwasser oder das Einstürzen alter Stollen. Es ist ein düsterer Fleck, und auf den ersten Blick hat alles im Umkreis etwas Trauriges und Totes. Die Arbeiter dort sind meistens vom Fieber abgemagerte, bleiche Leute und sehen ermüdet und ausgemergelt aus, verwittert und frühzeitig gealtert, die Frauen im allgemeinen fahl und verblüht. Rings um die Grube armselige Bergmannswohnungen, mit ein paar abgestorbenen Bäumen, ganz schwarz verräuchert, und Dornhecken, Mist- und Aschehaufen, Halden unbrauchbar gewordener Steinkohle etc.

Er sieht Kinder, die schwere Loren durch niedrige Stollen ziehen, und einen Pferdestall in siebenhundert Meter Tiefe, wo alte blinde Arbeitspferde gehalten werden. All das erschüttert ihn, macht ihn härter und kuriert ihn von Selbstmitleid. Vincent weiß jetzt, wie es im Bauch der gefräßigen Bergwerksmaschine aussieht, hier hat der Zola-Leser van Gogh die neue kapitalistische Realität vor Augen. Aber Vincent sieht auch die Details, ihm genügt nicht das große allgemeine Mitleidsgefühl, er will diese Menschen kennenlernen, mit ihnen leben – als gleicher unter gleichen, gemeinsam fremd in der wohlgeordneten, sauberen Übertagewelt der Bürger.

Später wird er diese Bilder wieder abrufen und in seine eigenen Arbeiten als eine Art Grundierung mit hineinnehmen. Im Winter 1881 schreibt er Theo über ein Bild von Mauve, sich an die Arbeitspferde tief unter der Erde erinnernd: *Ich habe noch niemals eine so gute Predigt über die Resignation gehört, noch mir eine solche vorstellen können ... Das ist Resignation, Du verstehst, die echte Art, nicht diejenige der Prediger. Diese Gäule, die armen geschundenen Gäule, schwarz, weiß, braun, wie geduldig stehen sie da – ergeben, bereit, still resigniert. Gleich müssen sie das schwere Schiff noch das letzte Stück Wegs schleppen, die Arbeit ist fast verrichtet, nun noch einmal stillstehen, sie atmen schwer, sie schwitzen, aber sie murren nicht, sie protestieren nicht, sie klagen nicht und über nichts. Darüber sind sie schon lange hinaus, seit*

Jahren. *Sie haben sich darein ergeben, dass sie noch ein wenig zu leben und zu arbeiten haben, doch morgen müssen sie zum Schinder, que soit, sie sind bereit.*

Immer mehr wird Vincent zum Krankenpfleger, denn es grassiert Typhus, alle möglichen Arten von Fieber, und viele brauchen nach schweren Unfällen im Berg nun Hilfe, die ihnen sonst niemand gibt. Hier werden die Arbeiter behandelt wie sprechende Werkzeuge. Das empört ihn, das macht ihn solidarisch mit ihnen: *Die Leute hier sind sehr ungebildet und unwissend und können meistens nicht lesen, doch sind sie zugleich verständig und flink; sie sind klein von Statur, aber ausladend in den Schultern und haben düstere, tiefliegende Augen. Sie sind geschickt in vielen Dingen, arbeiten erstaunlich viel und sind von sehr nervöser Konstitution, ich meine nicht: schwach, sondern fein empfindend. Sie haben einen eingefressenen Hass und ein inniges Misstrauen gegen jeden, der den Herren bei ihnen spielen möchte.* Und so schildert er die soziale Lage der Bergarbeiter: *Die Arbeiter halten hier viele Ziegen, und überall sind junge in den Häusern, ebenso Kaninchen, die hier übrigens allgemein in der Wohnung der Bergleute gehalten werden.* Die Wahrheiten dieser Leute sind einfach, aber es sind gelebte Wahrheiten. Der Arme allein sei der Freund des Armen, hört Vincent hier oft und es seien immer die Kranken, die die Kranken pflegen müssten. Das kommt ihm vor wie Hölle und Paradies auf Erden zugleich. Eine Lektion, die sich tief in ihn eingräbt: *Der Abstieg in die Grube ist eine schaurige Sache, in so einer Art Korb oder Käfig wie ein Eimer in den Brunnen, aber in einen Brunnen von 500 - 700 Meter Tiefe, so dass man, vom Grunde nach oben sehend, das Tageslicht ungefähr wie einen Stern am Himmel wahrnimmt. Man hat ein Gefühl wie zum ersten Mal in einem Schiff auf See, nur stärker, aber es dauert glücklicherweise nicht so lange.*

Dann hört Vincent auf, Briefe zu schreiben. Das ist zu dem Zeitpunkt, als die Evangelisationsbehörde seinen Halbjahresvertrag nicht verlängert, mit der Begründung, er habe kein Talent zum Predigen und benehme sich nicht der Würde seines Amtes entsprechend.

Auch soll er sich mit streikenden Arbeitern solidarisiert haben. Die Streiks aber deuten an, was die neue Kraft ist, die die Menschen ergreift: der Sozialismus. Vincent weiß, man muss den Menschen nicht etwas predigen, man muss mit ihnen solidarisch sein – und das versucht er hier, auf seine unbedingte Weise zu tun, in dem er mit ihnen lebt: als ihr Diener, ganz im Geiste der Bergpredigt.

Der Vater sieht das allerdings mit größter Unruhe. Er schreibt am 19. Juli 1879 an Theo: »Du weißt oder nicht?, dass Vincents Situation in Wasmes gar nicht klarer geworden ist. Sie haben ihm drei Monate gegeben, um sich etwas anderes zu suchen. Er entspricht nicht den Wünschen des Komitees, und anscheinend kann man da nichts machen. Es steckt so viel Gutes in ihm, aber er will einfach nicht kooperieren.«

Vincent verlässt Anfang 1880 die Borinage und fährt zu den Eltern nach Etten, hält es da aber nur kurz aus und kehrt wieder zurück in die Borinage – diesmal ohne jedes Einkommen. Er wohnt nun in Cesmes und lebt von Almosen.

Diese Art Existenz – seine ekstatische Askese in der Nachfolge des Bruder Franziskus – lässt keinen Raum mehr für Nebenwirklichkeiten wie die Sorgen seiner Familie. Die rückt für Vincent nun in den Hintergrund. Von dem, was die Familie von ihm erwartet, macht er sich in der Borinage (fast) endgültig frei. Aber auch das Verhältnis zu Theo scheint gestört – er ist schließlich Teil der Familie, strebsamer junger Kunsthändler, der ihn und das Leben der Bergleute nicht verstehen kann. Für die Familie ist er einfach nur verrückt geworden.

Vincent hat nun zwar keine Stelle und kein Gehalt mehr, aber er bleibt auf seinem Posten. Er spricht nicht mehr so oft über Religion, diese, weiß er nun, ist nichts, worüber man sich wortreich verbreiten soll. Dafür wächst in ihm das Bedürfnis nach Bildern. Sein Auge hungert nach Bildern, hält das eintönige Grau der Bergbaulandschaft kaum aus.

Er hat sich ganz aus der bürgerlichen Welt zurückgezogen, er lebt – ja wovon eigentlich? – weiter in der Borinage, ein Armer unter Armen. Er braucht nur einen Strohsack zum Schlafen und selbst wenn er den nicht hat, geht es, dann schläft er eben auf dem Boden. Ein wenig Brot reicht ihm als Nahrung. Er lebt ganz dem urchristlichen Anspruch: Wer zwei Röcke habe, der gebe einen ab. Auch sein Gesicht schwärzt er sich mit Ruß um auszusehen wie die Bergleute. Ist das verrückt? Darauf antwortete Vincent, Jesus sei ja auch verrückt gewesen.

Im letzten Brief an Theo vor seiner langen Schreibpause teilt er ihm am 15. Oktober 1879 mit: *Im Augenblick widerstrebt es mir jedoch sehr, heimzugehen, und es drängt mich, hierzubleiben.* Sein Verhältnis zur Kirche, zu den berufsmäßigen Verkünden des Wortes Gottes, wird nun offen feindlich. Es gibt nur ein solidarisches Mitleben mit den Ärmsten und eine Art etwas zu lernen, im mit ihnen geteilten Schmerz: *Ich sterbe lieber eines natürlichen Todes, als dass ich mich durch eine Universität dazu vorbereite, und ich habe einmal von einem Grasmäher eine Lektion erhalten, die mir nützlicher schien als eine im Griechischen.*

Nach diesem Brief meldet er sich bei Theo erst wieder im August 1880. Er glaubt nicht mehr daran, dass er ihn versteht. Theo hatte ihm etwas Geld geschickt, jedoch begleitet von Vorwürfen über seine Lebensweise. Gedenke er nun für den Rest seines Lebens als Rentner zu leben?

Darauf antwortet Vincent mit einer polemischen Schärfe, die neu ist. Dieser Brief wird zum erstaunlichen Dokument einer Wandlung. Ein anderer Vincent van Gogh tritt uns aus diesen Zeilen entgegen – die Wüste hat ihre Wirkung getan. Er ist nun, trotz äußeren Elends, sehr selbstsicher und stark, von einer Würde, wie sie nur aus Einsamkeit erwächst, aber frei von jeder Attitüde. Seine Antwort an Theo ist keine Anklage, sondern eine Bestandsaufnahme. Sie hebt an, Theo sei *zu einem gewissen Grade ein Fremder* für ihn geworden, und fährt fort: *Unfreiwillig bin ich in der Familie zu einem Menschen von einigermaßen ungewöhnlicher und verdächtiger Art geworden, zu jemandem, der irgendwie kein Vertrauen genießt.*

Dass Vincent eben nicht verrückt oder unfähig geworden war, seine eigene Situation zu begreifen, zeigt sich darin, wie er seinen Aufenthalt in der Borinage beschreibt: *Was für die Vögel die Mauser ist, die Zeit, da sie ihre Federn wechseln, das sind die Widerwärtigkeiten, das Unglück oder die schweren Zeiten für uns Menschen. Man kann in dieser Zeit der Mauser verharren, man kann auch wie neugeboren aus ihr hervorgehen, aber gleichviel, es geschieht nicht öffentlich.*

Vincent weiß nun, was er werden will: Maler. Er beginnt in dieser Zeit in der Borinage bereits intensiv zu zeichnen. Und darum ist es mehr als eine Generalbeichte über sein verfehltes Leben, wenn er nun Theo auf dessen Vorhaltungen antwortet. Nein, es klingt auf einmal sehr entschlossen und man hat zum ersten Mal keinen Zweifel mehr, dass der, der hier spricht, auch erreichen wird, was er sich vornimmt: *Nun sind es vielleicht schon fünf Jahre, genau weiß ich es nicht, dass ich ohne Stellung bin und umherirre; und Du sagst: Seit der und der Zeit ist es abwärts mit Dir gegangen, Du bist erloschen, Du hast nichts getan.*

Ist das wirklich wahr?

Es ist wahr, dass ich mir meine Brotrinde manchmal verdient habe und dass manchmal irgendein Freund sie mir aus Gnade gegeben hat – ich habe so gut oder so schlecht gelebt, wie ich konnte; es ist wahr, dass meine Geldangelegenheiten sich in einem traurigen Zustand befinden; es ist wahr, dass die Zukunft nicht weniger düster ist; es ist wahr, dass ich es besser hätte anfangen können; es ist wahr, dass ich, gerade um mein Brot zu verdienen, Zeit verloren habe; es ist wahr, dass selbst meine Studien in einem ziemlich traurigen und verzweifelten Zustand sind und dass mir unendlich viel mehr fehlt, als ich habe. – Aber heißt das, dass es abwärts geht, und heißt das nichts tun? Der ganze Brief nimmt gedruckt dreizehn Seiten ein und ist ein Dokument von eindringlicher literarischer Qualität. Ein Stück Bekenntnisliteratur vom Range eines Augustinus' oder Rousseaus. Hier wird der Übertritt vom gescheiterten Evangelisten zum Künstler nachvollziehbar, ja er erscheint nicht nur plausibel, sondern notwendig, geradezu zwangsläufig.

Trotz der Fremdheit, die er nun zwischen sich und Theo empfindet, ist Vincent betroffen von dem Bild, das sich der Bruder in der Ferne von seinem Leben hier macht: ... *ich wäre sehr froh, wenn Du in gewisser Hinsicht etwas anderes in mir sehen könntest als eine Art Tagedieb. Außerdem gibt es Faulenzer und Faulenzer, die sich durchaus voneinander unterscheiden. Der eine ist ein Tagedieb aus Faulheit und Feigheit des Charakters, infolge der Verworfenheit seiner Natur; wenn Du es richtig findest, kannst Du mich für einen solchen halten. Sodann gibt es den anderen Müßiggänger, den Nichtstuer wider Willen, der innerlich von einem großen Verlangen zur Tat verzehrt wird, der nichts tut, weil er nicht in der Lage ist, etwas zu tun, weil er nicht die Mittel hat, um produktiv zu sein, weil das Missgeschick der Verhältnisse ihn bis zu diesem Punkt heruntergedrückt; so einer weiß nicht einmal immer selbst, was er tun könnte, aber er fühlt doch instinktiv: Ich tauge zu etwas, ich habe eine Existenzberechtigung, ich weiß, dass ich ein ganz anderer Mensch sein könnte!*

Vincent will Theo sagen, dass sein Nichtstun sich dem falschen Handeln verweigert, aber voller Erwartung eines sinnvollen Tuns ist. Wer aber soll ihm das jetzt noch abnehmen, wer an ihn glauben? Theo! Theo muss an ihn glauben, an sein Heimweh nach der Welt der Bilder. Und aller Fantismus, zu dem Vincent fähig ist, er mündet nun ins Zeichnen, das ihm noch schwer von der Hand geht. Aber er übt, er quält sich: ... *es macht mich von Tag zu Tag gelenkiger und kräftiger, an Hand wie an Geist* ... Er weiß, ein großes Zeichentalent besitzt er nicht, aber er will etwas mit seinen Bildern ausdrücken. Dazu muss er etwas in sie hineinzeichnen, was sich nur dort, im Bild, ihm wie neu offenbart: das Göttliche. Vincent ist nun dem dunklen Himmel der Borinage entronnen. Nie mehr wird er dieses moderne Nibelheim vergessen, in das er geblickt hat. Physisch und psychisch war es das Äußerste, was er ertragen konnte, wie er Theo aus Brüssel schreiben wird: *In Cuesmes hätte ich es nicht länger ausgehalten, ohne durch die Misere krank zu werden.*

Der Bruch mit einem Gott, dem man Kirchen baut, ist radikaler kaum denkbar. Im Verneinen Gottes, schreibt Walter Nigg, erkenne Vincent van Gogh erst seine wahre Gestalt. Es ist ein Gott, der die Züge des leidenden Menschen trägt.

Vincent van Goghs geistiges Koordinatensystem hat sich verändert. Er sieht mehrere Welten, die nebeneinander existieren. Nur scheinbar haben sie nichts miteinander zu tun. Aber für den Maler schon, da hat alles mit allem etwas zu tun. Vincent besitzt nun einen Fundus an Bildern, an dem sich neue Bilder messen lassen müssen. Die neuen Bilder, die er in sich aufnimmt, das sind die Dörfer der Weber, die er besucht hat: *Der Arbeiter in den Kohlengruben ist ein Mensch von der Tiefe des Abgrunds, ›de profundis‹, der Weber hingegen hat ein träumerisches Aussehen, fast nachdenklich, beinahe somnambul.* Vincents Welt- und Menschenkenntnis ist gewachsen, nun muss ihm dieses Wissen auch in seinen Bildern entgegentreten. Dazu mangelt es ihm noch an Technik, doch an dieser arbeitet er wie besessen. Die Welt der Familie, die ihm mehr und mehr kleinkariert, bigott und abgestumpft vorkommt, rückt dabei an den Rand seines Wahrnehmungshorizonts. Er hat seinen Vater, den Repräsentanten einer auf die Erhaltung äußerer Fassaden angelegten Ordnung, hinter sich gelassen. Jede weitere Begegnung ist die zweier feindlicher Welten, die zu versöhnen nicht mehr gelingt, weil das für den Vater nur denkbar ist, wenn Vincent sich ihm wieder unterwirft. Empört weist Vincent jede Heimkehr-des-verlorenen-Sohnes-Rhetorik zurück. Seine Unabhängigkeit, die aus einer Unbedingtheit des Wollens erwächst, hat einen hohen Leidenspreis. Nie mehr wird er sie sich abhandeln lassen. Der Ekstatiker und Mystiker erklärt den Bestand seiner inneren Wahrheiten für unveräußerlich.

Dennoch ist er wieder auf der Suche nach einem Lehrer, der ihn im Zeichnen unterrichtet. Wieder beginnt eine Odyssee, wieder sind die Erfahrungen bitter, wieder wird Vincent zu spüren bekommen, wie allein er ist – und dass niemand ihm seine Last abnehmen kann.

Wie in der Religion, so gibt es auch in der Kunst keine Wege, die fertig vor einem liegen.

Brüssel. Lehrzeit eines Malers, der nicht zu lernen vermag

Und noch etwas bringt Vincent aus der Borinage mit: eine neue Direktheit des Forderns. Er wohnt in Brüssel in einem kleinen Hotel, Boulevard du Midi 72, für 50 Francs im Monat mit Frühstück. Der Vater schickt ihm monatlich 60 Francs. Zumindest glaubt Vincent, dass das Geld vom Vater kommt. Später wird er erfahren, dass ihn bereits hier Theo unterstützt. Vincent an Theo am 15. Oktober 1880: *Ich glaube, dass eine Wohnung, und zwar eine bessere als die in der Borinage, ebenfalls dazu beitragen wird, mich ein wenig hochzubringen; denn im belgischen ›black country‹ habe ich ziemlich viel Entbehrungen ertragen, und meine Gesundheit ist in der letzten Zeit nicht allzu gut gewesen.* Es scheint in der Familie Meinungsverschiedenheiten gegeben zu haben, warum Vincent so viel Geld nur fürs Wohnen ausgebe und da reagiert er gereizt: *Während der beinahe zwei Jahre in der Borinage habe ich schon einiges durchgemacht, was keine Vergnügungsreise war. Um die 60 Frs. wird man schließlich noch zusammenbringen können; sonst geht es wirklich nicht.* Schließlich sei es in Brüssel überall teuer. Da schwingt ungebrochen sein altes Sendungsbewusstsein mit, das Elend der Borinage ist vorbei und Theo soll doch einsehen, warum er hier in Brüssel sein muss: *Ich glaube, dass du, je länger Du darüber nachdenkst, desto mehr einsehen wirst, dass es durchaus notwendig für mich war, in eine mehr künstlerische Umgebung zu kommen; denn wie soll man zeichnen lernen, ohne dass es einem jemand zeigt?*

Das Zeichnen ist ein harter und mühsamer Kampf, aber er zeigt sich entschlossen, ihn zu gewinnen. John Rewald hat über den Weg Vincent van Goghs folgendes geschrieben: »So war er ein Künstler geworden, nicht wie die meisten Künstler, weil er frühreife Gaben oder ein frühes Verständnis für Kunst gezeigt hätte, sondern eher, weil er zeichnen w o l l t e und weil er irgendwie zu wissen glaubte, dass er durch Fleiß, Geduld und Beharrlichkeit den Weg zum Ausdruck finden würde. Wenn es jemals einen Maler gab, der mit grimmiger Entschlossenheit und mittels reiner Willenskraft den Kampf gegen das entmutigendste aller Missgeschicke – eine offenbar vollständige Talentlosigkeit – aufnahm, dann war es Vincent van Gogh.« Das klingt hart, aber noch härter sieht wohl Vincent selbst seine zeichnerischen Unzulänglichkeiten. Darum stürzt er sich ja auch mit solch wilder Leidenschaft in seine Studien. Besondere Defizite hat er im anatomisch genauen Zeichnen. Da schlägt er sich mit Muskeln und Skeletten herum und schreibt an Theo: *Ich habe die Absicht, mir hier an der Tierärztlichen Schule die anatomischen Abbildungen von Pferd, Kuh und Schaf zu verschaffen und diese ebenso wie die Anatomie des Menschen zu zeichnen.* Die Euphorie verfliegt, es bleibt der verbissen geführte Kampf. Am 1. Januar 1881 klagt er Theo: *Mit meinen Zeichnungen geht es nicht weiter, und da ich nicht wusste, wohin mich wenden, habe ich mich dem Schreiben überlassen.* Aber auch seine Briefe klingen unzufrieden, er hört von Theo und den Eltern wenig. Schreiben sie nicht, weil sie Angst haben, dass er sie doch wieder bloß um neues Geld bitten könnte? Er fühlt sich unter Rechtfertigungszwang und beteuert: *Ich habe diesen Winter bis jetzt gezeichnet und auch gelesen.* Er beginnt nun, wie um nachzuweisen, dass er auch wirklich arbeitet, seinen Briefen Zeichnungen beizulegen – wohl auch erwartet er sich von Theo Zuspruch. So liegen seinem Brief aus dem Januar 1881 zwei kleine Zeichnungen bei, »Unterwegs« und »Am Herdfeuer«, die beide wie dürftige Illustrationen eines Anfängers oder reinen Dilettanten aussehen.

Aber das ist Vincent ja auch! Er wird bald dreißig – hat keine zehn Jahre mehr zu leben – und zeichnet wie ein ambitioniertes Schulkind. Welche Entwicklung macht hier jemand in kürzester Zeit durch! Da fragt man sich, wo die Stärke, die Bestimmtheit und die Ausdruckskraft herkommen. Die verblüffende Antwort: Trotz seiner ständigen Rede von der Suche nach einem Lehrer bleibt er doch ein völliger Autodidakt – das Gegenteil einer Schülernatur. Er leidet darunter, dass es ihm nicht gelingt, etwas bloß zu kopieren – immer gerät einiges von ihm selbst mit ins Bild hinein. Herbert Frank bemerkt: »Vincents Unfähigkeit zu lernen, trug im höchsten Maße zu der Originalität bei, die ihn in seinen Meisterjahren zu einmaligen Schöpfungen befähigte.« Es ist jener Eigensinn, von dem Hermann Hesse spricht, den sich kein schöpferischer Mensch je austreiben lassen darf. Der eigene Sinn, den man im Ganzen findet, gibt einem subjektiven Ausdruck erst das Besondere, er verbindet den Einzelnen auf unverwechselbare Weise mit dem Allgemeinen. Seinen Eltern muss er erklären, was aus dem Malen denn nun im bürgerlichen Sinne für ein Beruf werden soll, mit dem man einmal sein Geld zu verdienen vermag. Es klingt krampfhaft optimistisch, was Vincent da schreibt, aber er klammert sich wohl selber noch an diese Hoffnung: *Ein guter Zeichner kann heutzutage sehr wohl Arbeit finden, die Nachfrage ist groß, und er kann Anstellungen kriegen, die gut bezahlt werden.* Im Geheimen weiß er bereits, dass das bloß ein frommer Wunsch ist – einer nach der Eltern Geschmack, denn seine eigenen Wünsche gehen in eine andere Richtung als die einer gut bezahlten Anstellung. Aber das kann er den Eltern nicht sagen, nicht einmal Theo, der erst noch daran gewöhnt werden muss, dass er nun jahrelang für seine Existenz zu sorgen haben wird.

Rembrandts Licht im Dunkel

Aus Amsterdam schreibt Vincent am 18. September 1877 an Theo über eine Wendung, die er bei Charles Dickens gelesen hat: »Blessed twilight« – gesegnetes Zwielicht. Das passt zu seiner Stimmung. Jedoch es ist mehr als das – es ist ein Problem, mit dem er sich lebenslang herumschlägt: Wie viel Tag und wie viel Nacht ist in uns? Das Thema »Nachthelle« wird er später in seinen Bildern mit geradezu wissenschaftlicher Akribie erkunden. Hier ist es Rembrandt, dessen

Radierungen den religiös Suchenden ebenso ansprechen wie Thomas van Kempens »Nachfolge Christi«. Rembrandt, dieser Meister des »gesegneten Zwielichts«, einer Dämmerung, die klarer sehen lässt, wird Vincent zur Brücke zwischen Religion und Kunst. An Rembrandts Radierungen und Zeichnungen lernt er zu sehen: *Rembrandt wusste darum, denn aus dem reichen Schatz seines Herzens hat er, neben anderen, die Zeichnung in Sepia, Kohle und Tusche etc. hervorgebracht, die im Britischen Museum ist: das Haus zu Bethanien. Im Zimmer herrscht die Dämmerung, die Gestalt des Herren, edel und eindrucksvoll, hebt sich, als ein strenges Dunkel, von dem Fenster ab, durch das die Abenddämmerung hereinsinkt. Zu Jesu Füßen sitzt Maria, die das gute Teil erwählt hat, das ihr nicht genommen werden soll, und Martha ist im Zimmer mit diesem und jenem beschäftigt –, wenn ich mich recht erinnere, schürt sie Feuer oder tut etwas dergleichen.*

So tritt Vincent mit religiöser Andacht an Rembrandt heran, das dargestellte religiöse Thema bewegt ihn, aber gleichsam unter der Hand verändert sich seine Position dem Bild gegenüber. Er wird an ihm immer mehr zum emphatischen Kunstbetrachter. Das Bild hat ihn mit einer Macht ergriffen, die über den dargestellen Inhalt hinausgeht. Vincent blickt bei Rembrandt zum ersten Mal als Maler auf ein Bild: *Diese Zeichnung hoffe ich nie zu vergessen, so wenig wie das, was sie mir zu sagen schien: ›Ich bin das Licht der Welt, wer mir nachfolgt, der wird nicht wandeln in der Finsternis, sondern wird das Licht des Lebens haben.‹* Im Stile eines Predigers, der Glauben und Unbedingtheit nur im christlichen Rahmen gelten lässt, fügt er hinzu: *Solche Dinge sagt die Dämmerung dem, der Ohren hat, sie zu hören, und ein Herz, sie zu verstehen und an Gott zu glauben, ›blessed twilight‹.* Er vergisst nur noch hinzuzufügen: Und der ein Auge besitzt, das zu erkennen!

Schon im übernächsten Brief vom 30. Oktober 1877 spricht er, der zu dieser Zeit in seinen Examensvorbereitungen feststeckt, erneut von Rembrandt: *Latein und Griechisch zu studieren, mein Junge, ist schwer, schwer, aber ich fühle mich doch sehr glücklich dabei und* beschäftige mich mit Dingen, nach denen ich verlangt habe. Ich darf abends nicht so lange aufbleiben, Onkel hat es mir streng verboten, doch bleibt das Wort, das unter der Radierung von Rembrandt steht, mir im Gedächtnis: ›In medio noctis vim suam lux exerit‹ – (in der Mitte der Nacht verbreitet das Licht seine Kraft) – und ich sorge dafür, dass die ganze Nacht eine kleine Glasflamme brennen bleibt, und ich liege oft, in medio noctis, es anschauend, da, und bedenke meinen Plan für die Arbeit des kommenden Tages.

Vincent spürt das drohende Scheitern. Er wird die Prüfungen nicht bestehen, kein Latein und Griechisch lernen, er wird kein studierter Theologe werden. Die Not wächst und da greift er instinktiv zu dem, was ihn am meisten tröstet. Das sind nun nicht mehr nur und zuerst die religiösen Erbauungsbücher, das ist eine andere Art von Literatur, die das Alltagsleben der Menschen im beginnenden Industriezeitalter zeigt, das sind Zola, Hugo, Dickens, Balzac. Vincent wird zu einem der belesensten Maler, der in seinen Bildern nicht literarisiert, aber lesend dem Geist und den Sinnen Nahrung gibt. Schon in einem der ersten auf Französisch geschriebenen Briefe von 1879 an Theo, mitten im Elend der Borinage notiert, stellt er Betrachtungen an, die wenig zu einem Laienprediger zu passen scheinen, der seine Erfüllung im schlichten Leben und der Verkündung von Gottes Wort gefunden hat: *Es wäre daher ein Missverständnis, wenn Du darauf bestehen würdest zu glauben, dass ich z.B. weniger begeistert wäre von Rembrandt, Millet oder Delacroix oder wer und was es auch sei, im Gegenteil. Es gibt mancherlei Dinge, welche man einfach glauben und lieben muss, es ist etwas von Rembrandt in Shakespeare, von Correggio in Michelet und von Delacroix in Victor Hugo; und dann ist etwas von Rembrandt im Evangelium oder etwas vom Evangelium in Rembrandt, wie man will, es kommt mehr oder weniger auf dasselbe hinaus – vorausgesetzt, dass man die Sache richtig auffasst, ohne sie in üblem Sinn verdrehen zu wollen* ... Und jetzt folgt ein höchst bemerkenswerter – ein pantheistischer, ein allgöttlicher! – Satz, der das Christliche im engeren Sinn zurücklässt und sich auf Goethes

Position nach seiner Lektüre von Gottfried Arnolds »Unparteiischer Kirchen- und Ketzerhistorie« stellt, woraus er den Schluss gezogen hatte, am Ende suche sich doch jeder seine eigene Religion: *Wenn Du nun einem Menschen verzeihen kannst, dass er Bilder erforscht, dann gib auch zu, dass die Liebe zu den Büchern ebenso heilig ist wie die zu Rembrandt, ja ich glaube sogar, dass sich die beiden ergänzen.*

So zieht sich Vincent selbst aus dem Sumpf des unbestimmten Erwartens. Mit Rembrandt beginnt seine Berufung in ihm Kontur anzunehmen. Sie streicht seinen evangelischen Extremismus nicht durch, den er hier in der Borinage lebt – mit Rembrandt findet dieser einen existenziellen Ausdruck, eine ästhetische Form.

Und noch etwas wird Vincent van Gogh ganz direkt von Rembrandt Harmensz van Rijn übernehmen: seine Bilder nur mit dem Vornamen zu siginieren.

Georg Simmel schrieb 1916 in seinem Buch »Rembrandt – ein kunstphilosophischer Versuch« über die »immanente Transzendenz«, die mystische Wende des religiösen zum ästhetischen Ausdruck und Walter Nigg führte diesen Gedanken in seinen Büchern über Rembrandt und Vincent van Gogh weiter. Das Licht wird dabei zur Schlüsselfrage. Das Licht verwandelt einen profanen Gegenstand in einen heiligen, das religiöse Gefühl emanzipiert sich vom religiösen Gegenstand. Es erscheint in der protestantischen Mystik als Form der Unbedingtheit, als unio mystica von Sehendem und Gesehenem. Damit einher geht ein stark skeptischer Zug allen äußeren Glaubensvermittlungsinstitutionen gegenüber – eine Innenwelt wächst gegen das Außen heran.

Die Welt ist als gottlos erkannt, der Einzelne steht mit seinem subjektiven Gefühl allein vor Gott (die protestantische Wurzel aller Autonomie!), die versprengten und verborgenen Geistfunken müssen erst wieder entdeckt werden an den entlegensten und unwürdigsten Orten. Das Licht, fast schon von der Dunkelheit verschluckt, führt bei Rembrandt einen folgenreichen Überwindungskampf mit dem

Dunkel. Zuallerst im Einzelnen selbst, ganz wie bei Meister Eckhart als Wiedergeburt Gottes auf dem Grunde der Seele verstanden. Simmel schreibt über Rembrandt: »Die Gegenstände des Glaubens macht er nicht sichtbar, und wo er Jesus darstellt, hat er nie den Charakter transzendenter Realität, sondern empirisch menschlicher: den liebenden und den lehrenden, den in Gethsemane verzweifelnden und den leidenden. Das Dasein des Heiligen, dessen objektive Erhabenheit der Gläubige nur hinnehmen und von ihr angestrahlt sein kann, ist für Rembrandts Kunst verschwunden; das Religiöse, das er in künstlerische Erscheinung ruft, ist die Frömmigkeit, wie die Seele des Individuums sie in mancherlei Abwandlungen erzeugt.«

Der »fromme Mensch als solcher« sei bei Rembrandt zum »Darstellungsproblem« geworden. Die Darstellung des Religiösen verlagert sich immer mehr von einem Problem des Inhalts zu einem der Form, immer deutlicher treten die »Darstellung des Religiösen« und die »religiöse Darstellung« auseinander. Das wird dann auch zum Schlüssel für Vincent van Gogh, der sich von der christlichen Formenwelt abwenden muss, um das Religiöse – in den Dingen selbst – neu zu entdecken. Die Wurzel hierfür liegt bei Rembrandt, über den Simmel notiert: »Vielleicht ist deshalb das Ergreifende von Rembrandts biblischen Darstellungen, die in unmittelbarem Anblick nur etwa eine kleinbürgerliche Milieuszene bieten, auch so auszudrücken: das Darstellen selbst, die künstlerische Funktion des Bildes, sozusagen die manuelle Führung von Nadel, Feder, Pinsel ist religiös durchgeistet; die Dynamik des Schaffens selbst hat den eigentümlichen Ton, den wir religiös nennen.«

Und das göttliche Licht, wie es der Neuplatonismus kennt, dieser ewige Kampf mit der Finsternis? Er ist ganz ins Bild eingewandert. Das Licht – eine Qualität im Sinne Goethes, nicht bloß nachmessbare Quantität wie bei Newton – scheint aus der Mitte der Dinge selbst. Die Sonne also, deretwegen Vincent in die Provence reist, sie täuscht, weil sie zu stark, zu zentral von oben kommt. So grell ausgeleuchtet verschwindet das »blessed twilight«, das gebrochene Eigenlicht, das jedes Ding verbreitet, wenn es auf das Licht des Auges dessen trifft, der es anschaut. Bei Rembrandt stammt das »spezifische Licht« weder aus der Sonne noch einer künstlichen Quelle, »sondern aus der künstlerischen Fantasie«. Der Zusammenhang von »immanenter Religiosität« und Wandel der Lichtauffassung liegt offen. In diesem Spannungsfeld steigert sich die ästhetische Ausdruckskraft: »Das Licht hat hier die intensive Tiefe, die Rhythmik der Gegensätze, das Fließende und Vibrierende, das wir sonst nur als die prinzipiellen Formen des seelischen Lebens kennen.« (Simmel)

Johanna Bonger berichtet von Vincents Besuch im Amsterdamer Rijkmuseum, wohin er von Nuenen aus gefahren war. Vor Rembrandts »Judenbraut« sei er lange stehen geblieben. Was er dann an Theo über dieses Bild schreibt, zeigt seine ganze Demut denen gegenüber, die er sich zu seinen Vorbildern wählt: *Wirst Du mir glauben, dass ich 10 Jahre meines Lebens dafür geben würde, wenn ich hier vor diesem Bilde einmal vierzehn Tage lang, mit einer Kruste trockenen Brotes als Nahrung, sitzen bleiben dürfte?*

An Rembrandts »Judenbraut« erkennt er etwas, das ihm Delacroix nahebringt: *Rembrandt konnte noch etwas anderes, wenn er nicht treu im B u c h s t a b e n s i n n e zu sein brauchte wie beim Porträt, wenn er d i c h t e n durfte, Poet, d.h. Schöpfer sein. Das ist er in der J u d e n b r a u t. Wie hätte gerade Delacroix dieses Bild verstanden! Welch edles Gefühl von unergründlicher Tiefe, ›Man muss mehrere Male gestorben sein, um so zu malen‹, lässt sich wohl darauf anwenden.*

Und noch ein Wahlverwandter Rembrandts tritt auf und wird für Vincent wichtig: Dostojewski. Darüber schreibt Meier-Graefe in seiner Dostojewski-Biografie: »Es gibt Bilder Rembrandts, deren Verwandtschaft mit Dostojewski gleich einer Flamme aus dem Dunkel bricht. Es gibt Sätze des Russen, hingeworfene, willkürliche, gekrümmte, sich spitzwinklig aufreckende Sätze, gleich Zeichnungen Rembrandts ...« Auch Rembrandt sah Vincent – wie Franziskus – auf einem Passionsweg. Meier-Graefe: »Rembrandt aber, wenn irgendeiner, gehört zu den ›Erniedrigten und Beleidigten‹ ... In seiner Jugend log er und betrog, machte Orgien, warf mit Geld herum. Als er an Jahren zunahm, machte er sich noch älter und hässlicher, als er schon war, und labte sich daran. Er erniedrigte sich so tief, dass er zu Christus gelangte, und lebte mit ihm. Er hatte Demut und Stolz und war ein großer Quäler. Sein Genie war, aus seiner Qual Augen wachsen zu lassen. Als alles an ihm verlotterte und verkam, wurden die Augen größer.«

Eine neue Art Bild verlangt nach einer neuen Art zu sehen – zuerst vom Maler selbst. Dass Vincent neu zu sehen beginnt und all die religiösen Selbstaufbürdungen entschlossen abwirft, dass er sich entschließt, der inneren Stimme seiner Berufung zum Maler zu folgen und sich darin durch keinen äußeren Misserfolg abbringen lässt, das verdankt er vor allem dem Erlebnis Rembrandt. Walter Nigg verbindet diese Besonderheit der protestantischen Mystik bei Rembrandt und Vincent van Gogh mit Dostojewskis Fürst Myschkin, dem Genie des Leidens, der allen bloß als »Idiot« vorkommt. Dostojewski hatte geschrieben: »Das Wesen des religiösen Gefühles steht außerhalb allen Verbrechens und atheistischer Lehrsätze; wenn man von ihm sprechen will, so wird man immer irgendwie nicht davon sprechen, so wird es ewig sein; es ist hierin etwas, von dem alle Atheismen abgleiten, und ich sage Dir, man kann gar nicht davon, sondern muss von etwas ganz anderem reden.« Alles Göttliche wird dem Mystiker menschlich – wie umgekehrt alles Menschliche (auch in seiner niedersten und entartetsten Form) göttlich. Nigg schließt an: »Das Neue bei Rembrandt besteht in der überraschenden Verbindung, welche er zwischen dem Heiligen und dem Profanen herstellte, die auf traditionell eingestellte Gemüter eine schockartige Wirkung haben muss.«

Die Begegnung mit Rembrandt befreit Vincent innerlich, er findet an ihm den Maßstab, nach dem er leben will. Er spricht auch weiterhin von Gott, aber er meint nun etwas anderes: *Jemand liebt z.B. Rembrandt, aber wirklich ernsthaft, dann wird er sicher wissen, dass es einen Gott gibt, er wird fest daran glauben.* Aber sein neuer Gottesbegriff als Synonym für eine Intensität, die den Einzelnen über seine Einzelheit hinaushebt und an ein Allgemeines anschließt, beschränkt sich nicht nur auf Rembrandt. Vincents neuer Universalismus, das Heilige betreffend, bleibt ketzerisch: *Jemand vertieft sich in die Geschichte der Französischen Revolution – er wird auch nicht ungläubig sein! Er wird sehen, dass es auch in großen Dingen eine souveräne Macht gibt, die sich kundtut.*

Und sich selbst rechtfertigend, die Zola-Perspektive im Franziskanismus erkennend, die Diesseitsbezogenheit, das Bruderschaftliche nun auf eine geradezu sozialrevolutionäre Weise verstehend: *Jemand hätte für kurze Zeit den unentgeltlichen Kursen der großen Hochschule des Elends beigewohnt und hätte geachtet auf die Dinge, die er mit seinen Augen sieht und mit seinen Ohren hört und er hätte darüber nachgedacht – auch er würde dahin kommen zu glauben, und er würde vielleicht mehr lernen, als er sagen könnte.*

Jetzt, wo Vincent seine neue Berufung – den Künstler – in sich entdeckt hat, gelingt ihm auf einmal auch die Predigt; jetzt, da er nicht mehr an sie glaubt, er sie ein für alle Mal hinter sich lässt: *Bemühe Dich, auch noch das letzte Wort von dem zu verstehen, was die großen Künstler, die ernsten Meister in ihren Meisterwerken sagen – Gott wird darinnen sein.*

Vincent hat die christliche Verpuppung des Religiösen zurückgelassen, er findet es jetzt überall, und dieses Finden gibt ihm das Gefühl reich zu sein. Er beginnt nun auch intensiv Shakespeare zu lesen und schreibt an Theo darüber: *Das Studium dieses Dichters habe ich schon vor längerer Zeit begonnen, es ist genauso schön wie Rembrandt.*

Als Bildkompositeur wird Rembrandt ihm ein Vorbild bleiben, nicht zufällig denkt man bei der Zugbrücke von Langlois, die Vincent im

Mai 1888 malt, an Rembandts »Die Brücke von Ouderkerk«. Wie Rembrandt gleichsam das Licht aus dem Dunkel heraus zeugt, so dass es dann schließlich das Dunkel selber zu durchdringen beginnt (aber nie ganz), das erschüttert Vincent. Und welch ein Mut, Bilder nicht zu Ende zu malen, den Raum offen zu lassen! Das Unfertige gegen das Ausgepinselte und das akribisch bis ins letzte zu Ende Gedrechselte zu stellen, lernt Vincent hier. So erst wird der künstlerische Akt auf natürliche Weise transparent – was die Bildwirkung noch erhöht.

Nachdem er die »Judenbraut« gesehen hat, schreibt er im Oktober 1885 an Theo: *Über die Bilder von Franz Hals kann man sprechen – der bleibt immer auf der E r d e –, Rembrandt aber geht so tief ins Mysterium, dass er Dinge sagt, für die es in keiner Sprache Worte gibt.*

Matthias Arnold hebt in seinem Buch »Van Gogh und seine Vorbilder« die biografischen Gemeinsamkeiten zwischen Vincent und Rembrandt hervor: »Beide Maler wurzeln zutiefst im christlichen Glauben, obwohl bei beiden schließlich die Loslösung von kirchlicher Institution zugunsten einer pantheistischen Weltanschauung festzustellen ist. Beide wurden protestantisch erzogen, wuchsen also in einem eher bilderfeindlichen religiösen Umfeld auf. Dennoch – oder vielleicht sogar deswegen – ist beiden bereits frühzeitig gerade das Bild ein unabdingbares Bedürfnis.«

Vincent malt die Aufhebung des Unterschieds von Heiligem und Ketzer. Das macht seine Bilder zu Ikonen einer modernen Religiosität, die die Säkularisierung nicht nur anerkennt, sondern bewusst vorantreibt, bis über jene Grenze, hinter der eine von allem Bekenntniszwang befreite religiöse Symbolik möglich wird. In dieser dann zeigt sich die Unbedingtheit als ein schöpferischer Gestaltungsimpuls – und der Glaube als Kraft mündet in die ästhetische Formgebung des Lebens. Das Profane selbst birgt in sich einen göttlichen Funken.

FÜNFTES KAPITEL
Holland ohne Heimkehr.
(April 1881 - Februar 1886)

Etten. Vergebliches Werben um die Cousine Kee

> Van Gogh ist ... etwas unerbittlich auf Ausdruck Versessenes, das die Malerei zwingt.
>
> Rainer Maria Rilke am 7.6.1907 an Clara Rilke

Etten liegt nicht weit von der belgischen Grenze entfernt, aber es ist Holland: Heimat. Hier hat der Vater seit 1875 eine Pfarrstelle. Hierher kommt Vincent im Mai 1881 aus Brüssel. Keine Heimkehr, denn sein Verhältnis zu den Eltern ist schwieriger denn je. Sie haben, nach den diversen Fehlschlägen, das Vertrauen in ihn verloren. Man fürchtet zu Hause die Ankunft des wilden, unzähmbaren Sohnes. Die Mutter notiert: »Ich habe immer solche Angst, dass, wohin Vincent auch kommt und was auch immer er macht, er alles durch seine Exzentrität, seine merkwürdigen Ideen und Lebensansichten zerstört.« Und der Vater schreibt: »Es schmerzt uns, dass er buchstäblich keine Lebensfreude kennt, sondern immer mit gebeugtem Kopf herumläuft, während wir alles in unserer Macht Stehende getan haben, ihn in eine ehrenwerte Position zu bringen! Es scheint, als ob er freiwillig den schwersten Weg ausgesucht hätte!«

Hier stehen sich zwei Ansichten über gelingendes Leben gegenüber, die nicht miteinander zu versöhnen sind. Aber nun, da er wieder unter ihrem Dach lebt, muss er sich – in einem bestimmten Maße – anpassen, darf den häuslichen Frieden nicht immer wieder stören. Also konzentriert er sich aufs Zeichnen und liest viel. Theo empfiehlt er Balzacs »Verlorene Illusionen« und falls ihm das zu umfangreich sei, wenigstens »Vater Goriot«. Den Beinamen Balzacs legt er dem Bruder besonders ans Herz: »Veterinär für un-

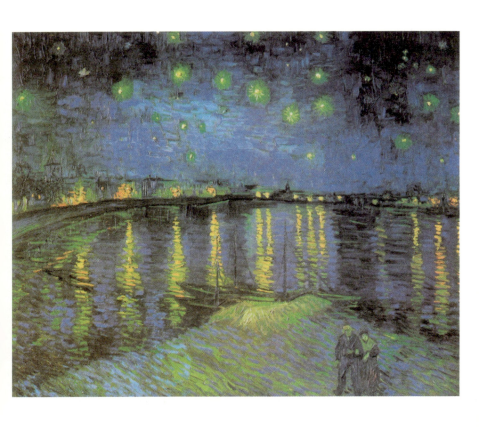

Sternennacht über der Rhone, Arles, September 1888
Paris, Musée d'Orsay (Leihgabe)

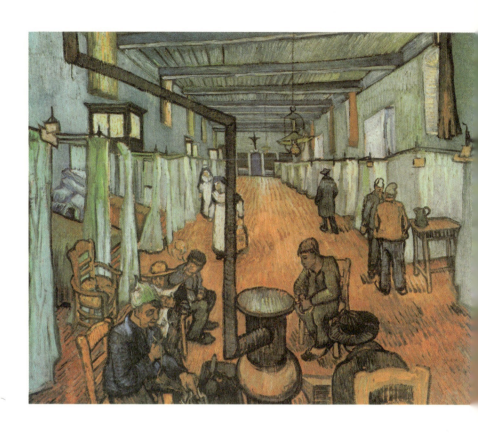

Schlafsaal im Hospital in Arles, Arles, April 1889
Winterthur, Sammlung Oskar Reinhart

heilbare Krankheiten«. Ansonsten hat er genug damit zu tun, die »hoffnungslos verstockten« Bauern und Bürger zum Modellstehen zu überreden – und zwar nicht, wie von ihnen gewollt, im Sonntagsanzug, sondern bei der Arbeit. Immer wieder schickt er Theo auch kleine Zeichnungen mit und fragt in höchster Beflissenheit nach, ob sie ihm denn auch zusagen, er habe sich solche Mühe gegeben. Er weiß, der Bruder ist in der Familie sein einziger Verbündeter, darum unternimmt er alles, um ihm zu gefallen und ihn davon zu überzeugen, dass er beim Zeichnenlernen große Fortschritte macht. Mitunter kommt ein launiger Ton auf, etwa dann, wenn er bemerkt, es gäbe ja heute leider keine Spinnräder mehr, die man malen könne, *statt dessen aber etwas anderes, was nicht weniger malerisch ist, nämlich die Nähmaschine.* Der Romantiker in Vincent hat einen gespannten Sinn für die kalte Versachlichungsmechanik moderner Zeiten.

So fließen die Tage dahin, Vincent ist fleißig und bemüht sich, seine Eltern nicht zu reizen. Aber dann passiert es. Aus Amsterdam kommt eine Cousine mit ihrem Kind zu Besuch. Drei Jahre zuvor verwitwet, ist sie die Tochter von Onkel Sticker, dem Pfarrer. Nach ausführlicher Korrespondenz über Malpapier, Kreidestifte und deren Kosten platzt Vincent am 3. September 1881 in einem Brief an Theo mit der Neuigkeit heraus: *Ich wollte Dir sagen, dass ich diesen Sommer K. ... sehr liebgewonnen habe. Doch als ich ihr dies sagte, antwortete sie mir, dass ihre Vergangenheit und ihre Zukunft für sie eins blieben und dass sie somit meine Gefühle nicht erwidern könne. Damals war ich in einem schrecklichen Zwiespalt, was ich tun sollte, ob ich mich mit dem ›Niemals, nein, nimmermehr‹ abfinden oder die Sache noch nicht ganz für entschieden und beendigt halten und noch etwas guten Mut bewahren und es noch nicht aufgeben sollte. Das letztere wählte ich, und bis heute habe ich diese Auffassung nicht bereut, obwohl ich noch immer vor dem ›Niemals, nein, nimmermehr‹ stehe.*

Der Gegenstand seiner Leidenschaft, die fünfunddreißigjährige Cousine Kee, hat keinerlei Ambitionen, sich wieder zu binden.

Schon gar nicht an diesen Herumtreiber, noch keine dreißig Jahre alt, der bis eben bei Bergarbeitern gehaust hat und nun vorgibt, Maler werden zu wollen. Dabei malt er ungelenk wie ein Zwölfjähriger kleine Bildchen, an denen kein Strich gerade ist. Aber Vincent in seiner unbedingten Begeisterung lässt ein »Nein« nicht gelten – und wirbt hartnäckig weiter um sie.

Die Sache wächst sich zum Eklat aus. Vincent versteht das nicht. Zur Liebe gehören zwei? Wer sagt denn so was: *Die Liebe ist eben etwas Positives, etwas Starkes, etwas so Wirkliches, dass es für jemanden, der liebt, durchaus unmöglich ist, dieses Gefühl zu widerrufen ... Ich habe sehr viel Lust zum Leben bekommen und bin sehr froh, dass ich liebe. Mein Leben und meine Liebe sind eins.* Vincent will dieses eine Mal nicht unterliegen, nicht scheitern. Seine Sinnlichkeit ist aufgestachelt, manische Euphorie beherrscht ihn: *Lass melancholisch sein, wer will, ich habe genug davon und will nichts anderes als fröhlich sein wie eine Lerche im Frühling!* Gewiss liege ihre Abweisung nur daran, dass sie einen anderen liebgehabt habe und mit den Gedanken noch zu sehr an der Vergangenheit hänge. Eine neue Liebe mache ihr wohl noch Gewissensbisse, da helfe nur Beharrlichkeit. Das klingt dann aus Vincents Munde allerdings ziemlich martialisch: *Es darf mich also nicht weichmachen, sondern ich muss fest und entschlossen sein wie eine Stahlklinge.*

Ob das der richtige Ton ist, die junge Witwe für sich einzunehmen? Theo gegenüber wird er sein hartnäckiges Werben um die Cousine auch mit den lang andauernden Folgen der (in seinen Augen) zu großen Passivität in Liebesdingen begründen, die er bereits einmal erdulden musste: *Früher habe ich einmal einen solchen Fehler begangen. Ich ließ von dem Mädchen ab, und sie heiratete einen anderen, ich ging weit fort von ihr und behielt sie doch im Gedächtnis. F a t a l.*

Vincent vermag es nicht, einen anderen Menschen, an dem er einmal Interesse gefasst hat, in Ruhe zu lassen. Wenn er entflammt ist, gibt es keine Distanz mehr. Das ist ein Grund, warum alle engen Freundschaften Vincents scheitern: er hat etwas Erdrückendes. Und

Theo vermag sich nur durch räumliche Distanz – halbwegs – seine Unabhängigkeit zu erhalten. Als sie dann in Paris zusammen wohnen, geht beinahe alles in die Brüche.

Doch wie Vincent die Arbeiter nun als Modelle, nach denen man zeichnen kann, ansieht, so ist auch die große unbedingte Liebe zur Cousine Kee letztlich doch wieder nur eines: eine Stimulanz für seine Zeichnungen. *Seitdem ich wirklich liebe, ist auch mehr Wirklichkeit in meine Zeichnungen gekommen* ... Seltsam, der, der sich von niemandem zu etwas seiner Natur Widerstrebendem überreden, gar zwingen lässt, glaubt unbeirrt an den sanften Zwang, wenn dieser nur von ihm selbst ausgeht. Theo wird aufgefordert, für ihn zu werben und auch die aufgebrachten Eltern in ihre Schranken zu weisen: *Ich würde es sehr gut finden, wenn Du, auf die eine oder andere Weise, Vater und Mutter, die in diesen Dingen alles schrecklich schwernehmen und, was ich diesen Sommer tat, ›ungehörig und unzart‹ nennen, bis ich sehr entschieden und bestimmt bat, solche Ausdrücke nicht mehr zu gebrauchen, wenn Du, wie gesagt, sie dazu bewegen könntest, dergleichen weniger schwerzunehmen und mehr guten Mutes und humaner zu sein.*

Das ist schon merkwürdig, er, der die Eroberung der Cousine Kee zur entscheidenden Frage seines Lebens erhebt, bei der es – absurderweise – in seinen Augen um alles geht, er fordert die Eltern auf, es nicht so schwerzunehmen. Wo es um emotionale Dinge geht, zeigt sich der Ekstatiker Vincent van Gogh von seiner unangenehmen Seite: als Choleriker, der nicht erträgt, dass auch andere ihren Willen haben, der ebenso zählen soll wie der eigene.

Er geht das Heiraten genauso an wie das Zeichnen. Durch beharrliches Bemühen wird er es auch erreichen. Aber die eigentliche Erotik, das hat Meier-Graefe sehr deutlich erkannt, sie spielt sich auf einer anderen Ebene ab: »Es hätte nicht einmal einer Frau bedurft. Seine Sinnlichkeit war notgedrungen zu einer Sache des Gehirns geworden. Ein Mann hätte es auch getan, die starke Sympathie eines Menschen, der über Äußeres, seine trotzige Eigenbrötlerei, hinwegsah, der den Ton gab, mit dem er klingen konnte.«

Der Kampf um die Ehe mit der Cousine ist der letzte große Kampf um seinen Verbleib in der Welt der Bürger. Aber diese Welt will ihn nicht. Und das Weib, das er liebt, ist durch Liebe nicht zu erweichen. Sie sagt nur immer nein, nie und nimmer. Wie hartherzig diese aus Konvention gemachten Bürgerfrauen doch sind.

Für Vincent aber ist die Liebe, egal zu wem und wozu, die Kraft, die erweckt und große Dinge möglich macht: *ein Mann, wer es auch sei, ist sich einer sehr eigenartigen Sache, nämlich einer großen, tief in ihm verborgenen Kraft solange nicht bewusst, bis er eines Tages wachgerüttelt wird durch die Begegnung mit einer Frau, von der er sagt: sie und keine andere* ... Die Liebe, so hat Vincent erfahren, ist ein Mysterium der Verwandlung, sie lässt Bekanntes unbekannt und Unbekanntes bekannt erscheinen – darin wird sie zur Urkraft sowohl der Religion, als auch der Kunst.

Im November 1881 hat sich Vincent immer noch nicht damit abgefunden, dass die Cousine ihn nicht will. Er versucht, Theo zu überzeugen, dass er sie noch einmal wiedersehen müsse, damit die Sache ein Ende finde, so oder so. Dazu muss er jedoch nach Amsterdam zu Onkel Sticker fahren. In dessen Haus lebt sie. Er braucht für die Reise Geld und das soll ihm Theo beschaffen. Eine heikle Sache, denn die Eltern sind froh, dass Vincent in Etten und die Cousine zurück in Amsterdam ist. Wenn Theo nun Vincent Geld gibt, mit dem er nach Amsterdam fahren und dort irgendeinen Skandal anzetteln kann, dann bekommt er selber Ärger mit den Eltern, die doch so große Stücke auf seine Vernunft in praktischen Dingen halten. Er steckt in einem Loyalitätskonflikt. Die Bruderliebe siegt, auch wenn Theo ahnt: Vincent wird Ärger machen.

So zieht Vincent ihn von der Seite der Eltern zu sich hinüber: *Wir stehen nun als erwachsene Menschen, als Soldaten in den Gliedern unseres Geschlechts. Wir gehören nicht dahin, wo Vater und Mutter und Onkel S. hingehören, wir müssen mehr dem Modernen als dem Alten treu sein. Nach diesem Alten zurückzuschauen ist verhängnisvoll. Verstehen die Alten uns nicht, so darf uns das nicht aus dem Geleise bringen.*

Als Vincent bei Onkel Sticker ankommt, ist Kee nicht da. Sie hat sich versteckt, vermutet Vincent. Oder sie wird von Onkel und Tante versteckt, das kommt aufs Gleiche heraus – sie alle wollen mit dem groben liebestollen Vincent aus Etten nichts zu tun haben. Aber der verfügt über sehr praktische Argumente für die Ehe mit seiner Cousine, denn, so hat er ausgerechnet, es verbrauche ein verheirateter Künstler mit Frau weniger und sei produktiver *als ein unverheirateter mit seiner Mätresse.*

Er bekommt Kee nicht zu Gesicht, auch nicht, als er fleht, sie nur so lange sehen zu dürfen, wie er imstande sei, seine Hand in die Flamme einer Kerze zu halten. Das klingt im Hause Pastor Stickers geradezu verrückt. Sie blasen die Kerze aus und schicken ihn fort.

Liebe als Stimulanz zur Selbststeigerung

Die Briefe an Theo aus dieser Zeit kreisen alle um das Thema Liebe. Zu diesem Thema muss er ein Verhältnis finden, das sich nicht von Cousine Kees »Nein, niemals, nimmer« einsperren lässt, will er als Künstler weiterkommen. Keine faulen Kompromisse in Sachen Liebe und Kunst! Schriftlich gelingt Vincent, was ihm mündlich nie gelingt: Er findet Worte von einer überzeugenden Bildhaftigkeit. Der Brief vom 12. November 1881 an Theo gleicht einem großem Traktat über die Liebe. Er wird auch zum entschlossenen Versuch einer Kurskorrektur für das eigene Leben: *Die Leidenschaften sind die Segel des Schiffes, siehst Du. Und jemand, der sich mit 20 Jahren ganz seinem Gefühl hingibt, fängt zuviel Wasser, sein Boot läuft voll Wasser, und er geht unter – und vielleicht kommt er doch wieder obenauf. Wer hingegen das Segel Ehrsucht & Co. und kein anderes an seinem Mast hisst, segelt gerade hin durch das Leben, ohne Unglücksfälle, ohne Bocksprünge, bis – ja bis endlich, endlich die Umstände kommen, in denen er merkt: Ich habe nicht genug Segel – und dann sagt er: ›Alles, alles, was ich habe, möchte ich hingeben für einen Quadratmeter Segel mehr, und* ich habe ihn nicht mehr!‹ Da verzweifelt er. Das ist nicht mehr die Art beruhigende Predigt, die immer beim lieben Herrn Jesu anlangt, mit der der Pfarrer am Sonntag die Gemeinde nach Hause schickt, es ist Bekenntnisdichtung von einer Art, über die man nicht debattieren, die man nur hinnehmen kann. Für Vincent, so sieht man in diesem Brief, wird der Kampf um die Liebe zu einem Kampf um seine schöpferische Kraft. Was also passiert mit dem, der merkt, er hat nicht einen Quadratmeter Segel mehr und der verzweifelt? *Doch nun besinnt er sich, dass er noch andere Mittel dazugeben könnte, er denkt an das bis heute verachtete Segel, das er bisher beim Ballast geborgen hatte. Und dieses Segel rettet ihn. Das Segel Liebe muss ihn retten, wenn er das nicht hinzunimmt, kommt er nicht ans Ziel.* Er konstatiert bei sich selbst für die vergangenen Jahre – dazu gehört auch die Abweisung durch die Londoner Vermietertochter Eugenie Loyer – eine schwere Schlagseite in der Natur seiner Leidenschaften: *meine physischen Leidenschaften waren damals sehr schwach, vielleicht durch ein paar Jahre arger Armut und harter Arbeit. Meine geistigen Leidenschaften aber waren stark … in Sachen der Liebe muss man nicht allein geben, vielmehr auch nehmen, und umgekehrt nicht allein nehmen, sondern auch geben. Wer zur rechten oder zur linken Seite abweicht, der fällt, da gibt es keine Gnade. Ich stürzte also, und es war ein Wunder, dass ich mich wieder davon erholte.*

Zum Glück hat er Theo als Adressaten seiner Bekenntnisse. Der hört sie mit Beunruhigung und Skepsis an. Denn Vincents Unbedingtheit kennt keine zögerliche Vorsicht, kein tastendes Einfühlen in fremde Befindlichkeiten. Der nächste Brief hebt, jeden Einspruch von vornherein energisch beiseiteschiebend, an: *Liebster Bruder! Wenn ich nicht meinem Herzen ab und zu einmal Luft machte, so würde der Dampfkessel springen, glaube ich.*

Das Verhältnis zum Vater eskaliert nun in der Folge seiner neuen Freiheit. Vincent ist ein zutiefst religiöser Mensch geblieben, viel religiöser als der nüchtern abwägende Vater; der Ekstatiker als Inbegriff des gläubigen Menschen erwacht nun erst richtig. Seine Urteile über das Christentum sind jetzt ganz von der mystisch-negativen Theologie geprägt. Er geht darin noch weit über Thomas von Kempen hinaus. Die Art, wie er über das Religiöse schreibt, verrät nicht nur Bibellektüre und die Kenntnis der mystischen Theologie, sondern auch einen starken Sinn für die moderne Literatur eines Zola, der die Hässlichkeiten im Schatten der Industrialisierung zum Thema macht.

Vincent van Gogh gelangt hier zu einer Anschauung des Religiösen, das sich von seiner äußerlich-kirchlichen Gestalt vollständig ablöst. Er findet zu einer das Geistige und das Sinnliche, das Endliche und das Unendliche, den Einzelnen und die Welt im schöpferischen – künstlerischen – Akt verbindenden Form. Das ist letztlich Mystik ohne Gott.

Vincents Glaube wird – ganz im Sinne Nietzsches! – zur euphorischen Skepsis, die keine metaphysischen Voraussetzungen mehr akzeptiert. Gott ist tot!, das weiß auch Vincent, darum gibt es keine Erlösung, sondern nur den Glauben derer, die um ihre Unerlösbarkeit wissen – und dennoch das Vermögen zur Liebe aufbringen. Beginnt Gott vielleicht erst, *wenn wir das Wort aussprechen, womit Multatuli sein Gebet eines Unwissenden beschließt: ›O Gott, es gibt keinen Gott!‹?* Für Vincent ist der Fall inzwischen klar: *Sieh, für mich ist er mausetot, dieser Gott der Pfaffen. Aber bin ich darum Atheist? Die Pfarrer halten mich dafür – que soit –, aber siehe, ich liebe, und wie würde ich Liebe fühlen können, wenn ich selbst nicht lebte und andere nicht lebten, und wenn wir leben, so ist etwas Wunderbares darin. Nenne das nun Gott oder die menschliche Natur oder was Du willst, aber es gibt ein gewisses Etwas, das ich nicht definieren kann, und das mir, obwohl es außerordentlich lebendig und wirklich ist, als eine Art Gesetzmäßigkeit erscheint, und sieh, das ist nun mein Gott oder so gut wie mein Gott.* Das klingt wie Goethes, seinem Faust in den Mund gelegtes, pantheistisches Glaubensbekenntnis. Nenn es wie du willst, ich weiß keinen Namen dafür – genau da wird die mystisch-pantheistische Form des Glaubens zur negativen Theologie. Wir können über Gott nur sprechen, indem wir alle falsche, ihn entstellende Charakterisierung unterlassen. Wir können nur sagen, was er nicht ist, denn darauf läuft der Pantheismus hinaus: Er ist alles. Wenn er aber alles ist, ist er zugleich auch nichts. Nicht separierbar also, denn immer ist Alles in Einem wie Eines in Allem. Diese Frage wird für Vincent als Maler entscheidend werden. Ohne diesen Fragekreis sind seine Bilder nicht zu verstehen, und dieser Fragekreis hat eine Mitte und die ist die Liebe als zentrale lebenserhaltende, damit göttliche Kraft: *Es darf Dich nicht wundern, dass ich Dir, auf die Gefahr hin, von Dir für einen Schwärmer gehalten zu werden, sage, dass ich es durchaus für notwendig halte, an Gott zu glauben, um lieben zu können.* An Gott glauben, damit meine ich nicht, dass Du alle Sprüchlein der Prediger sowie Redereien und Jesuitismen der ›bégueles dévotes et colle moulées‹ glauben sollst, das sei fern von mir; an Gott glauben, damit meine ich: fühlen, dass ein Gott existiert, und nicht ein toter, ausgestopfter (empaillé), sondern ein lebendiger, der uns mit unwiderstehlicher Macht in die Richtung von ›aimer encore‹ zwingt.* Im Pfarrhaus in Etten, in dem der mittellose Vincent notgedrungen lebt, gibt es nun ständig Streit, der in Feindschaft auszuarten beginnt. Gegenseitige Missachtung beherrscht das Verhältnis von Vater und Sohn: *Wenn ich Vater das eine oder das andere erzähle, dann ist es eitel Schall für ihn, und ebenso empfinde ich seine Predigten und Begriffe über Gott, Menschen, Sittlichkeit und Tugend nur als dummes Geschwätz. Ich lese schon mal in der Bibel, wie ich manchmal in Michelet oder Balzac oder Eliot lese, doch in der Bibel sehe ich ganz andere Dinge als Vater, und was er sich nach einem akademischen Rezeptchen da herausholt, das kann ich durchaus nicht darin finden.* Die Liebe, die Vincent zu seiner Cousine Kee ergriffen hat, sie macht ihn rigoros und auf beängstigende Weise frei: *Aber für all das Geplärre über Gut und Böse, über Sittlichkeit und Unsittlichkeit gebe ich eigentlich sehr wenig. Denn wahrhaftig, es ist mir unmöglich, immer zu wissen, was gut und böse, was sittlich und unsittlich ist.* Die Ablehnung, die seine Liebe zu Kee als etwas Ungehöriges von allen Seiten erfährt, macht auf Vincent einen tiefen Eindruck, mindestens ebenso tief wie die beiden Jahre im Elend der Borinage. Theo erfährt, wie er sich behandelt fühlt. Ein *Gefühl von Verprügeltsein war es, ein Gefühl, als ob er zu lange an einer recht kalten, harten, getünchten Kirchenwand gestanden hätte.* An diesen Selbstbeobachtungen fasziniert das Bildhafte, das nicht bloß im Großen und Ganzen etwas ausmalt, sondern im Detail genau abbildet, was vor seinem inneren Auge entsteht. Das auf die Leinwand gebracht, wird wenige Jahre später das Genie Vincent van Goghs ausmachen. Aber hier und jetzt steht er noch ganz am Anfang. Erste Aquarelle entstehen unter Anleitung des befreundeten Malers Mauve (eines angeheirateten Cousins), der ihm zuerst einmal zeigt, wie er die Palette halten muss. Er arbeitet nun mit aller Kraft und Konzentration daran, nicht nur den Absprung aus der toten Väterwelt zu schaffen, sondern vor allem nicht im Niemandsland der Depressionen zu landen. Die Gefahr besteht durchaus. Nach den zwei ersten Aquarellen, die unter Mauves Anleitung entstehen, ist es wieder da, das alte Gefühl, die Ablehnung durch die Cousine. Zählt er nicht, ist er ein Aussätziger? *Es blieb mir stets eine Kälte in Mark und Bein sitzen, nämlich im Mark und Bein meiner Seele, infolge der obengenannten eingebildeten oder wirklichen Kirchenmauer.*

Aber ich will mich durch dieses fatale Gefühl nicht unterkriegen lassen, sagte ich mir. Dann dachte ich mir, ich möchte wohl einmal bei einer Frau sein, ich kann nicht leben ohne Liebe, ohne Frau ... diese verdammte Mauer ist mir zu kalt, ich suche mir eine Frau, ich kann, ich mag, ich will nicht ohne Liebe leben. Ich bin nur ein Mensch, und zwar ein Mensch mit Leidenschaften, ich muss zu einer Frau, sonst erfriere ich oder versteinere.

Letztlich wird es zur Tragik Vincent van Goghs gehören, dass er eben diese Frau nicht findet. All seine Leidenschaft, seine Liebessehnsucht, seine Wut auch auf eine Welt, die ihm das, was er am dringendsten zum Leben braucht, vorenthält, malt er nun auf die Leinwand – und was so entsteht, ist mehr als ein Bild, es ist eine Welt.

Vielleicht hat die Cousine gespürt, dass sie für Vincent nur Medium der Selbststeigerung ist? Und tatsächlich ist dieser dabei, den Kraftstrom der Liebe in eine ihr verborgen bleibende Richtung umzulenken: ... *ich habe sie lieb, aber um ihretwillen will ich nicht erfrieren und meinen Geist lähmen.* Und der Stachel, der Feuerfunke, den wir nötig haben, das ist die Liebe, und durchaus nicht gerade die mystische Liebe.

Zweierlei Liebe

Noch beteuert Vincent in höchsten Verzweiflungstönen seine Liebe zu Kee, die weiterhin jede Annäherung zurückweist, da sucht er sich auch schon eine Schwester in seinem Elend: eine Prostituierte. Das Theo beizubringen ist heikel. Soll der nun auch noch dem bis eben unsterblich in die Cousine Verliebten die Bordellbesuche bezahlen? Vincents Sophistik verblüfft. In dem berühmten Brief, den er Theo im Dezember 1881 über seinen demütigenden Werbebesuch um Kee in Amsterdam schreibt, erscheint das als eine gleichsam logische Konsequenz der Ablehnung durch Kee: *Es bleibt nicht ungestraft, wenn man allzulange ohne Frau lebt. Und ich glaube nicht, dass das, was einige Gott, andere das höchste Wesen und wieder andere die Natur nennen, ungerecht und unbarmherzig ist; mit einem Wort, ich kam zu dem Schluss, ich will doch einmal sehen, ob ich keine Frau finden kann. Ach Gott, ich suchte nicht sehr lange. Ich fand eine Frau, bei weitem nicht jung, bei weitem nicht schön, mit nichts Besonderem, wenn Du willst.* Und nun beginnt er die gekaufte Braut zu beschreiben, als wär's eine echte Eroberung: *Du bist gewiss ziemlich neugierig. Sie war ziemlich groß und stark gebaut, sie hat nicht gerade Damenhände wie K., aber so wie jemand, der viel arbeitet. Doch war sie nicht grob und gemein, sondern hatte etwas sehr Weibliches ... Sie hat viel Sorgen gehabt, das konnte man sehen, und das Leben war über sie hinweggegangen; ach, nichts Distinguiertes, nichts Außergewöhn-*

liches, nichts Nichtalltägliches. Da vollzieht sich ein Weltenwechsel des fast Dreißigjährigen, der bis eben noch Askese gepredigt hatte. Nun überträgt er seine Hinwendung zum Elend auch ins Erotische. Da setzt die franziskanische Haltung seinem Geschlechtstrieb geradezu die idealistische Krone auf: *Es ist nicht das erste Mal, dass ich diesem Gefühl von Zuneigung keinen Widerstand leisten konnte, der Zuneigung und Liebe gerade zu diesen Frauen, welche die Pfaffen so verdammen und von der Höhe ihrer Kanzel herab verurteilen und verachten. Ich verdamme sie nicht, ich verurteile sie nicht, ich verachte sie nicht.* Ja, es geht ihm ganz direkt um die physische Liebe. Der Trieb bedrängt ihn. Aber es gibt noch eine andere Welt und in diesen Tagen des vergeblichen Wartens auf Kee entschließt er sich, sie zu betreten: *Und ich sage Dir rundheraus, ich bin fest davon überzeugt, dass man sich nicht genieren muss, ab und zu einmal zu einem Mädchen zu gehen, wenn man eines kennt, auf das man sich verlassen kann und das auch etwas Herz hat; wie es deren wirklich viele gibt. Denn für jemanden, der ein Leben voller Anspannung hat, ist es notwendig, absolut notwendig, um normal und bei Verstand zu bleiben. Man braucht solche Dinge nicht zu übertreiben und keine Ausschweifungen zu begehen, aber die Natur hat feste Gesetze, gegen die zu kämpfen verhängnisvoll ist.*

In Zola findet er bei dieser Revolte gegen die erstarrte christliche Moral eine wichtige Stütze. Da ist jemand, der die Menschen so sieht, wie sie wirklich sind, der ohne Standesdünkel auf sie blickt. Zola hält über den saturierten Bürger, den bigotten Emporkömmling in der Folge der Französischen Revolution Gericht, indem er ihn an den Prinzipien misst, mit denen diese Revolution hundert Jahre zuvor angetreten war. Hatte sich der Bürger denn wirklich befreit? Ja, aber nur um sich in die neue Knechtschaft des Geldes zu begeben. Zola zeigt den Menschen in der zweiten Hälfte des 19. Jahrhunderts als Objekt der brutalen Kapitalisierung aller Lebensverhältnisse. Die Hure ist dabei nichts anderes als ein Mensch, der das durchleidet, was die Gesellschaft zum neuen Idol erhoben hat: sich zu verkaufen.

Nur dass sie an Leib und Seele dem auf besonders elende Weise ausgesetzt ist.

Gleich zweimal wird Vincent den Ausspruch Zolas, er hat ihn *in irgendeiner Vorrede* gefunden, in Briefen an Theo zitieren, so sehr beschäftigt es ihn: »Diese Frauen sind nicht schlecht, nur können sie unmöglich ein richtiges Leben führen in all dem Klatsch und den üblen Lästereien der Vorstädte, und das ist der Grund, weshalb sie Fehler begehen und fallen.«

Im Pfarrhaus in Etten kommt es Weihnachten zu einer heftigen Szene mit dem Vater, in deren Verlauf ihn dieser auffordert, das Haus zu verlassen: *Das wurde so bestimmt gesagt, dass ich wirklich noch am selben Tag abreiste.*
Er hatte sich lange angekündigt und nun war er vollzogen, der Bruch im Stile einer 68er Revolte, die den Eltern an allem Schuld gibt, was im eigenen Leben nicht gelungen ist. Dem Bruder gegenüber erklärt er sich, denn Theo – so kühl kalkulierend ist er dann doch – darf nicht in der Väterwelt zurückbleiben, Theo muss auf seiner Seite der Front kämpfen. Da dieser bereits Vincents Jahre der religiösen Emphase mit distanziertem Unverständnis gesehen hatte, er seiner Natur nach nicht religiös ist, wird ihm der Grund für das Zerwürfnis mit dem Vater nicht unplausibel gewesen sein: *Es kam eigentlich daher, dass ich nicht zur Kirche ging, weil ich sagte, dass ich, wenn der Kirchgang ein Zwang sei und ich zur Kirche gehen müsste, sicherlich nicht einmal mehr aus Höflichkeit hingehen würde, wie ich es während dieser ganzen Zeit, die ich in Etten war, fast regelmäßig tat.*
Natürlich hat mehr zum Zerwürfnis mit dem Vater geführt, denn dieser ist ansonsten liberal genug, Gründe für das Auslassen von Kirchenbesuchen gelten zu lassen. Es ist seine eigene Aggression, die zum Entweder-Oder treibt: *Aber ach, eigentlich steckt viel mehr dahinter, unter anderem die ganze Geschichte, die diesen Sommer zwischen K. und mir vorfiel.* Erstmals scheint auch Vincent zu bemerken, dass er zu bedrohlichen, nicht mehr kontrollierbaren Erregungszuständen

neigt: *Ich war so erregt, wie ich mich nicht erinnere jemals in meinem Leben gewesen zu sein, und habe rundheraus gesagt, dass ich das ganze System der Gottesverehrung abscheulich fände; dies deshalb, weil ich mich während einer elenden Zeit meines Lebens zu sehr in diese Dinge vertieft habe, nichts mehr damit zu tun haben will und mich wie vor etwas Verhängnisvollem davor hüten muss.*

Den Haag. Malen mit Farbe und Leben mit der (un)heiligen Hure Sien

Er fährt nach Den Haag und geht zu Mauve. Er kommt ins Atelier, mit dieser seiner Hier-bin-ich-Haltung und wird aufgenommen. Er mietet sich *ein Zimmer mit Alkoven, das man als Atelier herrichten kann*, etwas außerhalb der Stadt, zehn Minuten Fußweg zu Mauve. Es sei billig, beschwichtigt er Theo schon mal, der das schließlich bezahlen muss. Nun wachsen ihm jedoch die Kosten schnell über den Kopf, die 100 Frcs., die er von Theo kriegt, genügen nicht. Theo ist darüber halb verwundert, halb verärgert und schreibt über Vincents die Eltern so beleidigenden Auftritt zu Weihnachten: »Ich begreife Dich nicht.« Vincent, schriftlich mit allen Wassern der Sophistik gewaschen, antwortet: *Nun, das glaube ich gerne; denn Schreiben ist eigentlich ein elendes Mittel, um einander die Dinge begreiflich zu machen.*

Vor diesem Hintergrund beginnt Vincent neben dem Zeichnen, in dem er bereits sichtbare Fortschritte gemacht hat, nun auch mit etwas Neuem. Er fängt an zu malen, tastet sich vor ins Reich der Farben. Davon handeln die Briefe dieser Monate: vom Zeichnen, das ihn ganz in Besitz genommen hat, von ersten Erfahrungen mit seinen Malutensilien, aber auch von der Befreiung seiner Sinne in der Elendsvariante der Prostituiertenliebe, vom Hass auf die Pfarrer im Allgemeinen und den Vater im Besonderen. Und vor allem davon, dass so ein Leben teurer ist als Theo, der brüderliche Geldgeber, denkt.

Spürbar wird, für Vincent öffnet sich eine neue Welt, er steht an einem Anfang und genießt das: *Du musst wissen, Theo, dass Mauve* mir einen Malkasten mit Farben, Pinseln, Palette, Spachtel, Öl, Terpentin, kurz mit allem Nötigen geschickt hat, so dass es also entschieden ist, dass ich jetzt richtig malen soll: *ich bin froh, dass es dazu gekommen ist. In letzter Zeit habe ich nämlich viel gezeichnet, besonders Figurenstudien. Wenn Du die sähest, würdest Du wohl merken, auf welchem Weg ich bin ... Ach Theo ich bin so froh über meinen Malkasten ...* Er schwärmt vom Aquarell, *das eine herrliche Sache sei, um Raum und Luft auszudrücken, sodass die Figur in der Atmosphäre sitzt und Leben hineinkommt.*

Und nun beginnt für ihn ein Spiel aus Angst und Hoffnung. Er hat nur noch Theo. Wenn dieser ihm seine Zuwendung aufkündigt ist alles aus. Darum bekommen seine Briefe solch einen beschwörenden Ton, die alle ein Grundmotiv variieren: Halte aus, habe Geduld mit mir, es wird doch schon täglich besser, bald habe ich es geschafft. *Das Zeichnen wird mir je länger, je mehr zur Leidenschaft, und das ist gerade so eine Leidenschaft wie die eines Seemannes für die See.* Mit Tersteeg, dem Kunsthändler, der ihm einmal wohlgesonnen war, versteht er sich schnell nicht mehr, die Beziehung zu Mauve beginnt ebenfalls zu kriseln: nein, verträglich ist Vincent nicht, wenn er arbeitet.

Er ist Selbstbeobachter genug, das an sich zu konstatieren: *Es stimmt wahrscheinlich, dass ich nicht dazu geeignet bin, mit Menschen umzugehen, die sehr auf Formen halten, doch habe ich andererseits einiges Geschick für arme oder kleine Leute, und verliere ich auf der einen Seite, so gewinne ich auf der anderen ...* Kein Wunder, dass er sich ärgert, will ihn Mauve doch dazu zwingen, nach Gipsfiguren zu zeichnen: *Ich habe einen entsetzlichen Widerwillen gegen das Gipszeichnen ...* Da Mauve ihn rüde schulmeistert, revoltiert er: *Eines Tages sprach er mit mir über Gipszeichnen so, wie es der ärgste Lehrer an der Akademie nicht mal getan haben würde, ich nahm mich zusammen, doch zu Hause wurde ich so böse darüber, dass ich die armen Gipsabdrücke zerschlug und in den Kohlenkasten warf. Und ich dachte: ›Ich werde Gips zeichnen,* wenn ihr wieder ganz und weiß werdet und wenn es keine Hände und Füße von Lebenden mehr zu zeichnen gibt.‹ Zu Mauve sagt ich dann: ›Mann sprich mir nicht mehr von Gips, er ist mir unausstehlich.‹

Da zeigt sich, was Vincent überhaupt zum Zeichnen hinzieht: das Lebendige, das, was aus den Dingen, selbst aus den Steinen auf einem Acker noch herausdrängt, ihre verborgene Kraft, ihr Drang nach Veränderung. Gips dagegen ist gänzlich totes Material, da drängt nichts hervor – darum kann Vincent damit auch nichts anfangen. Aber die Heftigkeit seiner Reaktion verblüfft.

Über Tersteeg, den er doch damals, bei seinem Eintritt in die Kunsthändlerlehre, so bewunderte, schreibt er ernüchtert: *Er hat mich nun jahrelang für eine Art Duseler und Träumer angesehen, er sieht mich noch immer so und sagt sogar von meinen Zeichnungen:* ›*Das ist eine Art Opiumrausch, den Du Dir selbst verabreichst, um den Kummer nicht zu fühlen, den es Dir verursacht, keine Aquarelle machen zu können.*

Aber er arbeitet weiter, so wie er alles in seinem Leben angeht, mit exzessiver Wucht: *... ich arbeite, ich quäle mich, ich schufte den ganzen Tag und auch mit Vergnügen, aber nun steht es doch so damit, dass ich sehr entmutigt würde, wenn ich nicht mehr so angestrengt oder noch angestrengter durcharbeiten könnte.* Seine Gesundheit leidet unter dieser Überanstrengung: *Aber es passiert mir oft, dass ich mit den Händen in den Haaren dasitze. Nun war mir heute morgen so elend, dass ich zu Bett gegangen bin; ich hatte Kopfweh und fieberte vor Überreizung, weil ich in dieser Woche nicht mehr zurechtkomme und nicht weiß, wie ich es durchhalten werde.* Und dann sofort wieder das Sich-Hochreißen, die große Beschwörung: *Wenn ich nur angestrengt weiterarbeite, dann wird es nicht mehr lange dauern, bis ich mit meiner Arbeit etwas verdiene, aber bis dahin sitze ich gründlich in Schwierigkeiten. Eine Menge Dinge* braucht er dringend. *Mein Unterzeug beginnt mir auch auszugehen.* Kurz: Seine finanzielle Lage ist katastrophal.

Aber warum ist der treue Bruder so zurückhaltend? Erstens ist er selber nicht gerade wohlhabend, sondern bekommt nur ein Gehalt bei Goupil, zweitens ist ihm vielleicht einiges über den merkwürdigen Lebenswandel Vincents zu Ohren gekommen. Etwas, was er nicht auch noch mitfinanzieren will. Dass er zu Prostituierten geht, das hat er dem Bruder schon gestanden, mit der Einschränkung, man müsse es nicht übertreiben. Nun gut, Theo hat da seine eigenen Erfahrungen gemacht. Er will dem Bruder keine moralischen Vorhaltungen machen, aber wenn Vincent, der selbst nie etwas verdient, stattdessen sein schwer verdientes Geld zu Huren trägt, dann geht ihm das buchstäblich gegen den Strich.

Schließlich merkt es auch Vincent: Die Klagen über seinen finanziellen Mehrbedarf kann er nicht länger mit ausgehender Unterwäsche erklären. Er unternimmt den Versuch, der nicht ohne Risiko ist, Theo das neue Arrangement, in dem er in Den Haag lebt, zu erklären. Aber zuvor versucht er (und versucht es immer wieder), Theo ganz auf seine Seite zu ziehen. Dann könnten sie zusammen leben und malen! Wenn er sich das Zeichnen und Malen selbst beizubringen vermag, warum dann nicht auch Theo? Und so häufen sich die weltfremden Ausrufe, die völlig vergessen, wovon, von wem er schließlich lebt: ... *ach Theo, warum schmeißt Du den Krempel nicht in die Ecke, Kerl, und wirst Maler? Du kannst es, wenn Du willst. Ich verüble es Dir doch manchmal, dass Du einen tüchtigen Landschaftsmaler in Dir verheimlichst.*

Kurz darauf teilt er Theo mit, dass er und Mauve *für alle Zeiten geschiedene Leute sind*. Wie konnte es dazu kommen? Mauve hatte es bei einem Spaziergang abgelehnt, sich seine Zeichnungen anzusehen und hinzugefügt, Vincent habe einen boshaften Charakter, mit ihm wolle er nichts mehr zu tun haben.

Vincent ahnt, das Verhalten Mauves hat Gründe, die bald vielleicht auch für Theo eine Rolle spielen werden. Also hebt er nun zur großen Generalbeichte an, wohlwissend, dass er Theo damit die Entscheidung über seine Zukunft in die Hand gibt: *Man hat etwas gegen mich ... es liegt in der Luft, es steckt etwas hinter mir.* Vincent hält mit irgendetwas zurück, was das Licht scheut. ... Nun wohl, meine Herren, ich werde es Ihnen sagen, Ihr, die Ihr solchen Wert legt auf Formen und Bildung, und das mit Recht, vorausgesetzt, dass der ganze Kram echt sei –: Was ist gesitteter, feinfühliger, männlicher, eine Frau zu verlassen oder sich ihrer Verlassenheit anzunehmen? Ich bin in diesem Winter einer schwangeren Frau begegnet, die von dem Mann, dessen Kind sie im Leibe trug, verlassen wurde. Eine schwangere Frau, die im Winter auf der Straße umherirrte – und ihr Brot verdienen musste; Du weißt wohl, wie. Ich habe die Frau als Modell genommen und den ganzen Winter mit ihr gearbeitet. Ich konnte ihr den vollen Tageslohn eines Modells nicht geben, aber das schließt nicht aus, dass ich ihr die Miete bezahlt habe und dass ich sie und ihr Kind vor Hunger und Kälte, Gott sei Dank, bisher habe bewahren können, dadurch, dass ich mein Brot mit ihr teilte. Als ich dieser Frau begegnete, fiel mein Auge auf sie, weil sie krank aussah. Ich habe sie Bäder und Mittel zur Kräftigung nehmen lassen, soviel ich vermochte; sie ist viel gesünder geworden ... Ich finde das, was ich getan habe, so einfach und selbstverständlich, dass ich dachte, es für mich behalten zu können. Das Modellstehen fiel ihr schwer, gleichwohl hat sie es gelernt und ich habe dadurch, dass ich nun ein gutes Modell habe, Fortschritte im Zeichnen gemacht. Diese Frau hängt nun an mir wie eine zahme Taube; ich für mein Teil kann mich nur e i n m a l verheiraten, und mit wem könnte ich das besser als mit ihr ... Der Bruder ist aufgeschreckt – heiraten, nur das nicht!

Anfangs kommen nur Erfolgsmeldungen über die zahme Taube Christine, die Vincent Sien nennt. Das Szenario ähnelt ein wenig dem von »My Fair Lady«. Vincent berichtet jeden kleinen Erziehungserfolg. Wenn sie fleißig im Haus arbeitet, die Kinder nicht so vernachlässigt, nicht so viel trinkt oder flucht – Vincent sieht in allem sofort ein Indiz der Besserung. Schließlich ist er da und es gibt nun keinen Grund, warum Sien, die viel Schlechtes erfahren musste, noch länger schlecht sein sollte, wenn er gut zu ihr ist.

Doch hat man eine Stelle aus jenem Brief Vincents im Kopf, den er kurz vor seiner Generalbeichte an Theo schrieb, dann ahnt man:

die Katastrophe ist vorprogrammiert. *Und wer bin ich? Jemand, der eine mühsame Geduldsarbeit leistet, bei der ich Ruhe haben muss und Frieden und etwas Sympathie, denn sonst wird mir meine Arbeit unmöglich.*

Und nun ist Sien um ihn, bis zur Hässlichkeit verblüht in Alkohol und dem trostlosen Verkaufen ihres Körpers, schwanger, inmitten einer schrecklichen, an Zuhälterei und unsauberes Geld gewöhnten Familie. Ihr Gesicht ist von Pockennarben entstellt, sie hat viele Krankheiten, nicht nur Geschlechtskrankheiten, und scheint am Ende. Niemand kann ihr mehr helfen und nur ein Heiliger oder ein Verrückter käme auf die Idee, sich so eine Frau zu wählen, um mit ihr zu leben, ja sie zu heiraten. Einer wie Vincent van Gogh, der Mitleid hat und den Elend und Verkommenheit nicht von – physischer – Liebe abschrecken können, weil er in ihr mehr Menschlichkeit entdeckt als in der desinfizierten Kleinbürgerwelt seiner Cousine Kee.

Vincent hat bodenlose Angst vor Theos Reaktion. Krampfhaft versucht er den Weg von seiner unerwiderten Liebe zu Kee hin zur Prostituierten Sien nicht als einen Abstieg in die Gosse aussehen zu lassen. Nun also der hilflose Erklärungsversuch: *Ich dachte wohl an die andere Frau, für die mein Herz schlug, doch die war in weiter Ferne und wollte mich nicht sehen; und diese – sie lief da herum im Winter, krank, schwanger, hungrig. Ich konnte nicht anders, Mauve, Theo, T. – Ihr habt mein Brot in Händen! Werdet Ihr mich brotlos machen oder mir den Rücken kehren?* Mauve und Tersteeg wenden sich brüsk von Vincent ab, Theo laviert. Auch er gehört zur Welt des schönen Scheins der Wohlanständigkeit, aber er weiß um dessen Lüge und bewundert den Bruder für seinen Mut, sich darum gar nicht erst zu scheren. Theo spielt auf Zeit. Er weiß, keiner hält es mit Vincent lange aus und Vincent mit jemand anderem schon gar nicht. Wenn man die angekündigte schnelle Heirat hinauszuschieben vermag, dann ist sie mit größter Sicherheit auch schon verhindert.

Noch gibt sich Vincent optimistisch, schreibt, er richte seinen Haushalt *wie einen Arbeiterhaushalt* ein und, dass *man am besten fühlt, was Liebe ist, wenn man an einem Krankenbett sitzt.* Das ist keine Elendsromantik, das ist eine in ihm tiefwurzelnde Haltung zur Welt. Aber es ist immer auch schon der Blick des Künstlers, der hier herrscht, in allem tatsächlich empfundenen Mitleid bleibt auch der kalte Egoismus des Malers auf Motivsuche wach. Für ihn ist das pockennarbige Gesicht Siens wie ein Acker. Das Verlebte darin – das sind die Furchen, die das pflügende Leben hinterlassen hat. Und hier sollte man nicht säen, nicht ernten dürfen?

So schildert er Theo seinen Alltag mit der neuen Familie: *Es ist kein Erdbeerpflücken im Lenz, das dauert nur einige Tage, und die meisten Monate sind grau und düster, doch in dieser Düsternis lernt man etwas Neues; manchmal ist mir, als wüsstest Du das, und manchmal denke ich, er weiß es doch nicht. Ich will häusliche Liebe und Leid selbst erleben, um sie aus meiner Erfahrung zeichnen zu können.*

Noch beharrt er darauf, sofort zu heiraten: *Es kommt jetzt darauf an, dass ich den rechten Weg einschlage. Verschiebe ich die Heirat noch, dann ist etwas Schiefes in meiner Lage, das mir widerstrebt.*

Und doch, bei Vincent stellt sich bald Ernüchterung ein. Einige Unarten beginnen ihn nun zu stören: *Erstens die Art wie sie spricht, die hässlich ist und die sie aus ihrer Krankheit beibehalten hat, dann ihre Launen, die von einer nervösen Konstitution herrühren, sodass sie Anwandlungen hat, die für manchen unerträglich wären.* Das klingt nun gar nicht mehr nach *zahmer Taube* und Vincent, der Mitleidige ist eben auch ein großer Egomane, wenn es um sein Malen geht. Beides ist gleich stark in ihm – das macht ihn so unberechenbar für andere.

Liebt er *die Frau,* wie von ihr in den Briefen meist nur die Rede ist? Er liebt den Ausdruck der leidenden, der geschundenen Kreatur in ihr – weil ihm dieser wie ein Spiegel erscheint, in dem er sich erkennt. Wenn er Sien sieht, denkt er an den Satz von Michelet:

»Die Frau, das ist eine Religion.« Sien ist für ihn wie eine aus einem Roman Zolas in sein Leben getretene Gestalt. Da fühlt er sich zu Hause, wie er sagt, was heißt, in der Fremdheit und seinem Ausgestoßensein nicht ganz allein. Aber, dass Mitgefühl, so echt und tief es auch sein mag, keine Liebe ist, dass zu dieser eine Bewunderung gehört, die er für Sien nicht empfinden kann, obwohl er sie nicht verachtet, das merkt Vincent doch. Das macht den Alltag so beschwerlich – sie leben letztlich in getrennten Welten. Er ahnt, es wäre für sie beide besser, wenn er allein lebte. Doch er fühlt sich an sein Wort gebunden und zum Mitleid verpflichtet. In seinen Briefen an Theo schreibt er nun, nachdem der Bann des Schweigens gebrochen ist, ständig über *die Frau*. Es entsteht die Zeichnung »Sorrow«, was soviel wie Leid, Schmerz, Elend bedeutet. Die Zeichnung zeigt, wie sehr Vincent nun bereits in der Lage ist, zeichnend eine bestimmte Empfindung auszudrücken. Ein eindrucksvolles Bild der kauernden nackten Sien, die nichts Anziehendes hat, sondern nur noch einen abgezehrten, vor der Zeit gealterten Körper besitzt. Wir sehen das Bild eines verlassenen, tief unglücklichen Menschen – Sinnbild der leidenden Menschheit. Wir sehen es nicht ohne schmerzhafte Empfindung als ein Ecce homo. Und das, trotzdem die Zeichnung etwas Behäbiges hat, etwas vordergründig eine Botschaft Illustrierendes! Bei fast jedem anderen Maler wäre das bloß peinlich-sentimental. Hier aber stört der handwerkliche Mangel nicht so sehr, weil der Ausdruck dennoch eine Innigkeit offenbart, die echt ist.

Walter Nigg sieht in Vincents Hinwendung zu einer Hure die Wiederentdeckung der neutestamentlichen Liebe zum sündigen Menschen. Nur im Sündhaften kann das Göttliche empfangen werden. Walter Nigg: »Aber um die unerhörte Wahrheit zu erleben, musste Vincent in die schmutzigste Gosse hinuntersteigen, nur in der Tiefe dieser hässlichen Umgebung kam er der göttlichen Wirklichkeit nahe.« Es gehe um die letzte Hingabe, zu der der Mensch fähig ist. Natürlich kommt alles so, wie es kommen muss. Sien steckt ihn mit einer Geschlechtskrankheit an, eine Gonorrhö angeblich nur, die im Vorantibiotika-Zeitalter aber nicht so ungefährlich ist, wie sie heute erscheint. Vincent bekommt eine Harnverhaltung, immer wieder müssen schmerzhafte Katheter gelegt werden, er hat ständig Fieber und ist so für Wochen arbeitsunfähig. Aber in den Wochen im Krankenhaus zeigt sich, was für ein im Grunde glückliches Naturell Vincent besitzt. Egal wo er ist, es gibt etwas zu sehen für ihn – je bizarrer die Szenerie, desto ergiebiger ist es für das Auge des Malers. Auch im Krankenhaus zeichnet er und schreibt Theo: ... *ich finde es hier ebenso interessant wie in einem Wartesaal dritter Klasse.* Als er dann nach Wochen entlassen wird, ist er auch wieder froh darüber und teilt Theo mit: *Ich kann Dir nicht sagen, mit welchem Vergnügen ich wieder hier im Atelier sitze, nachdem ich so lange in einer Umgebung von Nachttöpfen etc. gewesen bin, obwohl das Krankenhaus auch schön, wirklich schön ist. Besonders der Garten mit all den Spaziergängern, Männern, Frauen und Kindern.*

Aber der harte Alltag stellt sich schnell wieder ein. Bettelbriefe an Theo um Geld, der ihn mit Vorsatz knapp hält. So geht das länger als ein Jahr. Als Theo ihn einmal besucht, ist er entsetzt über die Verwahrlosung und den Schmutz, den er zu sehen bekommt. Nein, das hier ist keine besonders ausgefallene Form der Boheme, keine wie auch immer sinnlich animierende Hurenromantik: das ist blankes Elend.

Trotzdem: im Jahr 1882 kommt Vincent, das Wort bestätigend, dass alle schöpferische Leistung ein großes Dennoch ist, einen großen Schritt voran. Sein Zeichnen hat an Charakter gewonnen, es gewinnt an Ausdruckskraft. Er versucht sich bereits an größeren Bildkompositionen – und, bei aller Zögerlichkeit, die Welt der Farben hat ihn ergriffen. Aber Malen ist sehr viel teurer als Zeichnen, darum sitze er, schreibt er Theo, *ein wenig in der Klemme.* Denn die Unkosten wachsen. Dennoch weiß er nun, wohin führen soll, woran er täglich arbeitet: *Das Studienmachen betrachte ich als Säen, und das Bildermachen ist das Ernten.*

Ein erstes dieser Bilder, mit einem neuen größeren Anspruch und einer viel größeren Ausdruckskraft als seine bisherigen Versuche, ist das Bild mit den Wartenden vor der Staatslotterie. Eine Komposition aus lauter sich in der gleichen apathischen Hoffnung drängenden Menschen, die die Ziehung der Lottozahlen erwarten. Vincent notiert für Theo: *Ich kam an einem regnerischen Morgen vorbei, als eine Menge Menschen davor wartete, um Lotteriezettel zu holen. Es waren meistens alte Frauen, jene Art Menschen, von denen man nie sagen kann, was sie tun oder wie sie leben* ... Eigentlich, so Vincent an Theo, sei ihnen beiden ja das Lottospielen völlig uninteressant, aber dennoch habe es ihn gepackt, weil er darin ein größeres, treibendes Thema entdeckt habe: Die Armen und das Geld.

Das familiäre Leben wird für ihn, der an einem Wendepunkt seiner Arbeit steht und den Durchbruch in die Welt der Farben näherrücken fühlt, nun doch mehr und mehr zur Last. Es sei schwer, *sich als Mensch im häuslichen Leben ein wenig Frische zu bewahren* – ein ewiges *Schwimmen gegen den Strom.*

Nach und nach merkt Vincent, dass Sien sich nicht so gründlich vom Leben einer Prostituierten verabschiedet hat wie er sich das erhofft hatte. Siens Mutter ist eine echte Kupplerin und intrigiert, hetzt gegen den Maler, der sie doch bloß als Modell ausbeute – sie will ihre Tochter immer noch aufs »Hurenkarussell« schicken. Sien hat dem nicht viel entgegenzusetzen – denn mehr Geld als bei dem verrückten Vincent van Gogh, der immer nur zeichnet, aber nichts davon zu verkaufen vermag, bringt ihr das allemal ein.

Walter Nigg konstatiert: »Die Frau ließ sich aus dem Sumpf nicht herausholen, wie es Vincents schöner Traum gewesen war, ihr Gemüt war zu stark zertreten worden, und sie blieb für das Pochen an der Tür ihres Herzens unempfänglich. Sie verharrte in ihrer Stumpfheit, sie vertrank und verrauchte Vincents karge Mittel und gab ihm zur Antwort: ›Ja, ich bin eine faule gefühlsarme Hure‹.«

In Vincent wächst nun die Gewissheit, dass er sich aus solch einem ihn herunterziehenden Milieu befreien, sich ganz auf seine Arbeit konzentrieren muss. Die weitverzweigte Familie van Gogh funktioniert dabei wie ein Kartell, das – im Alltag – bis zum Schluss immer stärker ist als Vincent. Man bietet ihm einen bürgerlichen Weg aus seinem Elend an und fordert dafür von ihm als Gegenleistung maßzuhalten, etwas, das er am wenigsten vermag. Theo übernimmt den Part des Vermittlers, er wirbt bei den Eltern und Geschwistern um Verständnis für Vincents besondere Situation. Er schützt ihn, der ihm damit völlig ausgeliefert ist, aber er vertritt dabei auch die Interessen der Familie. Das zeigt sich in der Beurteilung von Vincents Geisteszustand durch die Familie. Der Vater ist drauf und dran ihn entmündigen zu lassen und droht (das hatte er bereits in der Borinage-Zeit getan) mit der Irrenanstalt. Theo kann das immer wieder verhindern, verstärkt damit aber weiter Vincents Abhängigkeit von ihm. Und auch die Ratschläge des Vaters muss er sich nun wieder anhören, nicht ohne dabei zu klagen und zu fluchen: *Ich bin 30 Jahre alt, mit Falten auf der Stirn und Zügen in meinem Gesicht, als ob ich 40 wäre, meine Hände sind voller Furchen, und doch werde ich von Vater durch die Brille wie ein kleiner Junge betrachtet.*

Er gesteht Theo, er bekomme *einen solchen Widerwillen gegen Worte*, und empfiehlt ihm, viel Zola zu lesen, *das ist gesunde Kost, und man wird frisch dadurch.* Es wächst in ihm die Gewissheit, dass die Kunst etwas Eifersüchtiges sei, das keine andere starke Bindung neben sich zulasse.

Er habe mit *der Frau* mehr Mitleid denn je, schreibt er dem Bruder – und dennoch zieht es ihn aufs Land, nach Drenthe – ohne Sien. Es ist die *Notwendigkeit vorwärtskommen*, die ihn treibt. Leicht macht er sich die Trennung nicht, aber sie ist beschlossen: *Kurz, wir sollten beide vernünftig sein und als Freunde auseinandergehen.* Selten hört man solche recht »van Goghschen« Worte von Vincent, aber hier ist es mehr als eine Kapitulation vor der Familie, es ist das instinktive Wissen, wann eine Schwelle überschritten werden muss. Jetzt, im Sommer 1883 will er malen, seine neue Lust an den Farben ausleben – in einer freien Landschaft. Das heißt auch, er will heraus aus

dem Elendsmilieu, in der Natur gesunden. Sien bekommt zum Abschied gesagt: *Ganz ehrlich wirst Du wohl nicht durchkommen können, aber bleibe so ehrlich, wie es Dir möglich ist, auch ich werde möglichst ehrenhaft sein, aber dass ich weit davon entfernt bin, gut durchs Leben zu kommen, kann ich Dir schon jetzt sagen.*
Verleugnen will er seine Zeit mit Sien nicht. Sieht man die großen Fortschritte in seinem Zeichnen und den Durchbruch zum Malen, dann war das Jahr 1882 sein bislang künstlerisch produktivstes Jahr. Was wohl nicht zuletzt mit einer Klärung seines Blicks auf sich selbst, auf andere Menschen und die Gesellschaft zu tun hat. Es ist ein reifer Blick geworden: *Ich erkläre Dir, Bruder, dass ich nicht gut auf die Meinung der Pfaffen zu sprechen bin; auch ich finde zwar, um es mit deutlichen Worten zu sagen, die Huren schlecht, aber ich fühle doch etwas Menschliches in ihnen, ich habe nicht die allermindeste Reue über die Bekanntschaft, die ich mit ihnen unterhalte ... Wenn unsere Gesellschaft lauter und geordnet wäre, oh ja, dann wären sie Verführerinnen; jetzt aber sind sie, meiner Meinung nach, zuweilen eher als soeurs de la charité zu betrachten denn als etwas anderes.* Vincents Blick bekommt nun auch eine analytisch durchdringende Kraft, die seine fortgesetzte Lektüre verrät: *Und dann haben sich augenblicklich, wie in jeder anderen Periode des Untergangs einer Zivilisation, die Beziehungen zwischen Gut und Böse infolge der Korruption der Gesellschaft vielfach so verkehrt, dass man vernünftigerweise wieder einmal auf das alte Wort ›die Ersten werden die Letzten und die Letzten werden die Ersten sein‹ zurückkommt.*

Nicht einmal die Hure will von ihm gerettet werden, *sie hat nämlich etwas unternommen, um sich als Dirne in ein Hurenhaus aufnehmen zu lassen; die Mutter hat die Gelegenheit ausfindig gemacht.* Jetzt kann es für Vincent nur noch darum gehen, möglichst schnell abzureisen. Er weiß nun, eine Beziehung zu Frauen, wie auch immer geartet, wird es für ihn nicht geben – obwohl er sich nichts sehnlichster wünscht. Es ist ein rettendes Scheitern für den Menschen, der sich entschließt, ganz seine Kunst zu leben, ohne dabei mehr irgendwelchen Askese-Vorstellungen zu folgen. Und noch weitere Einsichten stellen sich in dieser quälenden Zeit ein. Es ist eine Phase totaler Desillusionierung. Vincent van Gogh hat ausgeträumt, was jetzt noch kommt, ist nüchterne Arbeit an Form und Ausdruck seiner Bilder.

Für die Frau bleibt Mitleid: *Armes, armes Geschöpf, das ist das einzige, was ich am Anfang fühlte und was ich jetzt wieder am Ende fühlte.*

Niedergeschlagen reist er aus Den Haag ab. Doch ist er auch voller Energie für einen Neuanfang in der freien Natur: *Die Frau möchte ich zunächst gern im Auge behalten, ich möchte ihr, soviel ich kann, zuschießen, die Sorgen werden aber trotzdem geringer, das Atelier muss eben eine zeitlang aufgegeben, der Kram bis auf bessere Zeiten in einer Bodenecke aufgehoben werden. Und dann gehe ich ohne Gepäck, ohne Gesellschaft auf Studienreise ...*

In Vincent ist wieder der Pilger erwacht, der seine Fremdheit in der Welt als naturgegebene Last schultert, ein Wanderer mit leichtem Gepäck, voller Vorfreude auf eine Landschaft, die darauf wartet, von ihm gemalt zu werden.

Drenthe-Melancholien

Im Sommer 1883, noch vor seiner Abreise aus Den Haag, zieht Vincent Bilanz: *Ich habe erst verhältnismäßig spät angefangen zu zeichnen – aber vielleicht kann ich nicht einmal darauf rechnen, dass ich noch sehr viele Jahre zu leben habe.*

Ich denke daran und stelle in aller Kaltblütigkeit, etwa wie man irgendein Ding schätzt oder veranschlagt, meine Rechnung auf ... Was die Länge der Zeit, die ich noch zum Arbeiten vor mir habe, anlangt, so glaube ich, ohne voreilig zu sein, annehmen zu können, dass mein Korpus wahrscheinlich noch eine bestimmte Anzahl von Jahren quand bien meme aushalten wird – eine bestimmte Anzahl, nimm einmal zwischen 6 und 10 an ... So sehe ich mich selbst – nämlich als müsste ich im Verlauf einiger Jahre etwas tun, worin Herz und Liebe steckt, und als müsste ich das mit aller Kraft als meines Willens tun ... In diesen paar Jahren muss etwas getan werden ...

Mit diesem Vorsatz fährt er am 11. September 1881 nach Hoogeven in der Provinz Drenthe, wo er sich in einem Gasthof einquartiert. Eine dunkle Torfgegend, die seine latente Depression noch verstärkt. Dagegen arbeitet er mit aller Kraft an. Theo berichtet er: *In diesen Hütten, die dunkel wie eine Spelunke sind, ist es sehr schön ... Irgendwie* muss es ihn an das Elend der Borinage erinnert haben: *Man kann es vielen Gestalten ansehen, dass ihnen das eine oder andere fehlt — gesund ist es, glaube ich, hier gerade nicht — vielleicht wegen des schlechten Trinkwassers —, ich habe einige Mädchen gesehen, die etwa 17 Jahre oder jünger waren und etwas sehr Schönes und Jugendliches hatten, auch in den Gesichtszügen — aber die meisten sind früh verblüht.* Schon wieder gerät menschliche Not ins Bild. Vincent kann einfach nicht wegschauen. Die Ursprünglichkeit der Gegend fasziniert ihn. Aber sie foltert ihn auch mit Einsamkeit. Wegen der Trennung von Sien macht er sich Vorwürfe. Ohne ihn, so befürchtet er, wird ihr Elend noch größer werden. *Dass ihr Charakter verdorben war, wusste ich von Anfang an, aber ich hoffte auf Besserung ... Theo, wenn ich auf der Heide eine arme Frau sehe, mit einem Kind auf dem Arm oder an der Brust, dann werden meine Augen feucht ... Wieviel Trauriges ist doch im Leben!* Nun, man darf nicht melancholisch werden und muss nach etwas anderem suchen, und einzig die Arbeit ist das richtige; indessen gibt es Augenblicke, da man seine Ruhe nur in dem Bewusstsein findet: *Das Unglück wird auch mich nicht verschonen.*

Theo überlegt, nach Amerika auszuwandern. Die Nachricht verschlechtert Vincents Stimmung noch weiter. Das wäre für ihn — menschlich und finanziell — eine Katastrophe. Auch die Trauer um Sien setzt ihm weiter zu. Durfte er so handeln und einfach weggehen? Es hört nicht auf in ihm zu kreisen: *Frauen wie sie sind wirklich schlecht, aber erstens unendlich, ja, unendlich mehr bedauernswert als schlecht, und zweitens haben sie eine gewisse Leidenschaft, eine gewis-*

se Wärme, die etwas so außerordentlich Menschliches hat, dass sich die Gerechten wohl einmal ein Beispiel daran nehmen könnten und dass ich mit dem Wort Christi fühle, der zu den oberflächlich Gebildeten, den anständigen Leuten seiner Zeit, sagte: ›Die Huren gehen e u c h v o r - a n. Vielleicht, so fragt sich Vincent, hätte er sie doch heiraten und mit ihr aufs Land ziehen sollen? Er versucht sich in der Arbeit zu vergessen – gleichzeitig will er versuchen, irgendwie Geld zu verdienen. Ziemlich harsch im Ton schreibt er an Theo: *Kannst Du mir die Sicherheit geben, dass das Gewohnte nicht ausbleiben wird?* Vincents Charakter ist nicht frei von kindischem Trotz einer abrupten Heftigkeit, die etwas Erpresserisches hat. Theo will ihn verlassen? Nun gut, so wird er sehen, was er davon hat: *Aber zuweilen – in ebenden Augenblicken, da Du daran denkst, nach Amerika zu gehen denke ich daran, als Freiwilliger nach Ostindien zu gehen ...* Eine bestimmte Adresse könne er Theo nun nicht mehr angeben, er wisse noch nicht, wo er die nächsten Tage sein werde.

Er zieht durch die Heide und malt seine düsteren Gedanken in die karge Landschaft hinein. Er sieht Hütten, bei denen der Stall noch nicht einmal durch eine Scheidewand vom Wohnraum getrennt ist. Auch die Menschen sind misstrauisch und feindlich gegenüber Fremden: *Man muss sich darüber im Klaren sein, dass sie einem in den Gasthäusern etc. misstrauen, wie dem erstbesten Hausierer; denn als solcher wird man betrachtet; man muss das Geld für die Übernachtung oft ... im Voraus bezahlen, damit man um Gottes willen auch übernachten darf.* Und folglich ist alles, was den Plan für eine derartige Reise anlangt, die doch etwas Poetisches zur Absicht hat, nur P r o s a u n d R e c h n e n.

Theo ist von Vincents Ankündigung, wenn er nach Amerika gehe, dann wolle er selbst sich für Ostindien als Fremdenlegionär anwerben lassen, einigermaßen geschockt – und lässt den Plan schnell wieder fallen. Triumphierend schreibt Vincent: *Ja, mein Lieber, wenn Du nicht mehr daran denkst, nach Amerika zu gehen, und ich nicht mehr an Harderwijk* [Anm.: dem Werbeplatz der Kolonialarmee], *dann wird sich, hoffe* ich, auch das eine und das andere noch bessern. Wieder beginnt Vincent Theo zu missionieren, er solle auch Maler werden und mit ihm zusammenleben. Es stört ihn, dass sich Theo im von ihm immer offener verachteten Kunsthändlermilieu bewegt. Der Handel mit göttlichen Dingen ruiniert die Seele. Das ist ebenfalls eine Form von charakterzerstörender Prostitution. Der Gedanke, dass auch er von Theos Einkünften lebt, belastet ihn – doch er sieht keinen anderen Ausweg. Soll er denn anfangen so zu malen, dass er für Goupil verkäuflich ist?

Die Einsamkeit in der schweren moorigen Landschaft, der Mangel an Geld, das er sich vom Bruder erbetteln muss, all das zu ertragen, fällt ihm immer schwerer – aber die Flucht in die Arbeit intensiviert auch seine Wahrnehmung der Besonderheiten dieser Landschaft: *Gestern habe ich vermoderte Eichenwurzeln gezeichnet, sogenannte Moorstämme – Eichbäume, die etwa ein Jahrhundert im Moor begraben gewesen sind und aus denen sich jetzt Torf gebildet hat; beim Torfstechen kommen dann diese Moorstämme zum Vorschein. Die Wurzeln lagen in einem Tümpel, im schwarzen Morast. Ein paar schwarze lagen im Wasser, in dem sie sich spiegelten, ausgeblichene auf dem schwarzen Boden. Ein weißer Streifen zog sich daran entlang, dahinter wieder Torf, rußschwarz. Und dann darüber ein stürmischer Himmel. Der Tümpel im Morast, mit den verfaulten Wurzeln, war durchaus melancholisch und dramatisch ...*

Aber immer, wenn er aus der Landschaft, die er malt, wie aus einem Fiebertraum an Einfühlung wieder auftaucht, dann spürt er seine Verlassenheit doppelt. Es fällt ihm schwer, seine Situation zu ertragen – und gleichzeitig zu wissen, er kann nicht anders leben, als er jetzt lebt – als ein Maler, für dessen Bilder sich niemand interessiert: *Ich nehme es mir sehr zu Herzen, dass ich im Allgemeinen so wenig Glück bei den Menschen habe, ich bin darüber sehr bekümmert ... Es steht augenblicklich so mit mir, dass ich Kredit nötig hätte, Vertrauen und etwas Wärme – und Vertrauen finde ich eben nicht. Du bist eine Ausnahme, aber gerade, dass alles so auf Dir lastet, lässt meinem Gefühl alles noch trüber erscheinen.*

Sien kann er immer noch nicht vergessen, er lässt ihr auch ab und zu etwas Geld zukommen – Geld, das ihm zuvor Theo geschickt hatte, der, wie Vincent erst nach und nach erfährt, selbst eine kranke Frau in Paris unterstützt. Eine Frau, mit der er gern zusammenleben würde, doch sie kommt aus einem ähnlichen Milieu wie Sien. Und anders als Vincent fehlt Theo der Mut, sich zu ihr zu bekennen. Die Familie hat schließlich schon ein enfant terrible! Unter seiner Verpflichtung zum bürgerlich ausgerichteten Leben leidet Theo doppelt schwer. Er hat nicht das wilde unbändige Sendungsbewusstsein Vincents, aber er fühlt in manchem ähnlich, ohne die Kraft zu haben, dies nach Außen hin auch zu leben.

Wenn Vincent nicht zeichnet und malt, dann liest er. Vor allem Zolas Bücher – *für mich die besten über die heutige Zeit*. Da holt er sich Beistand in seiner Ablehnung der Konventionen.

In Drenthe klärt sich sein Selbstverständnis als Maler. Der Zusammenhang zwischen seinem asketischen Leben in der Borinage, seiner fanatischen Frömmigkeit im Sinne Thomas von Kempens »Nachfolge Christi«, der Opposition gegen die Väterwelt, der Zeit mit Sien in Den Haag und seinem Leben in der Einsamkeit der Heidelandschaft wird sichtbar. Er erscheint als der notwendige Gang eines Pilgers zu Gott in einer Welt ohne Gott und zeigt seine absolute Fremdheit unter denen, die sich so selbstverständlich heimisch fühlen in der Welt, wie sie ist: *Nun, was früher die Puritaner waren, das sind in der heutigen Gesellschaft die Maler. Es handelt sich da nicht um eine verrückte und geschraubte Frömmigkeit oder Schwärmerei, sondern um etwas Einfach-Solides ... Man darf kein Stadtmensch sein, sondern muss ein Naturmensch sein – mag man im übrigen auch gebildet oder was nicht alles sein. Ich kann es nicht so genau sagen. Man muss ein je sais quois in sich haben, das einem den Mund stopft und zur Tat hinführt, das einen schweigsam sein lässt, auch wenn wir sprechen, das uns innerlich Schweigende zum Handeln treibt. Auf diese Weise bringt man Großes hervor.* Und dann die Konsequenz: *Maler wird man durch das Malen.*

Die andauernde *Folter der Einsamkeit* in Drenthe ist kaum zu ertragen. Sich mitteilen kann er nur, indem er malt und zeichnet – oder dem Bruder Briefe schreibt. Zweiundzwanzig sind aus den drei Monaten in Drenthe erhalten geblieben, einige davon länger als zehn Druckseiten. Trotz der Verlassenheit, die ihn so quält, hat er das Gefühl, nur auf dem Lande leben zu können. Ohne die Natur zu spüren, spürt er sich selbst nicht. Durch die Trennung von Sien normalisiert sich auch das Verhältnis zu den Eltern wieder etwas. In einem Brief an sie, den er Theo übergeben lässt, heißt es: *Beunruhigt Euch nicht wegen der Gesundheit, ich gebe schon acht und fühle mich sogar in dieser schweren Zeit hier besser als während der letzten paar Monate in Haag, wo ich unter Nervosität etc., litt. Das hat sich ganz gelegt. Man kann, meiner Meinung nach, nirgends besser denken als an einem Bauernherd, neben dem eine alte Wiege mit einem Kindchen darin steht – und wenn man durchs Fenster ein zartgrünes Kornfeld sieht und das Wehen der Elsbüsche hört. Ich bin ziemlich hinter den Pflügern her und muss wieder dorthin. Besten Gruß, liebste Eltern. – Mein Überzieher ist in Ordnung, die Wolljacke ist herrlich.* Während er das Landleben preist, unter dessen Einsamkeit er leidet, versucht er weiter Theo dazu zu bringen, mit dem Kunsthandel zu brechen. Tatsächlich ist Theo in seinem Geschäft unglücklich und überlegt, wohin er wechseln könnte. Die seien alle gleich, meint Vincent, die ganze Kunstszene sei tief verdorben: *Die stehen doch alle da wie der Ochs vorm Berg, aber – Décadence ist Décadence – ein Geschäft, das mit gewissen Fehlern so verhängnisvoll verknüpft ist, verdient nun mal den Untergang.* Der Kunsthandel sei nicht nur krank – er mache auch krank, da ist Vincent sich sicher: *ich bezweifle, dass die ungeheuren Preise, selbst für die Meisterwerke, bleiben werden.* Wenn Vincent van Gogh geahnt hätte, dass für seine Bilder einmal viele Millionen bezahlt werden würden, dass er zu den teuersten Malern der Kunstgeschichte avancieren sollte! Es hätte ihn wohl nur darin bestätigt, nichts damit zu tun haben zu wollen: *Ich möchte lieber Maler sein mit 150 Francs im Monat als 1.500 Francs mit etwas anderem verdienen, nicht mal mit*

Kunsthandel. Als Maler dürfe man sein Leben weder auf Spekulation noch auf Konvention gründen. Den Kunsthandel nennt er eine Bankier-Spekulation. Er kann sich über die Preistreiberei (wir sind im Jahre 1883!) gar nicht beruhigen: *Ich möchte Dich einmal rundheraus fragen: Glaubst Du, dass sich die Preise, die man im Augenblick noch anlegt, halten werden? Ich sage Dir offen, i c h g l a u b e e s n i c h t ... Ich glaube, so etwas muss einstürzen. Das mitzuerleben ist in meinen Augen nicht sehr lustig – ich sitze lieber an einem Torffeuer und male.* Es beschäftigt ihn, der nichts mit seiner Arbeit verdient, welche Summen andere mit den Bildern derer verdienen, die zu Lebzeiten ebenfalls wenig oder nichts mit ihrer Arbeit verdienten. Diese Obszönität steigert seine Ablehnung bis zum Hass.

Vincents Vision von den *zwei Maler-Brüdern* – die völlig aus der Luft gegriffen ist – hat den Zweck einer gegenseitigen Gesundung. Und wenn man an das tragische Ende Theos, wenige Monate nach Vincents Selbstmord denkt, dann hat auch dieser so beharrliche und naiv scheinende Versuch, Theo aus dem falschen Leben eines Kunst-Spekulanten herauszureißen, etwas tief Vernünftiges. Denn: *Das Geld spielt eine brutale Rolle in der menschlichen Gesellschaft, das hast Du zu spüren bekommen, und ich habe das Gefühl auch ziemlich oft.* Vincent will Theo näher an sich heranholen, denn es wächst in ihm die Furcht vor einer zunehmenden Entfremdung zwischen ihnen. Etwas »Doppeldeutiges« beginne sich in ihre Beziehung einzuschleichen, schreibt der in diesen Dingen hypersensible Vincent.

Weihnachten 1883 fährt er zu den Eltern, die inzwischen nach Nuenen umgezogen sind. Wie schon Jahre zuvor, als er aus London zu Besuch kam und nicht mehr dorthin zurückfuhr, so wird er auch diesmal nicht nach Drenthe zurückkehren, sondern bei seinen Eltern in Nuenen bleiben. Ihm fehlen die Mittel für eine eigene Existenz. Er muss froh sein, dass ihn die Eltern, nach all dem Streit, überhaupt wieder aufnehmen und rechnet damit, lange bleiben zu müssen, vielleicht sogar für immer. Das Verhältnis zu Theo ist wegen seiner bedrängenden Art, ihn aus dem Sumpf des Kunsthandels herauszuholen, so wie zuvor Sien aus dem der Prostitution, nicht unbedingt gut; so ganz will Theo nun doch nicht über sich verfügen lassen. Und auch Vincent fühlt sich wieder einmal unbehaglich. Seine bisherigen Malversuche resümiert er: *Und je angestrengter ich arbeite, desto mehr gerate ich in Bedrängnis. Wir sind nun an einem Punkt angelangt, wo ich sagen muss: ›Augenblicklich kann ich n i c h t weiter!‹*

Nuenen

Nach Nuenen geht Vincent, wie er Theo schreibt, um *etwas zur Ruhe, zu Entschlossenheit zu kommen*. Der Ton in seinen Briefen ist gereizt. Denn Theo bleibt in Paris und bei Goupil – obwohl es Vincent anders will. Aber er hat nun einmal keinen anderen, dem er so offen schreiben kann. Darum schildert er Theo seinen Empfang im elterlichen Pfarrhaus in Nuenen: *Meine Seele ist tief betrübt über die Tatsache, dass, nun ich nach zweijähriger Abwesenheit zurückkomme, der Empfang zu Hause wohl im höchsten Grade freundlich und lieb war, im Grunde jedoch sich nichts, nichts, nichts geändert hat, was die Einsicht in meine Lage betrifft – ich möchte es Blindheit und Unverstand bis zum Verzweifeln nennen. Auch jetzt befinde ich mich wieder in einem fast unerträglichen Schwanken und Zwiespalt.* Ja, die Eltern sind dieselben noch wie er selbst immer noch derselbe ist. Wen verwundert das? Eltern wie Sohn ist gemeinsam, dass Einfühlung in den jeweils anderen nicht zu ihren Stärken zählt. Immerhin: *Der Wunsch nach Frieden und Versöhnung ist vorhanden, sowohl bei Vater wie bei Dir und bei mir. Und doch scheinen wir nicht in der Lage zu sein, einen Frieden zustande zu bringen.* In diesem Brief findet sich dann auch der Vergleich mit dem großen zottigen Hund, der mit nassen Pfoten ins Zimmer kommt und laut bellt. Als solch ein *schmutziges Vieh* fühle er sich von der Familie behandelt. Er ist ihr peinlich, man senkt die

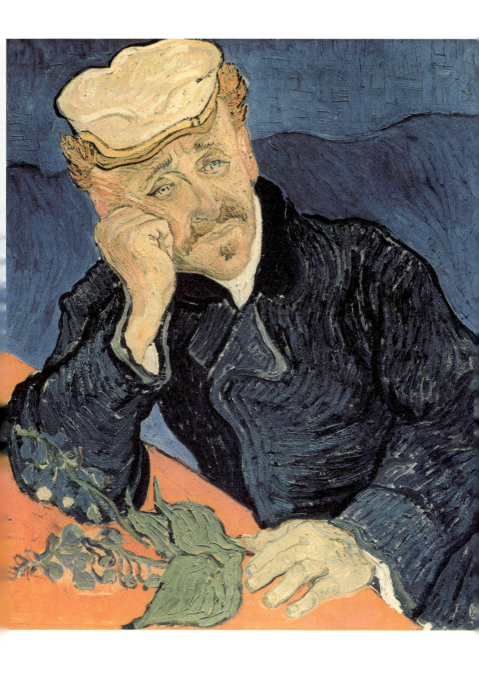

Bildnis des Doktor Gachet mit Fingerhutzweig, Auvers-sur-Oise, Juni 1890
Paris, Musée d'Orsay

Kornfeld mit Krähen, Auvers-sur-Oise, Juli 1890
Amsterdam, Rijksmuseum Vincent van Gogh, Vincent van Gogh Stiftung

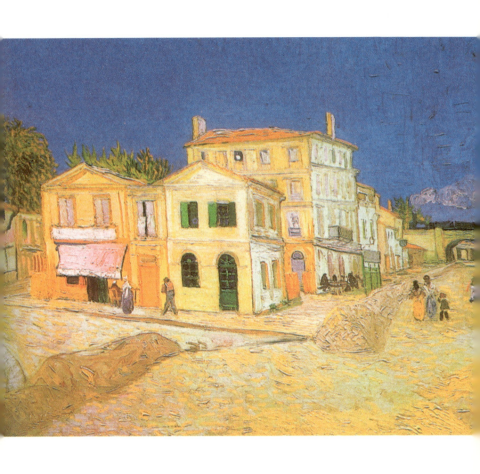

Das gelbe Haus, Arles, September 1888
Amsterdam, Van Gogh Museum Amsterdam

Stimme, blickt zur Seite, wenn er hineinkommt. Vincent hat den Verdacht, dass auch Theo nun auf der Seite derer steht, die seine wahre Natur verkennen: *Gut – aber das Tier hat eine menschliche Geschichte und, obwohl ein Hund, doch eine Menschenseele, und zwar eine so zartfühlende, dass es selbst fühlt, wie man über es denkt, was ein gewöhnlicher Hund nicht kann. Und ich, ich gebe zu, dass ich eine Art Hund bin, und lasse sie bei ihrer Würde.*

Der Hund sieht ein, dass es zuviel wäre, wenn man ihn behielte, zuviel, ihn zu ertragen und ›in diesem Haus‹ zu dulden, er muss also versuchen, irgendeine andere Hundehütte aufzuspüren.

Der Hund könnte ja auch beißen – wenn er eines Tages toll würde –, und dann müsste der Feldhüter kommen und ihn totschießen! Gut – ja, so ist es, alles entspricht den Tatsachen. Dem steht zwar gegenüber, dass Hunde Wächter sind. Doch das ist überflüssig, es herrscht ja Friede, und von einer Gefahr, sagt man, kann nicht die Rede sein. Also schweige ich darüber. Der Hund bereut nur, dass er nicht fortgeblieben ist; denn auf der Heide war es nicht so einsam wie in diesem Haus – trotz aller Freundlichkeit. Der Besuch des Viehs war also eine Schwäche, die man, hoffe ich, vergessen wird und in die aufs Neue zu verfallen es sich hüten wird.

Die Weber als neues Motiv und Vincents fortgesetztes Leben als (un-)zufriedener) Sohn

Er beginnt sofort zu skizzieren, vor allem Menschen bei der Arbeit. Weber am Webstuhl, Bauern auf dem Feld. Vincent ist vom arbeitenden Menschen fasziniert: *Mit den Webstühlen werde ich noch viel Arbeit haben – aber die Dinger sind in der Natur so mächtig schöne Gegenstände – all das alte Eichenholz gegen eine graue Mauer –, dass ich fest glaube, dass es gut ist, sie einmal zu malen ... Ich habe die Leute abends bei Lampenlicht weben sehen, was sehr rembrandtartige Effekte gibt.* Vincent also sitzt tagelang bei den Webern, die ihn freundlich aufnehmen oder geht mit den pflügenden Bauern übers Feld. Warum, so fragt er sich, haben die Maler nie arbeitende Menschen gemalt? Jedoch, viele dieser Bilder behalten etwas allzu Äußerliches, sie illustrieren Tätigkeiten, vieles wirkt wie abgemalt. Da ist immer noch zu viel Außen und zu wenig Innen.

Mit dem Vater gibt es erwartungsgemäß weiter Streit, Vincent fühlt sich fremd in seiner Familie. Und Theo gegenüber wandelt sich der Ton seiner Briefe nun halb ins Spöttische, halb ins Aggressive. Denn er ist unzufrieden mit dem, was Theo für ihn macht. Wenn er schon im »Tulpenhandel« ist, warum verkauft er dann nicht auch seine Bilder? *Ich für meinen Teil weiß, dass ich, gerade weil wir als Freunde und mit einer Art von gegenseitigem Respekt begonnen haben, nicht dulden werde, dass es in eine Art P r o t e k t i o n ausartet — Dein Protegé zu werden, Theo, dafür danke ich. Warum? Darum! Und darauf droht es mehr und mehr hinauszulaufen. Du tust absolut nichts, um mir ein wenig Ablenkung zu verschaffen, wonach ich manchmal ein solches Bedürfnis habe — durch Umgang mit Leuten und dadurch, dass ich mal etwas anderes sehe.*

Am liebsten ist es Theo wohl, *wenn Du persönlich nichts von mir merkst.* Wenn er Theos Briefe aus der letzten Zeit lese, so sehe er daraus: *Du suchst es so einzurichten, dass das Ganze so aussieht, als sei es meine Schuld, falls es zum Bruch zwischen uns kommen sollte. Das ist so ein kleiner van Gogh-Streich, so eine kleine Selbstgerechtigkeit, die ich Dir gern lassen will, wenn Dir was daran liegt. Pa würde es genauso machen ...*

Vincent fühlt sich allein gelassen und hungert nach jemanden, der sein Leben wirklich mit ihm teilt. Da ist er dann sofort wieder beim Thema Frau. An der Trennung von Sien gibt er nun mehr und mehr dem Bruder die Schuld. Theo, der in Paris sitzt und seinen Bruder auf dem Land irgendwo in der holländischen Provinz schon halb vergessen hat. Was teilt er mit ihm denn noch — außer Geld? Eine Frau könne er ihm nicht geben, ein Kind auch nicht, allenfalls Geld — aber das soll er nicht als Mittel der Erpressung benutzen. Und die trotzige Rede hallt von den Wänden des engen Pfarrhauses wider: *Wenn ich keine gute Frau kriegen kann, würde ich eine schlechte nehmen, lieber eine schlechte als gar keine.* Lieber mit einer Hure zusammen sein, als ganz allein! Die Unruhe hat einen Grund. Ihm fehlt das vitalisierende Element in seinem Leben, das spürt er, wenn er die Bauern und Weber malt: das sind immer noch kolorierte Skizzen, Vorübungen, mehr nicht: *Es muss mehr animo in mein Leben kommen, wenn ich mehr brio in meinen Pinsel bekommen will, mit dem Geduldüben komme ich kein Haarbreit weiter.* Er weiß, den Bilden fehlt etwas, das von ihm selber kommen muss, das sich nicht durch fortgesetztes Üben allein einstellt. Und er meint, dass es das weibliche Element ist, das seinen Bildern jenes Feuer geben könnte, das ihnen noch fehlt: *Von mir selbst glaube ich ... dass ich noch nicht genug Erfahrung mit Frauen habe.*

Erstes Nachdenken über die Natur des Lichts und der Farbe

Das Jahr 1883 geht zu Ende und Vincents Resümee klingt bitter, es sei ein *hartes, ein trauriges Jahr* für ihn gewesen. Er malt mit dunklen Erdtönen, die schmutzig anmuten. Aber das hat Vorsatz. Warum sollte er so vordergründig hell malen wie die Impressionisten in Paris. Es gibt doch noch andere Arten Licht (Rembrandt!).

Theo ist viel zu sehr schon ein Teil der Pariser Szene geworden um ihn, der die Natur ganz tief in sich einzulassen versucht, überhaupt zu verstehen. Ärger klingt mit, wenn er Theo zurechtweist, der den »Schmutz« in den Bildern beklagt: *Um noch einmal auf die Frage zurückzukommen, ob man mit einer so schmutzigen Farbe wie dem Grau der Straßensteine einen Abendhimmel oder eine blonde Frau malen kann, so ist diese Frage, wenn man ihr nachgeht, eine doppelte. Erstens nämlich kann eine dunkle Farbe hell erscheinen oder vielmehr w i r - k e n, das ist eigentlich mehr eine Frage des Tons, aber was dann die eigentliche Farbe angeht, so wird ein Rotgrau, das verhältnismäßig wenig* rot ist, je nachdem was für Farben daneben stehen, mehr oder weniger rot erscheinen. *Und so ist es mit Blau und ebenso mit Gelb. Man muss nur ganz wenig Gelb in eine Farbe tun, um sie sehr gelb wirken zu lassen, wenn man sie zwischen oder neben violette oder lila Töne setzt.* Vincent ist dabei, die Wirkung der Farben zu entdecken. Vor allem: Farben wirken nicht allein durch sich selbst, sondern durch den Kontrast zu anderen Farben. Eine für ihn ungeheure Entdeckung, die ihn nun, vom Furor des Neuen getrieben, nicht mehr loslassen will. Sein Studium der Farben ist ganz und gar nicht akademisch, darum trägt es auch so unerwartete Früchte.

Den neuen Ausgangspunkt beschreibt Julius Meier-Graefe so: »Er kämpft gegen die Abstraktion, gewinnt die denkbar einfachste Form der Malerei und bildet sich ein, sie könne Armen und Einfältigen zugänglich werden. Die Angst um die fliehende Zeit reißt ihn hin, und die Krankheit droht. Die Kunst ist der letzte Hort gegen das Unheil. Da hört die Malerei auf, Mittel zu sein. Da werden Bilder zu Schreien, die man mit letzter Kraft melodisch machen möchte. Da wird Kunst nicht Weg zu Gott, sondern Gott selbst. L'art pour l'art.«

Vincent, der sich sonst um keine Gesetze schert, studiert die, denen er nun mit wahrer Inbrunst zu dienen beginnt: Farbgesetze. Er, der auf jede Art von Schulweisheit sonst nur geantwortet hat, das sei ihm ganz gleich, wird nun zum eifrigen Schüler. Jedoch zu einem, in dem alles der Antwort, die er erwartet, entgegendrängt. Da ist etwas, das muss er wissen, um er selbst zu werden. Vincent ist entflammt. Er verschlingt Bücher über die Theorie der Farbe wie Blancs »Les artistes de mon temps« und ist fasziniert von Schatten und Halbtönen. Bei Velasquez seien diese aus *farblosem, kühlen Grau, das aus Schwarz mit ein wenig Weiß hergestellt sei: In solchem neutralen, farblosen Milieu spricht z.B. schon das geringste Wölkchen oder ein Hauch von Rot.*

In Vincent erwacht der Farbmagier, der nichts dem Zufall überlässt. Mit dem Eifer des Seminaristen – der in Wahrheit ein Autodidakt ist! – schreibt er an Theo: *Weißt Du, was u n t o n e n t i e r [Anm.: ein ganzer Ton] und was u n t o n r o m p u [Anm.: ein gebrochener Ton] ist? Du kannst es sicher auf einem Bild sehen, aber weißt Du auch zu erklären, was Du siehst und was man unter r o m p r e [Anm.: Brechen] versteht? Derartige Dinge sollte man wissen, auch theoretisch, sei es nun als Praktiker beim Malen, sei es als Kenner, wenn man über Farbe spricht. Die meisten verstehen darunter, w a s s i e w o l l e n, und doch haben z.B. diese Begriffe e i n e g a n z b e s t i m m t e B e - d e u t u n g. Die G e s e t z e der Farbe sind unaussprechlich großartig, gerade weil es keine Zufälligkeiten sind. Ebenso wie man heute nicht mehr an willkürliche W u n d e r glaubt, nicht mehr an einen Gott glaubt, der launisch und despotisch vom Hundertsten ins Tausendste springt, sondern allmählich mehr Respekt und Bewunderung für die Natur und Glauben an sie bekommt, ebenso und aus demselben Grunde finde ich, dass man in der Kunst die altmodischen Ideen von angeborenen Genie, der Inspiration etc., ich sage nicht fortlassen, aber einmal gründlich bei Licht betrachten, verifizieren und ganz beträchtlich umgestalten muss.*

Vincent van Gogh, der Revolutionär im Reich der Farben, beginnt wie immer in seinem Leben als eifriger Nachfolger großer Vorbilder. Doch hier beginnt das Angelernte schnell in einem starken Licht zu erstrahlen. Es ist eines, das von Innen kommt.

Mit jeder seiner energischen Wandlungen lässt Vincent Menschen zurück, die ihm nicht zu folgen vermögen. Er versteht nicht, warum das so sein muss. Auch Theo hat er immer stärker unter Verdacht, dass er seine Bilder gar nicht wirklich zu verkaufen versucht. Will er ihn in der Abhängigkeit von Almosen halten? Vincent spürt die Leine, an der ihn der Bruder laufen lässt. Er will nicht länger ohne Gegenleistung Geld nehmen. Bereits Anfang 1884 eskaliert der Streit ums Geld, ein Verteidigungskampf Vincents um seine künstlerische Unabhängigkeit. Vincent bietet Theo an: *Nun habe ich Dir einen Vorschlag für die Zukunft zu machen. Ich werde Dir meine Ar-*

beiten schicken, und Du nimmst Dir davon, was Du haben willst; aber darauf bestehe ich, dass ich das Geld, das ich nach dem März von Dir erhalten werde, als von mir verdientes Geld betrachte ... *Wenn Du vorläufig nicht so sehr in Deiner Eigenschaft als Kunsthändler Sachen von mit nimmst, sondern mehr in Deiner Eigenschaft als Mensch, der gern für Leute wie mich, die noch am Anfang stehen, etwas tut – so genügt mir das. Aber ab März will ich kein Geld mehr von Dir annehmen, für das ich nicht eine bestimmte Arbeit liefere, oder wenigstens unbedingt so wenig wie möglich.* Theo versucht einerseits abzuwiegeln und spart andererseits weiter an Zuwendung. Vincent reagiert gereizt: *Ich habe lieber hundert Francs im Monat und die Freiheit, damit zu machen, was ich will, als zweihundert ohne diese Freiheit.* Vincent diagnostiziert eine *amitié trainante,* eine sich müde dahinschleppende Freundschaft. Und halbe Sachen erträgt er nicht. Zornig schreibt er dem Bruder: *Und kann ich es anders als unausstehlich finden, wenn Du mir schreibst: habe noch ein wenig Geduld?* Weißt Du, Freund, ich habe meine Geduld für meine Arbeit nötig, und wenn ich gegen Dich und andere etwas kürzer angebunden bin, so deshalb, weil es eine Feigheit ist, jemanden mit schönen Worten abzuspeisen, Worten wie: Hab noch ein wenig Geduld. Nun also, ich streite mich mit Dir – und es war auch höchste Zeit ... *Bei gewöhnlichem guten Einvernehmen käme es gar nicht in Frage zu verlangen, dass man sich nicht in die beiderseitigen Privatangelegenheiten mische, und wenn Du nur ein bisschen Wärme für meine Sachen übrig hättest, würdest Du sie nicht so völlig liegenlassen. Und ein Grund mehr, warum ich Dir so schreibe, ist, dass ich Dich ein bisschen fühlen lassen möchte, wie kalt Du geworden bist gegen alles, was wir guten Mutes zusammen unternahmen, und wie sich überdies allzuviel kalte, wohlanständige Diplomatie in Dein Leben einschleicht ... Im Grund läuft es darauf hinaus, ob man einander versteht oder nicht versteht – ob man Kälte oder Wärme füreinander fühlt.*

Vincent wirft Theo vor, er lasse seine Bilder, die ihm ohnehin nicht gefallen würden aus *négligence* – aus Nachlässigkeit – liegen. Und dieses kühle Desinteresse empört Vincent. Diese immer wieder hinausgezögerten und reduzierten Geldzuwendungen empfindet er als Sabotage seines künstlerischen Aufbruchs: *Malen kostet Geld, und wenn ich auf Farbe warten muss, wie es mir immer wieder passiert, verliere ich Zeit und, allons – wenn Du ein bisschen Wärme dafür aufbrächtest, hätten wir, was nötig ist.*

Die Margo-Begemann-Affäre

Das Verhältnis zu den Eltern bessert sich – durch einen Unglücksfall. Am 17. Januar 1884 teilt Vincent Theo mit: *Mutter hat sich beim Aussteigen aus dem Zug in Helmond das Bein verletzt. Der Vater sagt, der Arzt halte es für einen ausgesprochenen Bruch, und zwar dicht am Becken am großen Kuppelgelenk. Ich war dabei, als es eingerichtet wurde, was verhältnismäßig gut ablief* ... Der Oberschenkelhalsbruch weckt in Vincent den Samariter: Tag und Nacht ist er um die Mutter herum, pflegt sie – weiß sich endlich einmal wieder zählbar nützlich. Für Vincent bedeutet sorgende Hingabe an einen anderen auch immer Steigerung seiner künstlerischen Energie: *Ich malte gerade einen Bauern und wurde von dort geholt.* Die Mutter erholt sich langsam, gehen kann sie vorerst nicht alleine – aber sie hat ja Vincent, für den praktische Hilfe, die bis zur Selbstaufopferung geht, eine Form jenes natürlichen Lebens ist, das er anstrebt.

Mit dem Vater versucht er Diskussionen zu vermeiden. Das gelingt einigermaßen, bis zu dem Tag, an dem Vincent Theo von einem neuen Unglück berichten muss, eines, das sich nun nicht einfach mit franziskanischem Dienst am Nächsten beheben lässt.

Die kranke Mutter wird regelmäßig von einer Nachbarin besucht, Margo Begemann. Nach kurzer Zeit verliebt sie sich in Vincent – das erste und einzige Mal, dass sich eine Frau in ihn verliebt. Vincent ist jedoch gerade mit seiner neuen großen Liebe beschäftigt: der Farbe! Darum sieht er die nachbarliche Liebesofferte gelassen. Natürlich, er würde die Nachbarin nehmen, er sucht ja eine Frau. Aber diese Frau war nicht seine Idee, darum ist sein Verstand auch völlig ungetrübt. Anders als der der Nachbarin. Die ist ihm heillos verfallen. Viviane Forrester beschreibt die Szenerie so: »Sie ist neununddreißig Jahre alt, hat einen bösen Vater, einen nachgiebigen Bruder und eifersüchtige Schwestern, wie im Märchen – aber sie hat nichts Feenhaftes, wenn auch ein Foto sie als richtig hübsch zeigt; aber das ist zweifellos vor der Begegnung mit Vincent gemacht worden ...«

Die Verbindung hat katastrophale Auswirkungen. Der Vater verbietet ihr, an Heirat mit diesem hergelaufenen Vagabunden ohne Beruf und Einkommen auch nur zu denken. Was dann geschieht, darüber lesen wir in Vincents Schilderung an Theo: *Fräulein Begemann hat Gift genommen – in einem Augenblick der Verzweiflung, als sie mit ihrer Familie gesprochen hatte und als man schlecht über sie und mich redete; sie geriet so außer sich, dass sie es meiner Meinung nach in einem Augenblick eindeutiger Gestörtheit tat.* Die Familie entscheidet zum Entsetzen der nicht mehr jungen Frau, wie Theo erfährt: *... ich solle noch zwei Jahre warten, und da ich mich hierauf ganz entschieden nicht einlassen wollte, sagte ich, wenn überhaupt von Heiraten die Rede sein könne, dann müsse es bald geschehen oder gar nicht.* Theo wird von Vincent ausdrücklich auf die Parallele zu »Madame Bovary« hingewiesen, die an einem Nervenanfall starb. *So etwas war es hier auch, doch komplizierter dadurch, dass sie Gift genommen hatte ... Sie hatte Strychnin genommen, doch war die Dosis zu klein gewesen, und wahrscheinlich hatte sie dann, um sich zu betäuben, Chloroform oder Laudanum dazugenommen, was aber gerade ein Gegengift gegen Strychnin sein soll ... Ich glaube, dass sie h ö c h s t w a h r s c h e i n l i c h genesen wird, doch wird, meiner Meinung nach, gewiss eine ganze Periode mit Nervenleiden folgen – und in welcher Form, ernster oder weniger ernst, sie sich zeigen wird, ist noch die Frage.*

Vincent reicht es so langsam mit den mörderisch-bigotten Familien in der Provinz. Diese Gesellschaft der Scheinheiligen, der Fassadenhochhalter um jeden, wirklich jeden Preis, kommt ihm vor wie eine Meute, die sich immer wieder ein Opfer sucht, um es zu Tode zu

hetzen. Was für Menschen sind das! *Was ist das für ein Standpunkt, und was ist das für eine Religion, welche die anständigen Leute da praktizieren; es sind einfach absurde Dinge, die die Welt zu einem Narrenhaus, zu einer völlig verkehrten Welt machen. – O dieser Mystizismus!*
Der Vater ist natürlich empört, was hat sein ungeratener Sohn da wieder angerichtet! Man hat nicht nur die Ruhe der Nachbarn, sondern von ihnen allen gestört. Während sich Vincent um die angegriffene Gesundheit der nicht mehr jungen Frau sorgt, der von ihrer Familie gesagt worden war, sie sei zu alt, um auch nur an Heiraten zu denken, mutmaßen die kleinen Bürger, ob er nun mit ihr, oder ob er nicht. Vincent ist zu glauben, wenn er Theo mitteilt: *Ich habe sie, da ich vieles voraussah, immer respektiert in einem gewissen Punkt, der sie gesellschaftlich entehrt hätte, obwohl ich sie, wenn ich es gewollt hätte, in meiner Macht gehabt hätte.*

Alles tote Seelen, die nun die Messer wetzen, dabei wollte er bloß eine alleingelassene Frau zurück *ins Leben schleudern, in das Fühlen.* Sein Fazit dieser nicht zustande gekommenen Verbindung: *Es ist schade, dass ich ihr nicht früher begegnet bin – z.B. vor zehn Jahren. Sie macht auf mich den Eindruck einer Cremona-Geige, die durch schlechte Stümper, die sie ›ausbessern‹ wollten, früher verdorben wurde.*

Tod des Vaters

Das Verhältnis zur Familie gleicht nun einem kalten Krieg. Auch Theo in Paris ist nicht besser, findet Vincent. Das liegt an Paris, das die Menschen verdirbt. Obwohl: Die neue Ausstellung mit Delacroix' »Die Freiheit auf den Barrikaden« würde er doch gern sehen. Vor Barrikaden stehend fühlt er sich auch gerade. Und Theo, der befindet sich auf der anderen Seite der Barrikade, sie gehören verschiedenen Lagern an: *Doch weil wir Brüder sind, lass uns aufhören, einander totzuschießen (im bildlichen Sinne). Einander helfen wie zwei Leute, die im selben Lager einer an des anderen Seite stehen, können wir nicht. Nein,* kämen wir einer in des anderen Nähe, so würden wir einer in des anderen Feuer laufen. *Meine Gehässigkeiten sind Kugeln, die nicht Dir, der Du mein Bruder bist, wohl aber der Partei im Allgemeinen gelten, in der Du Dich nun einmal befindest.*

Vincent zieht sich ganz in seine Arbeit zurück. Aber Farben sind teuer, darum bleiben seine Sorgen. In den Berichten an Theo vom großen Schaffensrausch geht ein Ereignis fast unter. Der Tod des Vaters am 26. März 1885. Er stirbt mit dreiundsechzig Jahren, nach einem Spaziergang. So lange Zeit hatten sich die beiden Brüder an diesem Über-Vater gerieben. Vincent war von seinem maßlosen Bewunderer zu seinem maßlosen Verächter geworden. Theo versuchte zu vermitteln und hatte dabei vielleicht den schwierigsten – auch den verschleißendsten – Part inne.

Aber nun, da er gestorben ist, löst das bei ihnen kaum noch Emotionen aus. Die haben sich in den Ablösekämpfen verbraucht. Vincent vermeldet lapidar: *Mutter sieht gut aus, und das Briefschreiben lenkt sie vorläufig noch ziemlich ab. Aber sie ist natürlich noch sehr traurig.* Das ist alles. Es folgt die Nachricht, er sei ins Atelier gezogen, denn die sofort nach dem Tod des Vaters beginnenden Erbstreitigkeiten mit den Schwestern haben ihn aus dem Haus vertrieben. Die Schwestern – vor allem Anna – sind der Meinung, Vincent habe schon viel mehr als sie bekommen, er ist in ihren Augen bloß ein großer Geldschnorrer. Gekränkt verzichtet er auf sein ohnehin kleines Erbteil und verlässt das Behelfsatelier hinter dem Pfarrhaus, das er immer nur verächtlich den *Kohlenschuppen* genannt hatte. Der katholische (!) Kaplan des Ortes stellt ihm einen Raum zur Verfügung.

Das Resümee der Zeit in Nuenen wird zum Schlüssel für die ihm noch verbleibenden fünf Jahre: *Farbe drückt durch sich selbst etwas aus, das kann man nicht entbehren, man muss Gebrauch davon machen* ...

Im April malt er ein »Stilleben mit Bibel«, das eine Art Requiem für den Vater wird. Eine große schwere Bibel liegt aufgeschlagen auf einem Tisch, fast das ganze Bild ausfüllend. Daneben ein Kerzenleuchter – dies zum Totengedenken an den Pfarrer, der bei seinem Tod einen erdrückend großen Folianten zurücklässt. Dieses aufgeschlagene Buch lässt keine Fragen zu, es repräsentiert und verkündet. Vor dem drohenden Dunkel der Bibel, ihr gleichsam zu Füßen, ganz an den vorderen Rand des Tisches gedrängt, kurz vor dem Absturz, hält ein kleines zerlesenes Heft leuchtend gelb dagegen: Zolas »La joie des vivre«. Die weltliche »Lebensfreude« symbolisch gegen des Vaters und der Kirche lebensfernes Pathos gestellt. Ein subversives Dagegenhalten vom Rande her – so kann man dieses Bild deuten. Aber auch: Der gestorbene Theodorus van Gogh hatte das Glück, ganz in sich und seinen Glaubensgewissheiten zu ruhen. Die Bibel auf dem Tisch ist eine Burg. Nicht zu erstürmen. Doch erst mittels Zola wird die Bibel zum Leben erweckt. Davon hatte Vincent seinen Vater überzeugen wollen. Der Zola-Band, zerlesen, beschädigt, zeigt jenen Leidensursprung, aus dem auch die Bibel einmal entsprang, bevor sie zum Glauben repräsentierenden Buch wurde.

Nun ist der Vater tot, die beiden Bücher liegen still nebeneinander. Das Heilige ist nur echt mitten im Profanen, sonst wird es Lüge. Der Vater ist tot, aber das Thema bleibt für Vincent bestimmend.

Die Kartoffelesser

Er malt in dieser Zeit eine Reihe von Porträts, die von einer großen konzentrierten Kraft sind. So ausdrucksvoll waren seine Bilder noch nie. Der postume Triumph des geistlichen Konkurrenten seines Vaters, Vincent Asyl zu gewähren, dauert nur kurz. Denn er beginnt auch hier schnell die Ruhe zu stören. Der katholische Pfarrer versucht, seine Gemeindemitglieder daran zu hindern ihm Modell zu stehen. Der Hintergrund: Eines seiner Modelle ist schwanger. Vincent, der Unhold, steht natürlich sofort in Verdacht. Dann aber heiratet das junge Mädchen ihren Cousin, den Vater des Kindes.

Die Witwe wird bald fortgehen aus Nuenen. Vincent überlegt, ob er den Rest seines Lebens in Brabant leben soll: *Übrigens verlange ich gar nichts anderes, als recht tief im Lande unter Bauern zu sitzen und das Bauernleben zu malen.* Das macht er nun gerade, indem er ein Bild so konzipiert, wie er es zuvor noch nie tat. Es heißt »Die Kartoffelesser« und wird eines seiner berühmtesten der frühen Periode sein. Die Komposition hat ein Vorbild, Jozef Israels »Bauernfamilie um Tisch sitzend« von 1882, ganz im altholländischen Stil gemalt. Im Amsterdamer Van Gogh Museum kann man beide Bilder nebeneinander sehen. Auf den ersten Blick wirken die »Kartoffelesser« wie eine Kopie – bis auf einige entscheidende Nuancen, die den Bauern bei Vincent einen ganz anderen Ausdruck geben als bei Jozef Israel.

Gerade dieses eigenen Ausdrucks wegen werden die »Kartoffelesser« denen, die Vincent für seine Freunde hält, missfallen. Der Maler Anthon van Rappard äußert sich abfällig und ist damit die längste Zeit sein Freund gewesen. Seine Kritik ist erhalten: »Du wirst mir recht geben, dass eine solche Arbeit nicht ernst zu nehmen ist. Zum Glück kannst Du mehr als das; aber warum denn auch alles gleicherweise oberflächlich betrachtet und behandelt? Warum die Bewegungen nicht sorgfältig studiert? Jetzt posieren sie! Das kokette Händchen der Frau da hinten, – wie wenig echt! Und welcher Zusammenhang besteht zwischen der Kaffeekanne, dem Tisch und der Hand, die oben auf dem Henkel liegt? Was macht diese Kanne eigentlich, sie steht nicht, sie wird nicht festgehalten, aber was dann? Und warum darf der Mann da rechts kein Knie haben und keinen Bauch und keine Lungen? Oder stecken die ihm im Rücken? Und warum muss sein Arm einen Meter zu kurz sein? Und warum muss ihm die Hälfte der Nase fehlen? Und warum muss die Frau links solche Pfeifenstielchen mit einem Würfel dran als Nase haben? Und traust Du Dich dann noch, bei solch einer Arbeitsweise die Namen Millet und Breton in den Mund zu nehmen? Die Kunst steht doch wohl zu hoch, als dass man sie so nonchalant behandeln dürfte.« Das ist die Sicht des Naturalismus, den Vincent bereits zurückgelassen hat. Die epigonale Manier der Bauernmalerei interessiert ihn nicht mehr. Für ihn ist das Bild etwas, das seine Wahrheit dadurch erreicht, dass es den Ausdruck steigert. Und der ist von einer schockierenden Kraft, einer faszinierenden Hässlichkeit. Das Bild offenbart äußersten Anti-Impressionismus. Die Szenerie des kargen Essens holt eine funzlige Öllampe nur halb aus dem Dunkel heraus. Das hier sind Leute, die sonst keiner sieht. Hart arbeitende Bauern mit ihrer eigenen strengen Würde, keine Elendsfiguren. Und doch ist das ganze Bild ein gezügelter Schrei der Empörung über diese Kargheit, die in keinem Verhältnis zu der Arbeit steht, von der sie hier ausruhen.

Nichts lag Vincent ferner als im Stil dekorativer Bauernfolklore zu malen – ihm geht es um das Symbol einer ehrlichen und achtungsvollen Existenz, ein Gegenbild zur Welt des »Tulpenhandels«, der Geschäftemacher mit fremder Arbeit. Die Frage, die im Streit mit Rappard berührt wird, könnte nicht grundsätzlicher sein: Was ist *echte* Kunst? Theo schreibt er über die Bauerngesichter: *Ich habe sie, als ich das Bild anfing, einmal so gemalt: etwas gelben Ocker, roten Ocker und Weiß. Aber das war v i e l   z u   h e l l und taugte gar nichts. Was tun? Ich hatte alle Köpfe fertig und mit ziemlicher Sorgfalt durchgearbeitet, habe sie aber gnadenlos rasch noch einmal übermalt, und die Farbe, mit der sie jetzt gemalt sind, i s t   e t w a   d i e   e i n e r   s t a u b i g e n, n a t ü r l i c h   u n g e s c h ä l t e n   K a r t o f f e l.*

Vincent besteht darauf, Figuren nicht akademisch korrekt zu malen: *dass es meine große Sehnsucht ist, solche Unrichtigkeiten machen zu lernen, solche Abweichungen, Umarbeitungen, Veränderungen der Wirklichkeit, damit es – nun ja, Lügen werden, wenn man will, aber – wahrer als die buchstäbliche Wahrheit.* Da ist die Idee bereits ausgesprochen, dass der Maler seinem Bild die Form erst geben muss, sie malend erzeugt und sie nicht wie in der Wirklichkeit bereits vorhanden, nur möglich exakt abbildet. *D e f o r m a t i o n* ist gewollt. Die kopierende Aufgabe haben längst Fotografie und Reproduktion übernommen. Den ganzen Winter 1884/85 verbringt er damit, Studien zu den »Kartoffelessern« anzufertigen – so aufwändig wird er nie wieder an einem Bild arbeiten. Vincent glaubt, mit den »Kartoffelessern« einen Neuanfang gemacht zu haben – aber in Wirklichkeit beenden die »Kartoffelesser« den Versuch, »holländisch« zu malen; er befreit sich von dem Vorbild Millet.

Im Zentrum von Vincents Denken und Fühlen stehen ab jetzt immer nur die Farben. In gewisser Weise kann man in dem »holländischen« Stil der »Kartoffelesser« auch bereits einen Schritt über seine späteren impressionistischen und expressionistischen Phasen hinaus sehen, hin zur tonig-braunen Malerei eines kubistischen Braque oder Picasso.

Der Tod des Vaters hat ihn von einer Last befreit, er fühlt sich nun viel freier als zuvor – auch das geht wiederum ein in seine Bilder. Doch die Atmosphäre in Nuenen ist vergiftet. Er braucht einen Ortswechsel.

Von Nuenen aus besucht er für drei Tage Amsterdam, geht in die Museen und ist fasziniert. Jeden Tag wieder steht er vor Rembrandts »Judenbraut«. Dieser holländische Alte Meister wirkt viel moderner als Millet! Vincent ist überzeugt, dass Delacroix gerade dieses Bild gefallen hätte. Woran das liegt? Rembrandt dichtet, wenn er malt: *Poet sein, das heißt Schöpfer sein*. Rubens in all seiner technischen Meisterschaft lässt ihn kälter. Das ist kein Poet, auch kein Dramatiker, wie er sich einen Maler vorstellt: *Trotzdem schwärme ich für ihn, wie gerade er, Rubens, Stimmungen der Fröhlichkeit und Freude ebenso wie von Schmerz auszudrücken sucht und auch wirklich darstellt durch die Kombination der Farben – wenn seine Figuren auch manchmal hohl sind.*

Zwischenspiel in Antwerpen

Der Wechsel vom ländlichen Nuenen in die pulsierende Hafenstadt Antwerpen euphorisiert Vincent in all seiner Skepsis. Das Handelszentrum werde wohl so sein, *wie alle und überall, nämlich enttäuschend, doch mit seiner eigenen Note.* Er nimmt sich für 25 Francs im Monat ein Zimmer, praktischerweise liegt es gleich über einem Farbenhändler. Aber ihm geht es weniger um das Malen als darum, seine Defizite in der figürlichen Gestaltung zu überwinden. In der Hafenstadt gibt es einiges zu sehen, was das Dorfleben nicht zu bieten hat. Er schaut den Menschen in die Gesicher und die, die ihn an Sien erinnern, findet er immer noch am interessantesten: *Nicht zu vergessen, die von Pocken zerrissenen Gesichter, die eine Farbe haben wie gekochte Krabben, mit verblichenen, grauen, kleinen Augen ohne Augenbrauen und spärlich-dünnem Haar, in der Farbe von Schweineborsten oder etwas gelber.* Vincent kommt in der Stadt mit seinen 150 Francs von Theo nun überhaupt nicht mehr aus. In jedem seiner Briefe wiederholt sich die Klage. Farben, Pinsel, Modelle – alles ist teuer. Dabei spart er am Essen, seine Kleidung trägt er seit zwei Jahren, sie ist erneuerungsbedürftig. Aber das wichtigste, es geht voran, wie er Theo eilfertig versichert: *Gegenwärtig gewöhne ich mir mehr und mehr an, mit den Modellen während des Malens zu sprechen, um das Leben in ihren Gesichtern zu erhalten.* Wenn man schon male, dann müsse man viel malen, so lautet seine Devise, und so stürzt er sich in einen neuen Arbeitsrausch: *Es ist mir ein wahrer Genuss, mit einer besseren Sorte Pinsel zu arbeiten und Kobalt, Karmin, gutes Jaune brillant und Zinnober zu haben. Das Teuerste ist meistens doch das Billigste. Besonders Kobalt – es ist mit keinem anderen Blau zu vergleichen, was die feinen Töne betrifft, die man damit herausholen kann. Die Qualität der Farbe mag bei einem Bild ja nicht alles bewirken, sie ist aber doch das, was ihm Leben gibt.* Der Farbenluxus hat den Bruder wahrscheinlich zu der Annahme gebracht, dass Vincent doch etwas sparsamer mit seinem Geld umgehen könnte. Zwar schickt er, wenn auch zögerlich, immer wieder welches, aber beschwört ihn dabei, dass er nicht mehr geben könne. Unweigerlich steigert sich der Klageton in Vincents Briefen: *... schicke mir nun viel oder wenig, je nachdem was Du hast – aber denke daran, dass ich buchstäblich Hunger leide.*

Hat er Geld erhalten, fühlt er sich frisch und setzt sofort hinzu, es sei ihm sehr nützlich hier zu sein. Was ihn seit den »Kartoffelessern« beschäftigt, ist das Bild vom Menschen: *Die Frage ist nur die, ob man die Seele oder die Kleider zum Ausgangspunkt nimmt ...* Wer solche Fragen stellt, ist über ein Schülerdasein längst hinaus.

Und dennoch denkt Vincent, vom hilfreichen Selbststudium der Farbentheorie ermutigt, wenn er nun noch im Aktzeichnen einige Zeit unterrichtet würde und er endlich menschliche Körper nach anatomischem Lehrbuch zeichnen könnte, dann würde er den Durchbruch schaffen.

Zu Vincents Charakter gehört, dass er immer wieder versucht, sich das, was ihn am meisten auszeichnet, abzugewöhnen. Das Scheitern darin bestätigt ihn zugleich im Eigenen. So auch diesmal.

Da es schwer (und teuer) ist, Modelle für Aktstudien zu bekommen, beschließt er, die Kunstakademie zu besuchen. Mit dreiunddreißig Jahren kommt Vincent in eine Zeichenklasse, zu den Antike-Gipsmodellen. Natürlich passt er hier überhaupt nicht hin, er weiß doch längst, was er braucht und was nicht. Über so etwas ist er längst hinaus – und setzt sich ihm dennoch aus: *Ich habe schon zwei Abende dort gezeichnet, und ich muss sagen, ich glaube, dass es gerade für das Zeichnen von Bauernfiguren recht gut ist, nach der Antike zu zeichnen, vorausgesetzt, dass es nicht auf die übliche Weise geschieht. Die Zeichnungen, die ich dort sehe, finde ich eigentlich alle entsetzlich schlecht und durchaus verkehrt, und ich weiß wohl, dass meine Art völlig anders ist – wer es nun richtig anpackt, das muss die Zeit lehren.* Warum es von Vorteil sein soll, nach antiken Gipsmodellen zu arbeiten, um Bauern von heute zu malen, ist Vincent wohl selbst ein Geheimnis. Aber er muss dem Finanzier Theo ja über den Sinn und Unsinn jedes seiner Schritte berichten. Da muss es einfach sinnvoll sein. Doch schon im nächsten Satz liest es sich wieder anders: *Gefühl für das, was eine antike Figur ist, hat, gottverdammt, k e i n e r v o n a l l e n.*

Solch selbstgewisse Schüler sieht keine Akademie gern. Warum tut sich Vincent, der notorische Einzelgänger, das an? Glaubt er wirklich daran, hier etwas für ihn Notwendiges zu lernen? Kaum. Aber er träumt einen großen Traum, und nicht erst hier, sondern bereits in der Borinage und später noch in Arles: den von der Gemeinschaft Gleichgesinnter. Vom großen Freundeskreis, in dem man selbst ein besserer Mensch wird, weil man anderen etwas von sich schenkt und beschenkt wird. Doch die Realität ist eine andere: Ärger mit Lehrern und Schülern stellt sich schnell ein. Vincent konstatiert eine feindliche Atmosphäre – und selbstverständlich sagt er ihnen auch, dass sie falsch, also bloß äußerlich zeichnen und dass solch Abgezeichne, sei es noch so korrekt, völlig tot, also wertlos ist. Alles Zeichnen müsse etwas sichtbar machen vom Wesen des Abgebildeten. An der Akademie vermeidet er mit seinem Zeichenlehrer den offenen Streit, dieser sieht ja, dass er von der Norm abweicht. Doch selbst der stille Widerspruch in seiner Art zu zeichnen macht ihn zur unerwünschten Person. Mancher arbeitet hier schon drei Jahre bloß nach Gipsabdrücken. Mauve hatte er gesagt, dass er Gips für toter als tot halte und dieser nichts in ihm auszulösen vermöge. Aber hier diszipliniert er sich. Wenn er nur noch etwas durchhält, dann beherrscht er wie alle anderen die Technik! Dann kann keiner mehr die Augenbrauen vor seinen Bildern hochziehen, wie Rappard, der sagt, die Arme der Kartoffelessenden seien entweder viel zu lang oder viel zu kurz. Glaubt er das denn selber? Theo gegenüber bricht die Dauerdemütigung seiner Existenz immer wieder in Aggression aus: *Allein, ich glaube, Du hast Dich allzusehr daran gewöhnt, es richtig zu finden, dass ich immer zurückgesetzt werde. Du vergisst allzusehr, dass ich schon seit vielen Jahren nicht habe, was mir zukommt, und dass mein Verlangen nach Ausbreitung meiner Tätigkeit nicht allein für mich gut ist, sondern auch für Dich, weil wir nur auf diesem Weg verdienen können.*

Theo und Vincent – da erblicken zwei ihr jeweiliges Alter Ego. Das Übermaß dessen, was ihnen selbst abgeht. Theo bewundert an Vincent das Unbedingte, die Triebnatur, dabei hochsensibel und fern aller Konvention. Auch Vincent anerkennt am Bruder das, was er nicht hat: die Geduld, alle Aggression, die ihn trifft, in vernünftige Bahnen zu lenken. Überhaupt: das Ausgleichende, Diplomatische seiner Natur, bei gleichzeitiger Kunst-Kennerschaft. Aber beiden ist die Existenz eines so nahen und dabei doch wieder so fernen »anderen« van Gogh auch unangenehm. Gegenseitige Reizpotenziale gibt es reichlich. Vincent erträgt nicht, dass der jüngere Bruder, weil er das zu seinem Überleben notwendige Geld hat, quasi eine Art Vormundschaft für ihn anstrebt. Die Rollenverteilung der letzten Jahre passt ihm nicht mehr, weil er sich klein fühlt dabei – immer noch der Familie ausgeliefert und an den falschen, weil fantasielosen Maßstäben des »Tulpenhandels« gemessen, der nur das immer schon Erfolgreiche und Repräsentative schätzt: *Ich bin je länger, desto weniger damit einverstanden, dass Du Dir einbildest, ein Financier zu sein, und von mir z.B. einfach das Gegenteil denkst. Die Menschen sind nicht alle gleich, und wenn man nicht so weit kommt zu begreifen, dass gerade beim Rechnen eine gewisse Zeit erforderlich ist, ehe man sicher sein kann, richtig gerechnet zu haben – wenn man nicht so weit kommt, dann ist man kein Rechner.*

Ein moderner Finanzier muss großzügig sein und in die Zukunft investieren. Und wer, wenn nicht er, Vincent van Gogh, wäre die Zukunft? Und da zählt der Bruder ihm die einzelnen Francs vor! Das ist dumm, das ist geschäftschädigend: *Ich weiß, Theo, Du sitzt selbst auch ziemlich in der Klemme. Aber Du hast es nie in Deinem Leben so hart gehabt wie ich 10 oder 12 Jahre hintereinander. Kannst du es denn nicht billigen, wenn ich sage, es ist jetzt vielleicht lange genug so gewesen, ich habe in dieser Zeit etwas gelernt, was ich früher nicht konnte, dadurch haben sich neue Möglichkeiten ergeben, und ich wehre mich dagegen, dass ich immer zurückgesetzt werde.* Dieser Vorwurf ist nur die Präambel zu einer Frage, oder besser einer Ankündigung. Denn Vincent hat Gefallen am Stadtleben gefunden und darum ist auch seine bislang kultivierte Abneigung gegen die Metropole Paris dahingeschrumpft. In Paris spielt Theo schließlich – in Maler- und Kunstsammlerkreisen – eine Rolle. Da liegt es doch nahe, dorthin zu gehen? Doch will Theo überhaupt seinen im gesellschaftlichen Umgang hölzern-ländlichen Bruder, der es sich mit seinem schwierigen Charakter immer sofort mit allen verdirbt, in seiner Nähe haben? Vincent hat Grund, da vorher einmal so vorsichtig wie er es vermag anzufragen: *Und wenn es nun meine Absicht wäre, noch eine Zeitlang hier im Stadtgetriebe zu bleiben und dann vielleicht auch mal in Paris in ein Atelier zu gehen, würdest Du das zu verhindern suchen?* Die abschlägige Antwort des Bruders ist hier bereits mitgedacht, bevor sie ausgesprochen wurde. Sie scheint ihn so zu erregen, dass es gleich im nächsten Satz nach dieser Anfrage aus ihm herausplatzt: *Sei also einsichtig, und lass mich weiterarbeiten; ich sage Dir, ich suche keinen Streit, aber ich lasse mir meine Karriere nicht verschließen.*

Er beschließt, selber zu verkaufen, um sich vom Monopol Theos in der Beurteilung seiner Bilder zu befreien. Er macht alles mögliche, was nicht zu ihm passt: wird Mitglied in gleich zwei Klubs, denn er sieht ja, warum selbst zweit- und drittklassige Maler ihre Bilder verkaufen. Sie haben, was er bislang nicht hat: Beziehungen, enge Kontakte zu Meinungsmachern. Also muss er seine selbst gewählte Isolation aufgeben. Es reicht eben nicht, nur gute Bilder zu malen, man muss Leute überzeugen, andere zu überzeugen, dass es wirklich gute Bilder sind. Dazu, merkt er jetzt, fehlt es ihm an Gewandtheit des Auftretens, etwas, das Theo besitzt: *Wenn ich mich mit anderen Leuten vergleiche, dann habe ich etwas viel zu Steifes, so als h ä t t e i c h 1 0 J a h r e Z e l l e n h a f t hinter mir. Das kommt daher, dass ich etwa zehn Jahre lang so mühsam und unruhig gelebt habe, Sorgen und Verdruss hatte und keine Freunde.* Das liege daran, dass er ein Künstler- und nicht ein Kunsthändlerleben geführt habe.

Nun erwacht der Ehrgeiz in ihm, er will endlich Erfolg haben – auch, um sich von der demütigenden Bettlerstellung gegenüber Theo, diesem letzten Repräsentanten der Familie, mit dem sie Macht über ihn besitzt, zu befreien. All das lässt Theo zu einem feindlichen Bruder werden, aber doch auch zum Gegenüber, ohne das er sich selber nicht versteht. Die Innigkeit der Beziehung ist die einer Hassliebe, eine Symbiose, in der sogar noch Abstoßungswille enger anbindet. Eine Schicksalsverbindung. Nur in ihr sind beide Brüder, was sie sind. Vincent ist vor Theo auf der Flucht und weiß doch, er kann sich nur von ihm befreien, wenn er ihn in nächster Nähe überwindet. Darum der Entschluss, nach Paris zu gehen, was Theo nicht angenehm ist. Vincents Wille, das spürt Theo, ist stärker als der seine. Er reicht nur zu einem nicht: zur völligen Auflösung der Symbiose. Doch Vincent versucht es, sucht Bestätigung unter Umgehung Theos. Der Bruder soll nicht ein Türsteher mit Familienrücksichten auf seinem Weg zum Erfolg sein: *Natürlich ist meine Aufmerksamkeit darauf gerichtet zu erreichen, was ich erreichen will. Nämlich freie Bahn, um meine Karriere zu machen – in die Höhe zu kommen, statt zugrunde zu gehen.*

Der Versuch, sich dem Mittelmaß, wie es an einer Akademie herrscht, anzupassen, soll der erste Schritt auf dem Weg nach oben werden. Man soll nicht jedem gleich ins Gesicht sagen, dass man ihn verachtet, man muss sich auch einmal verbergen können. Schon nach wenigen Wochen aber ist seine Geduld erschöpft. Er erträgt es einfach nicht, so kann er sich nicht verstellen. Theo, ja, der versteht ihn leider nur zu gut: *Ich muss Dir auch sagen, dass mir, obwohl ich weiterarbeite, das Gekrittel der Leute auf der Akademie oft unausstehlich ist; denn sie sind mir entschieden feindlich geblieben. Ich suche jedoch systematisch alles zu vermeiden, woraus Streit entstehen könnte, und gehe meinen Weg weiter ... Und nun solltest Du einmal sehen, wie platt, wie tot und wie schlappschwänzig die Resultate dieses Systems sind!!! ... die Zeichnung, die man bestimmt für die beste erklären wird, habe ich entstehen sehen, ich saß dicht dahinter; sie ist korrekt, sie ist alles, was Du willst, aber sie ist tot, und das sind alle Zeichnungen, die ich hier gesehen habe.*

Aber mitten hinein in die Angriffsrhetorik vom faulen Frieden des »Tulpenhandels« einer bürgerlichen Welt, die ohnehin am Beginn ihres Untergangs stehe, platzt die große Schwäche. Er wird schwer krank, verliert zehn Zähne, kann nichts mehr essen, hat Fieber. Woran krankt er? Ist es der Zusammenbruch, den er lange vor sich hergeschoben hat – das übermäßige Rauchen, zu wenig Essen und Arbeiten wie ein Besessener? Wohl nicht nur. Die Briefe an Theo sind voller Andeutungen. Es ist ernst, er rechnet wieder und wieder die Zeitspanne durch, die ihm noch bleibt. Er gibt sich immer weniger Jahre. Er malt einen Totenschädel mit Zigarette und bemerkenswert vollständigem Gebiss – ein Vanitas-Motiv, mühsam mit viel Ironie gebändigte Todesangst. Auch soll Theo der Mutter nichts von jener Krankheit sagen, die im Brief keinen Namen hat, und hinfahren, um sich bei ihr auszukurieren, will er erst recht nicht. So soll ihn die Familie nicht sehen!

Die Vermutung liegt nahe, dass Vincent an Syphilis erkrankt ist und Matthias Arnold hat in seinen umfangreichen Recherchen dieser Vemutung Gewissheit gegeben. Syphilis ist eine Krankheit, die zu dieser Zeit unweigerlich ihren zerstörerischen Lauf nimmt.

Nur die Symptome lassen sich bekämpfen. In Vincents Antwerpener Skizzenbuch hat sich der Konsultationstermin bei einem Arzt gefunden – samt Behandlungshinweisen, die dem entsprechen, was man zur damaligen Zeit gegen die Syphilis tun konnte. Alaun und Sitzbäder sollten die Hautgeschwüre lindern, gegen die Magenbeschwerden verordnete man Rizinusöl.

Der englische Journalist Kenneth Wilkie fand in Antwerpen den Enkel des Vincent van Gogh damals behandelnden Arztes, selber Arzt und immer noch in den gleichen Räumen praktizierend wie sein Großvater. Der Arzt bestätigte, von seinem Großvater erfahren zu haben, dass er Vincent van Gogh wegen Syphilis behandelt hatte, in fortgeschrittenem Stadium. Ob er sich bereits in Brüssel bei Sien oder erst bei einer Antwerpener Prostituierten – einige sprechen auch von einem Modell der Malakademie – infiziert hat, bleibt unklar.

Vincent gesteht Theo, sich wie eine Ruine zu fühlen. Dadurch wächst Theos Bedeutung für Vincent noch weiter: *Jetzt, da ich vorwärtskommen muss und zugleich krank bin, kann ich nicht anders, als Dich* zu bitten. *Sei damit einverstanden, dass ich hierbleibe, und lass mich nach Paris gehen, wenigstens nicht später, der Kurs hier schließt, am 31. März.* So schwach und elend er auch ist, die Kunst, Theo mit seinem Leiden zu erpressen, beherrscht er in allen Lagen. Es ist eine Überlebenseigenschaft, die ihn davor bewahrt, ganz unterzugehen – oder zu werden wie all die anderen, die Kompromisse eingehen, die ihren schöpferischen Nerv schädigen. Vincent dagegen fordert von der Gesellschaft – hier vertreten durch Theo – nicht mehr als das Geld, das er unbedingt braucht, um der Welt jene Werke zu schenken, die ihr nicht viele schenken können.

Er kämpft für seine Gesundung: *Ich spüre es gründlich, dass ich sehr heruntergekommen bin – und, wie Du selbst schreibst, durch Vernachlässigung könnte noch etwas viel Schlimmeres daraus entstehen. Wir wollen doch sehen, dass es in Ordnung kommt.* Vincent, so ist zu spüren, hat Angst, er könnte nicht wieder gesund werden und niemals mehr in der Lage sein, das zu malen, was er noch malen muss. Darum ringt er um seine Wiederherstellung, gibt 100 Francs beim Zahnarzt aus, denn der Kiefer fault und entstellt ihn, von den ausfallenden Zähnen nicht zu reden. Vincent hofft, innerhalb eines halben Jahres so weit wiederhergestellt zu sein, dass er weiter arbeiten kann. Theo muss das alles bezahlen, er muss es wirklich, findet Vincent. Und besser essen will er auch, damit er wieder zu Kräften kommt. Das wiederholt sich jetzt in den Briefen ständig: *Ich schreibe Dir noch einmal, in diesem Augenblick, da mein Geld zu Ende ist – ganz und gar. Wenn Du etwas schicken kannst, wären es auch nur fünf Francs, dann tue es bitte, es sind noch zehn Tage bis Monatsende, und wie soll ich da durchkommen? Ich habe absolut* n i c h t s *mehr. Sogar beim Bäcker* n i c h t s *mehr gut.* Fragt sich, warum Theo seinen Bruder so leiden lässt. Hat er nicht mehr Geld, das er ihm schicken kann?

Man wird den Verdacht nicht los, dass Theo versucht, mittels Geldreglementierung seinen starken und unmäßigen Bruder zu disziplinieren. Gar ihn sich zu unterwerfen? Mit seinen Geldzuwendungen bindet er Vincent an sich – und hält ihn auch wieder auf Distanz. So schlägt er Vincent vor, wieder zurück nach Brabant zu gehen. Da gehört er hin, denkt er, da kann er seine Bauern malen.

Aber Vincent hat die anregende Wirkung der Stadt für seine Malerei entdeckt. Ihm geht es, wie so vielen, die vom Lande in eine große Stadt kommen: sie fühlen sich nun viel freier für Eigenes. Er will die Museen mit den großen Meistern nicht mehr missen, auch den direkten Kontakt zur Kunstszene hat er sich nun einmal in den Kopf gesetzt. Er gehört nach Paris, wie all die anderen neuen Maler, von denen man spricht. Vincent produziert immer neue Pläne, denn er ist auch in so großer Schwäche immer noch stark: *Mögen die Illusionen schwinden – was bleibt, ist das Erhabene.*

Die Illusionen kann man schon verlieren, sieht man sich an, was der herrschende Geschmack für wertvoll und was für wertlos hält. Am Ende des Zeichenkurses an der Akademie werden die entstandenen Bilder von einer Jury bewertet. Bei Vincents Arbeiten kommt die Jury zum Ergebnis, dieser Maler müsse zurückversetzt werden in die Anfängerklasse.

Aber da ist er schon längst in Paris. Er fühlt sich ja tatsächlich als Anfänger, aber eben als einer, der einen eigenen Neuanfang sucht. Er weiß nun, was Kunst ist: auf der Suche nach dem Ursprung, dem Anfang der Dinge zu sein – indem man selber einen Anfang macht.

# Zweiter Teil

SECHSTES KAPITEL
Paris
(März 1886 - 20. Februar 1888)

Theos Untermieter

Nach Paris kommt er gegen den Willen Theos. Der hatte ihn hinhalten wollen, gesagt, seine Wohnung sei zu klein für sie beide. Erst müsse er eine größere suchen. Doch das könne noch etwas dauern. Vor dem Sommer sei nichts zu machen. Als Vincent losfährt, Anfang März 1886, ist der Zeichenkurs in Antwerpen beendet, er hat kein Geld mehr und kein Atelier. Wenn ihn der Bruder erst in der Wohnung hat, wird er schon für ihn sorgen. Um das Geld für die Fahrkarte von Antwerpen nach Paris kaufen zu können, überlässt er seine Wohnungseinrichtung mitsamt Bildern dem Farbenhändler, über dem er wohnt. Die Bilder der Antwerpener Zeit sind dann auch bis heute zum großen Teil verschollen.

Auf dem Bahnhof in Paris angekommen, schickt er erst einmal einen Zettel an Theo, der seine Ankunft meldet und um ein Treffen im Louvre bittet. Etwas Angst wegen seiner Eigenmächtigkeit scheint er doch zu haben. Aber seine Entschlüsse sind nicht diskutierbar. Die Begründung für sein frühes Kommen lautet lapidar: *... ich glaube, auf diese Weise gewinnen wir Zeit.*

Zwei Jahre wird Vincent in Paris bleiben, zwei für seine Entwicklung entscheidende Jahre, in denen er die führenden Maler seiner Zeit kennenlernt, weiß, worüber man in Paris redet. Vincent, der ja (man vermutet es nicht unbedingt) ein sich ständig mit geistigen Fragen herumschlagender Maler ist, braucht diese Auseinandersetzung – und blüht in Paris auf. Hier fühlt er sich nicht mehr beiseite geschoben, hier sieht er: Selbst die größten seiner Zeit werden missachtet, eben weil sie Neues wagen, gegen den

Strom schwimmen. Dass neue Kunst schwer verkäuflich ist, trifft alle, richtet sich nicht exklusiv gegen ihn.

Nach Paris kommt Vincent, um zu lernen. Er meldet sich im Atelier Cormon an – und in diesem mittelmäßigen akademischen Malinstitut geht es dann wie in Antwerpen weiter: Zeichnen nach Gips! Aber er weiß ja, was er dort will: andere Maler kennenlernen, Beziehungen anknüpfen, das Meinungsmonopol Theos, der ihm gelegentlich wie *Pa II* vorkommt, überwinden.

Für die beiden Pariser Jahre fehlt die wichtigste Quelle für sein Leben: die Briefe an Theo. Denn nun wohnen sie zusammen. Zuerst in der rue de Laval, aber Theos Wohnung ist tatsächlich zu klein, um auch noch Vincent samt Malutensilien aufzunehmen. Der Umzug findet dann im Sommer statt. Die neue Wohnung liegt auf dem Montmartre, damals noch ein ländlicher Hügel mit Gärten und Windmühlen, mit weitem Blick über Paris. Hier in der rue Lepic 54 bewohnen sie im dritten Stock eine Wohnung, die Vincent Platz gibt zu malen.

Johanna Bonger, Theos spätere Frau, erinnert sich: »Die neue Wohnung, im dritten Stock, bestand aus drei ziemlich großen Räumen, einer Kammer und einer kleinen Küche. Das Wohnzimmer war angenehm und wohnlich mit Theos großem Schrank, einem bequemen Sofa und einem großen Füllofen möbliert; die Brüder waren beide sehr empfindlich gegen Kälte. Daneben lag Theos Schlafzimmer. Vincent schlief in der Kammer, und hinter dieser lag das Atelier, ein großes Zimmer mit einem nicht besonders großen Fenster.«

Vincents Äußeres ist einigermaßen wiederhergestellt – die Zahnarztbesuche haben seinem Gebiss gut getan, er kann wieder unter Menschen gehen. Andries Bonger – der Bruder Johannas –, Theos Freund, fühlt sich durch Vincents Ankunft an den Rand gedrängt und ist eifersüchtig auf diesen merkwürdigen Bruder, der Theo so für sich vereinnahmt.

Tatsächlich hat Vincent vor, die Entfremdung zwischen ihnen zu überwinden. Theo reiben die vielen Streitereien im Kunsthandel auf. Da sind Maler, die sich mehr Einsatz von ihm erhoffen, und Vorgesetzte bei Goupil, jetzt Boussod & Valadon, die diese neuen Maler überhaupt nicht in ihrem Geschäft haben wollen. Und abends erwartet ihn Vincent, um ihm seine Theorien über Malerei und Kunsthandel zu entwickeln. Manchmal, wenn Theo vor lauter Müdigkeit ins Bett flüchtet, setzt sich Vincent noch dazu und redet weiter. Nein, andere – auch nur momentweise – von sich zu verschonen, dazu besitzt er kein Talent. Andries Bonger schreibt an seine Eltern: »Habe ich Euch schon erzählt, dass van Gogh umgezogen ist, nach Montmartre? Sie haben jetzt eine große, geräumige Wohnung (wenigstens für Paris) und ihren eigenen Haushalt und halten sich eine Köchin in optima forma. Theo sieht noch immer schrecklich schlecht aus, er hat ein ganz schmales Gesicht bekommen. Der arme Kerl hat viele Sorgen. Zudem macht ihm sein Bruder das Leben immer recht schwer und wirft ihm allerlei vor, woran er nicht die leiseste Schuld hat.«

Was hält denn Theo überhaupt von Vincent als Maler? Er ist in der Kunstszene für seinen klaren Blick berühmt und gefürchtet. In der Regel sieht er, was etwas taugt. Schwester Lies fragt Theo im November 1885 dasselbe und Theo antwortet: »Er ist einer von denen, die die Welt aus der Nähe kennengelernt und sich aus ihr zurückgezogen haben. Wir müssen zur Zeit abwarten, dass er sein Genie unter Beweis stellt, an das ich glaube ... Wenn er seine Arbeit gut macht, wird er ein großer Mann.« Viviane Forrester bemerkt dazu: »Theo war immer aufs innigste vom Genie seines Bruders überzeugt, weniger von seinem Talent.«

In Zolas »Bauch von Paris«

> *Der Schriftsteller, dem es bestimmt war, unter allen das größte Maß von*
> *Wirklichkeit zu umfassen, hat lange nur geträumt und geschwärmt.*
> *Heinrich Mann über Zola*

Das erste Mal erwähnt Vincent Zolas Namen in einem Brief an Theo am 6. Juli 1882, da ist er in Den Haag und vermeldet euphorisch, er habe von Emile Zola Parisbeschreibungen gelesen, die seien so meisterlich gewesen, *dass ich ganz gewiss alles von Zola lesen werde.* Hier findet Vincent jenes Parisbild, das ihn, der bislang die großen Städte verabscheute, magisch anzuziehen beginnt, sodass er bald nur noch einen Gedanken hat: Nach Paris!

Von nun an ist Zola aus Vincents Leben nicht mehr wegzudenken. Theo bekommt zu hören: *Es gibt übrigens bei Balzac oder Zola Stellen ... wo man in den Worten eine Leidenschaft vom Grad der Weißglut findet.*

Zola ist Vincent in mehr als einer Hinsicht ähnlich. Den Realismusanspruch Zolas, der weit über den Naturalismus hinausgreift, teilt er, seinen Vorbehalt gegen den Impressionismus, für den er dennoch streitet, ebenso. Vor allem seinen erbitterten Hass auf alles Saturierte, Denkfaule, Überheblich-Unschöpferische, wie man es in den Malakademien findet, die sie beide von lauter Blinden bevölkert sehen.

Auf die Praxis der Pariser Salons war Zola bereits als junger Autor auf eine so heftige Weise losgegangen, dass daraus ein handfester Skandal wurde. 1866 veröffentlicht er im »Evénement« eine Artikelserie, die schon ganz im Tonfall des »J'accuse« der Dreyfusaffäre gehalten war. Zola erprobt sich hier unter dem Pseudonym »Claude« als Abrissarbeiter in Gestalt eines Kunstkritikers. Eigentlich ist er (bis kurz zuvor Werbechef im Verlagshaus Hachette) gerade erst Literaturkritiker beim »Evénement« geworden, aber er hatte sich vom Chefredakteur die Erlaubnis geholt, über die Praxis der akademischen Auswahljury für den alljährlichen »Salon« zu schreiben. Denn mit unfehlbarer Sicherheit werden die besten Bilder der besten Malern von diesen Hütern des Mittelmaßes zurückgewiesen.

Zola nimmt sich dieser – zumeist betagten Jurymitglieder – mit einer Mischung aus pathetischer Anklage und ironischer Zuspitzung an, einer Mischung von ungeheurer polemischer Wucht. Der erste seiner Artikel beginnt auch gleich mit einem furchteinflößenden Kampfschrei: »Bevor ich die ausgestellten Künstler richte, will ich ihre Richter richten!« Das ist unerhört, das hatte es bis dahin noch nicht gegeben. Die von Amts wegen eingesetzten Autoritäten sollen selbst der Kritik unterzogen werden. Es gärt und brodelt. Die einen wollen den Kopf dieses frechen Aufrührers, die anderen fordern nach diesen mutigen Worten endlich auch Taten: Lasst frische Luft in die Stickluft der Akademien!

Tatsächlich war der rigide Traditionalismus der »Salon«-Jury zu einem Regierungsproblem geworden. Die ständig wachsende Zahl der von den »Salons« ausgeschlossenen Maler empfand schließlich sogar Kaiser Napoleon III. als ärgerlich, weil damit ein nicht geringer Teil der Pariser Künstler sich gleichsam ständig im Ausnahmezustand befand. Eine große Anzahl begabter Künstler, die sich systematisch ungerecht behandelt fühlen, das ist ein Unruheherd. Solch revolutionäre Umtriebe können schnell die Grenzen der Kunst überspringen. Also entscheidet Napoleon III. sehr klug, dass es in Frankreich keine verbotene Kunst gibt und dass auch die von der offiziellen »Salon«-Jury zurückgewiesenen Maler das Recht bekommen müssten, ihre Bilder auszustellen. Sollen sich die Pariser Bürger doch selber ein Urteil bilden! So kam es zum ersten »Salon des Refusés«, dem Salon der Zurückgewiesenen.

Vielleicht hatte Napoleon III. ganz richtig von den Pariser Bürgern gedacht, die ihm einerseits seine liberale Haltung dankten und andererseits genau dasselbe Kunstverständnis besaßen wie die Jury-Mitglieder des akademischen »Salons«.

Ja, der »Salon des Refusés« wurde, so wird berichtet, zum großen Erfolg: zum Lacherfolg! Möglicherweise jedoch hieße, die Sache so betrachten, zu schlecht von Napoleon III. zu denken. Wollte er vielleicht tatsächlich der neuen Kunst eine Bühne geben? Zola jedenfalls, mit harten Benotungen der Mächtigen sonst nicht geizend, spricht geradezu bewundernd vom »künstlerischen Staatsstreich dieses schweigsamen Träumers«.

Zola hat das von ihm selbst ausgelöste Geschehen in seinem Roman »Das Werk« beschrieben. Im fünften Kapitel kann man nachlesen, was sich in den Ausstellungsräumen des »Palais de l'Industrie« abspielte. Zola liefert hier ein Canettis »Masse und Macht« in nichts nachstehendes Psychogramm einer hysterischen Menschenansammlung an der Schwelle zum Pogrom. Ein Funke nur müsste in dieses Pulverfass der mörderischen Bigotterie fallen und die Bestialität im Bürger entlüde sich explosionsartig an dem, was sich als andersartig zu erkennen gibt. Das Geschehen in den Ausstellungsräumen gewinnt eine unheilvolle Dynamik und Zola versteht es meisterhaft, diese degenerierte Ekstase minutiös abzubilden. Die Ausstellungsräume selbst gleichen denen des offiziellen »Salons«: »Man hatte ihn sehr gut eingerichtet, die angenommenen Bilder waren nicht kostbarer untergebracht: hohe Behänge aus alten Wandteppichen an den Türen, mit grüner Serge bespannte Wandflächen für die Bilder, rote Samtbänkchen, Schutzschirme aus weißem Linnen unter den Oberlichtfenstern; und in der ganzen Flucht der Säle war der erste Anblick überall der gleiche, das gleiche Gold der Rahmen, die gleichen grellen Farbflecken der Gemälde.« Doch es gibt einen Unterschied. Der geht von den Besuchern aus: »Aber eine besondere Fröhlichkeit herrschte hier, der Glanz der Jugend, über den man sich zuerst nicht recht klar wurde. Die ohnehin schon dichte Menschenmenge schwoll von Minute zu Minute noch mehr an, denn man rückte aus dem offiziellen Salon aus, man kam angerannt, aufgepeitscht von Neugier, angestachelt von der Begierde, die Richter zu richten, belustigt schließlich in der Gewissheit, dass man vom ersten Schritt an ungemein spaßige Dinge sehen werde ... Bald konnte er in der lauten Stimme der Menge noch verhaltenes, leises Gelächter unterscheiden, das vom Getrappel der Füße und vom Lärm der Gespräche übertönt wurde. Vor manchen Gemälden machten Besucher Witze.« Aber in diesem Witz ballt sich die Aggression: »Er sah, wie gleich an der Tür die Kinnladen der Besucher auseinanderklafften, wie die Augen kleiner, die Gesichter breiter wurden; und das stürmische Pusten fetter Männer, das rostige Kreischen hagerer Männer wurde übertönt von den schrillen Flötentönen der Frauen. Gegenüber an den Wandleisten bogen sich junge Leuten hintüber, als habe man sie in die Seiten gekitzelt. Eine Frau hatte sich eben mit zusammengepressten Knien auf ein Bänkchen fallen lassen, weil ihr die Luft wegblieb; sie versuchte, hinter ihrem Taschentuch wieder Atem zu schöpfen ... Wer nicht lachte, wurde wütend: dieses Erblauen, diese neue Auffassung vom Licht schien eine Beleidigung zu sein. Sollte man denn zulassen, dass die Kunst beleidigt wurde? Ältere Herren schwangen Spazierstöcke. Ein würdevoller Herr ging verärgert davon und erklärte seiner Frau, er liebe keine schlechten Scherze.« Ein feister Unternehmer betritt den Saal und treibt in seiner forsch-fraglosen Art die Empörung auf die Spitze: »›Sagen Sie mal, was für ein Schmierer hat das hier hingepfuscht?‹ Diese gutmütige Roheit, dieser Aufschrei eines millionenschweren Emporkömmlings, der die Durchschnittsmeinung kurz zusammenfasste, verdoppelte die Lachlust; und im Hochgefühl seines Erfolges, von der Seltsamkeit dieser Malerei gekitzelt, legte er nun los, aber mit einem Lachen, das so maßlos war, so schnarchend aus der Tiefe seiner fetten Brust kam, dass er alle anderen übertönte. Das war das Halleluja; der strahlende Schlussakkord der großen Orgel.« So erging es Eduard Manets »Olympia« und »Frühstück im Freien«, so erging es auch und vor allem Paul Cézanne mit seinen den Bürgerhass provozierenden flächigen Bildern. Es wird dann auch Manet sein, der 1879 dem Pariser Bürgermeister einen in dessen Ohren blasphemisch klingenden Vorschlag macht: Er will dem neuen Rathaus ein Wandbild malen mit dem Titel: »Der Bauch von Paris« – eine Reminiszenz an Zola.

Für Zola ist die Kunst selber eine Persönlichkeit, Ausdruck eines Temperaments. Diese höchst subjektive Kunstauffassung ist der Schlüssel zum neuen Realismus Zolas, den man nicht mit plattem Naturalismus verwechseln darf. Für Vincent wird die Zola-Lektüre zu einem Akt der Selbstbefreiung von schulmeisterlich-traditionellen Maßstäben. Bereits 1882 ruft er seinem Bruder euphorisch zu: *Lies nur viel Zola, das ist gesunde Kost, und man wird frisch dadurch.*

In einem Brief an Theo, der seltsamerweise in der Briefausgabe die Nummer 241 trägt und damit auf Ende 1882 datiert werden müsste

(Vincent gibt seinen Briefen nur ganz selten ein Datum bei), äußert er sich jedoch distanziert über Zolas Hauptfigur Claude Lantier in »Das Werk« und meint, wie bei dem ebenfalls von ihm viel gelesenen Balzac (»Das unbekannte Meisterwerk«) seien die Maler auch bei Zola ziemlich uninteressant: ... *denn so wahr es ist, dass es gewiss Claude Lantiers gibt, so bleibt doch der Wunsch, dass man von Zola auch einmal eine andere Sorte Mensch behandelt sehen möchte als solche wie Lantier, den Zola, scheint mir, nach der Natur geschildert hat und zu dem er den einen oder anderen, übrigens nicht den schlechtesten jener Richtung, die man glaube ich, Impressionismus nannte, zum Vorbild genommen hat. Und ebendiese sind es nicht, die den Kern der künstlerischen Gemeinschaft ausmachen.* Schwer zu glauben, dass Vincent das bereits vier Jahre vor Erscheinen von »Das Werk« 1886 geschrieben haben soll.

Aus Arles schreibt er an Theo über den ihn immer noch beschäftigenden Malerroman: *Aber wir wollen Zolas Buch nicht kritisieren.* Doch loben will er es auch nicht unbedingt. Da geht es ihm wie Cézanne, der mit Zola in Aix-en-Provence aufgewachsen und eng befreundet war. Zu einem Gutteil hält man ihn für ein Vorbild des Malers Claude Lantier in »Das Werk«, aber auch von Eduard Manet finden sich Züge, ebenso von Monet. Angegriffen haben sie sich alle gefühlt und alle haben sie ihre Ablehnung damit begründet, Zola verstehe nichts von der Avantgarde-Malerei, dazu sei er zu sehr dem Naturalismus verhaftet.

Paul Cézanne, dem Zola sein Buch geschickt hatte, dankt – und lässt nie wieder von sich hören. Sie alle sind schockiert von Lantiers Ende, der im lebenslangen Ringen mit seinem Meisterwerk daran am Ende scheitert – oder eben auch nicht, wer will das so genau sagen. Nach einer letzten brachialen Umarbeitung, die vielleicht alles bislang schon Erreichte zerstört, möglicherweise aber auch zu einer neuen Formensprache durchbricht, hängt sich Lantier vor seinem Bild auf. Wozu diese Schwarzmalerei, wo doch der Sonnenschein heller Farben uns aufzufordern scheint, es leicht zu nehmen und das Leben in der freien Natur zu genießen? Zola stört, weil er ausspricht, was hier keiner hören will: Es gibt eine große Fremdheit zwischen der Kunst und dem Leben! Moderne Kunst ist vom Standpunkt des Lebens aus betrachtet eine Dämonie, ein radikal Anderes zum Bild des Schönen, Guten und Wahren – deren Einheit sich längst als schreiende Lüge offenbart hatte. Die neuen Wahrheiten sind hässlich, fragmentarisch und sie sind aggressiv.

Die Impressionisten fühlen sich also von Zola, der sich so für sie und das Zeitalter der Freiluftmalerei, der hellen Farben eingesetzt hatte, übel angerempelt. Und tatsächlich, genau das war die Absicht, denn mit Missfallen beobachtet Zola, wie sich ein Teil der Impressionisten – Renoir, Pissarro, Manet – etabliert, ohne wirklich zu einem neuen Werkbegriff durchzudringen. Lichtspektren, Augenblickseindrücke, schön und gut, aber all diese »Harmlosigkeiten« will Zola nur als Vorarbeit zu neuen großen Werken gelten lassen – doch die bleiben aus. Stattdessen tritt der Impressionismus auf der Stelle, nimmt immer mehr die Unarten einer Modeströmung an. Das kann es doch nicht gewesen sein, dass man statt brauner Farbe nun gelbe nimmt – und sich ansonsten ebenso ornamental gibt, wie alle konventionelle Kunst, die sich angenehm machen will.

Da schwingt bei Zola einiges an Unterstellung und Ungerechtigkeit mit, aber dass der Impressionismus nur eine Vorläufigkeit, eine Zwischenlösung zwischen alter und neuer Kunst sein kann, das wird Cézanne, Gauguin und Vincent van Gogh selber mit der Zeit immer klarer. Vincent teilt mit Zola die Verachtung des Massengeschmacks, sein Misstrauen in den Bürger. Was ihm bei dessen Lektüre besonders gefällt, das schreibt er ab und schickt es Theo. So auch diesen Passus aus »Mes haines«: »Sehen Sie doch, was alles dem Publikum gefällt, ist immer das Allerbanalste, das, was man gewöhnlich jedes Jahr wiederzusehen pflegt; man ist in solchen Seichtheiten, an solche hübschen Lügen gewöhnt, dass man mit aller Macht die starken Wahrheiten ablehnt.« Während er Theo Anfang 1883 aus Den Haag in einem mit Erregung grundierten Ton mitteilt, er habe *kein Gefühl von Mutlosigkeit, im Gegenteil*, munitioniert er sich im Stellungskrieg gegen die denkfaule Konvention auf. Niemand soll es wagen, ihn daran zu hindern, er selber zu werden! Zola-Sätze wie dieser trösten ihn nun mehr als alle Bibelsprüche: »Wenn ich gegenwärtig etwas gelte, dann deshalb, weil ich einzig und alleine bin und weil ich die Dummköpfe hasse, die Nichtskönner, die Zyniker, die Spötter, Geistesschwachen und Einfältigen.« Fortgesetzt reibt Vincent sich an Zola, dessen Auffassung von Malerei ihn provoziert. Er möchte sie gern von sich weisen, aber dazu spricht dieser Autor viel zu intensiv zu ihm. Zola ist der Antiakademiker schlechthin – und damit Vincents mächtigster Verbündeter in seinem einsamen Suchen nach der ihm gemäßen Ausdrucksform. So bleibt es denn bei einer formalen Distanzierung, trotz derer er wieder nach dem Strohhalm Zola greift – und nur bei diesem jene Wahrheit findet, die aus der Intensität des Erlebens kommt: *Zola, der sich übrigens meiner Meinung nach in seinem Urteil über Bilder irrte, sagt in ›Mes haines‹ etwas über Kunst im allgemeinen: ›Dans le tableau (l'œuvre d'art) je cheche, j'aime l'homme-l'artiste‹.* (Im Bild – dem Kunstwerk – suche ich, liebe ich den Menschen-Künstler.) *Siehst Du, das finde ich vollkommen wahr; ich frage Dich, was für ein Mann, was für ein Sehender, Denkender oder Betrachtender, was für eine Art von menschlichem Charakter steckt hinter gewissen Bildern, deren Technik gerühmt wird – oft einfach n i c h t s.* Die leere artistische Geste, die nichts ausdrückt als technische Perfektion, er verachtet sie – und das bleibt so bis zu seinen letzten Tagen in Auvers. *Die Bücher von Zola werden bleiben, weil sie voller Leben sind.*

Zu den Impressionisten hält Vincent – trotz aller Nähe – Distanz. Erst diese erlaubt ihm, n a c h Paris, in Arles, Saint-Rémy und Auvers das einzulösen, was Zola von den Impressionisten so vergeblich forderte: existenziellen Ernst, gesteigerte Welthaltigkeit im zugespitzten subjektiven Ausdruck.

Im Sommer 1888, da ist Vincent schon in Arles, schreibt er seiner Schwester Wil über die Bilder der Impressionisten: *Wenn man sie zum ersten Male sieht, ist man bitter, ganz bitter enttäuscht und findet es schludrig, hässlich, schlecht gemalt, schlecht gezeichnet, schlecht in der Farbe – alles, was miserabel ist.* Da klingt Vincent dann ein wenig wie ein holländischer Bauernmaler, den es nach Paris verschlagen hat und der sich – wie die feisten Bürger im Salon der Abgewiesenen – über alles Neue nur zu mokieren vermag, eben weil er es nicht versteht. Aber Vincents Kritik am Impressionismus nimmt diesen bereits in sich auf, geht über ihn hinaus und nicht hinter ihn zurück, wie er Wil zu erklären versucht: *Ich sage Dir das, damit Du verstehst, was mich an die französischen Maler bindet, die man Impressionisten nennt – dass ich viele von ihnen persönlich kenne und liebe. Und auch, dass ich in meiner eigenen Technik dieselben Ansichten über die Farben habe – darüber habe ich schon damals in Holland nachgedacht.*

Dass Kunst etwas Selbstmörderisches besitzt, wenn man sie denn konsequent macht, wies man Mitte der 80er Jahre noch weit von sich. Selbstmord? Sehr übertrieben! Renoir äußert über »Das Werk«: »Was für ein schönes Buch hätte er schreiben können, nicht nur als historischen Bericht über den Ursprung einer Kunstbewegung, sondern auch als *document humain*, wenn er sich nur die Mühe gegeben hätte, schlicht und einfach wiederzugeben, was er auf unseren Zusammenkünften und in unseren Ateliers gesehen und gehört hatte.« Nichts lag Zola ferner als ein »schönes Buch« über den Impressionismus zu schreiben. Er, der geholfen hatte, ihn zur Welt zu bringen, nahm sich auch die Freiheit, ihn vor aller Welt wieder aus derselben hinauszubefördern. Zola riskiert, was die Impressionisten nicht riskieren: das Schockmoment, das Bitterernste in der Kunst, eine Ästhetik des Schreckens, wie sie von Edgar Allen Poe kommt.

Man denkt bereits wieder in Parteien: Zola habe dem Impressionismus mit seinem Buch geschadet, befindet Monet. Doch diesem geht es um die Wahrheit in der Kunst und nicht um die Impressionisten. Die geben sich so harmlos wie sie tatsächlich sind. Endlich hat man ein wenig Erfolg und schon ist alle bittere Wut auf die etablierte Kunstszene verschwunden. Man selbst gehört jetzt bereits ein bisschen dazu, da sieht man vieles in milderem Licht. Guillemet schreibt an Zola: »Glaubst Du, dass die Freunde Deiner Donnerstagszusammenkünfte so schlecht enden werden? Aber nein! Unser guter Paul nimmt in dem schönen Sonnenschein des Südens an Gewicht zu. Zum Glück denkt keiner von uns daran, sich aufzuhängen.« Geschrieben vier Jahre vor Vincent van Goghs Selbstmord, der zum Fanal werden sollte.

Das Atelier Cormon

Vincent besucht nun also das Atelier Cormon, eine vergleichsweise liberale Ausbildungsstätte, dennoch durch und durch von der akademischen Malauffassung geprägt. Francois Gauzi, der dort ebenfalls studierte, schreibt in seinen Erinnerungen: »Als Vincent van Gogh in das Atelier Cormon eintrat, wollte er nur mit seinem Vornamen genannt werden, und wir wussten lange seinen wahren Namen nicht. Er war ein ausgezeichneter Kamerad, den man aber in Ruhe lassen musste. Als Mann des Nordens verfügte er nicht über den Pariser Esprit. Die Schelme des Ateliers hüteten sich, ihn hochzunehmen. Sie hatten ein wenig Angst vor ihm. Wenn man über ›Kunst‹ diskutierte, anderer Meinung war als er und es darin zum Äußersten trieb, dann wurde er besorgniserregend heftig. Die Farbe machte ihn toll. Delacroix war sein Abgott, und wenn er von diesem Maler sprach, zitterten vor Erregung seine Lippen. ... Er häufte die Farbe wie mit der Schaufel an, und die Paste, die den ganzen Pinsel bedeckte, beschmierte auch seine Finger. Selbst als das Modell sich ausruhte, malte er weiter. Die Heftigkeit seiner Studie überraschte das Atelier; die Klassiker waren davon verdutzt.«

Es scheint, als wäre Antwerpen von ihm abgeprallt. Immer noch versucht er sich akademisch ausbilden zu lassen, schwitzt vor Gipsabgüssen und bemüht sich, sein Handwerk, das Zeichnen zu verbessern. Und doch wirkt er hier wie ein Exot, einer, der viel zu individuell arbeitet, um sich noch wie ein x-beliebiger Zeichenschüler behandeln zu lassen. Die Mitschüler und Lehrer spüren die Aura der Distanz, in die sich Vincent hüllt, ahnen auch, dass das einer ist, der gefährlich werden kann, wenn man ihn reizt. Darum hält man sich mit Kommentaren zurück und auch der Meister Cormon beschränkt sich auf knappe Zeichenkorrekturen. Eines Tages, berichtet Gauzi, kaufte Vincent auf dem Flohmarkt ein Paar alte Schuhe, plumpe Kutscherstiefel. Sie besaßen allerdings den Fehler, zu sauber und frisch gewachst zu sein: »Das waren reichlich schlechte Musiker, denen es an Fantasie fehlte. An einem regnerischen Nachmittag zog er sie an und machte sich zu einem Gang entlang der Fortifikationen auf. Schlammbeschmutzt wurden sie interessant ... Vincent kopierte treu sein Paar Stiefel. Die Idee hatte nichts Revolutionäres, aber sie erschien einigen unserer Atelierkameraden bizarr, die sich in einem Speiseraum einen Teller mit Äpfeln nicht neben einem Paar alter Schuhe vorstellen konnten.«

Martin Heidegger bezog seinen 1935 in Freiburg gehaltenen Vortrag »Über das Wesen der Kunst« mit Bedacht auf Vincent van Goghs Anfang 1887 entstandene Serie von Bildern um das Motiv »Ein Paar Schuhe«. Erdig-schwer vom Gebrauch, werden sie zur Metapher für jenen weiten Weg, den der Holländer bis nach Paris gehen muss – um auch dort sein Herkommen nicht verleugnen zu können.

Der Wanderer bleibt ein Fremder und gehört doch zu den wenigen Glücklichen, die ihre Heimat immer mit sich tragen. Das bezeugen die vom Laufen abgetragenen Schuhe in dunklen Rembrandt-Tönen. Wie vorgestrig muten sie an und sind dabei bereits Träger eines Neuen. Heidegger, der hier anhand Vincent van Goghs den Begriff des Seins in der Moderne a l s Zeit entwickelt und damit gleichzeitig das Wesen der Kunst benennt, sagt über die Wirkung des Schuh-Bildes: »In der Nähe des Werkes sind wir jäh anderswo gewesen, als wir gewöhnlich zu sein pflegen.« Wo? Im Licht der Wahrheit.

In Vincents Pariser Bildern alter Schuhe wird Heideggers philosophische Einsicht anschaubar, dass es nur einen Weg zur Lösung des Metaphysikproblems, der Seins-Frage für die Moderne gibt, der nicht sofort antiquiert-restaurativ wirkt: den einer innerweltlichen Transzendenz, letztlich einer modernen Mystik, deren Charakter fragmentarisch und paradox bleibt – skeptisch und gläubig zugleich.

Eine Reihe von jungen Malern lässt sich am Atelier Cormon ausbilden – auch Henri de Toulouse-Lautrec begegnet Vincent hier. Dieser bemerkt sofort eine ungewöhnliche Intensität, die von dem merkwürdigen Holländer ausgeht. Mit Lautrec wird er sich anfreunden, mit anderen Malern des »Kleinen Boulevards« – die im Unterschied zu den Malern des »Großen Boulevards« noch nicht etabliert sind – ebenfalls. Lautrec wohnt nicht weit von den Brüdern van Gogh entfernt und Vincent ist häufig sein Gast bei den regelmäßig stattfindenden Abendgesellschaften. Suzanne Valadon, mit der Lautrec liiert war (die Mutter von Maurice Utrillo), ein ehemaliges Modell und selbst Malerin, erinnert sich an Vincent van Gogh bei diesen Gesellschaften: »Er kam und schleppte ein schweres Bild mit sich, das er in eine Ecke stellte, wo es gutes Licht erhielt, dann wartete er, ob man ihm etwas Aufmerksamkeit schenken werde. Aber niemand interessierte sich dafür. Er saß seinem Bild gegenüber, beobachtete die Blicke der anderen, nahm wenig an der Unterhaltung teil; schließlich ging er müde weg und nahm sein Werk wieder mit sich. Aber in der nächsten Woche kam er wieder und begann das gleiche Spiel von neuem.«

In Paris beginnt Vincent immer mehr zu trinken. Das Pariser Modegetränk Absinth hat bald auch ihn in der Gewalt. Das macht ihn noch reizbarer. Gewiss verfehlt der Absinth gerade bei Vincent nicht die diesem Getränk nachgesagte Wirkung: eine intensivierte Farbwahrnehmung. Für Theo wird das Zusammenleben mit dem sendungsbewussten Bruder zur Qual. Vincent trägt in der Jackentasche immer rote und blaue Kreide bei sich, und wenn er ein Opfer gefunden hat, dann beginnt er damit, seine Theorien über die Malerei zu illustrieren – egal ob auf Tischen oder Wänden. Ganze Gemälde werden so skizziert. Vincent arbeitet eben nicht nur aus dem Gefühl heraus, sondern »berechnet« Farbwirkungen im Voraus. A.S. Hartrick, ebenfalls Maler in Paris, erinnert sich solcher Lektionen: »Trete man aus dem Nachtdunkel in ein lampenerleuchetes Zimmer, so steigere sich die orangenfarbene Wirkung des Lichts, und im entgegengesetzten Fall die blaue. Folglich müsse man nach dieser Theorie im ersten Fall etwas Blau in das Bild bringen, und im letzten Fall etwas Orange. Van Gogh pflegte die Augen zu rollen und durch die Zähne zu zischen, wenn er mit Lust die Worte ›Blau‹, ›Orange‹ hervorstieß – natürlich Komplementärfarben.«

Mit Lautrec wird er bis zu seinem Tod befreundet bleiben, sie schätzen sich gegenseitig. Lautrec weiß um Vincents unbedingten Wahrheitsanspruch und verteidigt ihn vehement gegen alle Anfeindungen. Beide blicken sie in Zolas »Bauch von Paris«. Jedoch auf unterschiedliche Weise. Der Aristokrat Lautrec geht in die Amüsierhöllen des Moulin Rouge am Montmartre und zeigt das nächtliche Paris wie einen bizarren Großstadt-Totentanz, der bereits an Motive von George Grosz erinnert. Lautrec spielt mit Distanzen. Er ist kein Moralist wie Vincent, setzt sich Masken auf, kann ironisch, sarkastisch, karikierend und auf federleichte Art bösartig sein. Das macht seine Originalität aus, verschafft ihm einen schützenden Abstand zu diesem Milieu, das er liebt und verachtet zugleich. Lautrec ist ein Dandy durch und durch, sein lustvoller und doch auch wieder ganz ambitionsloser Beobachterblick trennt ihn von Vincent, der mit den Außenseitern leidet. Lautrec dagegen feiert ihre makabren Feste mit.

Ebenso befreundet sich Vincent mit dem jungen Maler Emile Bernard, der erst zwei Jahre zuvor, als Sechzehnjähriger, ins Atelier Cormon eingetreten war. Er rebelliert ebenfalls gegen den dort herrschenden Akademismus, der ihn langweilt. Schließlich wird er der Schule verwiesen, weil er den braunen Vorhang, vor dem die Modelle posieren, mit roten und grünen Streifen bemalt.

Zur wichtigsten – und folgenreichsten – Pariser Begegnung wird jedoch Paul Gauguin. Ein imposanter, sehr auf äußere Wirkung in seinem Auftreten bedachter, höchst selbstsicherer, ganz und gar von sich überzeugter Mann, den ihm Theo im Herbst 1886 vorstellt. Gauguin fasziniert Vincent vor allem durch seinen unbedingten Mut, mit dem er sich zur Kunst als einziger Lebensaufgabe bekennt. Er hat sein gutbürgerliches Leben aufgegeben, seine Familie verlassen und fährt in die Südsee, um auf andere Art malen zu können. Er gründete die Künstlerkolonie in Pont-Aven in der Bretagne mit. Theo als sein Galerist verkauft bereits einige seiner Bilder. Gauguin verkörpert all das, wovon Vincent träumt. Darum wird er, als er nach Arles geht, um dort sein »Atelier des Südens« zu begründen, so beharrlich um Gauguin werben.

Das Atelier Cormon verlässt Vincent bereits wieder nach drei Monaten. Wozu das Kopieren, wo er doch etwas ganz anderes sucht! Auch hat er dort eine Art Rebellion für die neue Farbe (Delacroix!) angezettelt, die der sonst so liberale Cormon, ein Vertreter der alten Schule, vehement ablehnt. Vincent schreibt, er ringe *um Leben und Fortschritt in der Kunst,* was für ihn heißt, *das wahre Zeichnen ist ein Modellieren mit Farbe.*

Und dennoch, all sein Bemühen um den Impressionismus kann die Schwere nicht aus seinen Bildern vertreiben. Die bloß charmante Geste aus Farbe und Luft geht ihm ab und wo er sie doch zu kopieren versucht, wirkt sie unecht. Meier-Graefe konstatiert: »Die Palette der Impressionisten blieb flau in seiner Hand. Er malte mit reinen Farben schmutziger als früher mit seinen Grüne-Seifen-Tönen. Die Frauenzimmer rekelten sich banal. Sogar die Zeichnung stockte. Die Farbe hemmte, statt zu beleben.«

Die Entdeckung Japans

Am Ende werde ich gar noch einige Japandrucke fabrizieren!
Vincent an Theo

Im ersten Pariser Jahr sehen seine Bilder immer noch sehr holländisch schwer aus. Die Impressionisten interessieren ihn, ja gewiss, aber sie beeinflussen ihn nicht sofort so stark in der eigenen Malweise wie gemeinhin angenommen. Was ihn – neben Delacroixs Farbenlehre – hier bald am stärksten beeinflusst, sind japanische Farbholzschnitte, die man wegen ihres oft kreppartigen, reliefstarken Papiers »Crépons« nannte. Da ist so viel Licht und Luft im Bild, etwas so Transparentes, wie es selbst bei Monet nicht zu finden ist. Und vor allem herrscht bei den Japanern eine Strenge, die den Impressionisten fehlt – aber genau diese Formstrenge sucht Vincent. Ganze Tage bringt er beim Kunsthändler Samuel Bing zu, der »Crépons« anbietet, betrachtet fasziniert diese Bilder aus einer ihm so fremden und doch nahen Welt. Am stärksten bewundert er Hokusai, den er Theo in einem Brief aus Arles zu kaufen auffordert: *Nimm auf jeden Fall auch die Hokusai, dreihundert Ansichten des heiligen Berges, und die Sittenszenen* ... Er beginnt »Crépons« zu sammeln, hängt sie sich, erst in Paris, dann auch in Arles, an seine Wände, will sie immer vor Augen haben. Aus Arles schreibt er an Theo: ... *wenn ich nur einen Tag hätte, um Paris noch einmal zu sehen, würde ich ihn bei Bing verbringen und die Hokusai betrachten und die anderen Zeichnungen der guten Zeit.* Hier erfährt Vincent eine ganz andere Auffassung von der Malerei, die Außerkraftsetzung aller Regeln der Perspektive wie sie die traditionell akademische Malerei Europas kennt, das Ausschließen des Plastischen und eine reine Farbigkeit, die vom starken Kontrast lebt, zudem die Bevorzugung einer Tableau-Perspektive.

Der Funke Japan bringt schließlich in Arles das Pulverfass zur Explosion: das Grell der Farben blendet noch heute den Betrachter seiner Bilder. Warum das so ist, erklärt Vincent: *Denn die japanische*

Kunst ist etwas wie die Primitiven, wie die Griechen, wie unsere alten Holländer, Rembrandt, Potter, Hals, Vermeer, Ostade, Ruysdael, d a s e n d e t n i e. In der japanischen Malerei verbindet sich für Vincent alte und neue Malerei. Er, der seine holländischen Wurzeln, seine dunkle Bauernmalerei nicht verleugnen will, sieht die Japaner als Brückenbauer zwischen Tradition und Avantgarde. Hier vollzieht sich eine Renaissance des Ursprünglichen. Jeder Anfang liegt weit zurück und muss doch immer erst noch gemacht werden. Dieser Widerspruch erzeugt dann die geradezu fiebrige Bildspannung im »Atelier des Südens«.

Kunst ist für ihn ja niemals etwas, das nur wenigen zugänglich sein soll. Nein, auf eine bestimmte Weise träumt er sogar davon, dass seine Bilder dekorativ wirken. Sollen sie denn als Reproduktionen über dem Sofa des Kleinbürgers hängen? Ja, aber er hofft, dass der Kleinbürger dann kein Kleinbürger mehr ist, dass ihn das alltägliche Leben mit der Kunst verändert. Eine steile Utopie, die von den Abstürzen in einer an Bildüberflutung blind gewordenen Massenkultur noch nichts weiß. Japan erscheint ihm beim selbstverständlichen Leben mit Bildern als Vorbild: *Man muss die Japaner beglückwünschen, dass sie ihre Kunstwerke in Schubladen und Schränken aufbewahren – diese Kakemonos kann man rollen, aber nicht unsere Ölbilder, die nur Risse bekämen. Nichts würde uns das Unterbringen unserer Bilder so sehr erleichtern, wie wenn sie durch die Bank weg als Schmuck für Bürgerwohnungen genommen würden, so wie früher im alten Holland.* Vincent ist ein Mensch, der aus seinen jeweiligen Gefühlslagen heraus lebt und arbeitet, was für seine Umwelt oft schwer erträglich ist. Seine Selbstbildnisse spiegeln die jeweiligen Stimmungen, führen zu ganz verschiedenen Sichten auf sich, ja mitunter scheint sich der Mensch in seinen vielen Autoporträts zu vervielfältigen. Jedes dieser Bilder lebt eines seiner möglichen Leben und stellt sie probeweise vor uns hin. Auch die Maltechnik, die Pinselführung, die Farbwahl, der Farbauftrag und die Lichtgebung ändern sich von einem Augenblick zum anderen. Vincent, so scheint es, ist in Paris nicht einer, er ist viele. Das heißt, er ist tief verunsichert.

Japan ist nicht nur Utopie, eine Projektionsfläche für ferne Zukunft, nein, es ist auch Maske für sehr Intimes. Mit den japanischen Farbholzschnitten bereitet er sich innerlich auf seinen Weggang aus Paris vor, seine Expedition in den Süden beginnt innerlich. So bekommt Theo zu hören: *Manchmal finde ich es schrecklich, dass ich nicht noch einen Haufen Japandrucke kaufen kann. Na, da muss man eben lieber versuchen, selber welche zu machen.*

Das »Tambourin«

In einem der Amüsierlokale am Montmartre, dem »Tambourin«, beginnt Vincent regelmäßig zu verkehren. Es gehört einer Italienerin, die deutlich älter als er ist, einem ehemaligen Modell Corots, Agostina Segatori. Vincent scheint sich heftig in sie verliebt zu haben – und erlebt nun wieder eine üble Enttäuschung, die ihn an seine Beziehung zu Sien in Den Haag erinnert. Überall in den großen Städten herrscht derselbe Sumpf. Denn die schöne Italienerin scheint nicht sich zu gehören, sondern einem Kellner des »Tambourin«, der wahrscheinlich eine Art Zuhälter ist. Im »Tambourin« hatte Vincent im März 1887 bereits eine Ausstellung mit den von ihm und Theo gesammelten japanischen Farbholzschnitten veranstaltet. Der eigenbrötlerische, eremitische »holländische Bauer« ist in Paris nicht wiederzuerkennen. Er legt eine selbst Theo verblüffende Geschäftigkeit an den Tag, denn nun zeigt er im »Tambourin« auch eigene Bilder – ohne jegliche Resonanz. Schließlich weigert sich die Segatori, ihm seine Bilder wieder herauszugeben. Zu allem Überfluss wollen der Kellner und andere finstere Gestalten des Rotlichtmilieus mit ihm abrechnen, man stiftet Ärger und Vincent ist nicht derjenige, ihn mit Diplomatie zu vermeiden. An Theo, der im Juli 1887 nach Holland gereist war, schreibt er über das Fiasko: *Ich bin im ›Tambourin‹ gewesen,* denn wenn ich nicht hingegangen wäre, dächten sie, ich traute mich nicht. Da habe ich der Segatori gesagt, ich verurteile sie nicht in dieser ganzen Sache, es käme ihr zu, sich selbst zu verurteilen. Ich hätte die Quittung über die Bilder zerrissen, aber sie müsse a l l e zurückgeben. Hätte sie nicht die Hand im Spiel gehabt bei allem, was mir geschehen ist, so wäre sie am nächsten Tag zu mir gekommen. Da sie nicht gekommen ist, sei ich der Meinung, sie habe gewusst, dass man Händel mit mir suchte, aber sie habe mir das klarzumachen versucht, indem sie zu mir sagte: ›Machen Sie sich fort‹, was ich nicht verstand und übrigens vielleicht auch nicht hätte verstehen wollen. Darauf hat sie geantwortet, die Bilder und alles übrige stünden zu meiner Verfügung. Sie hat behauptet, ich hätte Händel gesucht − was mich nicht wundert −, weil sie wusste, wenn sie meine Partei genommen hätte, so wäre ihr das sehr übel bekommen. Ich habe, als ich kam, auch den Kellner gesehen, aber er hat sich dünngemacht.

Von dieser ihn am Ende so frustrierenden Affäre bleibt schließlich nur das Gemälde der Segatori − und für Vincent der immer deutlicher in ihm wachsende Vorsatz, dass er weg muss aus dem Pariser Sumpf, in dem er zu versinken droht.

Der Gast, der stört

Vincent knüpft in Paris eine Reihe von Kontakten zu anderen Malern, von denen dann auch Theo wieder profitieren wird. Trotzdem − oder gerade wegen seiner neu entdeckten Geselligkeit − wird Vincent Theo gegenüber immer unleidlicher. Der beklagt sich darüber beim jüngeren Bruder Cor: »Vincent setzt seine Studien fort. Er arbeitet mit Talent. Es ist nur schade, dass sein Charakter ihm so im Wege ist, denn auf Dauer ist es fast unmöglich, mit ihm auszukommen. Zwar war er schwierig, als er letztes Jahr hierher kam, aber ich dachte, doch eine Besserung zu sehen. Aber nun ist er wieder der alte, und es gibt dagegen kein Ankommen. Das macht es bei mir zu Hause nicht erfreulich, und ich hoffe auf Veränderung. Das wird dann auch geschehen, aber für ihn ist es schade, denn wenn wir zusammengearbeitet hätten, wäre es für beide besser gewesen.« Und seiner Schwester Wil gegenüber überlegt er laut, warum er seinen undankbaren Bruder immer noch unterstütze, der so unfreundlich zu ihm sei und der die Wohnung in furchtbare Unordnung bringe. Und nebenbei: Vincent ist schmutzig. Warum erlegt sich Theo sein eigenes Martyrium auf? »Es ist sicher, dass er ein Künstler ist, und was er jetzt macht, mag zuweilen nicht schön sein, aber es kommt ihm gewiss später zugute, und dann ist es möglicherweise sublim, und dann würde es eine Schande sein, wenn man ihn von seinem regelmäßigen Studium abhielte.«

Trotz aller echten Aufbrüche, Illusionen haben die Brüder keine mehr. Vincent überkommen nun immer häufiger Augenblicke des Selbstekels, die er mit noch mehr Absinth betäubt. Er weiß, es ist für ihn notwendig, in Paris zu sein, aber es ist ihm zugleich ganz und gar unmöglich. Theo wird wohl Andries Bongers Schwester Johanna heiraten. Das macht ihr Zusammenleben noch komplizierter. Zumal Theo nicht nur der dauernde Streit mit Vincent zu schaffen macht, auch seine Syphilis-Infektion, über die niemand spricht. Vincent ahnt, für sie beide wird die Zeit knapp. Der Selbstzweifel wirft Schatten auf seine großen Pläne, die aufrechtzuerhalten viel zu viel Energie kostet: *Mir selbst vergeht allmählich die Lust zur Ehe und Kindern, und manchmal macht es mich recht traurig, dass ich so bin, wie ich bin – mit meinen fünfunddreißig Jahren sollte ich mich ganz anders fühlen. Und manchmal bin ich wütend auf dieses ekelhafte Malen.*

Das Verhältnis zu Theo geht durch ein tiefes Tal. Am 14. März 1887 klagt Theo der Schwester Wil: »Es gab eine Zeit, wo ich sehr viel von Vincent hielt und wo er mein bester Freund war, aber das ist nun vorbei. Von seiner Seite aus scheint es noch ärger zu sein, denn er verliert keine Gelegenheit, mich merken zu lassen, dass er mich verachtet und dass ich ihm Abscheu einflöße. Dies bewirkt, dass es bei mir zu Hause fast unhaltbar ist. Niemand will mehr zu mir ins Haus kommen, da es immer Vorwürfe gibt, und außerdem ist er so schmutzig und schlampig, dass der Haushalt alles andere als verlockend aussieht. ... Da ich ihm doch nichts Gutes tun kann, erbitte ich nur eines, dass er mir nichts Übles antut, und durch Bleiben tut er das, weil er mich belastet.« Und dann kommt jene Passage, in der sich zeigt, wie genau Theo seinen Bruder erkannt hat: »Es ist, als ob in ihm zwei Menschen sind, der eine herrlich begabt, fein und sanft und der andere egoistisch und herzlos. Sie tun sich abwechselnd hervor, sodass man ihn erst auf die eine, dann auf die andere Weise reden hört und immer mit Argumenten, die sowohl das Für als auch das Gegen beweisen. Es ist schade, dass er sein eigener Feind ist, denn er macht nicht allein den anderen, sondern auch sich selbst das Leben schwer.«

Und dennoch sucht Theo einen Weg zu Vincent. Er erträgt seine Launen und nimmt es als Pflicht, den Bruder auszuhalten. Das ist der ausgeprägte Familiensinn in Theo, sein Wille zum Ausgleich: »Wir sind alle schon genug auseinander, dass es zu nichts gut gewesen wäre, noch mehr Zerrissenheit zu schaffen.« Aber eben nicht nur Familiensinn und Bruderpflicht lassen Theo so handeln, sondern auch sein sicherer Kunstinstinkt. Er weiß, Vincents Zeit wird erst noch kommen.

Bereits kurz nach der heftigen Klage korrigiert Theo in einem Brief an die Schwester Wil seinen Befund vom nicht mehr länger ertragbaren Zusammenleben mit dem Bruder: »Wir haben Frieden geschlossen, denn es hatte keinen Zweck, so wie bisher weiterzumachen. Hoffentlich hält es an. Zum gegenwärtigen Zeitpunkt wird es keine Änderung geben, und ich bin froh darüber. Mir wäre es seltsam vorgekommen, wieder allein zu leben, und er hätte auch nichts dabei gewonnen. *Ich war es, der ihn zum Bleiben aufforderte.*«

Delacroix oder Die Entdeckung der Wissenschaft von den Farben

> *Delacroix, in steter Ehrfurcht vor seinem Ideal, ist oft wider sein Wissen in der Malerei ein Dichter.*
> Charles Baudelaire

Es beginnt mit einem Buch, das Vincent bereits in Nuenen beschäftigt: »Les artistes, de mon temps« von Ch. Blanc. Gleich nachdem er es gelesen hat, schreibt er Theo daraus lange Passagen ab. Was er da über die Natur der Farben liest, fasziniert ihn. Farbe ist nichts dem Gegenstand Anhaftendes, sondern entsteht im Auge des Betrachters. Die Kunst des Malens besteht nun darin, die Farben so auf die Leinwand zu bringen, dass sie sich im Sehen in das Bild des Gegenstandes verwandeln und derart eine stärkere Ausdrucksintensität erlangen als der Gegenstand selbst. Das ist die Kunst des »Koloristen«! Für diese Kunst der Farbsetzung, die ebenso eine Wissenschaft ist, steht ein Name: Eugène Delacroix! Er lässt die traditionellen »Tonisten«, die sich immer nur darum bemühen, auf der Leinwand die Gegenstandsfarbe so genau wie möglich abzubilden (»Lokalfarbe«) in einem revolutionären Akt zurück. Die Koloristen, in der Art ihres Hervorbringens, sind wie die Natur selbst. Das meint Baudelaire, wenn er sagt, »ihre Figuren sind natürlich begrenzt durch den harmonischen Wettstreit der farbigen Massen.« Und er schließt in seinem Aufsatz »Von der Farbe« an: »Die Koloristen sind epische Dichter.«

Charles Baudelaire hat Eugène Delacroix eben darum einen modernen Maler genannt, weil er in ihm den Romantiker erkannte. Die Romantik ist es, in der sich die Kunst von ihrem Gegenstand emanzipiert, für die Romantik wird das Kunstwerk autonom, zum Gegenbild des bloß Vorfindlichen. Baudelaire spricht von »Intimität und Geistigkeit« und beruft sich dabei auf Heinrich Heine, der selbst einen inneren Kampf mit der Romantik in sich austrägt und über seine künstlerische Methode geschrieben hatte: »In der Kunst bin ich Supernaturalist. Ich glaube, dass der Künstler nicht alle seine Typen in der Natur auffinden kann, sondern dass ihm die bedeutendsten Typen, als eingeborene Symbolik eingeborener Ideen, gleichsam in der Seele offenbart werden.« Ein Künstler im Sinne Delacroix' arbeite »ganz märchentreu« und »ganz nach innerer Traumanschauung«.

Es gibt Eigengesetze der Farbe und Maler ist, wer diese auf eine höchst subjektive Weise zur Ausdruckssteigerung einzusetzen vermag. Baudelaire: »Für E. Delacroix ist die Natur ein unermessliches Wörterbuch, und er wendet und befragt die Blätter mit sicherem, tief blickendem Auge; und die Malerei, die vor allem aus der Erinnerung besteht, spricht auch vor allem zur Erinnerung. Die Wirkung auf die Seele des Beschauers ist analog den Mitteln des Künstlers.« Das hätte Baudelaire auch über van Goghs Bilder sagen können – dass er hier die Bilder eines malenden Dichters vor Augen hat!

Zum Schlüssel jeder Annäherung an Vincents Bilder, die im Bannkreis des »Koloristen« Delacroix entstanden sind, wird das Romantik-Thema. Darüber hat Baudelaire bis heute Gültiges gesagt: »Sich Romantiker nennen und systematisch den Blick auf die Vergangenheit richten heißt sich widersprechen ... Die Romantik liegt genau genommen weder in der Wahl der Stoffe, noch in der exakten Wahrheit, sondern in der Art des Empfindens. Sie haben sie draußen gesucht, und allein im Innern war's möglich, sie zu finden.« Das kulminiert in der Aussage: »Für mich ist die Romantik der jüngste, der gegenwärtige Ausdruck des Schönen.«

Romantik als Prinzip ist Vergegenwärtigung schlechthin, die Erweiterung der Wirklichkeit um die Dimension des Möglichen. Ein fantastischer Raum eröffnet sich hier, nicht nur des Schönen, sondern auch des Hässlichen. Die Romantik ergänzt die Tagseite der Aufklärung um deren Nachtseite, erkennt die Abgründe rechts und links neben der Straße des Fortschritts, die scheinbar bequem in eine lichte Zukunft führt. Wo von Heil die Rede ist, liegt Unheil in der Luft und wo sich anderen eine Welt entzaubert, sehen die Romantiker Geheimnisse bisher ungekannten Ausmaßes. Das Schreckliche wird eine Dimension des Ästhetischen, ohne die das 20. Jahrhundert nicht denkbar sein wird. Bei Delacroix und dann auch bei seinem Nachfolger Vincent van Gogh bleibt die dunkle, die destruktive Seite im Einzelnen wie auch in der Geschichte, auch jener der Natur, noch eingebunden in eine Gesamtharmonie – aber der skeptische Stachel ist spürbar.

Der Maler, wie ihn Vincent in Delacroix erkennt, ist zuallererst ein Farbenalchimist. Wenn alles erlaubt ist, was zum gelingenden Bild führt – zu welch einer Befreiung wird diese Entdeckung dann für einen, der sich immer nur als schlechter Schüler jedweder Akademie erwiesen hat! Euphorisch klingt es nun aus seinem berühmten Brief 358 an Theo. Vincent hat in den Farben eine neue Welt entdeckt, seine Welt. Auf einmal steckt er tief drin im theoretischen Diskurs über Lichtspektren, über Primär- und Sekundärfarben. Von nun an kreist alles um den Komplementärkontrast.

Ein solcher Kontrast entsteht, wenn eine der drei Primärfarben (Rot, Blau, Gelb) mit jener der drei Sekundärfarben (Violett, Grün, Orange), die durch die Mischung der beiden jeweils anderen Primärfarben entsteht, zusammengestellt wird. Also: Rot und Grün, Blau und Orange, Gelb und Violett.

Dieses Farbwissen kommt einem bislang unbewussten Suchen in ihm entgegen, darum wirkt es als Offenbarung. Er, der sonst so schlecht lernende Schüler, wird nun – von einem Erkenntnisfuror getrieben – in kürzester Zeit zum Farbexperten, jedoch aus einer existenziellen Not heraus. Vielleicht, nein ganz bestimmt, liegt ja in der Welt der Farben, die aus Licht gemacht sind, das verborgen, was er in seiner langen irrtumsreichen Pilgerreise zu Gott immer gesucht hat. So führt die Pilgerreise zur Sonne letztendlich – zur Farbe. Auch darin folgt Vincent Delacroix, der nach seiner Marokko-Reise, auf der er neu sehen gelernt hatte, anders zu malen begann.

Um noch einmal auf die Frage zurückzukommen, ob man mit einer so schmutzigen Farbe wie dem Grau der Straßensteine einen Abendhimmel oder eine blonde Frau malen kann, so ist diese Frage, wenn man ihr nachgeht, eine doppelte. Erstens nämlich kann eine dunkle Farbe hell erscheinen oder vielmehr w i r k e n, das ist eigentlich mehr eine Frage des Tons, aber was dann die eigentliche Farbe angeht, so wird ein Rotgrau, das verhältnismäßig wenig rot ist, je nachdem was für Farben daneben stehen, mehr oder weniger rot erscheinen. Und so ist es auch mit Blau und ebenso mit Gelb. Man muss nur ganz wenig Gelb in die Farbe tun, um sie sehr gelb wirken zu lassen, wenn man sie zwischen oder neben violette oder lila Töne setzt.

Ab jetzt sieht Vincent alles in Farbe, wenn er zu den Webern in ihre dunklen Hütten geht oder zu den Bauern aufs Feld: *Ich suche auch immer nach Blau. Die Bauernfiguren hier sind in der Regel blau. Dies – im reifen Korn oder gegen die dürren Blätter einer Buchenhecke, sodass die verschossenen Nuancen von dunklerem oder hellerem Blau wieder belebt und vom Gegensatz der Goldtöne oder des Rotbrauns wieder zum Sprechen gebracht werden, dies ist sehr schön und hat mich hier von Anfang an beeindruckt. Die Leute tragen hier instinktiv das schönste Blau, das ich je gesehen habe. Es ist ein grobes Leinen, das sie selbst weben, die Kette schwarz, der Einschlag blau, wodurch ein schwarz und blau gestreiftes Muster entsteht. Wenn sich das abwetzt und durch Wind und Wetter etwas verschießt, dann ist es ein ungewöhnlich feiner und stiller Ton, der die Fleischfarbe außerordentlich hebt. Kurz, blau genug, um auf alle Farben, die Elemente von Orange enthalten, zu wirken, und verblasst genug, um nicht herauszufallen.* Vincent lernt an den Farben völlig neu sehen, die Farben eröffnen ihm ein Verständnis zu den Formen. Gegenseitig sollen sich Farbe und Form in ihrem Ausdruck steigern, das ist der neue Ehrgeiz, der Vincent erfasst hat. Noch setzt ihm sein mangelndes Handwerk eine Grenze, aber nie war der unbegabte Schüler so begabt wie im Umgang mit der Farbe. Er lernt, wie nur ein Meister lernt. Indem er ausprobiert, was Farbe kann – wozu er als Kolorist fähig ist. Ein großer Selbsterfahrungsprozess beginnt nun im Umgang mit der Farbe.

Und immer ist es Theo, dem er zuerst seine Entdeckungen übermittelt: *Beiliegend ein paar interessante Seiten über die F a r b e, nämlich die großen Wahrheiten, an die Delacroix glaubte.*

Delacroix – wie lange vor ihm schon El Greco – hat keine Angst vor der Künstlichkeit des Bildes. Ein Bild ahmt das Gesehene nicht nach, es schöpft es aus sich selbst neu. Das ist der neue Standpunkt jeder modernen Kunst.

Bei Delacroix hat die neue Art zu »kolorieren« Folgen, die Vincent faszinieren: die Linien treten zugunsten der Flächen zurück. Die Reibungszone zwischen den Flächen rückt in den Mittelpunkt des Interesses. Was passiert, wenn zwei Farbflächen aufeinanderstoßen? Diese Grenzzonen werden zu metaphysischen Einbruchsstellen: *Bei Delacroix finde ich gerade das so schön, dass er einen das Leben der Dinge fühlen lässt, und den Ausdruck und die Bewegung, dass er über dem H a n d w e r k l i c h e n s t e h t.*

Der Horizont öffnet sich für Vincent mit Delacroix, die Ordnung – und nicht nur die der Bilder – gerät in Bewegung. Vincent spürt, er selber muss sich auf eine Wanderung begeben, er benötigt einen Lichtwechsel, dieser neuen Farben wegen: *Warum hat der größte Kolorist von allen, Eugène Delacroix, es für unerlässlich gehalten, in den Süden und gar bis nach Afrika zu gehen? Offenbar weil man da – und nicht nur in Afrika, sondern schon von Arles ab – die schönen Gegensätze von Rot und Grün, von Blau und Orange, von Schwefelgelb und Lila von Natur aus findet.*

Arnold Gehlen bemerkt in »Zeit-Bilder« sehr feinsinnig, dass das Befreiungserlebnis an Delacroix' Bildern für Vincent in dem euphorisierenden Gefühl bestand, nun sei es jedem Maler freigestellt, sich selber seine zu ihm passenden Farben zu suchen. Dies wird Vincent zum Initiationserlebnis, ähnlich wie es für Goethe ein Jahrhundert zuvor Gottfried Arnolds »Unparteiische Kirchen- und Ketzerhisto-

rie« geworden war. Instinktiv folgt Vincent Goethes Farben- T h e o -
l o g i e.

Magie des Auges. Ich und Welt

> »Natur ist für den Künstler nur ein Wörterbuch.«
> Delacroix

Die Faszination der Farbe verweist auf eine »Magie des Auges«. Vincent behauptet den Zusammenhang von Innen und Außen, von Sehen und Gesehenem in einer Zeit, in der dies längst aufgehört hat, selbstverständlich zu sein. Aber da er die Auflösung der Verbindung zwischen innerem Erleben und äußerem Geschehen – in seiner traditionellen Form – spürt, malt er Krisenbilder dieses für ihn nie ganz zerbrochenen, aber zum Zwecke der Intensivierung mittels Schmerz auf die Spitze getriebenen (Verhängnis-)Zusammenhangs von Ich und Welt. Er setzt sich – vielleicht als letzter der Avantgardekünstler – malend dem Bild der Wirklichkeit vor seinen Augen aus: ein Passionsweg.

Erst mit seinem Freitod, dem bewussten Selbst-Zerbrechen, endet für ihn diese so hartnäckig verteidigte Einheit. Antonin Artaud nennt Vincent darum einen »Selbstmörder durch die Gesellschaft«. Dafür spricht einiges, dagegen aber spricht, dass für ihn das Malen immer ein Befreiungsakt war, in dem er zurückließ, was ihn verfolgte. Insofern gleicht sein Tod einer Autonomieerklärung der Kunst, nicht gegen das Leben gewendet, sondern auf dieses bezogen.

Der »Sämann« hat seine Arbeit getan, ihm folgt der »Schnitter«. Will man im Endlichen das Unendliche sichtbar machen, wie gleichzeitig im Unendlichen das Endliche, so hat dies eine Vorbedingung: Malen versteht sich als ein magischer Akt, der die Zeit stillstellt, die Dinge im Moment des Übergangs bannt. Dazu müssen Farben eine Qualität haben – Goethe hatte darauf in seiner bis heute nicht ausreichend gewürdigten Farbenlehre bestanden, die eine von Newtons unzweifelhaften Erkenntnissen über messbare Farbspektren nicht berührte Physiologie der Farbwahrnehmung begründet.

Sehen wird zum Ort der Metamorphose, der Verwandlung des Sehenden ins Gesehene und des Gesehenen in den Sehenden. Diese Art der magischen Naturphilosophie, weiß Goethe, symbolisiert die unterdrückte, die verketzerte Form der Naturgeschichtsschreibung.

Der Verweis der Farbenlehre darauf, dass das Auge, um die Sonne zu sehen, selbst sonnenhaft sein müsse, wurde von dem immer wiederkehrend-gleichen Typus Lehrstuhlinhaber an deutschen Universitäten höhnisch belacht. In Vincents Bildern gelangt diese magische Naturphilosophie zur Blüte – in Arles, Saint-Rémy und Auvers, die für den Maler zugleich Orte bewusst bejahten Absterbens sind.

Auch Vincent steht vor der Tatsache, die bereits Kleist mit den Worten kennzeichnete: »Das Paradies ist verriegelt« – und nun müssen wir einen weiten Weg gehen, um zu versuchen, vielleicht durch eine Hintertür doch noch hineinzugelangen. Angesprochen ist damit der Mythos vom »Goldenen Zeitalter«, das verloren ging – und nur durch mühsame Arbeit vielleicht wiederhergestellt werden kann, und auch dann nur für glückliche Augenblicke. Es sind dies die Momente der Identität von Ich und Welt, in denen die Schöpfung uns nicht fremd ist, weil wir ihr mit unseren eigenen Schöpfungsversuchen im Kleinen nahe gekommen sind.

Vincent sagt von sich, er lebe *stets von der Natur, ich übertreibe manchmal am Motiv; aber schließlich erfinde ich nie das ganze Bild, ich finde es im Gegenteil vor, muss es aber noch aus der Natur herausreißen.* Dazu ist es ihm notwendig, sie unmittelbar vor Augen zu haben, bei aller Witterung, bei Tag und Nacht, Hitze und Kälte, Staub und Regen. Für ihn, den Ekstatiker, wird erst das zum Bild, was alle Sinne verlangt, das man verstehen und zugleich erleben kann. Mit der Farbe sei es wie mit der Musik, sie müsse sich mit dem Gefühl verbinden, einen Zustand der *Erregung* hervorrufen. Gottfried Benn wird seinen bestimmenden Eindruck von Vincent van Gogh in die Formulierung bringen, dieser rechne nur noch mit der Erregung gewisser Augenblicke.

So gleicht dieser Missionar gesteigerter Seelenzustände einem Narr in Christo. Der Schmerz treibt ihn über die Grenze, verbrennt ihn wie eine zu heiße Sonne die Landschaft. Da ist einer, der für seine Nächsten lebt und sich Kraft und Inspiration dafür aus dem Fernsten holen muss – und sei es aus Japan den leichten Pinselstrich. Und immer zeigt sich, dass es nicht zufällig ist, wie jemand lebt und was für Werke er schafft, wobei weder das Werk sich restlos aus dem Leben erklären lässt, noch das Leben aus dem Werk. Beides steht in einem immer vorläufigen, aufreizend gefährdeten, weil provisorischen Verhältnis zueinander. Sicher ist, noch die spektakulärsten Lebensdetails verraten nichts von den Geheimnissen seiner Bilder. Das müssen die Bilder selber tun, und das werden sie nur, indem sie sich mit jeder Erklärung neu verbergen.

Das Leben, als langer Pilgerweg zur Sonne verstanden, führt Vincent bis in jene Regionen, wo nur noch die Bilder sprechen. Diese Bilder sind nicht hermetisch, sie zeigen Landschaften, Figuren, Szenen, die verstehbar sind. Aber der Ton der Farbe, die Intensität des Lichts, die expressive Überdehnung einer Form, die Beugung einer Geraden zum Runden oder die aggressive Zuspitzung eines Runden – all das ist nicht erzählbar, es bewegt sich auf der Ebene des Symbolischen und ist nur mit einer verwandte Symbole erfindenden Sprache aufschließbar – und auch das nur bis zu einer sich immer neu herstellenden Grenze.

E.M. Cioran notiert in »Von Tränen und Heiligen« über die beiden malenden Ekstatiker El Greco und Vincent van Gogh: »Bei El Greco lodern die Gestalten und die Farbe senkrecht empor. Auch bei van Gogh sind die Objekte Flammen und die Farben brennen. Aber horizontal im Raum ausgedehnt, van Gogh ist ein El Greco ohne Himmel, ein El Greco ohne Jenseits. In der Kunst erklärt der Schwerpunkt wenn nicht die Formstruktur und die verschiedenen Stile, so doch die innere Stimmung. Bei El Greco stürzt sich die Welt Gott entgegen, während sie bei van Gogh in der Feuersbrunst aufglüht.«

Der alte platonische Gott der Metaphysik ist ebenso tot wie der christliche Erlösergott. Der neue Gott, der kein jenseitiger, kein mit Dogmen befestigter mehr sein kann, ist noch nicht gefunden. Die Schwere der Last, in seinen Bildern einen Gott zu finden, dessen Kontur sich nur in dem Maße zeigt, wie man ihm selbst eine zu geben vermag, sie lastet auf solch hochnervösen, halb schon wahnsinnigen Nietzsche-Nachfolgern wie Ibsen, Strindberg, Trakl oder Munch in einem bislang so nicht vorstellbar gewesenen Zugleich von Ekstase und Skepsis. Es ist dieses Gefühl von »Gott ist tot«, was soviel heißt wie: eine Epoche ist zu Ende, eine Ordnung bröckelt von ihren Fundamenten her, die Welt, wie sie heute immer noch erscheint, erweist sich bereits als von gestern. Da wird alle bisherige Metaphysik zur geistigen Hinterweltlerei und jede bis dahin verbindliche Tradition zur Folklore. Es ist aber ebenso das Gefühl: Ohne einen Gott sind wir verloren, weil alles seinen Sinn verliert. Nur in diesem Zugleich ist Vincent van Gogh zu verstehen.

Denn das ist er ja auch: ein malender Don Quijote, ein Ritter, der gegen die Windmühlenflügel der Vergeblichkeit kämpft.

Wassily Kandinsky fasziniert die von Delacroix fortgeschriebene Autonomieerklärung der Farbe. Nicht mehr der Gegenstand besitzt eine Farbe, sondern die Farbe sucht sich ihre Form! Bild wird reine Komposition, was hier eine Zusammenstellung der »Formen durch innere Notwendigkeit« bedeutet. In Vincents Farbenmagie ist Kandinskys Gedanke der abstrakten Malerei bereits angelegt. Gemeint ist eine Vereinfachung bis zum Wesentlichen; das Sinnlichwerden des Intellekts und die Intellektualisierung der Sinne als gegenläufige Prozesse.

In diesem Widerspruch gründet das Geheimnis des Schöpferischen. Und Geist bedeutet dabei der – momentweise – aufgehobene

Widerspruch von Sinnlichkeit und Intellekt im gelingenden Ausdruck. Hierbei verändert sich der Naturbegriff. In »Das Geistige in der Kunst« schreibt Kandinsky, es sei leichter, die Natur zu malen als mit ihr zu kämpfen. Das wird auch zu einem Schlüssel im Verständnis der Bilder, die Vincent in Arles, Saint-Rémy und Auvers malt. Bei Kandinsky heißt es, Natur sei keine äußere Erscheinung, sondern innere Expression. Auf diesem Weg in die moderne Malerei löst sich das Bild vom Gegenstand.

Bei Vincent ist Natur noch beides: unmittelbar vor Augen Liegendes und innere Expression. In der Unlösbarkeit des Zugleich keimt auch eine Ahnung von Unerlöstheit. Daher kommt auch der quasireligiöse Zug in seine Bildern. Aber worum wird dieser Kampf in der Kunst, von dem Kandinsky spricht, überhaupt geführt? In seiner Antwort scheint moderne Mystik, das für Vincent typische Gegeneinander von hitzigem Glauben und kalter Skepsis auf: »Je freier das Abstrakte der Form liegt, desto reiner und dabei primitiver klingt es.« Der Ursprung, der Anfang, aus dem alles kam – er bleibt das Modell für die Kunst. Kunst wird nicht ohne das Mysterium des Entspringens, der Formwerdung. Dies ist das, was Goethe den »erfüllten Augenblick« nannte, aufgehobene Zeit, in dem etwas vom verborgenen Beginn aller Zeiten, dem großen Schöpfungsmythos im gelingenden Ausdruck des Künstlers aufscheint.

So versteht Vincent – und in seiner Nachfolge Kandinsky – das minoritische Prinzip der Kunst. Im Geringsten noch zeigt sich die Würde des Ganzen, im Einfachen das Komplexe, im Fragment die Ahnung der Vollkommenheit. Vincent malt bereits Albert Schweitzers »Ehrfurcht vor dem Leben«, aus eben jener Haltung heraus, für die Kandinsky die Worte fand: »Jede Form ist so empfindlich wie ein Rauchwölkchen: das unmerklichste geringste Verrücken jeder ihrer Teile verändert sie w e s e n t l i c h.« Da wird die Farbe dann zur physischen Tatsache, sie wird hörbar als Symphonie in Blau oder als roter Blutstrom, sie liegt wie ein Leichentuch weiß auf der Haut oder drückt schwarz zu Boden. Wie schmeckt das Gelb? Nach

Sonnenstich vielleicht, oder nach Sommerfrucht und trockenem Heu.

Der Maler ist auf dem Meer ausgesetzt in einer Nussschale von einem Boot, das bald kentert. Er schwimmt, um zu überleben, inmitten des Wassers, das ebenso schön wie gefährlich im Licht funkelt. Kunst entsteht, wenn es dem Schwimmer gelingt, diesem Doppelklang eine ästhetische Gestalt zu geben, bevor die Wellen über ihm zusammenschlagen.

Paul Tillich spricht 1921 in seinem Aufsatz »Religiöser Stil und Stoff in der bildenden Kunst« vom »präreligiösen« Stil Vincent van Goghs. Das hat nichts Rückwärtsgewandtes, sondern wird, so wie es hier formuliert ist, zum avantgardistischen Programm: »Eine Synthesis von Romantik und Nietzsche (die beide ästhetische Wurzeln haben) als Grundlage der Zukunftsfrömmigkeit, und darum ein Hervorgehen der Religion aus dem Geist der Kunst«. Da wird die Autonomie der Kunst, ihre Emanzipation von der Religion nicht etwa zurückgenommen, sondern durch eine neue Dimension ergänzt: ein Bekenntnis zum Ursprünglichen, zum Anfang, der in jedem eigenen Ausdruckswillen liegt.

Solch ein Bekenntnis trägt strukturell das Moment des Religiösen in sich, setzt auf den Glauben. Autonomie wird nicht zurückgenommen, im Gegenteil, sie wird zugespitzt bis dorthin, wo der derart Vereinzelte – mit seinem toten Gott im Rücken – sich vor Angst kaum noch halten kann. Was lässt angesichts der Gott-ist-tot-Erfahrung, der Absurdität von Heilsversprechen, der Sinnlosigkeit menschlicher Existenz – immer noch an den Sinn des eigenen Tuns glauben? So lautet die fortwirkende Frage, die angesichts der nötigen Beharrungskraft inmitten von Not, Leid, Schmerz und Missachtung den Charakter eines Mysteriums – und nicht selten den eines Martyriums – annimmt. Da ist etwas in uns, das uns gegen jedes Gebot der äußeren Vernunft, die bloße Kalkulation ist, immun macht und uns tun lässt, was wir g l a u b e n tun zu müssen. Tillich benutzt dafür den Begriff des Numinosen. Damit meint er ein sich dem Instrumentalisiertwerden entziehendes paradoxes Zugleich von Bejahung und Verneinung. Dem darin eingeschlossenen Geheimnis eine Gestalt zu geben, kommt nun die Mystik ins Spiel: »Expressionistische Mystik ist nicht transzendent und in Gott ruhend, wie die mittelalterliche, sondern immanent, lebens-ekstatisch im Sinne Nietzsches, der nur die eine, jenseitige Seite Gottes gemordet hat; dafür in die andere, diesseitige, um so mehr höchste Lebensdynamik gepresst hat.«

Diese »expressionistische Mystik« spricht sich in einem Brief Vincents an Theo aus: *Ich kann im Leben und in der Malerei recht gut ohne den lieben Gott auskommen, aber ich kann, ein leidender Mensch, etwas nicht entbehren, das stärker ist als ich und mein wirkliches Leben ausmacht: die Kraft zum Schaffen. Da man k ö r p e r l i c h um das Schaffen betrogen ist, sucht man eben Gedanken anstatt Kinder zu zeugen und steht dadurch mitten im Menschlichen.*

Vater Tanguy

Vincent hat zwar keinen Galeristen, der etwas von ihm verkauft, aber er hat etwas viel Besseres. Er hat einen Farbenhändler, der die Bilder seiner Kunden liebt und im Schaufenster seines Ladens ausstellt: Vater Tanguy. Dieser Farbenhändler ist ein Unikum. Als Theo im Juli 1887 zur Mutter nach Holland fährt, schreibt Vincent ihm wieder Briefe. Da lesen wir dann: *Gestern war ich bei Tanguy; er hat ein Bild von mir, das ich gerade fertig hatte, ins Schaufenster gestellt ...* Über die Qualitäten der von ihm geriebenen Farben gibt es verschiedene Meinungen (Vincent hält sie für minderwertig), aber über Tanguys Kunstkennerschaft nicht. So stellt er in seinem Laden Cézanne aus, der sich sonst beharrlich weigert, seine Bilder zu zeigen.

Julian Tanguy, 1825 geboren, wird Gipser, heiratet eine Wurstmacherin, arbeitet bei der Eisenbahn. Als er mit seiner Frau nach Paris kommt, wird er Farbenreiber in einer Fabrik, macht sich schließlich selbstständig und beginnt einen eigenen fliegenden Farbenhandel. Die neuen Maler brauchen viel Farbe und haben wenig Geld.

Tanguy kommt zu ihnen und gibt Kredit auf seine ohnehin niedrigen Preise. Er ist ein Freund der Maler, kein Geschäftsmann. Manch einer der Maler wird das ausnutzen und niemals auf den Gedanken kommen, seine Rechnungen zu bezahlen. Bei Tanguy? Vincent übermittelt Theo nach Holland, er habe kein Geld mehr. Aber er hat dafür eine gute Begründung: *Denn bedenke, als ich in Asnières zu arbeiten anfing, hatte ich viele Leinwände, und Tanguy war sehr entgegenkommend. Das ist er eigentlich auch jetzt noch, aber seine alte Hexe von einer Frau hat gemerkt, was vor sich ging, und hat Einspruch erhoben. Nun habe ich der Frau von Tanguy ordentlich meine Meinung gesagt, sie sei daran schuld, wenn ich nichts mehr bei ihnen kaufte. Vater Tanguy ist klug genug, den Mund zu halten, und er wird trotzdem tun, worum ich ihn bitte.* Mit anderen Worten, Tanguy wird von dem Geld, das Theo ihm schicken soll, nichts zu sehen bekommen. So geht es Tanguy immer. Niemand glaubt, dass ein Mensch, dem das Geld so egal ist wie ihm, doch welches zum Leben braucht.

Dass Tanguy gegen die Herrschaft des Geldes über die Kunst ist, gehört zu seinen Überzeugungen. 1871 war er einer der Kommunarden. Nach der Niederschlagung der Comune wird er verurteilt – zum Schrecken aller seiner Farbenkunden. Nach zwei Jahren kommt er frei, auch weil sich viele seiner Pariser Freunde für ihn verwenden. Zwei weitere Jahre erhält er Paris-Verbot, dann endlich kann er seinen Handel wieder aufnehmen. Monet, Pissaro und Renoir sind seine Kunden und weitere kommen hinzu: Gauguin, Toulouse-Lautrec, Signac und van Gogh.

Ambroise Vollard, der Kunsthändler, der mit dem An- und Verkauf von Bildern jener Maler, denen Tanguy einst so treu war, reich und – auf zweifelhafte Weise – berühmt wurde, schreibt in seinen Erinnerungen herablassend über diesen seltsamen Mann: »Der brave Mann war in den letzten Tagen der Kommune irrtümlich als Rebell verhaftet und beinahe erschossen worden und zu guter Letzt selbst davon überzeugt, ein Revolutionär zu sein. Nachdem er aus unbekannten Gründen dem Tod entgangen war, wurde er Bilderhändler und protegierte die modernen Maler, in denen er Revolutionäre wie sich selbst sah.« Er habe Malern Kredit gegeben, »vorausgesetzt, dass sie durch solide Lebensführung auffielen, zum Beispiel nicht ins Café gingen oder gar beim Rennen wetteten. Dieser überzeugte Anhänger der Kommune war im Grunde der größte Spießbürger, und nichts konnte ihn von dem Gedanken abbringen, dass durch einwandfreien Lebenswandel ein Maler schließlich berühmt werden müsse.« Es sei, so erinnert Vollard, der junge Emile Bernard gewesen, der Tanguy mit Vincent van Gogh und Cézanne bekannt gemacht habe.

Zwei Mal hat Vincent Tanguy gemalt, auf dem zweiten Bild mit lauter japanischen Holzschnitten und einem eigenen Bild im Hintergrund. Da sitzt ein kauziger Mann, ziemlich hässlich, ein Auge größer als das andere. Und dennoch: Ein mit sich zufriedener Mensch, der Ruhe verströmt, weil er immer aus dem Mittelpunkt seiner eigenen Welt heraus lebt. Vincent hat diese Aura eingefangen. Es ist die eines einfachen Menschen, keines Intellektuellen, keines Künstlers. Eben darum vertrauenserweckend.

Tanguy war stolz auf die beiden Porträts, die Vincent von ihm gemacht hatte. Nie hätte er das eine, das er besaß, verkauft. (Nach seinem Tod erwarb es Rodin.) Vater Tanguy also ist ein echter Wohltäter für viele der neuen Pariser Maler. Er wird auch so behandelt wie alle Wohltäter: schlecht. Als Vincent schon in Arles ist, hört er von Theo, dieser habe von Tanguy eine Rechnung über Farben bekommen. Eine Rechnung von Tanguy, unerhört! Dass Tanguy, der Menschenfreund und Kommunarde, überhaupt wagt, eine Rechnung zu schreiben, hat den schlichten Grund, dass er – kein Wunder bei solchen Kunden, die alle seine Freunde sind – seine Miete nicht zahlen kann und nun von seinem Vermieter mit Pfändung bedroht wird. Und doch hätte der langmütige Tanguy da wohl immer noch nicht die alten unbeglichenen Rechnungen herausgeholt, wenn ihn nicht seine Frau dazu gezwungen hätte. Der Reihe nach wendet sich Tanguy an seine Freunde, die Maler, denen er jahrelang großzügig Kredit gab. Auch an Cézanne, der Tanguy so viel verdankt: »Mein Lieber Herr Cézanne, ich fange damit an, Ihnen einen guten Tag zu wünschen und Ihnen gleichzeitig meine Verzweiflung mitzuteilen: stellen Sie sich vor, dass dieser Kretin von Vermieter einen Zahlungsbefehl mit Pfändung für die nächsten sechs Monate schickt, die ich ihm gemäß unserem Mietvertrag schulde, da ich mich nun nicht in der Lage befinde, ihn zu befriedigen, komme ich auf Sie zu, lieber Herr Cézanne, und bitte Sie, all Ihre Anstrengungen zu unternehmen, dass Sie mir eine kleine Anzahlung auf meine Rechnung geben, diesbezüglich schicke ich Ihnen mit diesem Schreiben Ihre Kontoaufstellung ...« Solch demütige Zahlungserinnerung sendet Tanguy an Cézanne. Sie betrifft einen Schuldschein, der fast zehn Jahre zuvor, am 4. März 1878 ausgestellt wurde. Natürlich zahlt Cézanne nicht. Alle sind empört und am empörtesten ist Vincent: Vater Tanguy will Geld! Es ist nicht zu fassen.

Dennoch wird sich Vincent, gleich nach seiner Ankunft in Arles im Frühjahr 1888, wehmütig an Vater Tanguy erinnern. Welchem Maler schmeichelt es nicht, wenn ein Farbenhändler sich für das begeistert, wofür er selbst die Zutaten geliefert hat: *Ich habe im Nachhinein doch bedauert, die Farben nicht bei Vater Tanguy bestellt zu haben, obwohl man nicht den geringsten Vorteil davon hat, im Gegenteil, aber er ist ein drolliger, guter Mann, und ich denke noch oft an ihn. Vergiss nicht, ihn von mir zu grüßen, wenn Du ihn siehst, und sage ihm, wenn er Bilder für sein Schaufenster haben will, kann er welche von mir bekommen, und zwar die besten.*

In Arles hat Vincent mit einer ganz anderen Art von Farbenhändler zu tun: *Der Farbenhändler hier hat mir die Leinwand grundiert, aber er ist so faul, dass ich mir alles von Paris oder Marseille kommen lassen will und dass ich entschlossen bin, nichts mehr bei ihm machen zu lassen.* Also lässt er sich wieder Farben von Tanguy schicken, an deren schwankende Qualität hat er sich schon gewöhnt: *Heute mor-*

gen erhielt ich von Tanguy einen Teil der bestellten Farben; sein Kobalt ist zu schlecht, um es weiter bei ihm zu bestellen, seine Chroms sind ziemlich gut, die könnte man auch weiterhin nehmen. Anstelle des Karmin schickt er mir dunkles Krapprot, aber das macht nichts. In seiner armseligen Bude ist es eben mit dem Karmin nicht weit her ...

Jedoch, Vincent ist ein schwerer Choleriker und der Ärger um die Rechnungen, die Tanguy ihm zu schicken wagt, peitscht ihn auf. Theo schreibt er – in einem Befehlston, den er sich ihm gegenüber selten herausnimmt – er solle sich nicht in *die Sache mit Tanguy* einmischen: *Weißt Du, eigentlich hast Du es mit F r a u   T a n g u y zu tun, und wenn er nun so handelt, so benimmt er sich einfach f a l s c h gegen mich ... Doch deswegen streiten, das hieße auch mit Mutter Tanguy zu streiten, und dem ist kein Sterblicher gewachsen! Nach dem Gerede der Tanguys sind ihnen alle, Guillaumin, Monet, Gauguin, Geld schuldig. Ist das nun wahr oder nicht? Jedenfalls, wenn die nicht bezahlen, warum soll dann gerade ich zahlen? Ich bedaure es, von ihm Farbe genommen zu haben, um ihm einen Gefallen zu tun. Er kann in Zukunft darauf rechnen, dass ich keine mehr von ihm kaufen werde. Mit Mutter Tanguy, die wie ein Giftpilz ist, muss man umgehen, ohne eine Wort zu sagen. Ich bitte Dich, meine neuen Bilder zurückzunehmen. Das genügt. ... danach schlage die Tür zu und gehe weg, ohne Danke zu sagen. Wenn Du ihm eine Abschlagzahlung geben würdest, so hieße das, eine Schuld anzuerkennen, und die leugne ich ab.*

Aber Vincent beruhigt sich auch wieder. Am 1. Mai 1890, kurz bevor er die Nervenheilanstalt von Saint-Rémy verlässt, schreibt er Theo: *Ich brauche unbedingt neue Farben. Einen Teil davon kannst Du wieder Tanguy abkaufen, wenn ihm das lieb ist oder er in Geldverlegenheiten steckt, aber er darf nicht teurer als die anderen sein.* Und am 17. Juni folgt eine Lobeshymne, als hätte es nie Streit gegeben: *Um Dir wegen des Unterschieds zwischen den Farben von Tanguy und Tasset zu antworten: Bei Farben gibt es genausoviel Mancherei wie bei Weinen! Aber wie soll man das richtig beurteilen, wenn man, wie ich, nicht Chemie studiert hat. Trotzdem finde ich es gut, dass Du bei Tanguy, der sich außerordentlich viel Mühe mit uns gibt und seine Zeit daran setzt, die Bilder, die auf seiner Mansarde stehen, zu verpacken und abzusenden, Farben kaufst, ob sie nun gut oder ein bisschen schlechter sind als andere. Das ist nur recht und billig. Was er aber von einem Unterschied der Tuben redet, ist, ich wiederhole es, reine Einbildung. Wir gehen zu Tasset, weil seine Farben im allgemeinen weniger fade sind; trotzdem ist dieser Unterschied gering. Wenn Tanguy sich bemüht, die Bilder, die bei ihm untergestellt sind, zu verpacken, dann soll er auch die Farbenbestellung bekommen.*

Als Tanguy 1894 in Armut stirbt, hinterlässt er einen Schatz an Bildern: Cézanne, Monet, van Gogh, Gauguin, Sisley – sie alle werden als »Lagervorrat« billig versteigert. Vollard hält sich schadlos und ersteigert fünf Bilder von Cézanne für insgesamt 900 Francs. Nach der Auktion muss er dem Taxator Paul Chevalier, der ihn zu seinem Mut beglückwünscht, gestehen, dass er diese Summe gar nicht besitzt, worauf der generöse Mensch abwinkt, dann werde er eben bezahlen, wenn er das Geld habe.

Viviane Forrester notiert über den seltsamen Farbenhändler: »Tanguy, der genauso visionär ist wie seine arroganten Schützlinge. Tanguy mit seiner so seltenen Stärke, ein Leben geführt zu haben, das zu ihm passte!«

Die feindliche Stadt

In Paris merkt Vincent schnell: er ist zu schwerfällig. Als Mensch und Maler. Seine Farben sind wirklich schmutzig, da schluckt die Erde das Licht, statt dass das Licht die Erde durchdringt. Das muss anders werden. Seine Palette wird bunter. Er probt den Impressionismus.

Es soll mehr Farbe, mehr Licht in seine Bilder. Er malt sich nun auch immer wieder selbst: ein Chronist der eigenen fortgesetzten

Zerstörung. Denn er lebt weiterhin auf Verschleiß, arbeitet wie besessen, trinkt und versucht auch schon mal seine Bilder an Theo vorbei auszustellen, egal wo. Er träumt von einer Künstlergenossenschaft, die ihre Bilder – ohne »Tulpenhandel« – zu jenen Menschen bringt, die sie zum Leben brauchen. Vergebliche Anstrengungen. Von Paris nach Arles zieht er dann auch, um den Malercliquen, dem ganzen Inzestgetue der Szene zu entgehen. Es ist wie immer: Er sucht die Gemeinschaft – und hält sie dann doch nicht aus: *Und dann ziehe ich mich irgendwohin in den Süden zurück, damit ich nicht so viele Maler zu sehen brauche, die mir als Menschen zuwider sind.*

In Paris, wo er alle Malstile durchprobiert, sehen seine Bilder plötzlich nicht mehr nach ihm selber aus, sondern wie Kopien von Seurat oder Monet. Er, der nie lernt, wenn man ihm sagt, was er zu lernen habe, begegnet in Paris einer neuen Art zu malen, die aus einer neuen Art zu sehen resultiert. Intensive Erfahrungen, die er in dieser Stadt jedoch nicht fruchtbar machen kann.

Erst in Arles wird er mit dem, was er hier in sich aufgenommen hat, etwas Eigenes anfangen können. Paris, das ist ein illuminierter Moloch, ein großstädtischer Schmelztiegel, wie man ihn bisher nicht kannte. Es herrscht ein anderer Rhythmus des Lebens, ein anderes Tempo. Hier leuchtet auch nachts ein Licht, das von irrer Künstlichkeit zeugt. Die Kontraste wirken härter.

In Paris wird Vincent im Sommer 1887 fast zeitgleich so gegensätzliche Bilder malen wie »Kornfeld mit Lerche« und »Das Fest des 14. Juli«. Über ersteres wird Antonin Artaud schreiben: »Ein Stück Kornfeld im Winde, seitwärts gekrümmt und darüber die Flügel eines einzigen Vogels wie ein Komma gesetzt; wo ist der Maler, der, ohne ausschließlich Maler zu sein, gleich van Gogh den Mut hätte haben können, ein Motiv von einer solch entwaffnenden Schlichtheit in Angriff zu nehmen?« Gegen diesen bis zur Zartheit einfachen Blick auf ein Kornfeld erscheint das zweite Bild in seiner expressiven Derbheit geradezu brutal. »Das Fest des 14. Juli« tritt vor den Betrachter, als gelte es die letzten Bastionen etablierter Kunst zu schleifen.

Ein zerrissener Himmel aus dicken roten, blauen und weißen Pinselstrichen fällt schwer auf die Menschen der Straßen hinab. Vincents erstes expressionistisches Bild, ein Ausbruch an Ausdruckswillen – inspiriert von Monticelli, wie der pastose Farbauftrag verrät. In beiden Bildern zeigt sich, wie dicht Gewalt und Zartheit bei Vincent nebeneinander liegen. Wie eruptiv, wie hypersensibel er reagiert und wie aggressiv, geradezu gewalttätig diese Reaktionen ausfallen können – um im nächsten Moment wieder ganz demütig und zurückgenommen aufzutreten.

Vincent fühlt sich seinem Idol, dessen Bilder er in Paris entdeckt hat, immer ähnlicher: Monticelli aus Marseille. Das ist einer, der sich in die Tiefe der Dinge träumt und Krusten von Farben über sein Bild legt wie Schorf über eine Wunde. Dabei trinkt er sich in die Gosse.

Vincent fühlt, er wird nach zwei Jahren Paris noch einmal von vorn anfangen müssen. Wieder aufs Land, das er besser versteht als die Großstadt. Wieder einmal ist er völlig ausgebrannt: *Meine Abenteuer beschränken sich vor allem darauf, dass ich mich schnell zu einem alten Männlein auswachse, Du weißt schon, mit Falten und Runzeln und einem Strubbelbart und einer Menge falscher Zähne usw. Aber was schadet das schon; ich habe einen dreckigen, ärgerlichen Beruf, das Malen ...*

Siebentes Kapitel
Arles
(21. Februar 1888 - 3. Mai 1889)

Flucht in den Süden

Am 20. Februar 1888 kommt Vincent in Arles an. Der Landmensch flieht vor dem Pariser Winter, den er nicht erträgt – in den sonnigen Süden Frankreichs. Kurz vor seiner Abreise gehen die Brüder in die Oper, um Wagner zu hören – und nun fühlt Theo sich sehr verlassen.

Der erste Brief, den Vincent am Tag nach seiner Ankunft schreibt – fünfzehn Stunden dauert die Zugreise –, enthält bereits eine erhebliche Korrektur am Bild vom sonnigen Süden: *Nun will ich Dir erzählen, dass hier zu meinem Empfang überall 60 cm hoch Schnee liegt, und es schneit noch immer.* Arles hat zu Vincents Begrüßung den kältesten Winter seit achtzehn Jahren parat. Zwei Wochen lang kommt er überhaupt nicht zum Malen. Sein erstes Fazit: *hier friert es Stein und Bein.*

Ab jetzt wird Vincent an Theo nicht mehr auf Holländisch, sondern auf Französisch schreiben. Er ist nicht enttäuscht, denn das wichtigste: es gibt Neues zu sehen, unbekannte Landschaften zu entdecken. *Hier in Arles scheint das Land flach. Ich habe schon großartige rote Plätze gesehen, bepflanzt mit Weinstöcken, im Hintergrund Berge vom feinsten Lila, und dieses Land im Schnee mit den weißen Spitzen gegen einen Himmel, der ebenso leuchtend ist wie der Schnee, erinnert ganz an die Winterlandschaften der Japaner.*

In der Provence also findet er nun sein Japan, verbinden sich Licht und Farbigkeit mit Formstrenge. An Theo schreibt er: *Warum im Süden bleiben, selbst wenn es mehr kostet? Sieh mal, man liebt die japanische Malerei, man steht jetzt unter ihrem Einfluss, das ist allen Impressionisten gemein, und wer ginge da nicht nach Japan, das will heißen, in den Süden, der einen durchaus für Japan entschädigt? Ich glaube jedenfalls, dass nach allem Bisherigen die Zukunft der neuen Kunst im Süden liegt.*

Der unerwartete Schnee kann seiner Euphorie nichts anhaben, denn es ist die Euphorie eines Neuanfangs: *Die Studien, die ich gemacht habe, sind eine alte Arlesierin, eine Landschaft mit Schnee, ein Stück Bürgersteig mit einem Fleischerladen. Die Frauen sind hier sehr hübsch. Das ist kein Schwindel. Dagegen ist das Museum von Arles schauderhaft, wirklich ein Schwindel ...*

Paris ist nun fern, auch wenn die Wut auf die dortigen Kunsthändler bleibt, vor allem das Haus, für das Theo tätig ist: Boussod & Valadon, die Nachfolger Goupils. Theo leitet eine Dependance der Hauptfiliale auf dem Montmartre, wo er in der oberen Etage (und nur dort!) auch einige Arbeiten von Impressionisten zeigen darf. Für Vincent aber ist das ein fauler Kompromiss, denn im Erdgeschoss versammelt sich dekorativer Müll. Was hat in den Augen der Welt einen Wert und was nicht?

Diese Frage lässt Vincent nicht los. Und selbst ein so kluger Kunsthändler wie Theo, der doch zu unterscheiden vermag, spielt das üble Spiel mit, zieht aus dem schlechten Geschmack, der herrscht, seinen Profit. Daran reibt sich Vincent jeden Tag neu. Auch Tersteeg, der ihn so offen geringschätzt, lässt ihn nicht los. Doch die Distanz tut gut, sie macht den Ekstatiker in diesen Dingen vorerst etwas gelassener, seine Sinne sind ganz auf die neue Umgebung gerichtet: *In Paris ist man immer schmerzdurchwühlt wie ein Droschkengaul ...*

Nun in Arles, der südfranzösischen Kleinstadt mit damals 23.000 Einwohnern, soll alles anders werden. Vincent träumt den Traum von der Künstlerkolonie: *Und dann hoffe ich, dass auch noch andere Künstler in dieser schönen Gegend auftauchen werden um das zu machen, was die Japaner mit ihrer Landschaft fertiggebracht haben ... Ich zweifle nicht daran, dass ich die Landschaft hier immer lieben werde. Das ist wie mit den Japan-Drucken. Liebt man sie einmal, dann kommt* man nicht mehr davon los. Bilder, die er bewundert, das sind für Vincent Überlebensmittel. An Theo: *Deine Wohnung wäre auch nicht das, was sie ist, ohne die Japaner, die dort hängen.*

Explosionsartig bricht dann im März der südliche Frühling herein. Im Frühjahr fühlt sich Vincent, der den lichtarmen Winter hasst, ohnehin immer wie ein von den Toten Auferstandener – und nun diese Überfülle von Aufbruch überall. Die Mandelblüte verzaubert ihn, ja, es beginnt in ihm selbst zu blühen: *Hier werde ich immer mehr wie ein japanischer Maler leben, ganz in der Natur, und ein kleiner Bürger bleiben. Du merkst also wohl, dass dies etwas anderes ist als das Leben der Dekadenten. Wenn ich alt genug werde, dann werde ich vielleicht so etwas wie Vater Tanguy.* Er lebt seinen Malrausch aus, ein Bild von blühenden Obstgärten folgt dem anderen.

In all seinen Ekstasen bleibt er doch immer nüchtern genug, sein Lieblingsprojekt weiterzuverfolgen, jene Künstlergenossenschaft, die sich vom »Tulpenhandel« frei macht. Ein solcher Schutzbund gleichgesinnter Künstler ist für Vincent von elementarer Bedeutung für die Zukunft der Kunst überhaupt. Und ist sie denn nicht tatsächlich eingetreten, jene Börsialisierung der Kunst als reines Spekulationsobjekt, die Vincent befürchtete, auch wenn er sich wohl kaum deren Ausmaß vorstellen konnte?

Doch eine Ahnung von dem, was mit Kunst in den Händen geldgieriger Händler passiert, hat er bereits gehabt: *Entweder werden die Künstler ihre Arbeiten zu einem Spottpreis den heutigen Händlern geben, oder sie vereinigen sich und wählen selber kluge Vertreter, die keine Wucherer sind.*

Allerdings, Vincent, der orgiastische Maler, dem malend die Welt versinkt und in seinen Bildern wieder aufersteht, trägt immer auch den »van Gogh« in sich. Etwas an ihm bleibt nüchtern kalkulierend, von einem lebenstüchtigen Pragmatismus, bei dem man sich wundert, warum er sich überhaupt dem Diktat des jüngeren Bruders unterordnet. So fragt er Theo, was er vom Tod Kaiser Wilhelms halte und schließt die Überlegung an: *Und wie wird sich das alles auf den Kunsthandel auswirken? Wie ich lese, war anscheinend davon die Rede, in Amerika den Einfuhrzoll für Bilder abzuschaffen. Stimmt das?* Das Bild als Wertanlage, die Zukunft hat, diese Überlegung war Vincent ebenso vertraut wie Theo. Bereits in Paris begannen sie Bilder von solchen Malern zu sammeln (mit ihnen zu tauschen!), an deren Wert sie glaubten. Weltfremd also waren sie – wie alle van Goghs – keineswegs.

Aus Arles gratuliert Vincent dem Bruder zum Ankauf eines Bildes von Seurat. Immer noch beschäftigt Vincent nichts so sehr wie die Reorganisation des Kunstmarktes. Sein Ziel: die Maler selber sollen vom Verkauf ihrer Bilder profitieren. Wenn die inzwischen auf dem Markt bereits ein wenig erfolgreichen Impressionisten wie Degas, Monet oder Pissaro nur zehn ihrer Bilder in einen gemeinsamen Fonds als »Vereinseigentum« geben würden, werteten sie damit den gesamten »Bilder-Fonds« der Malervereinigung auf. Sie behielten, so Vincent, ihr Prestige *und die anderen könnten ihnen nicht mehr vorwerfen, dass sie die Vorteile ihrer Berühmtheit allein genießen ...* Nur, warum sollten die inzwischen Erfolgreicheren unter den neuen Malern das tun?

Vincent glaubt unbeirrt, trotz aller gegenteiligen Erfahrungen, an den solidarischen Künstler. Das ist seine Utopie, die ihn zu einem malenden Bruder Franziskus macht.

Nachdem die allererste Euphorie vom Süden verflogen ist, stellen sich die alten Nöte wieder ein. Überhaupt: als Stadt wirkt Arles, auch auf andere Besucher, wenig anziehend. So notiert Benno J. Stokvis 1929: »Arles ist eine kleine tote Stadt mit engen, gewundenen, holprig gepflasterten Gassen, mit kleinen, sonnigen Plätzen, mit den Ruinen einer Arena und eines römischen Theaters, eine Stadt, deren malerische Winkel Vincent merkwürdigerweise niemals wiedergegeben hat. Überall fällt der Schmutz in die Augen, gegen den kaum angekämpft wird, und mit einigem Recht konnte Gauguin von Arles als von der schmutzigsten Stadt des ganzen Südens sprechen.« Ob Vincent, der für seine Unordnung berüchtig ist, das stört? Eher reibt er sich an dem Kleinstadtgeist auf, der sich in der Erinnerung eines Einwohners von Arles spiegelt: »Er war immer ärmlich gekleidet, in einem viel zu weiten Kittel, er pflegte den ganzen Tag über fortzubleiben, irgendwo draußen beim Malen. Er war wie besessen von seiner Arbeit und kümmerte sich um keinen Menschen. Wenn der Wind oder die Sonne ihn am Arbeiten hinderten, ging er in die verrufenen Häuser. Die anständigen Leute grüßten ihn nicht und hüteten sich, mit ihm zu verkehren.« Eine Redensart formuliert bauernschlau und grob zugleich die ländliche Sicht auf Vincents ungewöhnliche Existenz: »Ja, ja, den Malern geht's wie den Schweinen, man kennt sie erst, wenn sie tot sind.«

Vincent arbeitet – begafft von den Kleinbürgern, die im Süden auch nicht toleranter als im Norden sind – wie ein Besessener, aber sein Körper hält solche Ausnahmezustände nicht mehr aus. Zumal er sich sofort wieder Streit auflädt. In dem Hotel Carrel in der rue Cavalerie verlangt man fünf Francs pro Nacht; die Rechnung, die er bekommt, ist eine richtige Touristenrechnung. So etwas erbittert Vincent. Er verklagt den Hotelier, bekommt auf Anordnung des Friedensrichters ganze 12 Francs von der Rechnung zurückerstattet, das hätte er sich sparen können. Aber ein: *So lasse ich mich nicht behandeln*, peitscht sein cholerisches Naturell beim kleinsten Anlass in die Höhe. Theo schildert er das alles minutiös, auch um dem Bruder zu beweisen, dass er mit seinem (Theos!) Geld nicht leichtsinnig umgeht. Trotzdem ist es das alte Lied: er braucht mehr Geld als geplant.

Arles ist teuer und je mehr er malt, desto mehr Farbe verbraucht er. Oh wäre doch der großzügig Kredit gebende Vater Tanguy jetzt da! Nach den schlechten Erfahrungen in seinem Hotel beschließt er, sich etwas Eigenes zu suchen, wo er auch so etwas wie ein Atelier einrichten kann. Davon muss er Theo nun überzeugen. Immer weitere Ausgaben sind nötig, die Vincent mit den alten Durchhalteparolen einfordert: *Deshalb (obwohl ich sehr darüber besorgt bin, dass die Ausgaben so groß sind und die Bilder nichts einbringen), deshalb zweifle ich auch nicht an einem endlichen Erfolg dieses gewagten Unternehmens, das mein Aufenthalt im Süden eigentlich ist.* Hier sehe er Neues und lerne seinen Körper mit Vorsicht zu behandeln.

Und nun kommt sie, die arge Zumutung für die Reisekasse: *Ich wünschte aus vielen Gründen sehr, ein kleines Häuschen zu haben, das im Falle der Erschöpfung dazu dienen sollte, die armen Pariser Droschkengäule wieder herzustellen, nämlich Dich und mehrere von unseren Freunden, den armen Impressionisten.*

Auch in Arles wird er wieder ein regelmäßiger Bordellbesucher, obwohl ihm die Mädchen in Arles nicht so recht zusagen. Sie haben, genauso wie die anderen Bewohner der Provinz, ein Misstrauen gegen den Fremden, diesen komischen Kauz aus Paris, der immer auf der Suche nach Modellen ist. Aber für solche zwielichtigen Sachen sind sie sich zu gut. Vincent fühlt sich hier – anders als in Paris, wo er viele Freunde hatte – wieder völlig fremd und isoliert, sogar beargwöhnt. In Arles sind Zuaven, Soldaten nordafrikanischer Herkunft, stationiert. Mit einigen wenigen von ihnen wird sich Vincent anfreunden, wie dem 25-jährigen Zuavenleutnant Paul Millet, den er im Zeichnen unterrichtet. Vincent malt sein Porträt, das der Leutnant für »nicht sehr gut gelungen hält«.

Ansonsten ist alles wieder wie vor Paris. Selbst die Briefe an Theo klingen wieder so: *Soll ich Dir die Wahrheit sagen und gestehen, dass auch die Menschen hier, die Zuaven, die Bordelle, die entzückenden kleinen Arlesierinnen, die zur ersten Kommunion gehen, der Priester im Chorhemd, dick und bedrohlich wie ein Nashorn, die Absinthtrinker, mir ebenso aus einer anderen Welt zu sein scheinen?*

Schnell jedoch hat sich Vincent die Sensationslust auf Provinzniveau zu eigen gemacht – er ist ja selbst ein Kind der Provinz, der Überschaubarkeiten. Vor einem Bordell haben Italiener zwei Zuaven getötet: *Das Resultat war jedenfalls, dass alle Italiener und Italienerinnen, einschließlich der Savoyerknaben, die Stadt verlassen mussten.*

Er selbst überlegt auch, ob er Arles nicht bald wieder verlassen solle und es klingt ungewohnt demütig, wenn er bei Theo anfragt, was dieser ihm rate: *willst Du, dass ich jetzt nach Marseille gehe, oder vielmehr, fändest Du es vernünftiger? Ich könnte dort eine Reihe von Seebildern malen wie hier die Baumbilder.* Marseille, das ist immerhin die Stadt, in der seine in Paris neu entdeckte Sonne, um die er ehrfürchtig kreist, gerade gestorben ist: Monticelli. Aber eigentlich will er gar nicht nach Marseille, sondern sich hier anders, fester einrichten: mit einer eigenen Wohnung.

Die ersten der über 200 Gemälde, die er in den nächsten 15 Monaten hier malen wird, schickt er nach Paris. Er signiert sie immer mit »Vincent« und korrigiert Theo, der ihn in den Katalog der Ausstellung »Indépendants« mit seinem Familiennamen aufgenommen hatte, *wegen des höchst bedeutsamen Umstandes, dass man diesen letzten Namen hier nicht aussprechen kann.*

Hätte er aus Arles fortgehen sollen? Er spürt schnell das Leichensüße dieser Stadt, die gar nichts vom »leichten Süden« an sich hat. Der Odem Arles' zieht ihn zugleich an und stößt ihn ab. Die Provence, in die Vincent van Gogh kommt, ist eine vergessene Landschaft. Bewegte Zeiten liegen hinter ihr, die Erinnerung an eine jahrhundertelang umkämpfte Kulturlandschaft hat sich in ihr Relief geprägt. Cäsar kämpfte hier gegen das griechische Marseille. Bis ins Mittelalter war Arles dann die Totenstadt Europas. Petrus sandte den Heiligen Trophime in die Provence, wo er starb und nun wollten viele Gläubige in der Nähe des Heiligen bestattet werden.

Zu diesem Zweck wurden sie auf der Rhone transportiert: in Fässern, in Salz eingelegt, mit einem Stück Gold zwischen den Zähnen. In Arles zogen Mönche die Fässer mit den Toten an Land. So entstand eine riesige Totenstadt in Arles, ein Friedhof von europäischem Ausmaß. Im 10. Jahrhundert wird die Nekropole aufgelöst – aber der Mythos bleibt. Deutlicher als je zuvor sieht Vincent die Grundsymbole seiner Existenz vor sich: »Sämann« und »Schnitter«.

Arles verstärkt das feindliche Zugleich in Vincent. Den Maler führt diese Stadt zum Durchbruch in eine neue Bilderwelt – den Menschen jedoch in den Zusammenbruch. Sehr bald spürt er, dass er sein Bild vom Süden korrigieren muss: *Die Nachlässigkeit, das dolce far niente der Leute hier ist namenlos, und man wird in den kleinsten Dingen behindert … Ich finde hier nicht die südliche Heiterkeit, von der Daudet spricht, im Gegenteil, eine abgeschmackte Süßlichkeit, eine schmutzige Gleichgültigkeit, aber das tut nichts, das Land ist schön.* Manches erinnert ihn plötzlich an Holland – abgesehen von der Farbe; aber dieser Süden von Arles ist eben nicht leicht, er ist schwer. Vincent irritiert das und in dieser Irritation beginnt ein neues Sehen: *Was mich wundert, ist der Mangel an Blumen, auch gibt es keine Kornblumen und ganz selten Klatschmohn.*

Tartarin von Tarascon

Theo ist es, der in einem Brief an Vincent zum ersten Mal über ein Buch von Alphonse Daudet schreibt. Vincent dagegen bevorzugt zu dieser Zeit, 1877 in Amsterdam, immer noch religiöse Texte und antwortet dem Bruder nur kurz, er kenne das betreffende Buch nicht. In den kommenden Jahren wird sich das umkehren: immer wieder berichtet Vincent dem Bruder über seine Daudet-Lektüre. So findet er an »Sappho« schön und großartig wie die *Frauenfigur lebt und atmet.*

Ein Aufsatz von Daudet bringt ihm Turgenjew nahe. Ob Zola, die Goncourts, Turgenjew oder Daudet, an ihnen allen bewundert er, dass sie *nicht ohne Ziel, nicht ohne einen Blick zum anderen Ufer hin* arbeiten: *Doch alle – und dies mit Recht – vermeiden es, Utopien zu prophezeien, und sind in gewisser Weise Pessimisten, nämlich deshalb, weil man bei der Analyse der Geschichte unseres Jahrhunderts mit Entsetzen sieht, wie die Revolutionen ausarten, und wenn sie noch so edelmütig beginnen. Weißt Du, woran man eine Stütze hat? – Wenn man mit seinen Gefühlen und Gedanken nicht immer allein zu leben braucht, wenn man mit einer Gruppe Menschen zusammen arbeitet und denkt.* Als Vincent das schreibt, ist er bereits gedanklich in Paris. Er will die Provinz zurücklassen, auch in seinen Bildern. Aber was er hier schreibt, das weist bereits über Paris hinaus.

So beginnt die südliche Vision einer Künstlerkommune aufzuscheinen. Den Antrieb, sich tatsächlich in Bewegung zu setzen, hat er aus den Büchern, die er nun – anstelle der religiösen Erbauungsliteratur – liest: *Die Bücher von heute, seit Balzac, sind doch anders als alles, was in früheren Jahrhunderten geschrieben worden ist – und vielleicht schöner. Ich habe gerade deshalb großes Verlangen nach Turgenjew, weil ich einen Aufsatz von Daudet über ihn gelesen habe, in dem sowohl er als Charakter als auch seine Werke analysiert werden – außerordentlich schön. Denn er ist als Mensch ein Vorbild und war, was das u n a b l ä s s i g e   A r b e i t e n betrifft, das Unzufriedensein mit sich selbst und das Streben, es immer besser und besser zu machen, auch in seinen alten Tagen noch immer jung.*

Daudet erzählt eine Don-Quijote-Geschichte von einem, der aus Tarascon (unweit von Arles) auszog, einen Löwen zu erlegen. Motto: »Der Südländer lügt nicht – er täuscht sich. Er spricht nicht immer die Wahrheit, aber er glaubt, sie zu sprechen. Seine Lüge ist für ihn keine Lüge, sondern eine Art Selbsttäuschung ... Der einzige Lügner im Süden, wenn es überhaupt einen gibt, ist die Sonne. Was sie bestrahlt, wirkt übertrieben! Was war Sparta zur Zeit seines Glanzes? Ein Marktflecken. Und was war Athen? Eine Kreisstadt; dennoch erscheinen sie uns in der Geschichte wie Riesenstädte. Das hat die Sonne angestellt.«

Die Geschichte von Tartarin, dem »wackeren Kleinrentner aus Tarascon«, der, weil er zu oft von der Löwenjagd sprach, auch irgendwann – sehr gegen sein zu Bequemlichkeit neigendes Naturell – nach Algerien aufbrechen muss, hat Vincent Lust auf Südfrankreich gemacht. Eine heitere Gegend, die inspiriert, so erhoffte er es sich. Nun sitzt die Enttäuschung umso tiefer.

Das Land und seine ihn mit ihrem dolce far niente bald bis aufs Blut reizenden Bewohner, bleiben Vincent fremd. Doch Daudets Tartarin liebt er und vergleicht ihn mit Voltaires Candide. Theo empfiehlt er, den Tartarin zu lesen, denn das wäre *eine gute Schulung*, um Gauguin zu verstehen.

In diesem Brief an Theo vom 17. Januar 1889 zeigt sich Vincents vom psychischen Zusammenbruch ungetrübte Urteilskraft, wenn er über Gauguin schreibt: *Er ist körperlich stärker als wir, seine Leidenschaften müssen auch stärker sein als die unseren; er ist Familienvater, hat eine Frau und seine Kinder in Dänemark sitzen und will doch zugleich von einem Ende der Welt ans andere – nach Martinique.* Das entspricht nicht ganz Daudets Charakterisierung Tartarins: »Tartarins Körper war der eines behäbigen Spießers, sehr fett, sehr schwer, sehr empfindlich, sehr verwöhnt, wehleidig, mit bürgerlichen Gelüsten und häuslichen Ansprüchen – mit einem Wort, er hatte die dicke kurzbeinige Gestalt des unsterblichen Sancho Pansa. Don Quijote und Sancho Pansa in einer Person!«

Dieses Zugleich des sich Ausschließenden, der schroffe Gegensatz, der das Zusammengehören noch des scheinbar Unzusammengehörigen demonstriert, fasziniert Vincent. Tartarin begegnet auf seiner Löwenjagd in Algerien, wo das moderne Leben des 19. Jahrhunderts genauso wie in Südfrankreich Einzug gehalten hat, auch einer Postkutsche, die, nach dem Bau der Eisenbahn in Tarascon ausgemustert, hier in derangiertem Zustand ihre letzten Fahrten unternimmt. Tartarin kann sich noch gut an sie erinnern und so begegnet er ausgerechnet in einem entlegenen Teil Algeriens seiner eigenen Vergangenheit. Die Postkutsche erzählt dem ermüdeten Zivilisationflüchtling Tartarin mit »heiserer, gebrochener, krächzender Stimme einer alten Hexe ihre traurige Lebensgeschichte«.

Und Vincent, dem Daudets »Tartarin« zur neuen Bibel des Südens geworden ist, malt im Herbst 1888 die Postkutsche, der Tartarin begegnete. »Service de Tarascon« kann man noch, fast schon verblichen, auf der roten Karosse lesen. Ein poetischer Abgesang in

Gelb, Rot und Grün auf eine längst vergangene Epoche, deren traurige Reste hier verlassen dastehen und bei deren Anblick man nicht mehr an fröhlichen Peitschenknall, Posthorn und Morgenglanz über geöltem Verdeck denkt, sondern nur noch eine wehmütige Trauer empfindet.

Mit der Postkutsche reiste Goethe und mit ihm ein ganzes Zeitalter nach Italien, aus ihrer Perspektive, aus ihrem Tempo heraus wurde Geschichte geschrieben – vorbei, abgelegt in der Rubrik Anekdote. Und Vincent wird in einem Brief an Theo vom 10. September 1889 resümieren: *Mein lieber Bruder, Du weißt, warum ich in den Süden gegangen bin und aus welchem Grund ich so besessen gearbeitet habe. Ich wollte ein anderes Licht sehen und glaubte, dass man unter einem klaren Himmel die Natur besser verstehen, ruhiger empfinden, wiedergeben und zeichnen könne. Schließlich wollte ich eine stärkere Sonne sehen, weil ich fühlte, dass ich sonst nicht imstande wäre, die Technik von Delacroix zu verstehen, und weil ich sah, wie verschleiert die Farben des Prismas im nordischen Nebel sind. Dies bleibt auch noch wahr, wenn man die spätere Herzensneigung zum Süden hinzuzählt, wie sie Daudet im ›Tartarin‹ darstellt ...*

Das »gelbe Haus«

Im Mai mietet Vincent sich eine Haushälfte am Place Lamartine. Es kostet ihn nur 15 Francs im Monat – und nun hat er endlich auch Platz für seine Leinwände und Farben. Euphorisch berichtet er Theo über sein neues Domizil, das aus zwei Zimmern und zwei Kammern besteht: *Das Haus ist gelb verputzt und im Innern kalkweiß, sehr sonnig.* Hier wird er endlich unabhängig von den *Schikanen der Gastwirte sein, die mich verstimmen und einen zugrunde richten können.*

Dieses-Sich-Einrichten im eigenen Haus – in dem er den Traum von der Malerkommune zu leben hofft – lässt ihn sein Fieber, seine

Zahnschmerzen und den schwachen Magen vergessen: *Du verstehst, außen gelb, innen weiß, voller Sonne, ich werde meine Bilder also endlich in einem ganz hellen Raum sehen. Der Fußboden ist aus roten Ziegeln; draußen auf dem Platz der Garten, von dem Du noch zwei Zeichnungen bekommst.* Und doch bleiben die Sorgen, vor allem die, dass Theo – wozu er ihn ja selbst gedrängt hat – nun wirklich seine Stellung bei Goupil aufgeben könnte und die Ungewissheit einer selbstständigen Existenz wählt: *Ich glaube, wenn Du Deine Stelle aufgibst, müsste ich mich darauf einstellen, nicht mehr als 150 Francs monatlich zu brauchen.* Vincent arbeitet auch deshalb so unermüdlich, um endlich seine Bilder verkaufen zu können. Er weiß, sie sind besser als die, die er in Paris malte – und wenn er es mit diesen Bildern nicht schafft, dann nie.

Die Wohnung hat eine Wasserleitung, wie er stolz nach Paris vermeldet, aber was ihm fehlt, ist ein Bett. Das ist wieder ein Problem, mit dem er den Bruder behelligen muss: *Gestern bin ich in einer Möbelhandlung gewesen, um zu sehen, ob ich ein Bett usw. leihen könnte. Aber leider verleihen die Leute nichts und haben es sogar abgelehnt, gegen Monatszahlungen zu verkaufen.* Bei solchen Nöten eines Mannes von Mitte dreißig, ist es verständlich, dass er nicht zur Ruhe kommt. Wie konnte einer wie Monticelli, der in Marseille an Alkoholismus zugrunde ging, das überhaupt aushalten? *Monticelli war, glaube ich, von kräftigerer Gesundheit als ich.*

Da ist es unbedingt ein Fortschritt, dass er aus Paris fort ist, wo auch er viel zu viel trank, zu viel rauchte, zu viel in Cafés saß, zu viel redete – und am Ende befürchtete, einen Schlaganfall zu bekommen: *Du lieber Himmel, was für Verzweiflungen und wieviel Mattigkeit fühlte ich damals.* Nein, er gehört nicht in die Großstadt, sondern aufs Land. Er muss sehen, was wächst und stirbt, muss draußen unter freiem Himmel sein, um zu malen.

In Paris hatte Vincent noch Gruby, Heines alten Arzt, konsultiert, und der hatte ihm den Rat gegeben, an den er nun Theo erinnert, der ebenfalls immer kränker wird: *Gut essen, gut leben, sich wenig um die*

Frauen kümmern, mit einem Wort, schon im Voraus so leben, als wenn man bereits eine schwere Nervenerkrankung hätte, abgesehen von der Nervosität, die wir tatsächlich haben.

Immer stärker rückt bei Vincent die Sorge in den Vordergrund, sein Körper könnte nicht mehr stark genug sein für den Neuanfang, den er hier mit allen Mitteln versucht. Wenn er dennoch gelingt, dann nur bei äußerster Disziplin der Lebensführung. Alle zwei Wochen ins Bordell und sonst leben wie die Mönche, das ist noch immer seine Devise für maßvolles Leben. Schon ein einziger Cognac macht ihn betrunken, er verträgt nichts mehr. Letzte Warnungen seines malträtierten Körpers. Und Vincent ist gewillt, auf ihn zu hören: *Wenn wir aber leben und arbeiten wollen, heißt es, vorsichtig sein und sich pflegen. Kaltes Wasser, frische Luft, einfache und gute Nahrung, vernünftige Kleider und richtigen Schlaf und vor allem keine Dummheiten machen, sich nicht von den Frauen und dem wahren Leben verleiten lassen, wie man das gerne möchte.* Nein, Naturalismus ist es nicht, was Vincent hier vor Augen hat. Er muss sehen und mit allen Fasern spüren, was er malen will – aber die äußeren Bilder, die gehen einen weiten Weg in sein Inneres, sinken tief hinab und steigen dann wieder herauf, als symbolische Verdichtungen des Gesehenen. Wenn sie sich zeigen, dann wie die Visionen einen religiösen Ekstatikers. Arles kann abstoßend sein: *Schmutzig ist diese Stadt mit den alten Straßen!* Aber das passt zu seiner Arbeit, die auch eine schmutzige ist.

Die Frage quält ihn, ob das, was er macht, überhaupt einen Wert besitzt. Sein Sendungsbewusstsein, auf das er sich bisher immer verlassen konnte, ist beschädigt. Gewiss, er hat eine Vorstellung von der Malerei der Zukunft, aber ist er selbst *so ein Kolorist, wie es ihn noch nicht gegeben hat?* Die Skepsis beginnt in dem geschwächten Körper zu nagen, wenn er allein ist – und das ist er hier im Unterschied zu Paris ja nun wieder oft. Dann beginnen auch die immer gleichen zerstörerischen Gedanken in ihm zu kreisen: *Diesen Maler der Zukunft – ich kann mir nicht vorstellen, dass er sich in so kleinen Kneipen her-*

umtreibt, ein paar falsche Backenzähne hat und in Zuavenbordells geht wie ich.

»Ich denke ungeheuer viel an Monticelli.«

Meier-Graefe notiert 1904 in seiner »Entwicklungsgeschichte der modernen Kunst«: »Als Delacroix verschwand, war die Tragik nicht so groß. Die Romantik stürzte nicht mit dem Getöse einer Palastrevolution, sondern weil der König keine Nachkommen hatte und das Volk keinen anderen gesalbt hatte.« Einen vielleicht doch, aber das war jemand, dessen Licht eher im Verborgenen leuchtete: Monticelli.

Wahrscheinlich geht Vincent auf seiner Pilgerreise zur Sonne nach Arles, weil es nahe bei Marseille liegt. Dort hatte Adolphe Monticelli gelebt und war kurz zuvor im Jahr 1886 gestorben.

Vincent besitzt die Fähigkeit, grenzenlos zu bewundern. Von Außen wirkt das dann oft unverständlich. Aber erkläre man einmal Außenstehenden vernünftig seine Liebe!

Bis nach Marseille traut er sich nicht, zu groß ist die Ehrfurcht. Also macht er in Arles Station, unsicher, ob er hier nun bleiben oder doch weiterfahren soll. Theo bekommt zu hören: *Ich denke ungeheuer viel an Monticelli. Das war ein starker Mensch – ein bisschen oder sogar ganz verrückt – von Sonne und Liebe und Heiterkeit träumend, aber stets von Armut geplagt – ein äußerst raffinierter Geschmack als Kolorist, ein Mann von seltener Art, der die besten Traditionen der Alten fortführte. Er starb in Marseille unter recht traurigen Umständen, wahrscheinlich nachdem er ein wahres Gethsemane durchgemacht hatte. Nun, ich bin sicher, dass ich ihn hier fortsetze, als wäre ich sein Sohn oder sein Bruder ...*

Vincent bewundert an Monticellis Bildern die *Orchestration der Farben*, deren faszinierende Kraft ihn gefangennimmt. Monticelli trägt die Farben dick, wie mit einem Spaten auf. Der pastose Farbauftrag schafft ein Relief – das Bild selbst bekommt damit Züge einer Landschaft. Vincent und Theo besitzen ein Bild von Monticelli, das dieser 1875 malte. Es zeigt eine Blumenvase vor dunklen-braunen Erdtönen vor einem noch dunkleren, fast schon schwarzem Hintergrund. Einige gelbe und rote Blüten sind erkennbar in diesem ansonsten stumpfen Bild, dem jede Leuchtkraft fehlt.

Wie ungewöhnlich aufmerksam muss der Blick eines Betrachters sein, um von diesem Bild so erregt zu werden wie Vincent. Es ist also möglich, die Farbe direkt aus der Tube auf die Leinwand zu drücken! Für diesen Mut, seiner eigenen Natur zu folgen, verehrt er Monticelli. Und Meier-Graefe erkennt noch etwas an ihm, das ihn unvergleichlich macht: »Was sich nicht beschreiben lässt, ist das Immaterielle in diesem groben Material, das Leben zartester Gebilde; eine gehauchte Fantasie ...«

So kommt Vincent nach Arles, in dem Gefühl fortzusetzen, was Monticelli an Erneuerung der Ausdrucksmittel begonnen hatte. Matthias Arnold bemerkt sehr richtig, dass nur die japanischen Holzschnitte einen Monticelli vergleichbaren Einfluss auf Vincent in seiner Zeit im Süden ausübten.

Und doch ist auch etwas Irrationales in der grenzenlosen Bewunderung für Monticelli. Der Name selbst wird ihm zur Verheißung. Ein magischer Name, der für all das steht, was Vincent erreichen will. Dieser einsame Außenseiter, den niemand für wichtig nimmt, der sich für seine Malerei ruiniert – das ist der wahre Künstler, den er anbetet.

An Monticelli geht Vincent das Schwefelgelb der Sonne auf, wie er sie malen wird. Monticellis »pantheistische Freude am Licht« überträgt sich auch auf ihn. Das Geheimnis der Farbe des Südens liegt in seinem Licht nicht verborgen, sondern offen: *Monticelli ist ein Maler, der den Süden in lauter Gelb, in lauter Orange, in lauter Schwefel gemalt hat. Die meisten Maler sehen diese Farben nicht, weil sie keine wirklichen Koloristen sind, und nennen einen Maler verrückt, der mit anderen Augen sieht als sie selber.*

Monticelli lebte eben nicht nur f ü r seinen Traum vom Malen, sondern auf ekstatische Weise i n ihm. Der Traum selbst wird zur Realität – diese Erfahrung überwältigt Vincent.

Am Meer

Anfang Juni beginnt Vincent eine lange Wanderung. Sein Ziel ist das Mittelmeer, das er noch nie gesehen hat. Der Weg durch die Carmargue führt ihn in das dreißig Kilometer von Arles entfernt gelegene Fischerdorf Saintes-Maries-de-la-Mer. Ein Wallfahrtsort für die Zigeuner aus ganz Europa. Diese beten hier zur Heiligen Sara, ihrer Schutzpatronin, die nach der Legende im Jahre 45 n.Chr. als Dienerin der drei Marien an der Provenceküste gelandet war, um zu missionieren. Doch die bunt gekleideten Zigeuner beachtet Vincent kaum. Das Meer überwältigt ihn. Eine besonders transparente Form von Landschaft, in der sich Licht und Farbe immer in Metamorphose befinden: *Das Meer hat eine ständig wechselnde Farbe. Man weiß nie, ist es grün oder lila, man weiß nie, ist es blau, denn eine Sekunde später schon hat die wechselnde Spiegelung einen rosa oder grauen Schimmer angenommen.*

Die Mittelmeerküste erinnert ihn – vielleicht zum ersten Mal im Süden – wieder an Holland. Er denkt an seinen Onkel in Amsterdam, den Hafenkommandanten. Das Boot ist das wohl philosophischste – wie auch poetischste – aller Verkehrsmittel. Mit ihm bewegt man sich im völlig ungesicherten Element. Es verflüssigt gewissermaßen alle festen Vorstellungen vom Woher und Wohin, ist der Inbegriff des Unterwegsseins schlechthin. Und anders als das Flugzeug es später sein wird, ist ein Schiff etwas, auf dem man lang dauernde Reisen unternimmt. Aber nicht dem Meer hilflos ausgesetzt wie ein Schiffbrüchiger auf einem Floß, sondern immer noch als Reisender, der sich auf dem übermächtigen Wasser mit seiner Kunst der Seefahrt behauptet. Das bewundert Vincent und er weiß genau, so sehr

Schiffe auch Symbole des Aufbruchs in die ungewisse Ferne sind, so sind sie es auch für eine glückliche Wiederkehr in den heimatlichen Hafen. Dass er einen solchen nicht besitzt, auch daran erinnern ihn die auf den Strand gezogenen Fischerboote. Rot, blau und grün liegen sie da und sehen auf einmal ebenso holländisch wie japanisch aus. Eines heißt »AMITIÉ«. Kein Hitzebild malt er von ihnen, sondern sehr still und nachdenklich wirken jene Bilder, die er in Saintes-Maries-de-la-Mer malt. Vincents Erinnerung an den Norden, die eine Form des Heimwehs ist, beginnt bereits hier, wie man in seinem Bericht an Theo ahnt: *Der Strand hier ist sandig, ohne Klippen und Felsen wie in Holland, aber es gibt weniger Dünen, und alles ist blauer ... Das Hauptgebäude hinter der alten Kirche ist ein altes Fort, und dann gibt es noch ein paar wenige Häuser wie bei uns in der Heide oder im Moor von Drenthe.*

Neben dem Meer mit Fischerbooten malt er auch die Ansicht von Saintes-Maries. Die Bilder dieser Tage verströmen eine große innere Ruhe, ein Gleichgewicht von Form und Farbe, das sich bei Vincent später so nicht mehr wieder finden wird. Hier und jetzt besitzt er Zutrauen in die eigene Kraft und ist voller Erwartung. Darunter mischt sich Erinnerung. Ein Anflug von Wehmut liegt über diesem Besuch am Meer. All das verstärkt seine Einfühlung in die Küstenlandschaft und lässt ihn die Farbe noch intensiver wahrnehmen – aber diesmal ohne gleichzeitig die Erregung zu steigern. Das Meer beruhigt ihn. Auch Theo muss überrascht gewesen sein, so gelassen, so sehr im inneren Gleichgewicht wie in diesen Tagen dürfte er Vincent noch nie erlebt haben: *Ein sehr schöner Gendarm und auch ein Pfarrer kamen, um mich auszufragen. Die Leute hier sind wohl nicht böswillig, denn selbst der Pfarrer hatte fast das Gesicht eines anständigen Menschen.*

Saintes-Maries gefällt Vincent, hier findet er das Gleichgewicht zwischen seinem holländischen Herkommen und dem selbstgewählten Exil in Südfrankreich. Einen Moment lang herrscht Windstille in Vincents Gemüt, ein Frieden, der ihn hoffen lässt, dass er die schroffen Gegensätze, die er in sich trägt, doch noch zu versöhnen vermag. Es klingt optimistisch, geradezu wie der launige Bericht eine Badegastes, wenn er an Theo berichtet: *Nächste Woche beginnt hier die Badesaison. Die Zahl der Badegäste schwankt zwischen 20 und 50. Ich bleibe bis übermorgen, denn ich habe noch Zeichnungen zu machen. Eine Nacht lang bin ich am verlassenen Strand spazierengegangen, das war nicht fröhlich, aber auch nicht traurig, das war schön.*

Das tiefe Blau des Himmels war mit Wolken von noch tieferem Blau als das Blau des Grundes bedeckt, ein ganz starkes Kobalt, andere wieder waren von einem helleren Blau als die bläuliche Helle der Milchstraße.

Auf diesem blauen Grund funkelten hell die Sterne, grünlich, gelb, weiß, rosa, noch diamantreiner als die kostbarsten Edelsteine hier, leuchtender auch, als die Sterne in Paris leuchten, wie Opale, Lapislazuli, Smaragde, Rubine und Saphire – das muss man schon sagen.

Über das Meer hinweg konnte man weit und tief hinausschauen, die Dünen waren veilchenblau und fuchsrot und doch bleich, mit Buschwerk, auf einer Düne (5 m hoch) das Buschwerk ganz preußischblau.

Welch ein farbiges Sehen, welch Genauigkeit des Ausdrucks auch in der verbalen Übersetzung für den Bruder in Paris. Und wieder zeigt sich, wie bei Vincent sprachlicher (schriftlich, nicht mündlich) und malerischer Ausdruck einander bedingen, ja einander steigern! Was auch Rückschlüsse auf die Bedeutung des Briefwechsels mit Theo bei der Entstehung seiner Bilder zulässt. In Paris war ihr Austausch wegen zu großer räumlicher Nähe gestört – in der Distanz aber fühlen sich die Brüder einander näher als je zuvor.

Warten auf Gauguin

Der Wunsch, mit anderen Malern gemeinsam ein »Atelier des Südens« zu begründen, steigert sich in dem Maße, wie ihn die Einsamkeit in Arles zu quälen beginnt.

Die Hoffnung konzentriert sich immer mehr auf Gauguin. Ebenfalls ein Parisflüchtling, ein Maler-Aussteiger, soeben von einer einjährigen Reise nach Martinique zurückgekehrt, wo er gern länger geblieben wäre, wenn er das Geld dazu gehabt hätte. Theo, Gauguins Galerist, verkauft sogar ab und zu ein Bild von ihm. Nach der Rückkehr aus Martinique stellt Theo seine Bilder in Paris aus. Die Ausstellung wird kein Erfolg. Vielleicht liegt es daran, wie Gauguin die Tropen malt: sehr flächig, fast im Stile naiver Kunst. Gauguin zieht nach Pont-Aven in die Bretagne, wo es eine Art Künstlerkolonie gibt. Dort fühlt er sich wohl, weil ihm etwas aus der Landschaft an *Wildheit und Primitivität* entgegenkommt, um das er gerade in seinen Bildern ringt. Die Gegenwart des Ursprungs bringt ihn in die Nähe eines Symbolismus, der sich zwar an der Natur inspiriert, doch die Bilder aus der Erinnerung malt.

Gauguin, in seinem früheren Leben Börsenmakler, leidet in Pont-Aven unter Geldnot. Wohl nur darum bedenkt er Theos Angebot, nach Südfrankreich zu ziehen. Denn Lust auf eine Künstlerwohngemeinschaft mit Vincent hat er nicht. Doch das ist vielleicht nur eine Frage der Konditionen, die ihm Theo anbietet. Gauguin ist in Gelddingen immer noch ein kühl kalkulierender Geschäftsmann, eine weltmännische Gestalt, die – ganz im Gegensatz zu Vincent – effektvoll aufzutreten versteht.

Der Maler als Mittelpunktmensch. Wenn er doch auch ein wenig so wäre wie Gauguin, dann gelänge ihm bestimmt der Durchbruch auf dem Kunstmarkt. Wenn sie nur gemeinsam arbeiten könnten! Der Gedanke kreist in Vincents Kopf und wird zur Zwangsvorstellung. Alle Hoffnung projiziert er nun auf Gauguin. Was diesen zu ihm hinziehen sollte, außer dem Geld, das von Theo kommt, fragt er sich nicht.

Am Anfang weiß Vincent genau, dass es wohl »sehr gewagt« sei, Gauguin hierher zu holen, aber dann verliebt er sich in den Gedanken. Schließlich beherrscht ihn dieser. Fast täglich fragt er bei Theo nach, wie es mit Gauguins Kommen steht. Wenn er erst da ist, so hofft Vincent, dann wird alles, alles anders.

Die Monate, die Vincent auf Gauguin wartet, werden zu den produktivsten seines Lebens. Das »gelbe Haus« inspiriert ihn. Wie würde es Gauguin wohl am besten gefallen, das ist die Frage, die Vincent in diesen Wochen vor allem beschäftigt. Er schmückt das Haus mit eilig gemalten Bildern: *Da ich hoffe, mit Gauguin in unserem eigenen Atelier zu leben, will ich dafür Dekorationsbilder machen – lauter große Sonnenblumen.*

Er arbeitet überhaupt wie ein Besessener und alles nur, um Gauguin etwas vorzeigen zu können. Aber der lässt sich Zeit. Und Vincent durchwandert alle Höhen und Tiefen der Erwartung: *Wenn Gauguin kommen sollte, glaube ich, hätten wir einen mächtigen Schritt vorwärts getan. Wir können eindeutig als Entdecker des Südens gelten, dagegen gäbe es nichts einzuwenden.*

Gauguin aber hält ihn hin. Schreibt, dass er gern in den Süden reisen wolle, aber im Moment gehe es nicht. Im Moment sei er krank, im Moment arbeite er gerade viel, im Moment fehle das Geld für die Reise. Jeder, der nicht so von Hoffnung geblendet wäre wie Vincent, sähe, dass Gauguin mit Theo pokert: ums Geld. Theo hat eine Erbschaft gemacht, denn Onkel Cent ist gestorben, der einst auf seinen Neffen Vincent zählte und nun allein Theo bedenkt. Die Erbschaft erlaubt ihm, nicht nur Vincent, sondern auch Gauguin eine monatliche Summe auszusetzen. Dazu muss dieser jedoch zu Vincent nach Arles fahren – und ihm die Bilder, die er dort malt, überlassen. Gauguin hat gerade überhaupt kein Geld, aber er kennt seinen Wert; darum zieht sich der Poker in die Länge.

An Emile Schuffenegger schreibt Gauguin über Theo: »Mag van Gogh auch in mich verliebt sein, er würde sich nicht um meiner schönen Augen willen dazu bereitfinden, mich im Süden zu ernähren. Als kühler Holländer hat er das Terrain erkundet und beabsichtigt, die Sache so weit wie möglich in die Hand zu nehmen, und zwar ausschließlich ...« Vincent malt noch immer ein Sonnenblumenbild nach dem anderen – und kauft für Gauguins Bequemlichkeit ein. Der vermeldet aus Pont-Aven über seine Beziehung zu Theo: »Van

Gogh hat für dreihundert Francs Keramik für mich verkauft. So fahre ich denn *Ende des Monats* nach Arles und bleibe wahrscheinlich lange dort, da dieser Aufenthalt ja bezweckt, mir ohne Geldsorgen die Arbeit zu erleichtern, bis es soweit ist, dass ich *lanciert* bin. In Zukunft wird er mir jeden Monat meinen geringen Lebensunterhalt gewährleisten.« Die Rechnung für das von Vincent geplante »Atelier des Südens«, hat also immer nur einer zu begleichen: Theo in Paris.

Es bedarf schon einiger sophistischer Verrenkungen, um dem Bruder das plausibel zu machen. Doch darin hat Vincent bereits eine gewisse Routine entwickelt: *Ich komme immer wieder zum gleichen Resultat: Mit Gauguin würde ich nicht mehr ausgeben, als ich jetzt allein brauche, und das, ohne etwas zu entbehren.*

Wie im Fieber eilt, stürzt, fliegt Vincent nun von Tag zu Tag. Mal scheint es, als träfe Gauguin gleich ein, dann wieder erst später. Und Vincent lebt von seinen letzten physischen und psychischen Reserven – der Höhenflug eines Getriebenen, in dem die Ahnung wächst, dass die Frist, die ihm bleibt, kurz sein könnte: *Mit einem Gemälde möchte ich etwas Tröstliches sagen, wie Musik. Ich möchte Männer oder Frauen malen mit dieser Ewigkeit, deren Zeichen einst der himmlische Schein war und die wir in der Ausstrahlung, in der Schwingung unserer Farben wiederzugeben suchen.*

Aber aus diesem religiösen Schwingen der Farbe folgt immer wieder der abrupte Absturz in das Profane des tagtäglichen Überlebenskampfes. Es gibt Tage, an denen steigt in Vincent ein – bei ihm immer gefährlicher – Zorn auf. Da ahnt er dann: Gauguin hat überhaupt keine Lust, zu ihm nach Arles zu kommen: *Ich glaube, dass G. die Sache vollkommen hängen lässt, da er sieht, dass sie nicht sofort zu machen ist; und ich meinerseits sehe, dass G. sechs Monate verplempert hat, und glaube, es ist gar nicht so dringlich, ihm zu helfen. Seien wir vorsichtig. Wenn es ihm hier nicht passt, könnte er mir Vorwürfe machen: ›Warum hast Du mich in diese niederträchtige Gegend kommen lassen?‹, und das will ich nicht ... Gauguin, scheint mir, lebt in den Tag hinein und schert sich nicht um die Zukunft. Vielleicht sagt er sich, dass ich immer hier bin und dass er mein Wort hat; aber es ist noch Zeit, es zurückzuziehen, und ich fühle mich wirklich versucht dazu.*

Vielleicht ist Gauguin ja doch nicht der Bundesbruder, den er in ihm gesehen hat? Theo jedenfalls bekommt bereits zu hören: *Ich würde mich auch nach einer anderen Verbindung umsehen.* Vielleicht Emile Bernard, mit dem er schon in Paris zusammen malte?

Vermutlich wäre Vincents weiteres Leben tatsächlich anders verlaufen, ohne die Enttäuschung, die Gauguin, der von einem noch viel südlicheren, einem »Tropenatelier« träumt, ihm bereiten muss. Wäre ohne Gauguin der Zusammenbruch, auf den Vincent nun zusteuert, ausgeblieben? Eine müßige Frage. Jedenfalls mahnt ihn eine Stimme, dass es wohl besser für ihn sei, wenn sein großer Wunsch, Gauguin in seiner Nähe zu wissen, nicht erfüllt würde. Trotzig schreibt er Theo: *Aber ob nun Gauguin kommt oder nicht kommt, ich kaufe jedenfalls Möbel, dann habe ich – in einer guten oder schlechten Gegend, das ist noch eine andere Frage – ein Stück Erde, ein Zuhause, das einen von der Traurigkeit, auf der Straße herumzuliegen, abbringt.* Das notiert er am 8. September 1888. Die Ungewissheit wird noch mehrere Wochen andauern.

Es weht ein besonders heftiger und starker Mistral, der ganze Staubwolken aufwirbelt, sodass die Bäume von oben bis unten weiß sind. Vincent ist immer noch mit Umbau und Einrichtung des »gelben Hauses« beschäftigt. Er schickt Gauguin ein Selbstporträt und malt wie ein Getriebener ein Bild nach dem anderen. Theo gesteht er: *Ich falle wirklich vor Müdigkeit vom Stuhl und sehe schon nichts mehr, so müde sind meine Augen.* Kaum jemals ist ein Besuch unter Malern so gründlich vorbereitet, so sehnsüchtig erwartet worden, wie dieser – und selten kam der Gast so zögerlich, so unwillig. Dabei legt Vincent eine Häuslichkeit an den Tag, die wohl keiner – und schon gar nicht Theo, der den notorisch unordentlichen Bruder schließlich zwei Jahre in seiner Pariser Wohnung beherbergte – vermutet hätte. Gauguin soll, muss, wird sich wohlfühlen bei ihm. Sein notorischer

Minderwertigkeitskomplex treibt ihn zur Geschäftigkeit: *Ich habe ins Atelier und auch in die Küche Gas legen lassen; das kostete 25 Frs. Wenn Gauguin und ich 14 Tage lang jeden Abend arbeiten, holen wir das dann nicht wieder herein? Da Gauguin jetzt jeden Tag kommen kann, brauche ich aber unbedingt noch wenigstens 50 Frs.*

Und so geht das immer weiter, die Vorbereitungen für die Zweierwohngemeinschaft werden immer aufwändiger – und für Theo unerwartet teuer. Vincent, abgearbeitet und krank, gerät in höchste Erregung, wenn er an Gauguins Ankunft denkt. Er müsse sich mit seinen Nerven in acht nehmen, teilt er Theo mit und schließt an: *Es ist mir ganz schrecklich, Dich schon wieder um Geld bitten zu müssen, aber ich kann nichts dafür, und meine Mittel sind völlig aufgebraucht.*

Am 20. Oktober 1888, drei Tage vor dem tatsächlichen Eintreffen Gauguins in Arles, klagt er: *Ich kann ja nichts dafür, dass meine Bilder sich nicht verkaufen. Einmal aber wird der Tag kommen, da man sehen wird, dass sie mehr als den Preis der Farbe wert sind und mehr als mein ganzes erbärmliches Leben, das ich daran gehängt habe. Ich habe keinen anderen Wunsch als den, keine Schulden mehr zu haben.*

Der fremde Freund

Dann ist Gauguin plötzlich da. Und alles kommt, wie es kommen muss. Die angespannte Hochgestimmtheit bricht zusammen. Die Absurdität der Szenerie wird Vincent offenbar. Wer ist er denn überhaupt, zählt er als Maler denn nicht mit? Das sind Fragen, die ihn nun noch mehr peinigen als zuvor. Tief erschöpft braucht er Ruhe und Zuspruch. Aber der nach Arles genötigte Gauguin ist für die Rolle des Halt gebenden und zugleich inspirierenden Freundes gänzlich ungeeignet. Emile Bernard klagt er nach seiner Ankunft: *Ich fühle mich in Arles ganz fremd, so klein und armselig finde ich alles, die Gegend und die Menschen.*

Abfällig blickt er auch auf die Bilder seines Gastgebers, spielt sich sofort als Lehrer auf. Und Vincent gerät immer näher an den Abgrund. Gauguin interessiert das nicht – und diese Nichtachtung schmerzt Vincent am meisten. Die Durchhalteparolen klingen nun auch nicht mehr so überzeugend: *Einen Augenblick hatte ich das Gefühl krank zu werden, aber die Ankunft Gauguins hat mich so abgelenkt, dass ich sicher bin, es wird vorübergehen.* Neuerlich bedrängt ihn die Unhaltbarkeit seiner Existenz.

Erstmals werden die Schuldgefühle Theo gegenüber so groß, dass er sich fragt, ob er das Recht dazu hat, dem Bruder die Sorge für sein Überleben aufzuladen. Das bittere Fazit: *... ich gebe alles aus und bringe nichts ein.* Seine *furchtbare Unruhe*, von der er Theo schreibt, nimmt weiter zu. Auch Theo geht es gesundheitlich nicht gut; ab und zu fällt Vincent ein, dass sein Bruder auch nur ein Mensch ist – aber was soll er tun? Jedenfalls verlangt er – nach der Einrichtungsorgie des »gelben Hauses« – nicht mehr als 150 Frs., die nun auch Gauguin von Theo bekommen soll. Bisher ist er mit dieser Summe allerdings nie ausgekommen, doch Gauguin, der mit Geld besser umgehen kann, bringt bald Ordnung in ihren Haushalt.

Ab jetzt kochen sie selbst, so wird es billiger. Vincent ist enttäuscht und beeindruckt von Gauguin zugleich. Enttäuscht, weil es für ihn als Maler neben ihm nicht leichter wird, wie er erhofft hatte, sondern noch schwerer. Andererseits bewundert er ihn auch noch aus der Nähe: *Gauguin ist ein ganz erstaunlicher Mann. Er verausgabt sich nicht, sondern erwartet ganz in Ruhe und in harter Arbeit den Augenblick, wo er einen gewaltigen Schritt nach vorn tun kann.*

Gauguin malt nicht wie Vincent in der freien Natur: *Er arbeitet jetzt ganz aus dem Kopf, Frauen in einem Weinberg.* Gauguin kauft für das Haus noch eine Kommode und *verschiedene Hausgeräte,* das macht zusammen fast 100 Francs, über die Vincent eine Abrechnung an Theo nach Paris schickt. Die Euphorie verfliegt schnell, der Alltag bleibt für Vincent so beschwerlich wie immer: *Wir verbringen unsere Tage mit Arbeit, wir arbeiten immer. Abends sind wir todmüde und gehen erst ins Café und dann früh zu Bett. Das ist unser Leben.* Vincent versucht, es Gauguin nachzumachen und aus der Erinnerung zu arbeiten. Er malt auf diese Weise den Garten von Etten, aber das Resultat überzeugt ihn selbst nicht sonderlich.

Gauguin schaffe viel, berichtet Vincent nach Paris. Er hat auch großen Erfolg bei den Arlesierinnen, was Vincent begreiflich findet. Denn Gauguin birst geradezu vor Selbstsicherheit. Neben seiner rhetorischen Überzeugungskraft kommt sich Vincent unbeholfen und provinziell vor.

Seine Selbstzweifel wachsen. Ist Gauguins Gegenwart überhaupt gut für ihn? Theo erfährt: *Er ist als Freund sehr interessant. Ich muss Dir noch sagen, dass er es ausgezeichnet versteht, die Küche zu besorgen, ich glaube, ich werde das von ihm lernen, es ist so bequem.* Gauguin malt eine nackte Frau auf einem Heuhaufen mit Schweinen und Vincent findet das *sehr originell*. Auch wenn Vincent mit dem erinnerten Garten in Etten nicht zufrieden war, so versucht er nun stärker sich beim Malen in seinen Bildern vom unmittelbar Anschaubaren zu lösen: *Gauguin ermutigt mich, aus der Vorstellung zu arbeiten; in der Einbildungskraft erhalten die Dinge einen geheimnisvollen Charakter.* Bei Gauguin lernt er, dass man dick aufgetragene Farben entfetten kann, indem man sie immer wieder abwäscht.

Doch klingt es wie eine Selbstbeschwörung, liest man bei Vincent: *Es tut mir ungemein wohl, einen so intelligenten Kameraden wie Gauguin hier zu haben und ihn beim Arbeiten zu beobachten.* Natürlich ist Vincent nicht entgangen, dass sich Gauguin in Arles unwohl fühlt und er am liebsten schon wieder weg wäre. Im letzten Brief vor seiner Selbstverstümmelung gesteht er Theo: *Ich glaube, Gauguin war etwas unzufrieden mit dieser kleinen Stadt Arles, mit dem kleinen gelben Haus, in dem wir arbeiten, und vor allem mit mir. Es gibt für ihn wie für mich wirklich noch große Schwierigkeiten zu überwinden; aber diese Schwierigkeiten liegen viel eher in uns als anderswo.* Nun rechnet Vincent schon fest damit, dass Gauguin plötzlich abreisen wird: *Ich* habe ihm gesagt, er solle, eher er sich entscheidet, alles genau bedenken und ausrechnen.

Er beginnt seine Gegenwart als Zumutung für den befreundeten Maler zu fühlen, schwankt zwischen Schuldgefühlen und aggressiver Selbstbehauptung: *Gauguin ist ein sehr starker, sehr schöpferischer Mensch; aber gerade darum muss er in Ruhe gelassen werden. Wird er sie anderswo finden, wenn er sie hier nicht findet? Ich erwarte, dass er sich in vollkommener Heiterkeit entschließt.* Gauguin entschließt sich nicht, schließlich lebt auch er in Arles von Theos Vorschüssen.

»Der Mörder ist geflohen!«

Wechseln wir die Perspektive und hören, wie Gauguin in seiner Autobiografie »Vorher und Nachher« die Zeit in Arles beschreibt. Johanna Bonger hat Gauguins Bericht allerdings ein »Gemisch von Wahrheit und Dichtung« genannt. Eine »dumpfe Voraussicht« habe ihn etwas Anormales ahnen lassen, notiert Gauguin. Deshalb weigerte er sich lange, die Einladung nach Arles anzunehmen. Er teilt seinen Lesern auch mit, dass Vincent ihn kommen ließ, weil er beabsichtigte, ein Atelier zu gründen, »das ich leiten sollte«.

Da wird schon die ganze egomane Wucht Gauguins spürbar, der Vincent nur seine Selbstzweifel entgegenzusetzen hat. Denn natürlich sucht Vincent keinen Schulmeister, keinen Chef des »Ateliers des Südens«, sondern einen Bruder im Geiste, mit dem er befreundet sein kann. Die beiden verstehen sich nicht, weder in ihren Auffassungen von Malerei, noch in der Art, wie sie ihren Alltag verbringen sollen. Gauguin: »Gleich anfangs fand ich überall und in allem eine Unordnung, die mich entsetzte. Kaum reichte der Malkasten für all die zerquetschten, nie verschlossenen Tuben aus. Und trotz dieser Unordnung, dieses Durcheinanders, strahlte ein Ganzes gelbrötlich auf der Leinwand und in seinen Reden. Daudet, De Goncourt, die Bibel verzehrten dieses holländische Gehirn. Quais, Brücken, Schiffe in Arles, der ganze Süden, alles wurde ihm Holland ... Trotz all meiner Anstrengungen aus diesem wirren Kopf Logik in seinen kritischen Ansichten herauszuschälen, konnte ich mir nie die Widersprüche zwischen seiner Malerei und seiner Meinung erklären. So, zum Beispiel, bewunderte er grenzenlos Meissonier und hasste Ingres tief. Degas brachte ihn zur Verzweiflung und Cézanne war nur ein Kitschier. Er weinte, wenn er an Monticelli dachte.«

Vincent sei dankbar gewesen für die »reiche Belehrung«, die er durch ihn erfuhr. Wie er das so selbstverständlich hinschreibt, zeigt sich die ganze Arroganz, mit der er – der nur um drei Jahre Ältere – Vincent gefoltert haben muss. In dem wächst der Groll. Er war so bereitwillig, sich anregen zu lassen, zu lernen! Doch Gauguin kommt nicht eine Sekunde lang auf die Idee, auch er könne bei Vincent »reiche Belehrung« erfahren. Das unterscheidet sie. Wohl nur Gauguin selbst kann da verwundert bemerken: »In der letzten Zeit meines Aufenthalts wurde Vincent außerordentlich aufbrausend und laut, dann still.« Vincent spürt, Gauguin ist nicht gern bei ihm. Theo hat ihn dafür bezahlt und wenn Gauguin wieder genug Geld hat, wird er in die Tropen fahren und ihn in diesem Kaff allein zurücklassen. Panik steigt in ihm auf, als er bemerkt, dass Gauguin nicht nur gedanklich keineswegs in Arles anwesend ist, sondern auch ganz konkrete Abreisepläne mit sich trägt. Tatsächlich schreibt Gauguin im Dezember an Emile Schuffenegger: »Sie erwarten mich mit offenen Armen, ich danke Ihnen, aber leider komme ich noch nicht. Meine Lage ist hier sehr peinlich; ich schulde van Gogh und Vincent viel, und trotz mancherlei Uneinigkeit kann ich einem ausgezeichneten Herzen nicht zürnen, das krank ist und leidet und nach mir verlangt. Erinnern Sie sich an das Leben Edgar Poes, der infolge von Leid und Nervenzerrüttung zum Alkoholiker geworden war? Eines Tages erkläre ich es Ihnen ausführlich. Jedenfalls bleibe ich hier, aber meine Abreise wird immer in der Luft liegen ...«

Ihr Streit bricht offen aus, nachdem Gauguin ihn porträtiert hat. Dieses Bild befindet sich heute im Van Gogh Museum in Amsterdam und wird – als einziges des Exponate – in einer Vitrine aus Panzerglas aufbewahrt. Möglicherweise glaubt man, dieses Bild gegen aufgebrachte van Gogh-Bewunderer schützen zu müssen. Tatsächlich malt Gauguin ihn als einen stumpfsinnig-grobmotorischen Kerl, dessen verkrampfte Hand den Pinsel umklammert hält und der wie hypnotisiert auf die Leinwand stiert. In dem Bild steckt ebenso viel Wahrheit wie Verachtung, man könnte sogar sagen, Gauguin habe seinen Gastgeber als einen malenden Affen porträtiert. Vincent, der ein genauer Beobachter ist, erkennt das mit einem Blick. Wieder bricht etwas in ihm zusammen, diesmal nicht mehr reparierbar. Wenn selbst ein befreundeter Maler, der sich in einer ähnlichen Situation wie er befindet, s o über ihn denkt, dann gibt es keine Hoffnung mehr.

Doch Gauguin ist selbst ein zum Malen Getriebener, er denkt über die Folgen seiner Bilder nicht nach. Als Vincent das Porträt sieht, sagt er zu Gauguin: *Ja, das bin ich, aber als Wahnsinniger.* Das Bild zeigt eine Möglichkeit in ihm – den Wahnsinn. Nun gut, dann gilt es dem nachzuleben, was das Porträt vorwegnimmt. Wenn Gauguin ihn so sieht, soll er ihn so haben! Und am selben Abend, nachdem sie einen Absinth getrunken haben, versucht Vincent, ihm ein Glas an den Kopf zu werfen. Egal, ob das stimmt, oder von Gauguin erfunden wurde, sicher ist, dass Vincent ihm mit zunehmender Aggression begegnet. Unter seine Liebe mischt sich nun Hass. Es ist auch Selbsthass.

Wenn Gauguin den Zusammenbruch Vincents schildert, dann vor allem, um sein eigenes Verhalten in dieser Situation zu rechtfertigen. Doch weil Gauguin so überdeutlich macht, er habe aus Angst vor Vincent nicht anders gekonnt, sind Zweifel an seiner Darstellung angebracht. Gewiss ist: Gauguin war sehr ungern – und nur aufgrund des Paktes mit Theo – in Arles und das ließ er Vincent mit seinen mehr oder weniger offen duchgespielten Abreiseszenarien auch spüren. Wenn dieser etwas nicht erträgt, dann dass die Utopie einer Künstlervereinigung in Arles mit dem »gelben Haus« als Zentrum bereits jetzt gescheitert sein soll.

Gauguin berichtet, Vincent sei nachts öfters aufgestanden und an sein Bett getreten, wohl um sich von seiner Anwesenheit zu überzeugen. Ein verzweifeltes Festhalten an der Idee der Gemeinschaft offenbart sich hier – und ebenso ein unbewusstes Wissen um deren Vergeblichkeit. Gauguin erzählt Emile Bernard davon, wie sich das Trennungsszenario schließlich darstellt: »Seit ich Arles verlassen wollte, war er so seltsam, dass ich kaum noch atmete. ›Sie wollen gehen‹ sagte er zu mir; und als ich ›ja‹ sagte, riss er ein Stück mit folgendem Satz von einer Zeitung und gab es mir: ›Der Mörder ist geflohen!‹.«

Sehr fragwürdig klingt auch folgende Geschichte. Am Tag nach dem Glas-Wurf geht Gauguin abends aus, wie Vincent besucht er gelegentlich die Amüsieretablissements von Arles. An diesem Abend soll Vincent ihm gefolgt sein. Gauguin schildert das so: »Schon hatte ich fast den Victor-Hugo-Platz ganz überquert, als ich hinter mir einen wohlbekannten leichten, schnellen und hastigen Schritt hörte. Ich wandte mich just in dem Augenblick um, als Vincent sich mit seinem offenen Rasiermesser in der Hand auf mich stürzte. Die Macht meines Blickes muss in diesem Augenblick sehr stark gewesen sein, denn er hielt inne, und gesenkten Hauptes lief er in der Richtung nach Hause fort.« Aber hätte Vincent tatsächlich versucht, ihn mit dem Rasiermesser zu ermorden, wäre dann der sich bei dessen Ohrverstümmelung so schreckhaft gebende Gauguin nicht augenblicklich aus Arles geflohen?

Doch er übernachtet – nach seinem abendlichen Bordell-Besuch – in einem Gasthaus und als er am Morgen wieder beim »gelben Haus« ankommt, bemerkt er schon von weitem einen großen Menschenauflauf. Vincent hatte sich das Ohr abgeschnitten, oder zumindest einen Teil davon. Gauguin schildert die Situation so: »Es muss etliche Zeit gebraucht haben, die starke Blutung zu stillen, denn am anderen Morgen lagen auf den Fliesen der beiden unteren Räume eine Menge von feuchten Tüchern. Das Blut hatte die beiden Zimmer und die kleine Treppe, die zu unserem Schlafzimmer führte, besudelt.« Was er sich da abgeschnitten hat, gibt er eingewickelt in einem Bordell ab. Als die Art des Präsentes bemerkt wird, herrscht großes Geschrei. Die örtliche Zeitung berichtet über den Vorfall unter der Rubrik Lokalnachrichten so: »Letzten Sonntag ½ 12 Uhr nachts erschien ein Maler namens Vincent van Gogh, gebürtiger Holländer, in dem Maison de Tolérance Nr. 1, fragte nach dem Rachel genannten Mädchen und überreichte ihr sein Ohr mit den Worten: ›Bewahre diesen Gegenstand sorgfältig.‹ Dann verschwand er. Die Polizei, von diesen Ereignissen in Kenntnis gesetzt, die man nur einem unglücklichen Irren zuschreiben konnte, begab sich am nächsten Morgen zu diesem Mann, den sie fast ohne Lebenszeichen in seinem Bett fand.«

War es nun sein ganzes Ohr oder nur das Ohrläppchen? Seltsam, darüber kann die Forschung bis heute mit viel Emotion streiten. Man hat sogar die Vermutung aufgestellt, Gauguin sei es gewesen, der ihm das Ohr mit einem Säbel abgeschlagen habe. Der Fantasie sind keine Grenzen gesetzt. Befremdlich scheint dabei nur, warum sie sich bei einigen Interpreten mehr an einer Verletzung als an seinen Bildern entzündet. Johanna van Gogh-Bonger jedenfalls, die das verstümmelte Ohr bei Vincents Besuchen in Paris gesehen haben muss, schreibt ausdrücklich von einem »Stück des Ohres«. Anders klingt es im Bericht des Sicherheitsbeamten Alphonse Robert, den dieser allerdings erst 1929, also über vierzig Jahre später, gibt: »Damals, im Jahre 1888, war ich Sicherheitsbeamter; an dem betreffenden Tag hatte ich Dienst im Dirnenviertel. Als ich am Bordell Nr. 1 vorbeikam, damals in der rue du Bout d'Arles, das von einer gewissen Virginie geführt wurde – der Name der Prostituierten ist mir entfallen, ihr Spitzname war Gaby –, hat diese letzte mir in Gegenwart der Chefin eine Zeitung übergeben, in die das Ohr eingeschlagen war; dazu sagte sie: ›Das hat uns der Maler geschenkt‹; ich verhöre die beiden ein wenig, ich vergewissere mich, was in dem Paket ist, und ich habe festgestellt, dass es ein ganzes Ohr enthielt ...« Ob ganzes oder halbes Ohr – erklären wir diese Frage hier ausdrücklich für das, was sie ist: eine Nebensächlichkeit, die keine weiteren »Nachforschungen« verdient.

Am nächsten Morgen erwartet Gauguin schon die Polizei. Man mutmaßt, er habe Vincent im Streit getötet. Aber der liegt im Bett und schläft tief – nahe an der Bewusstlosigkeit. Eine zeitlang ist unklar, ob er den starken Blutverlust überleben wird. Gauguin wartet das nicht ab, sondern setzt sich in den nächsten Zug – nur fort aus Arles und weg von dem wahnsinnigen Vincent van Gogh. So lautet die gängige Version. Nach anderen Berichten wartet er erst die Ankunft des alarmierten Theo ab und fährt dann mit ihm gemeinsam von Arles zurück nach Paris.

Zwei leere Stühle. Die Magie des Abwesend-Seins

> *Ein Kerzenleuchter auf einem Stuhl, ein mit grünem Stroh beflochtener Sessel,*
> *ein Buch auf dem Sessel,*
> *und das Drama ist offenbart.*
> *Wer will eintreten?*
> *Wird es Gauguin oder ein anderes Gespenst sein?*
> Antonin Artaud

Im Dezember 1888 malt Vincent zwei Bilder mit leeren Stühlen. Sie werden häufig zur Deutung seiner Beziehung zu Gauguin herangezogen. Sie symbolisieren etwas, worauf Vincents Malerei im Ganzen hinausläuft. Immer ist es etwas, das gar nicht im Bild zu sehen ist, von dem die stärkste Bildwirkung ausgeht!

Eine Magie des Abwesend-Seins. Sie resultiert letztlich aus einem religiösen Sinn, der sich ins Ästhetische wendet – und dabei doch seine religiöse Dimension behält. Allerdings, Vincents Gott ist keiner, zu dem man beten kann und dem man Kirchen baut, dieser Gott bleibt abwesend, ein leerer Platz in unserem Leben, den wir – so sehr wir uns auch anstrengen – doch nicht vollständig mit uns selbst auszufüllen vermögen.

An Theo schreibt er: ... *ein Stuhl aus Holz und ganz gelbem Stroh auf roten Fliesen gegen die Wand (bei Tage). Dann Gauguins Sessel, rot und grün, Nachtstimmung, Wand und Fußboden ebenfalls rot und grün, auf dem Sitz zwei Romane und eine Kerze. Auf Segeltuch und dick aufgetragen.* Das Abwesend-Sein erscheint bei Tage anders als in der Nacht. Das liegt vor allem am Licht, jener bestimmten Form der Nachthelle, die die Farben verwandelt. Hier rühren wir an das Geheimnis der Wirkung seiner Bilder, die der moderner Ikonen gleichkommt.

Zurück zu den beiden leeren Stühlen. Ein alltägliches Bild – und doch von tiefer Symbolik. Vincent gebraucht keine biblischen oder mythologischen Symbole, sondern alltägliche Gegenstände. Die sind ganz sie selbst und stehen zugleich für etwas anderes. Das gibt diesen beiden Bildern ihre verborgene Kraft. Einer der Stühle, jener Vincents, ist ein simpler Küchenstuhl in einem Raum, der ganz und gar (all)täglich ist. Da scheint die Morgensonne auf den goldgelben Bastsitz. Nur Vincents Pfeife und ein Tabakbeutel liegen da. Eine Pfeife könne dem Selbstmord vorbeugen, hatte Charles Dickens gemeint und bei Alphonse Daudet findet sich in »Der kleine Dingsda« der Rat: »... rauche Pfeife und versuche es, ein Mann zu sein!« Als Trostspender und Vehikel der Selbstermutigung hat auch Vincent sie gebraucht.

Zurück bleibt hier, was doch vor dem Tod schützen sollte. Was also sehen wir? Das Überbleibsel von einem, den nicht einmal seine Pfeife mehr retten konnte – oder den heimischen Platz, der einen Reisenden zurück erwartet? Beide Lesarten sind möglich – und dass dem so ist, bezeugt das Fragile von Vincents Existenz im Dezember 1888.

Was an diesem Bild sofort ins Auge fällt, ist die Präsenz dieses einfachen Küchenstuhles. Die ganze Bildhöhe füllt er aus und entwickelt dabei eine unerhörte Dynamik. Fast scheinen hier die Linien im Kampf mit den Flächen zu liegen! Aufsteigende schneiden absteigende Linien, Flächen drängen auf grelle Weise nach vorn, wie die grüne Küchentür, deren aggressiver Winkel noch durch eine gelbliche Linie verstärkt wird – eine Vertikale trifft die Wagerechte genau in dem Punkt, wo die Kante des Stuhles ebenfalls einen Winkel bildet. Lauter Geraden stoßen mit Wucht aufeinander – und eine Art Unterholz, ein undurchdringlicher Urwald wuchert in Linien und scharfen Formen, so wie ihn vielleicht ein verrückt gewordener Geometrielehrer träumt.

Der leere Stuhl kämpft auf dem steil aufsteigenden Fliesenboden um Halt inmitten des übermächtigen Absturzens. Nie zuvor ist wohl mit weniger Bildinhalt – ein Stuhl mit Pfeife und Tabaksbeutel vor einer Küchentür auf einem mit Terrakotten gefliesten Boden – ein expressiveres Bild gemalt worden!

Dabei übersieht man fast die Kohlenkiste schräg hinter Vincents Stuhl. Darauf hat er seinen Namen geschrieben, sodass diese simple und nur angeschnittene Kiste plötzlich eine symbolische Bedeutung erhält. Denn sie ist der einzige Gegenstand, der sich horizontal gegen die auf- und absteigende Gewalt in diesem durch und durch vertikal dominierten Bild stemmt. Er kontrastiert die dramatischen Aufstiegshoffnungen und Absturzängste mit einem fast unscheinbaren Memento mori. Die Kohlenkiste wirkt wie ein Sarg, und diesen hat er mit seinem Namen versehen.

Gauguins Stuhl dagegen erzeugt eine ganz andere Atmosphäre des Abwesend-Seins. Der bequeme Lehnstuhl deutet auf das viel stärkere Repräsentationsbedürfnis Gauguins hin. Die Kerze auf der Sitzfläche verbreitet ein nächtliches Licht im Raum – hier wird eines Menschen gedacht, der wohl für immer abwesend bleiben wird. Dieser Stuhl zelebriert das Memento mori. Hier herrscht kein Streit der Linien und Flächen, hier wirkt alles auf bedrückende Weise klar. Die Kerze auf Gauguins Stuhl, von jenem angezündet, der seiner gedenkt, leuchtet – jedoch ohne Hoffnung, dass ihr Licht durchdringe – gegen eine ungleich stärkere Wandlampe an. Diese befindet sich auf dem anderen Teil des Bildes, fast möchte man sagen, in einer anderen Welt. Die Trennung könnte nicht schärfer sein. Eine ungewöhnlich klar gezogene dunkle Linie teilt das Bild in seiner Mitte – ein Schlussstrich. Quer und unendlich traurig ist diese Gerade durchs Bild gezogen. Wie abgestorben. Dieser Strich schneidet für Vincent alles weg, was noch nachwachsen könnte – alles prallt ab an jener Linie, die ihm den Weg zum Freund versperrt. Er bleibt allein zurück und empfindet sich nun – vielleicht erstmalig – in seiner Einsamkeit wie ein Eingesperrter. Artaud über die Natur dieser Scheidelinie zwischen Vincent und Gauguin: »Ich glaube, dass Gauguin dachte, der Künstler solle nach dem Symbol, dem Mythos trachten, die Dinge des Lebens bis zum Mythos erhöhen, während van Gogh dachte, er müsse es verstehen, den Mythos aus den ganz alltäglichen Dingen des Lebens abzuleiten.

Und ich meine, er hatte verdammt recht damit.

Denn die Wirklichkeit ist jeder Geschichte, jeder Fabel, jeder Göttlichkeit, jeder Surrealität erschreckend überlegen.« Dieser Eindruck verstärkt sich noch, wenn man weiß, dass Vincent eine Illustration von Luke Fildes kannte (der Charles Dickens illustriert hatte). Dieser hatte in der Weihnachtsnummer 1870 der Zeitschrift »Graphic« einen Holzstich veröffentlicht, mit dem er des kurz zuvor gestorbenen Schriftstellers gedachte. Es ist ein Blick in dessen nun verwaistes Arbeitszimmer, mit einem sofort ins Auge fallenden leeren Stuhl am Schreibtisch. Dieser Stuhl hat sich dem Dickens-Bewunderer tief eingeprägt. Jetzt, nach Gauguins Flucht aus Arles, seinem so nie genannten Verrat an ihm, malt er genau denselben Stuhl noch einmal.

Während die Pfeife auf Vincents Stuhl zumindest die Möglichkeit einer Wiederkehr offenlässt, symbolisiert Gauguins Stuhl die Endgültigkeit des Abschieds. Gauguins Stuhl ist der eines Gestorbenen.

Sonnenblumen

Alles Licht entspringt der Sonne. Doch es gibt ein Licht, das nicht wärmt. In der Nacht spürt man den Unterschied. Das Licht der Sterne spiegelt die Sonne wider – und so ist noch im nächtlichen Licht der Sterne eine Spur von Wärme. Auch im Gaslicht der Laternen sind diese Spuren von Sonne. Aber fern, der Zusammenhang ist kaum noch herstellbar. Die Art des Lichts – warm oder kalt, natürlich oder künstlich – wird entscheidend für die Wirkung der Farben. Wer nicht an die Sonne glaube, so Vincent, der sei *fast gottlos*; das Göttliche erweist sich zuletzt immer als eine Frage von Farbe und Licht.

Keine Blume kommt der Sonne so nah wie die Sonnenblume. Ihr gelber Kranz aus Blüten, ihre ballförmige Größe und die kreisrunde Form – all das macht sie zum Sonnensymbol.

Auch nach Gauguins Abreise malt er weiter »Sonnenblumen«, noch drei Versionen (insgesamt sind es nun sieben Sonnenblumenbilder). Das zeigt, dass es Vincent dabei um mehr als bloße Dekoration geht. So probt er fortgesetzt die farbliche Anverwandlung an die Sonne: eine Symphonie in Gelb! An Theo schreibt er: *Es gibt nicht mehr gute Gemälde als Diamanten. Ich wollte noch mehr Sonnenblumen malen, aber sie waren schon verblüht.*

Diese Äußerung offenbart Vincents Vorstellung von Schönheit. Sie ist ihm etwas, das in den natürlichen Kreislauf von Werden und Vergehen gestellt ist. Ein glücklicher Augenblick der Blüte, den man nicht verpassen darf. Das Bewusstsein dieser Frist ist auch in den »Sonnenblumen« spürbar. Weil Vincent nicht auf naive Weise schönmalt, sondern das Symbol für die Sonne in der Blume sucht, bekommen die geradezu »totreproduzierten« Bilder der »Sonnenblumen« etwas Abgründiges. Es sind eben nicht nur Abbilder, sondern zugleich Urbilder. Schaut man genau hin, dann bemerkt man die aggressive Haltung der Blütenblätter, die den Betrachter gleichsam mit ihrer kurz vor dem Ausbruch stehenden Hässlichkeit des Verwelkens abstoßen wollen. Diese in der Vase nur kurze Zeit blühenden

Sonnenblumen stemmen sich gegen ihr Vergehen – vergeblich. Dass hier ein Kampf stattfindet, dessen Ausgang bereits feststeht, grundiert die »Sonnenblumen« mit Melancholie.

Etwas von Baudelaires »Blumen des Bösen« offenbart sich in diesen Blütenformen, die gar nicht schön im gewöhnlichen Sinne sind, sondern die den Samen für etwas Unheilvolles bergen.

Gauguin spürt, was in Vincent vorgeht, als er die »Sonnenblumen« malt. Es geht gar nicht um Dekoration, sondern um das Zugleich von Wachsen und Vergehen, von Blühen und Welken, von Heilen und Vernichten. All das birgt die Sonne als Ursymbol des Lebens. In der Sonnenblume findet die Sonne ihre vergängliche Gestalt, bekommt sie menschliche Züge. Gerade weil sie d e n n o c h blühen, werden die Sonnenblumen zu Symbolen einer Hoffnung, die nichts Banales hat. ›Sonnenblumen‹ nannte Vittorio de Sica einen seiner schönsten Filme mit Marcello Mastroianni und Sophia Loren über die in den Wirrnissen der Zeit verlorene und dennoch gegenwärtig gebliebene Liebe.

Die Symbolik, die sich in Vincents »Sonnenblumen« nie vordergründig aufdrängt, hat Gauguin fasziniert. Darum ist es wohl auch keine Denunziation, wenn er Vincent vor seinen »Sonnenblumen« wie einen Wahnsinnigen malt – es zeigt vielmehr den unbedingten, über die Grenzen des bloßen Verstandes hinausgehenden Kampf, den Vincent vor seinen Augen um diese Zentralmetapher seiner Malerexistenz führt. Vincent muss sich darin sehr genau verstanden gefühlt haben und schreibt an Theo: *Gauguin, der meine Sonnenblumen wie eine Betschwester liebt.*

Ikonen einer zerbrechenden Zeit

Ich betrachte seine Bilder und spüre: Ich werde erblickt. Mein Sehen, das doch sonst gewohnt ist, sich das Gesehene unterzuordnen, es zu einem Teil meiner Welt zu machen, kapituliert vor der Übermacht seiner Bilder. Deren Blick ist stärker als der meine, er kommt von weiter her und drängt dichter heran als es mir angenehm ist. Dieser Blick will den Bildbetrachter nicht lassen wie er ist, aber er gibt ihm nichts vor als eine große Unruhe angesichts seiner schmalen Vernunft.

Mit Vincent van Gogh bricht die Vanitas-Dimension des Barock ein in die Banalität der Moderne. Sie gibt uns das Gefühl dafür zurück, dass die Frist, die uns bleibt – dem Einzelnen wie dem Ganzen –, kurz ist. Vincent malt Erwartungsvisionen. Sie sollen seine Angst bannen. Wir sehen plötzlich, was uns fehlt, aber auch, woran wir nicht mehr glauben können. Gott ist abwesend, *das* wird zur einzigen dem modernen Menschen noch möglichen Glaubenserfahrung, einer heftigen Absage an die konfessionell verwaltete Lüge von Gottes Anwesenheit. Diesem Wahrheitsschmerz folgen Vincents Bilder nach, mit einer Intensität, zu der nur ein Suchender fähig scheint, der das Ziel dieser Suche immer schon in sich trägt. Das Göttliche reduziert sich hier auf einen lebensspendenden Funken – aber einen, der alles durchdringt, alles verwandelt.

Eine große Lebensfeier, die sich – und uns – nicht um den Lebensschmerz betrügt. Aus dem Gestorbenen keimt Neues. Eine »elektrische Wachheit« pulst, eine farbige Bildspannung von so hoher Intensität, dass sich das Bild gleichsam ablöst von aller Außenwelt – es zur eigenen Welt wird. Dieses »ontologische Misstrauensvotum der Kunst gegen die Wirklichkeit«, von dem Arnold Gehlen spricht, besitzt eine ebenso künstlerische wie religiöse Dimension. Es ist jene »Transzendenz der schöpferischen Lust« (Gottfried Benn), die die »andere Dimension« in den Dingen selbst entdeckt. Egon Friedell formuliert die gewaltige (gewaltsame!) Wirkung der Farbdämonien Vincent van Goghs so: »Seine Gemälde, in denen Greco, Goya und Daumier, die unheimlichsten Maler des neueren Europa, zu schreckhafter Wiedergeburt auferstanden sind, wirken wie gespenstige Albdrücke, zermalmende Karikaturen, peinigende Verzeichnungen, diabolische Versuchungen, bisweilen denkt man mit Schauder, so müssten Klopfgeister malen.« Dieser Eindruck entsteht, weil Vincent van Gogh, sich seiner handwerklichen Mängel bewusst, mit jedem Bild neu die Malerei erfinden muss. Die Ursprünglichkeit der Bildwirkung wird zum Resultat ständiger Arbeit an der Form: »Das Gelingen ist manchmal viel mehr das Endresultat einer ganzen Serie missglückter Versuche.«

Im Kampf um das Gelingen des Bildes, der jedes Mal wieder mit ganzem physischen und psychischen Krafteinsatz geführt werden muss, treten die Themen Leben und Tod noch in der kleinsten Landschaftsskizze, in dem sonnigsten Stilleben hervor. Was Vincent an den Fähigkeiten eines geschickten Kopisten und Lasierers fehlt, das muss er durch Erfindungskraft ersetzen. Die expressive Energie fließt so in gesteigerte Linien, die seine innere Fieberkurve, gleichsam das seelische EKG, auf die Leinwand übertragen. Von hier führt der Weg zu einer Revolution der Farbe, deren explosive Wirkung dann bei aller Unmittelbarkeit doch eine raffiniert kalkulierte ist.

Vincent van Gogh erzeugt bislang unvorstellbare Farbwirkungen. Ein Alchimist. Denn hier überwindet er sich von Farbdämonien besessen selbst, übersetzt Leben und Tod in Farbe und Form. Die Wiedergeburt Gottes in einer Variation von Gelb.

In jedem seiner Bilder legt er wieder und wieder die schöpferische Wurzel seines Schaffens frei: ein Gottsuchertum im Reich der Farben, eine Pilgerschaft, der das Jenseits ganz uninteressant ist, weil sie dieses doch schon in jeder blühenden Wiese erblickt – in die er das Verblühen als Ahnung gleich mit hineinmalt. Vincent van Gogh als Maler des Übergangs wechselt – in einem einzigen Bild – von Tag zu Nacht und von Nacht zu Tag.

Was er in der Zeit seiner ersten Malversuche 1882 an Theo schrieb, es bleibt in jedem seiner späteren Bilder auf andere Weise gültig: *Das zu malen war eine Quälerei. In den Boden gingen anderthalb große Tuben Weiß – trotzdem ist der Boden sehr dunkel –, ferner Rot, Gelb, Braun, Ocker, Schwarz, Terrasiena, Bistre, und das Resultat ist ein Rotbraun, das aber von Bistre bis zum Weinrot und einem blass, blond, röt-*

lichen Ton variiert. *Es sind dann noch Moose da und ein kleiner Saum frisches Grases, der Licht fängt und stark leuchtet und sehr schwierig herauszubekommen ist ... In gewissem Sinn bin ich froh, dass ich das Malen nicht gelernt habe. Vielleicht hätte ich dann gelernt, solche Effekte wie diese zu übersehen ...«*

Der kranke Maler

Am 23. Dezember 1888 spätabends hatte Vincent sein Ohr verstümmelt. Weihnachten verbringt er im Hospital. Mit dem Rasiermesser aber schneidet er sich nicht nur sein Ohr ab – er durchtrennt auch endgültig das Band zwischen sich und der Welt. Die Wunde heilt schneller als erwartet – aber seine Seele bleibt krank. Vincent ist ohne Hoffnung, hat jeden Glauben verloren. Ihn verbindet nichts mehr mit der Welt. Etwas ist anders, etwas ist zerbrochen. Es ist der Abschied von der heilen Welt der Herkunft, die ein Sehnsuchtsbild bleibt, das stärker leuchtet, je weiter er sich davon entfernt.

Zuerst sieht es noch so aus, als sei Vincents Rasiermesserangriff auf sich selbst nur eine Episode, ein Blackout gewesen, als könne man schon bald zur Tagesordnung übergehen. Im Krankenhaus von Arles behandelt ihn der einundzwanzigjährige Assistenzarzt Dr. Felix Rey. Aus dessem Arbeitszimmer schreibt er an Theo in Paris. In einigen Tagen wird er das Hospital verlassen und dann nach Hause zurückkehren. Seine erste Erkundigung gilt Gauguin, dem hastig aus Arles abgereisten Freund: *Habe ich ihn erschreckt? Warum gibt er mir kein Lebenszeichen?* Vincent wird Gauguin nie eine Mitschuld am Vorgefallenen geben, sondern sich weiter um seine Freundschaft bemühen – sogar zu einem gemeinsamen Wohnen und Arbeiten wird er ihn schon bald wieder zu überreden versuchen. So entschuldigt er jetzt auch Gauguins Flucht, die Tatsache, dass er ihn schnöde im Stich gelassen hat: *Er hatte das Bedürfnis, Paris wiederzusehen.*

Vielleicht wird er sich in Paris heimischer fühlen als hier. Sage Gauguin, er soll mir schreiben und dass ich immer an ihn denke.

Dem Brief ist eine Notiz Dr. Reys beigefügt, zu Theos Beruhigung. Er sei glücklich, dass der »Erregungszustand« nur vorübergehend war. Postmeister Roulin erweist sich als echter Freund, besucht ihn regelmäßig, richtet das gelbe Haus wieder so her, dass er dorthin zurückkehren kann.

Rey hatte die Diagnose Epilepsie gestellt, die auch später, in Saint-Rémy und Auvers, niemand ernsthaft in Zweifel ziehen wird. Er verspricht vollständige Heilung. Eine Woche nach seiner Einlieferung ins Spital schreibt Vincent seinen ersten Brief an Gauguin. Es klingt wie eine Beschwörung ihrer gemeinsamen Idee des »Ateliers des Südens« (die nie wirklich eine gemeinsame war), wenn er diesen auffordert: *Sehen Sie davon ab, bis Sie es reiflich nach allen Seiten hin überlegt haben, über unser kleines, armes, gelbes Haus etwas Schlechtes zu sagen.*

Am 9. Januar 1889 wird Vincent entlassen. Er darf zu Hause wohnen und arbeiten, muss sich aber täglich im Spital einfinden. Rey besucht ihn im »gelben Haus«, betrachtet seine Bilder – und kann seine Bestürzung kaum verbergen. Vincent berichtet darüber an Theo, Rey sei mit zwei anderen Ärzten bei ihm gewesen und sie hätten *verdammt schnell begriffen, was Komplementärfarben sind.* Kaum zu Hause beginnt Vincent wieder zu malen. Er geht auch ins Bordell, um sich bei Rachel für den Schock zu entschuldigen, den er ihr mit seinem Präsent bereitet hat, aber die nimmt das berufsbedingt gleichmütig.

Nun noch verlassener als zuvor schon, macht Vincent das, was er immer macht, wenn niemand da ist, den er malen könnte: er malt sich selbst. Zwei Selbstporträts mit verbundenem Ohr entstehen so. Auf einem raucht er mit angestrengt wirkender Gelassenheit seine Pfeife. Grün, wie phosphoresziert, scheint es dem Betrachter entgegen. Aber die Farben, besonders das Gelb, bekommen etwas seltsam Gebrochenes. Weißtöne drängen nach vorn und legen sich wie ein

Gazetuch über dieses unheimliche Küchenstilleben. Hier wird van Goghs Abwendung von der Welt und die neue Intensität seiner Verinnerlichung, eine bedrohliche Verhaltenheit, spürbar. Die Selbstbetrachtung steigert sich in schonungslose Selbstzergliederung.

Er porträtiert auch Dr. Rey. Dieses Bild zeigt, dass der Zusammenbruch seine künstlerische Ausdrucksfähigkeit nicht geringer gemacht, sondern noch gesteigert hat. Vincent wird innerlicher, darum auch symbolhafter in seiner Bildsprache. Es scheint ihm nun egal zu sein, ob sie verstanden wird. Er schenkt Dr. Rey das Porträt, aber der kann damit wenig anfangen, gibt es seiner Mutter, die es auf den Dachboden stellt und später zur Ausbesserung ihres Hühnerstalls benutzt. Erst 1901, als Vincents Bilder für verkäuflich gelten, rettet es ein Kunsthändler aus Marseille.

Fortgesetzte Entillusionierung, fortgesetzte Isolation

Zurück im »gelben Haus« findet er keine Ruhe. Dieses Gebäude ist ihm nun eine bloße Hülle der Idee jener Künstlerkolonie, für die er es herrichten ließ. Da geht es ihm ähnlich wie Heinrich Vogeler, der – kollektivistisch motiviert – seinen Barkenhoff mehr und mehr zur sozialen Einrichtung umfunktioniert, was seine wachsende Isolation jedoch nicht verhindern kann. Soll Vincent noch glauben, was er – vor nicht einmal einem halben Jahr – in Erwartung Gauguins notiert hatte: *Sollten die Maler denn nicht wie alle Arbeiter leben? Ein Zimmermann, ein Schmied bringt normalerweise zwar unendlich viel mehr zustande, aber auch für den Maler müsste es große Werkstätten geben, wo jeder regelmäßig leben kann.*

Das »gelbe Haus« wird zum Sinnbild des Misslingens des Traums einer Künstlerkommune. Aber je mehr Vincent unter dem Alleinsein leidet, desto produktiver wird er. Das Geschehen der letzten Wochen steckt noch in ihm, auch wenn äußerlich fast alles wieder so ist wie zuvor.

Theo teilt er mit: *Ich befinde mich körperlich wohl, die Wunde schließt sich sehr gut, und der große Blutverlust gleicht sich aus, denn ich esse und verdaue gut. Das B e d e n k l i c h s t e ist die Schlaflosigkeit.* Den Kampf gegen diese Schlaflosigkeit führt er mit einer *ganz, ganz starken Kampferdosis,* die er in das Kopfkissen und die Matratze einspritzt. So versinkt er dann kurz in eine Betäubung – aber wird auch von Wahnvorstellungen überwältigt, die er kaum ertragen kann. Er hat große Angst nachts allein im Haus, glaubt, man wolle ihn vergiften.

Er fühlt sich gescheitert. Dieser Süden ist ihm fremd, ja feindlich geblieben. An den Menschen, vor allem den Frauen, jenen *Frauen von Arles mit all ihrer giftigen Finesse,* die Gauguin so beiläufig auf der Durchreise nahm, prallt er selbst immer wieder ab. Er habe im Spital furchtbar gelitten, gesteht er Theo: *Wenn es mir wieder besser geht, muss ich von neuem anfangen, aber ich werde wohl nicht mehr diese Höhenflüge erreichen, von denen mich die Krankheit heruntergeholt hat.*

Sein Fazit ist – wie so oft zuvor schon – ein vernichtendes. Aber nun scheint er bereit, es zu akzeptieren, er revoltiert nicht mehr dagegen, ist mit seinem Scheitern in den Augen der Welt einverstanden: *Meine Gemälde sind gänzlich wertlos. Sie kosten mich, das ist wahr, außerordentlich viel, mitunter sogar an Blut und Hirn. Ich will nicht immer wieder davon anfangen, was soll ich Dir auch dazu sagen?* Dieses nun nicht mehr länger von sich ferngehaltene Resümee gibt ihm eine neue Freiheit. Es ist jene des Narren in Christo, des Heiligen, der verketzert wird, des Mystikers, der eine unverständliche Sprache spricht und der sich, seiner Sendung folgend, ihr zum Opfer bringt. Aber die Demütigung nimmt noch zu, Vincent wird auf dem Passionsweg vorangetrieben, jeder Rückweg ist ihm versperrt.

Einige Tage lang versucht er sich dann doch wieder einzureden, alles sei auf dem Weg, langsam aber stetig besser zu werden: *Ich fühle mich merklich besser, zugleich ist mein Herz sehr bewegt und erhofft vieles. Denn diese Heilung erstaunt mich doch über alle Maßen. Jeder hier ist gut zu mir, die Nachbarn usw. – alle sind gut und zuvorkommend wie in einer Heimat.* Heimat? Man hat ihn hier in Arles von Anfang an nicht gut behandelt. Wer wüsste das besser als Vincent? Und doch notiert er und man weiß nicht, ist es bitterer Humor oder der verzweifelte Versuch, einer Stadt seine Liebe zu geben, *gerade* weil sie ihm nichts zurückgibt: *Die gute Stadt Arles ist ein drolliger Platz. Freund Gauguin nennt ihn aus guten Gründen den schmutzigsten Ort im Süden. ... Hier haben die Leute im Grunde Herz, und eine besprochene Sache ist sicherer als eine geschriebene. Ich muss sagen, die Nachbarn sind von einer ganz besonderen Güte zu mir. Hier leidet alle Welt an etwas, sei es an Fieber oder an Wahnvorstellungen oder an Tollheit. Man versteht sich gegenseitig wie Mitglieder derselben Familie.*

Aber all diese Einreden nutzen nichts, im Gegenteil, seine Bereitschaft, sich einzuleben in den Süden, was bei ihm sich einzufühlen bedeutet, sie wird bitter enttäuscht. Er gehört nicht zur Familie, er steht draußen – auch hier, gerade hier.

Postmeister Roulin

Modelle in Arles zu finden ist schwer. Die Menschen sind misstrauisch Fremden gegenüber, zumal dem ersten Maler, der sich je in ihrer Stadt niedergelassen hat. Und wenn sie sich doch einmal malen lassen, dann mit großer innerer Reserve, mit deutlicher Herablassung dem Maler gegenüber, geradezu feindlich. Der Süden, muss Vincent erfahren, ist vor allem ländlich, das heißt rückständig. Zwar führt nun auch eine Eisenbahnlinie hier entlang, es gibt neue Fabriken mit hohen schmutzigen Schornsteinen – aber dieser Art Fortschritt macht die Menschen noch feindseliger, noch misstrauischer.

Eine Ausnahme ist der Postmeister Roulin. Im August 1888 schreibt Vincent an Theo: *Ich arbeite jetzt mit einem neuen Modell: einem Postmeister in blauer Uniform mit goldenen Verzierungen, großes, bärtiges Gesicht, sehr sokratisch, eingefleischter Republikaner wie Vater Tanguy; ein interessanterer Mann als viele andere Leute.* An Roulin fasziniert ihn sein *interessanter Sokrateskopf.* Und bald ist immerzu von Roulin die Rede. Das sei einer, der seine eigenen Gedanken denke, der ganz er selber ist, obwohl ihm das mit seiner großen Familie schwer fällt. Ein *armer Teufel und ganz kleiner Beamter* – doch sehr geachtet in Arles. Diese Stärke fasziniert Vincent und sie gibt ihm Sicherheit.

Roulin wird zu einer Art Ersatzvater für ihn: *Er hat, wie man sagt, seine sehr schwere Last zu schleppen, aber das hindert ihn nicht, denn er ist eine starke Bauernnatur, sieht immer gesund aus und ist sogar fröhlich. Ich lerne immer etwas Neues von ihm.*

Was er nicht lernt, ist der einfache Genuss, der nichts Ekstatisches oder Betäubendes hat – wie bei Vincent, dem Gefühlsextremisten, der außer Askese, zu der er sich zwingt, nur dessen Kehrseite, den mit Selbstverachtung beladenen Exzess kennt. Diese Daueranspannung bei Vincent hat mit der Tatsache zu tun, immer das nächste zu malende Bild vor sich zu haben. Roulin ist dazu der Gegenpol. Das kann bei Vincent, dem Roulin bereitwillig Modell sitzt, schon mal zur peinlichen Verblüffung führen: *Der Mann nimmt kein Geld an, kam mich aber n o c h   t e u r e r zu stehen, da er mit mir gegessen und getrunken hat.*

Vincent macht sich nichts aus gutem Essen. Er schlingt nebenbei etwas in sich hinein – was, das ist ihm ziemlich egal. Opulente Tafelrunden sind ihm ein Gräuel. Aber jetzt muss er mit Roulin lange bei Tisch sitzen, denn das gehört zu des bescheidenen Postmeisters aristokratischer Lebensart.

Immer wieder also malt er Roulin in seiner blauen Uniform und mit der Mütze, auf der »Postes« steht. Er sieht aus wie ein auf allen Meeren gefahrener Kapitän. Doch es ist nicht die Uniform, die ihm seine Würde gibt, sondern umgekehrt: der Mann adelt die Uniform! Die Persönlichkeit überwindet in Roulin den Amtsträger – selbst wenn er nackt dasäße, strahlte er noch Autorität aus. Welch eine Bedeutsamkeit besitzt doch dieser einfache Mensch, wie sehr ist er eins mit sich (darin dem Farbenhändler Tanguy verwandt) und wie zuverlässig erweist er sich als Freund!

Bald schon malt Vincent die ganze Familie Roulin – die Frau als »La Berceuse«, als Wiegende, aber auf dem Bild ist keine Wiege, dafür gibt es einen ornamentalen Blumenhintergrund und Frau Roulin schaut so beseelt, dass man nicht daran zweifelt: hier wiegt eine Mutter in Gedanken gerade ihr Neugeborenes.

Auch den Säugling wird Vincent auf eine wunderbar schlichte Weise mit wenigen Strichen vor einem strahlend gelben Hintergrund malen, ebenso wie Roulins Sohn Armand, einen etwas unsicher wirkenden jungen Mann. Ja, die Roulins sind zu seiner Ersatzfamilie in Arles geworden. Sie sind nicht so misstrauisch wie die anderen Menschen, was vielleicht auch daran liegt, dass Roulin als kleiner Postbeamter oft umziehen musste und auf Arles – im Unterschied zu den meisten Bewohnern – auch von außen zu blicken vermag.

»La Berceuse« strahlt Ruhe und Harmonie aus, wie sonst kaum eines von seinen Bildern. Vincent sagt darüber, er habe den Plan gefasst »ein Bild zu malen, bei dem die Seeleute, wenn sie es in der Kajüte eines isländischen Fischerbootes sehen, sich gewiegt fühlen und sich ihrer alten Ammenlieder erinnern.« Die Wiegenfrau ist vor allem darum so interessant, weil Vincent – mitten im sonnigen Arles – ein sehr flächiges Bild in satten Grüntönen, kontrastiert von Rot, malt. Georg Schmidt schreibt: »Daumiers ausdruckshafte Form plus Sisleys Farbzerlegung ergibt van Goghs ›Wiegenfrau‹!« Diese Bemerkung verweist auf zwei wesentliche Vorbilder Vincents. Honoré Daumier, selbst stark von Goya beeinflusst, malte 1850 sein Bild »Don Quijote und Sancho Pansa«. Dieses wie in Dämmerlicht getauchte Bild in toniger Farbgebung zeigt zwei reitende Gestalten. Aber wie deformiert sie sind, wie forciert antinaturalistisch Daumier auftritt! Die Linien der Wiegenfrau verstärken die Künstlichkeit der Form, geben ihr etwas von einer Ikone. Daumier hat Vincent stark beschäftigt: *Alle akademischen Gestalten sind ohne Fehler. Aber wenn*

Daumier eine Gestalt zeichnet, dann werden ihre Proportionen manchmal willkürlich sein in den Augen der Akademiker, aber sie wird leben. Ich will meine Gestalten nicht akademisch korrekt haben. Es ist mein größtes Verlangen, solche Unrichtigkeiten machen zu lernen, solche Abweichungen, solche Umwandlungen, Änderungen der Wirklichkeit, dass es – wenn man so will – Lügen werden, nun ja, die aber wahrer sind als die buchstäbliche Malerei. Ein entscheidender Schritt zur Wiedergewinnung einer autonomen Form von Malerei wird das Zurücklassen des naturalistischen Zwangs zur korrekten Abbildung. Und wie lange – und vergeblich! – hat sich Vincent bemüht, den akademischen Vorgaben zu genügen. Georg Schmidt charakterisiert diese in Paris beginnende und sich in Arles vollendende Metamorphose des Malers Vincent van Gogh so: »Allmählich aber beginnt van Gogh eine andere Richtigkeit und eine andere Schönheit zu ahnen, wonach anatomisch fehlerlos gezeichnete Bauern gar keine richtigen Bauern wären und anatomisch fehlerlos gezeichnete Hände keine arbeitenden Hände! In diesem Augenblick seiner künstlerischen Entwicklung haben ihm der Bauernmaler Millet und der Maler des großstädtischen Volkes Daumier den Mut gegeben, in seinem akademischen Nichtkönnen ein künstlerisches Können zu sehen, wie er im unakademischen Christentum ein ursprüngliches Christentum erlebt hatte ... Alle Kreaturen und alle vom Menschen geschaffenen und gebrauchten Dinge werden gestoßen, gebogen, geschlagen und werden dadurch geformt. ›Deformiert‹ heißt für van Gogh: vom Leben geformt! Van Goghs Deformationen sind das intimst Persönliche seiner Kunst.« Das korrespondiert mit der Befreiung von der Lokalfarbe, wie es die Impressionisten vormachten. Die reinen Farben verstärken den Bildausdruck. Solch »Deformation«, also die künstlerisch geschaffene, nicht naturalistische nachgeahmte Form, eröffnet den Weg zu einer neuen Bildintensität.

Vincent selbst hat das gespürt: *Vielleicht steckt in der ›Berceuse‹ etwas wie ein Versuch einer kleinen Farbenmusik.*

Immer wieder unternimmt es Vincent, diesen besonderen Typus des einfachen Menschen, der das Gegenteil eines verhetzbaren Massenpartikels ist, auszudrücken – in seinen Bildern, aber auch in den Briefen, die ja immer seine Arbeit begleitende Selbstverständigungsnotate sind: *Ich habe selten einen Mann vom Schlage Roulins kennengelernt. Er hat sehr viel von Sokrates, der hässlich wie ein Satyr war (wie Michelet sagt) und lebte wie ein Gott bis zu seinem letzten Tag, ein Gott, durch den das Pantheon heute noch berühmt ist.*

Tatsächlich muss Roulin sich von den anderen Bewohnern Arles', die Vincent als *aufgebrauchte Menschen* bezeichnet, sehr unterschieden haben. Und das liegt wohl nicht nur an seinem Stolz und der Würde, die er ausstrahlt. Roulin interessiert sich für die Zukunft, kann sich über Politik erregen, er blickt weit über Arles hinaus. Als er in der Zeitung die Rezension einer Ausstellung von Bildern Monets liest, die anerkennend ist, eilt er sofort damit zu Vincent, um ihm davon zu berichten. Nein, Roulin eilt natürlich nicht, er geht gemessenen Schritts. Mit ihm kann Vincent über die Dinge reden, über die er mit Theo reden würde, wenn dieser nur da wäre.

Dann die Hiobsbotschaft, in einem Augenblick, als Vincent diese am wenigsten auszuhalten vermag. Gauguin ist fort, er selbst hat sich das Ohr verstümmelt, liegt mit einem schweren psychischem Zusammenbruch im Krankenhaus, wird aber am 9. Januar entlassen und kommt zurück ins »gelbe Haus«. Dieses neue Jahr beginnt ebenso katastrophisch wie das alte aufhörte. Denn auch das passiert noch: *Roulin reist ab, und zwar schon am 21. Er geht als Angestellter nach Marseille. Die Erhöhung seines Gehalts ist aber nur minimal; er muss für einige Zeit seine Frau und seine Kinder verlassen, da sie ihm erst viel später folgen können, denn für eine Familie sind die Ausgaben in Marseille viel höher als hier. Es bedeutet für ihn zwar Beförderung, aber es ist nur ein sehr magerer Trost, den die Regierung einem solchen Beamten nach so viel Arbeitsjahren gibt. Die Sorge ist unüberhörbar,*

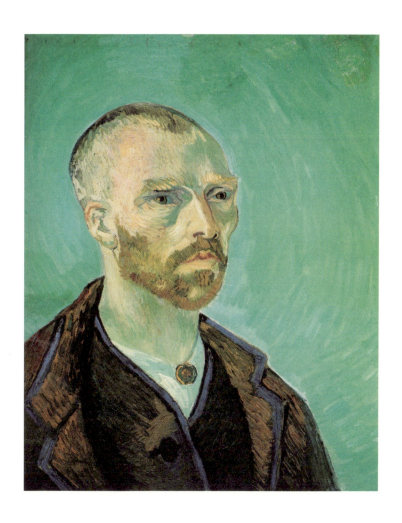

Selbstbildnis (Paul Gauguin gewidmet), Arles, September 1888
Cambridge (Mass.), Fogg Art Museum, Harvard University

Bildnis Père Tanguy, Paris, Herbst 1887
Paris, Musée Rodin

wenn er anfügt: *Roulin hat mir in dieser Woche oft gute Gesellschaft geleistet. Wer würde das nun an seiner Stelle tun?*

Vincent ist an seiner verwundbarsten Stelle getroffen: seiner Angst davor, verlassen zu werden. Traurig klingt es aus dem Brief vom 23. Januar 1889 an Theo: *Gestern reiste Roulin ab ... Es war rührend, ihn mit seinen Kindern am letzten Tag zu sehen, besonders mit dem ganz kleinen Mädchen, das er zu Lachen brachte, auf seinen Knien herumspringen ließ und dem er vorsang. Seine Stimme hatte einen seltsam reinen und bewegten Ton, als er ein trauriges Kinderlied sang, es klang wie der ferne Widerhall der Hörner aus der Revolutionszeit. Trotzdem war er nicht traurig, im Gegenteil, er hatte seine nagelneue Uniform angezogen, die er am gleichen Tag bekommen hatte, und wurde von ihm gefeiert.*

Tatsächlich gehören die Porträts von Roulin zu den ausdrucksstärksten, die Vincent gemalt hat. Besonders jenes, das im August 1888 entstand. Vor uns sitzt der Briefträger, der zugleich mehr ist als ein bloßer Bote, wie der Urvater des Götterboten Hermes persönlich. Ein Fels von einem Mann mit einem Bart wie ein Wald und einer marineblauen Uniform mit goldgelben Knöpfen. Leuchtend blau sind auch die Augen, die den Maler herausfordernd anschauen.

Dieser Roulin ist ein Modell, wie es sich Vincent wünscht, an ihm kann er sich abarbeiten – und weiß dabei immer, dass es sich lohnt. Vincent malt seine ganze demütige Liebe mit ins Bild hinein. So einen Vater hätte er gern gehabt! Er braucht gar nichts zu tun, um seine Existenz zu beweisen, er ist einfach da. Vincent bewundert diesen auf gütige Weise so vornehmen Mann, der sich nicht scheuen wird, ihn, den Außenseiter, dem man misstraut, als seinen guten Freund immer wieder zu besuchen, auch dann noch, als er in Arles längst als gefährlicher Verrückter gilt.

In Roulin personifiziert sich für ihn ein Frankreich, das er immer gesucht, aber viel zu selten gefunden hat: *Seine Stimme hat einen seltsam reinen und ergreifenden Ausdruck, in dem für mein Ohr zugleich etwas von einem traurig-süßen Wiegenlied und eine Art ferner Widerhall der Fanfaren des revolutionären Frankreich liegt.*

Zwangseinweisung in die Irrenanstalt

Am 19. März wirft ihn ein Faustschlag zu Boden. Die Polizei nimmt ihn fest, er wird als Geisteskranker zwangseingewiesen. Das geht auf eine Petition von Einwohnern aus Arles zurück. In der ersten Zeit nach seiner amtlich beschlossenen Festsetzung ist ihm untersagt zu lesen und zu schreiben, auch rauchen oder Wein trinken darf er nicht – erst recht nicht malen. Er sitzt isoliert in der Zelle und weiß nicht, wofür man ihn so straft.

Selbst die Ärzte sind machtlos gegen die Behörden. Später, in Saint-Rémy wird er häufig über die Demütigung dieser Festnahme nachdenken und sich auch fragen, ob er nicht hätte Widerstand leisten sollen, allein der Selbstachtung wegen: *Ich werfe mir meine Feigheit vor – hätte ich nicht mein Atelier besser verteidigen, hätte ich mich nicht mit den Gendarmen und den Nachbarn herumhauen müssen? Andere an meiner Stelle hätten den Revolver genommen, und wenn man als anerkannter Künstler solche Maulaffen getötet hätte, man wäre sicher freigesprochen worden. So hätte ich besser anders gehandelt, aber ich war feige und ein Trunkenbold. Allerdings war ich auch krank, aber jedenfalls nicht tapfer.*

Es wird ihm erlaubt, einen Brief an Theo zu schreiben: *Mein lieber Bruder! Mir scheint, Dein guter Brief enthält soviel brüderliche Angst, dass ich mich verpflichtet fühle, mein Schweigen zu brechen. Ich schreibe Dir im vollen Besitz meiner Geisteskräfte und nicht als Geisteskranker, sondern als Bruder, den Du kennst.* Und dann erfährt Theo, dass es einen von achtzig Einwohnern unterzeichneten Brief gegeben habe (es waren jedoch wohl nur dreißig), in dem der Bürgermeister aufgefordert wird, für eine Internierung des irre gewordenen Malers zu sorgen.

Darauf habe ihn die Polizei verhaftet: *Jedenfalls hat man mich lange Tage hier hinter Schloss und Riegel in die Tobsuchtszelle eingesperrt, von Wärtern bewacht, ohne dass meine Schuld erwiesen war oder erwiesen werden konnte.*

So geben ihm die *tugendhaften Menschenfresser* von Arles samt ihrem *fabelhaften Bürgermeister* jenen Todesstoß, der ihn achtzehn Monate später in einem Weizenfeld bei Auvers die Pistole gegen sein Herz richten lässt.

Vincent leidet unter Wahnvorstellungen, aber hat dabei einen klaren Blick auf seine extrem schwankenden Befindlichkeiten. Außer seinem gelegentlich »seltsamen Benehmen« konnte auch die amtliche Untersuchung nichts gegen ihn vorbringen, was es rechtfertigen würde, ihn als gefährlichen Irren zwangsweise zu internieren. Einer der Unterzeichner der Petition wird sich viele Jahre später so über den fremden Maler in Arles äußern: Er wurde nie ausfallend, außer, wenn er getrunken hatte, was allerdings oft vorkam. Wir hatten erst Angst vor ihm, nachdem er sich selbst verstümmelt hatte. Da erkannten wir, dass er verrückt war. Ich habe oft an ihn gedacht. Er war in Wirklichkeit ein netter Kerl, jemand, der wollte, dass wir ihn mögen.

Über den Vertrauensbruch der Bürger von Arles wird Vincent nicht hinwegkommen. Hier zeigt sich, was es heißt, wenn ihn Antonin Artaud einen »Selbstmörder durch die Gesellschaft« nennt. Vincent weiß sehr genau, in welch gefährlicher Situation er sich befindet, als er Theo mitteilt: *Wenn ich meine Entrüstung nicht zurückhielte, würde ich sofort als gefährlicher Irrer beurteilt. Hoffen wir in Geduld; starke Erregungen könnten meinen Zustand nur verschlimmern. Darum versprich mir, Dich nicht einzumischen, lass alles weiter seinen Gang gehen.* Und er wiederholt noch einmal: *Bitte halte Dich zurück, sonst wird die Sache noch komplizierter und verwirrter.* Wer ist hier eigentlich verrückt?

Der Briefton, der vom Martyrium des eingesperrten Vincent van Gogh zeugt, erinnert auffällig an Figuren Dostojewskis, besonders Fürst Myschkin: *Du begreifst sicher auch, dass es für mich ein schreck-*

licher Schlag ins Gesicht war, als ich sah, dass es hier so viele Menschen gibt, die feige genug waren, sich in so großer Zahl gegen einen einzelnen zu erheben, und auch noch gegen einen Kranken.

Gut, ich bin furchtbar zerrüttet, was meinen moralischen Zustand betrifft, aber trotzdem habe ich eine gewisse Ruhe gewonnen und will mich nicht weiter erregen.

Außerdem packt mich nach den wiederholten Anfällen die Demut. Ich muss mich also in Geduld fassen ...

Was für ein Elend, und alles sozusagen für nichts.

Ich verberge es Dir nicht: Lieber würde ich verrecken, als solche Unannehmlichkeiten zu verursachen und zu ertragen.

Aber was soll man machen – leiden, ohne sich zu beklagen, das ist die einzige Lektion, die man in diesem Leben lernen kann.

Das klingt bereits wie ein Vermächtnis.

Er will Theo seine Bilder schicken, aber das »gelbe Haus« ist von der Polizei versiegelt worden. Resigniert notiert er: *Wir Künstler in der heutigen Gesellschaft sind nur zerschlagene Krüge.* Aber auch die Sorge wächst, wie es mit ihm weitergehen wird. Er schließt nichts mehr aus, wie eine jene Verhaltensmaßregeln zeigt, die er Theo durch Dr. Rey übermitteln lässt: *Wenn Du im nächsten Monat keine Nachricht mehr direkt von mir erhältst, dann handle!* Aber die Sorge richtet sich nicht nur darauf, was die Behörden mit ihm machen werden, es wächst auch die Unsicherheit, ob er jemals wieder zu alter Stärke finden wird: *Ich fürchte selbst beinahe, dass ich draußen in der Freiheit nicht immer Herr meiner selbst wäre, wenn man mich reizte und beleidigte; ich müsste dann schon sehr über den Dingen stehen.* War es überhaupt richtig gewesen, hierher in den Süden Frankreichs zu kommen?

In Vincent wachsen die Zweifel. Die Sonne macht sie hier alle verrückt. Er fühlt sich bespitzelt und abgeschoben. Und das alles nur, weil er nicht zu den anderen auf ihre Art ebenso an der Sonne verrückt gewordenen Provinzlern gehört: *Natürlich war das ein harter Schlag, da ich wirklich alles versucht hatte, um mit den Leuten gut*

Freund zu sein, und nicht das Geringste ahnte ... Und doch muss er sich jetzt eingestehen: *Von Anfang an gab es hier eine ganz böswillige Feindseligkeit gegen mich.* Wenn er katholisch wäre, dann könnte er jetzt Mönch werden, teilt er Theo mit. Er ahnt, er kann vorerst nicht mehr, vielleicht sogar nie wieder, alleine leben.

Auch Dr. Rey wirft ihm vor, er habe seine Gesundheit vernachlässigt. Immer zu wenig und zu unregelmäßig gegessen und statt dessen zuviel geraucht und sich mit Kaffee und Alkohol aufgeputscht. Das mag alles stimmen, gibt Vincent zu, aber wie hätte ihm, ohne *eben alles ein wenig auf die Spitze* zu treiben, diesen Sommer die *grellgelbe Note* gelingen sollen? *Schließlich ist ein Künstler ein arbeitender Mensch, und der erstbeste Maulaffe kann ihn doch nicht völlig kaputtmachen.*

Am 24. März kommt der befreundete Paul Signac nach Arles, um ihn zu besuchen. Mit ihm gemeinsam darf Vincent zum »gelben Haus« gehen. Doch die Tür lässt sich nicht öffnen, denn das Schloss ist kaputtgegangen als die Polizei das Haus verschlossen hat. Signac bricht kurzentschlossen die Tür auf. Vincent zeigt ihm seine Bilder und schenkt ihm ein Stilleben mit zwei geräucherten Heringen – ein Bild, das die Gendarmen besonders gereizt hatte, wie Vincent schreibt, weil in Arles die Heringe »Gendarme« genannt werden.

Er berichtet Theo über diesen Besuch, Signac sei sehr ruhig gewesen, *obwohl man ihn für so heftig hält, macht er den Eindruck eines Mannes, der im richtigen Gleichgewicht ist.* Er selbst ist alles andere als im Gleichgewicht – sein Traum vom Süden ist zu gründlich zerstört worden, er habe *im Süden nicht mehr Glück als im Norden* konstatiert er. Aber selbst dieser gut gemeinte Besuch von Signac aus Paris erschüttert ihn nur wieder. Warum bloß gelingt es ihm nicht, so wie andere leben und arbeiten zu können? Er sieht sich ganz und gar gescheitert, nicht mehr in der Lage, noch einmal neu zu beginnen: *Ich bin nur gut für eine Übergangssache, eine Sache zweiten Ranges, die vergänglich ist. Egal, wie kraftvoll meine Empfindungen auch mögen oder welche anderen Ausdrucksfähigkeiten ich noch erlangen kann, wenn meine sinnlichen Leidenschaften verlöscht sind – niemals werde ich nach einer so erschütternden Vergangenheit ein überragendes Gebäude errichten können.*

Was er Theo nicht schreibt: Am Ende des Tages mit Signac im »gelben Haus« wird er unruhig – und greift plötzlich nach einer Flasche Terpentin. Signac kann ihn gerade noch daran hindern, daraus zu trinken. Trotzdem wird sich Signac später so über Vincents Verfassung äußern: »Nie hat er mir den Eindruck gemacht, als sei er irrsinnig. Da er fast nichts aß, war das, was er trank, immer zu viel. Wenn er nach langen Tagen in vollem Sonnenschein, in glühender Hitze in die Stadt zurückkam, wo er kein Zuhause hatte, setzte er sich auf eine Caféterrasse. Und die Absinths und die Cognacs folgten einer nach dem anderen. Wie hätte er widerstehen sollen? Er nahm kaum Nahrung zu sich. Er war der personifizierte Charme. Er liebte das Leben leidenschaftlich. Er war feurig und gut.«

Allerdings kann niemand übersehen: Vincent ist unberechenbar geworden. Unmöglich, ihn allein zu lassen. Nach Arles ins »gelbe Haus« darf er ohnehin nicht zurück. Empört teilt er Theo mit: *Man zwingt mich, das Haus zu verlassen.* Trotzdem muss er noch für drei Monate Miete zahlen. Und das, wo er so viel (von Theos) Geld in die Modernisierung investiert hat. Am liebsten würde er die Gasleitung, die er legen ließ, wieder herausreißen: *Nur fehlt mir der Mut dazu.* Er beginnt wieder zu malen, es gehe ihm ganz gut, erfährt Theo, *abgesehen von einer inneren, vagen Trauer.*

Die Gesellschaft der anderen Kranken, schreibt er Theo, sei ihm keineswegs unangenehm. Das einfache Essen bekomme ihm gut, *besonders, wenn man mir, wie ich es gewohnt bin, einen halben oder einen viertel Liter Wein gäbe.* Was er aber wirklich braucht, um zu gesunden, ist ein eigenes Zimmer – und das hat er hier nicht.

Wenn wir heute das Bild »Schlafsaal im Krankenhaus von Arles« betrachten, erschrecken wir über die kasernierte Massenunterbringung von Kranken. »Bett stinkt an Bett«, wird Gottfried Benn in seinen klinischen Gedichten über solcherart zeitüblichen Krankensäle schreiben – und bei Vincent zerreißt ein abgewinkeltes Ofenrohr im Bildvordergrund mit scharfem Strich von oben bis unten diesen Krankensaal, der so etwas Tödliches bekommt. Auch dieses Bild will er Dr. Rey schenken, aber der hat schon ein Porträt bekommen mit dem er nicht weiß wohin – und lehnt also ab. Vincent bietet es dem Apotheker an, aber auch der weist das Geschenk zurück. Schließlich erbarmt sich der Verwalter und nimmt das Bild.

Vincent als Fremdenlegionär?

Wen wundert es da, dass Vincent auf Einfälle kommt, die nichts mehr mit Malerei zu tun haben – sondern das »ganz andere« vorstellen? Am 29. April schreibt er Theo: *Ich wäre weder unglücklich noch unzufrieden, wenn ich dann nach einiger Zeit für 5 Jahre in die Fremdenlegion eintreten könnte (man nimmt einen bis zum 40. Lebensjahr).* Es wird zur fixen Idee und taucht in den Briefen von Ende April 1889 immer wieder auf. Man wird den Verdacht nicht los, diese trotzige Androhung, er könne ja auch zur Fremdenlegion gehen, habe vor allem etwas mit Theo zu tun. Denn der schreibt ihm gerade in den Tagen, als es ihm am schlechtesten geht, wie glücklich er sei. Er hat Johanna Bonger geheiratet, sie erwarten nun ein Kind. Vincent fühlt sich verlassen von Theo, dem einzigen Menschen, der seiner abrutschenden Existenz bislang den Halt gab. Vielleicht wirft er ihm tief in seinem Herzen nicht einmal Verrat vor, teilt sogar sein Glück. Aber um so mehr die Gewissheit: Er kann dieses Glück nur stören, ist im Wege. Er wird seinem Bruder zu teuer – und gilt zudem als geisteskrank.

Vincent kann nicht mehr allein leben, seinen Lebensunterhalt zu verdienen vermochte er ohnehin noch nie. Alles scheint sich gegen ihn gewendet zu haben und immer kommt es aufs Gleiche hinaus: *die unselige Geldfrage.* Er gesteht Theo, ängstlich geworden zu sein, *seit ich nur noch wie eine Maschine ablaufe.* Das gibt ihm ein Gefühl der Ohnmacht. Als er das »gelbe Haus« betritt, um seine Bilder zu verpacken und sie an Theo zu schicken, findet er viele beschädigt: *Das Wasser stieg wegen einer Überschwemmung bis auf wenige Schritte vor das Haus. Und begreiflicherweise war das Haus während meiner Abwesenheit ungeheizt, so dass, als ich zurückkam, Wasser und Salpeter von den Wänden tropften. Ich hatte den Eindruck, als sei nicht nur das Atelier zerstört, sondern auch die Studien, die daran erinnern sollten. Alles vorbei. Und doch, wie hatte ich mich angestrengt, eine ganz einfache, aber dauerhafte Sache zu gründen!* Zu allem Überfluss erhält er vom Vermieter auch noch eine Rechnung über 11,87 Francs für die Abnutzung der Möbel. Vincent kommt sich wie ein Narr vor.

Doch eines taucht immer wieder aus der Depression auf, *ein Sturm von Sehnsucht* kommt über ihn. Immer war Vincent ja auf der Suche nach dem einfachen Glück gewesen, nach Frau und Kindern, einem regelmäßigen Einkommen, etwas Anerkennung als Maler – *irgendeine Sache zu umarmen, irgendeine Frau ...* Aber für diese Art von bescheidenem Glück erwies sich sein Genie dann doch als zu unbescheiden.

Vincent ist bereit, freiwillig in eine Nervenheilanstalt zu gehen, auch wenn er beharrlich daran festhält, einer wie er gehöre in die Fremdenlegion. Vielleicht, so assoziiert er, sei dies der allein noch passende Ort für solch überall Fremd-Bleibende wie ihn.

Doch in welche Anstalt kann er denn gehen? Wieder muss er Theo über dieses Problem in Kenntnis setzen: *Aber ich versichere Dir, ich kenne gar keine Anstalt, wo man mich umsonst aufnehmen würde, sogar wenn ich die Unkosten der Malerei selber übernähme und meine ganze Arbeit dem Spital überließe. Das ist, ich will nicht sagen eine große, aber doch eine kleine Ungerechtigkeit. Ich wäre schon wunschlos glücklich, wenn ich so etwas fände.* Und nun die Beschwörung ihrer Freundschaft, die bereits eine Drohung enhält: *Und hätte ich Deine*

Freundschaft nicht, man würde mich ohne Gewissensbisse zum Selbstmord treiben – und so feige ich auch bin, am Ende würde ich es gar tun.

Zweiter Versuch über die Nachthelle: Nachtcafé und Sternennacht

> Endet nie des Irdischen Gewalt? Unselige Geschäftigkeit verzehrt den himmlischen Anflug der Nacht.
> Novalis, Hymnen an die Nacht

Wenn die Tagesvernunft schläft, liegt der Traum wach. Er ähnelt der Laterne des Nachtwächters in »Bonaventuras Nachtwachen«: »Wir Nachtwächter und Poeten kümmern uns um das Treiben der Menschen am Tage wenig; denn es gehört zur Zeit zu den ausgemachten Wahrheiten: Die Menschen sind wenn sie *handeln* höchst alltäglich und man mag ihnen höchstens wenn sie *träumen* einiges Interesse abgewinnen.«

Nacht: die Selbstbefreiung des Tages vom Zwang zum nützlichen Handeln. Sie muss sich nicht vor der Tagespflicht rechtfertigen. In Schlaf und Traum versöhnen sich Raum und Zeit. Nacht wird so zum Schutzraum der Stille, zum Ort der Nachthelle, Raum der Ahnungen über Vergangenes wie Künftiges. Goethe im Gespräch mit Eckermann: »Des Menschen Verdüsterungen und Erleuchtungen machen sein Schicksal.«

Novalis hat seine »Hymnen an die Nacht« als Preisungen des Göttlichen noch in seiner profansten und unwürdigsten Gestalt – und nur dort – geschrieben. Es ist derselbe (ur-)christliche Geist, der überkonfessionell wirkt wie auch bei Goethe und Nietzsche.

Die »Hymnen an die Nacht« sind romantisch-poetischer Protest gegen das kapitalistische Nützlichkeitskalkül als fatales Entzauberungsunternehmen von Welt. Gefordert ist eine »Umwendung von Wirklichkeit«, ein »neues fremdes Leben«, das zur »unendlichen Frucht geheimnisvoller Umarmung« wird.

Novalis' Nachtbegeisterung verteidigt die Poesie von Wirklichkeit, das Zwielicht von Dämmerung gegen das kalte Licht von bloßem Tageskalkül. Im Nächtlichen sammelt sich das, was für den Tag zu schwach ist, zu neuem Leben und zu eigener Stärke. Der Mensch, an den Tag gefesselt, fühlt sich unvollständig: sein Herz hängt an der Nacht, die bei Novalis zur Gegenwelt von – entfremdetem – Tagwerk stilisiert wird. In der Nacht erscheint uns das, was wir bei Tag sehen (und tun), nicht mehr selbstverständlich. Die Fragwürdigkeit des Es-ist-so-wie-es-ist wächst. Die Dinge zeigen sich uns in ihrer Möglichkeit, ihrer Wandelbarkeit.

Des »Lichtes Fessel«, so Novalis, ist gerissen: »über der Gegend schwebte mein entbundener, neugeborener Geist.« Die Nacht wird zum Schoß der Offenbarungen. Zwischen Abenddämmerung und Morgenröte, dem Immer-wieder-neu von Untergang und Aufgang, liegt nun der Schlaf, jener von »unendlichen Geheimnissen schweigende Bote«, der die Türen aufschließt »zu den Wohnungen des Seligen«.

Die Nachthelle symbolisiert, was an uns das Wunder der Verwandlung sein könnte. Dem Gegensatz von Göttlichem und Menschlichem liegt dabei immer ein gemeinsames Urbild zugrunde: »Im Schnittpunkt von Licht und Finsterwelt begegnen menschliches und göttliches Auge einander und verschmelzen im visionären ›Durchsehen‹, das aufgeht ›als ein Blick ins Centrum‹«. Alles, was einen »göttlichen Funken« in sich trägt, strebt zur eigenen Form – auch die Natur. Diese pantheistische Utopie malt Vincent immer wieder in ihren wechselnden Gestalten.

Als Vincent noch auf Gauguin wartete und den Postmeister Roulin porträtierte, hat sich auch sein Blick auf den Süden verändert. Die blühenden Obstgärten sind alle gemalt, die Sonnenblumen, die ja nur das »gelbe Haus« für Gauguin dekorieren sollen, bekommen plötzlich einige unübersehbar hässliche Zacken, die wie Enterhaken der Apokalypse wirken – die große Symphonie in Gelb bekommt etwas von einem Tanz auf des Messers Schneide. In dieser Phase des überreichen Sonnenlichts wechselt Vincent plötzlich die Thematik. Was machen eigentlich die Menschen bei Nacht? Sind sie immer noch dieselben wie bei Tage?

Romantische Fragen, die letztlich immer Beleuchtungsfragen sind. Das Kunstlicht der Cafés konkurriert mit dem träumerischen Licht der Sterne, das doch auch nur eine Täuschung ist, weil es den unendlichen Kosmos auf heimelige Weise dekoriert.

Die Nacht, die Vincent nun zu malen beginnt, ist ein Ort der Angst. Hier kann man spurlos verloren gehen. Und wie der Wanderer im dunklen Wald zu pfeifen beginnt, so sucht der nächtliche Mensch nach einem Licht, das ihm die Angst nimmt. Dieser elementare Zug des Lebens zeigt sich schon im Heliotropismus bestimmter Pflanzen. Doch wie hell soll das Licht scheinen und was wäre besser im Dunkeln geblieben?

Theo erfährt über Vincents Versuche, d i e Nacht zu malen, was mehr ist als bloß b e i Nacht zu malen: *Heute beginne ich wahrscheinlich das Interieur des Cafés, wo ich wohne, abends bei Gasbeleuchtung. Es ist, was man hier ein Nachtcafé nennt. Die gibt es ziemlich oft hier, sie bleiben die ganze Nacht über offen. Die Nachtbummler können da ein Unterkommen finden, wenn sie kein Geld für ein Quartier haben oder zu betrunken sind, um dort Einlass zu finden.* Bereits in den nächsten Sätzen wird klar, was ihn dazu treibt. Es ist die sehr grundsätzliche Frage nach der Existenz, die einschließt, nach Herkunft und Ziel des Lebens zu fragen. Wo ist Heimat für einen Wanderer? Die Unruhe, die ihm diese Frage bereitet, lässt ihn im Spätsommer 1888 in Arles das »Nachtcafé«, »Caféterrasse bei Nacht« und »Sternennacht über der Rhone« malen. In einem Brief an Theo notiert er dazu: *Alle diese Dinge, wie Familie und Vaterland, sind vielleicht in unserer Einbildung, da wir Vaterland und Familie entbehren, viel schöner als in der Wirklichkeit. Ich komme mir immer wie ein Wanderer vor, der ein Stück Weges zieht, zu irgendeiner Bestimmung. Wenn ich mir sage, das Gewisse, dieses bestimmte Ziel, das gibt es wohl gar nicht, so scheint* mir das keineswegs unwahrscheinlich. Wenn der Zuhälter im Bordell jemanden vor die Tür setzt, hat er eine ähnliche Logik und denkt gut und hat immer recht. Ich weiß das, aber schließlich, am Ende meiner Laufbahn, werde ich unrecht haben, meinetwegen, ich werde dann nicht nur wissen, dass die Künste, sondern dass auch alles Übrige ein Traum war und mein Selbst überhaupt nichts.

Calderons »Das Leben ist Traum« erscheint nun unter Kunstlichtbedingungen als sehr moderner Traum von einer Zeit, in der sich der Mensch, getrennt von der Natur, auch von seiner eigenen Natur, Schritt für Schritt verlorengeht. Das macht das grelle Licht der Großstadt zum Äquivalent des dunklen Walds. Man sieht nichts!

Vincent wartet auf Gauguin und ahnt doch, was es bedeutet, dass der so lange auf sich warten lässt. Besser, er würde sich von dem Wunsch nach Gauguins Gegenwart freimachen. Schon als der bewunderte Maler noch gar nicht da ist, wird er zur einzigen Enttäuschung. Vincent weigert sich, das so kalt und nüchtern zu sehen. Doch die Sonne verdunkelt sich in diesem Herbst 1888 für ihn, er malt nun nicht mehr in Dur, sondern in Moll.

Am 8. September 1888 erfährt Theo: *Oft kommt es mir so vor, als sei die Nacht lebendiger und farbiger als der Tag.* Das »Nachtcafé« nennt er eines der *hässlichsten Bilder*, die er je gemacht habe. Deutlich wird hier, dass Vincent in diesem Moment bereits seinen Rückzug aus dem Süden antritt: *Es ist, wenn auch anders, in der Art der ›Kartoffelesser‹.* Der nördliche Blick, die dunklen Kontraste, die starke Erinnerung an Holland – alles kehrt nun wieder. Das Leben ist auch im Süden unter blauem Himmel nicht nur schön, nicht nur strahlend, es ist gibt auch hier Zerstörung und die hässliche Schattenseite jenes üppigen Blühens, das Vincent nun manchmal obszön vorkommt. Hier wächst zu vieles von allein. Es erscheint zu leicht, weil es nicht erarbeitet werden muss.

Er beginnt nun am Wert seiner Gelbsymphonie zu zweifeln. Zeigt diese die Wahrheit über den Süden, über das Arkadien für jeden

Künstler? Nur die eine Hälfte. Die andere beginnt er nun am eigenen Leib zu erfahren – und zu malen. So beschreibt Vincent sein »Nachtcafé«: *Ich habe versucht, mit Rot und Grün die schrecklichen Leidenschaften der Menschen auszudrücken. Das Zimmer ist blutrot und dunkelgelb, in der Mitte ein grünes Billard und vier zitronengelbe Lampen, die orange und gelb leuchten. Das gibt immer einen Gegensatz von verschiedenem Grün und Rot mit den Gestalten der kleinen, schlafenden Gauner im leeren und traurigen Saal. Und immer das Gegenspiel von Violett und Blau. So ist das Blutrot und das Gelbgrün des Billard zum Beispiel dem kleinen, zarten Louis XV.-Schreibtisch entgegengesetzt, auf dem ein rosa Strauß steht. Die weißen Kleider des Wirtes, der in einem Ofenwinkel wacht, werden zitronenfarben, bleichgrün und leuchtend.*

Vincent malt hier nicht weniger als die moderne Apokalypse, das Schicksal des Menschen des 20. Jahrhunderts, das eben darin besteht, kein eigenes, nur noch einen Massenschicksal zu haben. Das künstliche Licht macht alles uniform. Keine nächtlichen Träumer blicken mehr in die Sterne, sondern Untergeher starren vor sich in ihre Gläser und werden vom Absinth vergiftet. Am Billardtisch in der Mitte des Raums, in dem die Leere drückend wirkt, spielt niemand. Die Fußbodendielen durchschneiden den Raum fast vertikal, verstärken den Charakter des Abschüssigen.

Auf diesem Bild steht alles auf Kippe – und der Billardtisch hat eine fatale Ähnlichkeit mit einem aufgebarten Sarg, an dem der Wirt wie ein einsam Trauernder steht, den niemand bemerkt. Vincents Kunstgriff: Von unten, vom Fußboden her, drängt ein höllisch-gelbes Licht hinauf. Die drei Deckenlampen hingegen durchdringen mit ihren pointillistisch gesetzten Lichtkreisen kaum den roten Hintergrund. So ähnelt das »Nachtcafé« einem Ort, der bald vom Gelb des Bodens verschlungen wird, oder, will man es technisch ausdrücken, einem Krematorium, in dem der Billardtisch als ein Sarg über den Flammen schwebt. Die Menschen auf diesem Bild? Längst vergangen, bloße Hüllen.

Vincent erklärt Theo das »Nachtcafé« so: *Ich habe versucht, den Gedanken auszudrücken, dass das Café ein Ort ist, an dem man sich ruinieren, verrückt werden oder ein Verbrechen begehen kann. Ich habe also sozusagen versucht, die finsteren Mächte in einer gemeinen Kneipe darzustellen ... und das alles in einer Atmosphäre, fahl und schweflig wie ein Teufelsofen.*

Parallel zum »Nachtcafé« malt Vincent die »Caféterrasse bei Nacht«. Da scheint dem Betrachter, als sei er glücklich dem Innenraum dieser Vorhölle entkommen und stehe nun – noch nicht ganz gerettet, aber fast – auf der Straße. Das chromige Gelb des Café strahlt immer noch wie ein Fremdkörper ins nächtliche Blau hinein – aber nun ist es nicht mehr der Boden unter den Füßen, der brennt, sondern es gibt einen betretbaren Untergrund, der zum Bildvordergrund wird. Der Terrassenboden leuchtet orange, die Macht des giftig-künstlichen Gelbs ist hier draußen gebrochen, es leuchtet nur von Innen heraus über die Köpfe der an ihren Tischen Sitzenden hinweg – und dort, wo es ganz ungebrochen scheint, dem Zeltdach von unten, da ist nichts außer dieser Farbfläche. Hier draußen leben die Menschen noch, einige spazieren sogar die Straße entlang.

Der geniale Kunstgriff des »Straßencafés bei Nacht« liegt in der unvermittelten Konkurrenz zwischen dem aus dem Café herausdringenden Kunstlicht und den Sternen am Himmel, die das Nachtblau auf milde – humane! – Weise illuminieren. Vincent, der zuverlässige Kommentator seiner Arbeit in den Briefen an Theo, schreibt dazu: *Nächtliche Szenen oder die Effekte der Nacht auf großen Plätzen zu malen, und zwar vor Ort zur Nachtzeit, das interessiert mich ungeheuer. Diese Woche tat ich absolut nichts anderes als malen, schlafen und meine Mahlzeiten einnehmen. Ich saß mal 12 Stunden, mal 6 Stunden hintereinander an der Arbeit und schlief dann auch 12 Stunden in einem Zuge.*

Zu dieser Zeit entsteht »Sternennacht über der Rhone«. Hier befinden sich – aus einer großen Entfernung gesehen – Natur- und Kunstlicht im Gleichgewicht. Die Lichter der Stadt vermischen sich mit denen der Sterne am Himmel. Beide blitzen im Spiegel des bläulichvioletten Wassers der Rhone auf – sind ununterscheidbar geworden für die Spaziergänger am Ufer. Eine Utopie, die wegen ihrer allzu eilfertigen Versöhnung des Gegensatzes vielleicht ein wenig seicht erscheint, besonders nach dem »Nachtcafé« und der »Caféterrasse bei Nacht«. Aber man glaubt Vincent, der vor Ort malt, dann auch wieder diesen Augenblick der Beglückung. Jedes Licht in der Nacht – egal ob es künstlich oder natürlich ist – bekommt etwas Inspirierendes und Beschützendes – wenn nur die Entfernung stimmt.

Das Vermischen der Lichter vollzieht sich real, lautet Vincents Befund; die verschiedensten Lichtquellen, die das Dunkle durchdringen, werden schließlich ununterscheidbar in einer höheren Einheit aufgenommen: Licht als Gegensatz des Dunkels.

Vielleicht war ihm ein Unbehagen von dieser harmonisierenden, geradezu idyllischen Darstellung des Sternenhimmels über der Rhone geblieben. Jedenfalls malt er ein Jahr später in der Irrenanstalt von Saint-Rémy die »Sternennacht« auf völlig neue Weise: als kosmischen Wirbel, als Atem des Weltalls, der sich über die kleine Stadt senkt. Unklar scheint, ob er sie vernichten oder retten wird – sicher ist nur, er wird sie aus ihrer trügerischen Ruhe herausreißen. Wie Meereswogen rollen die Wolkenwirbel heran, die Sterne und die orangfarbene Mondsichel beginnen auf ihrem Rücken zu tanzen. Dieser Kosmos ist von irritierender Intimität, voll verwunderlicher Traumnähe.

Die Zypresse im Vordergrund strebt in die Höhe, auch sie hat Fühlung mit dem kosmischen Wirbel, der sich wie ein Fabeltier über die schlafende Stadt legt – und das bekommt in seiner wuchtigen und dabei hochmusikalischen Dynamik etwas auf viel tiefere Weise Versöhnendes als die in Arles entstandene »Sternennacht über der Rhone«.

Noch ein weiteres Werk ist typisch für das Bild des Nächtlichen. Auf seinem »Weg mit Zypressen«, 1890 in Saint-Rémy gemalt, sehen wir zwei Wanderer, hinter ihnen ein Fuhrwerk. Kehren sie von der Arbeit heim oder brechen sie erst zu ihrem Tagwerk auf? Wir wissen es nicht. Es leuchtet auf beiden Seiten des von einer großen schwarzgrün abgedunkelten Zypresse vertikal geteilten Bildes. Diesen verwirbelten Zwielichthimmel schneidet die wellige Linie der Zypresse von oben bis unten auf.

Der Sonnenkreis teilt sich den Himmel mit der Mondsichel. In diesem Bild sind es synchrone Lichtquellen. Welch eine Versöhnungsvision von Tag und Nacht!

ACHTES KAPITEL
Saint-Rémy
(3. Mai 1889 - 16. Mai 1890)

Malen in der Irrenanstalt

Saint-Rémy war früher einmal ein Kloster. Jetzt befindet sich hier eine private Heilanstalt. Am 8. Mai 1889 bezieht Vincent sein Zimmer. Die Anstalt liegt nur zwanzig Kilometer von Arles entfernt. Zu ihr hatte der um Vincent bemühte protestantische Pfarrer Salles geraten. Vincent ist einverstanden: *Vorläufig möchte ich interniert bleiben, meiner eigenen Ruhe wegen und auch derjenigen der anderen.* Die Menschen liebt er im Moment nicht so sehr – er ist misstrauisch geworden. Doch er weiß, er wird sich mit den neuen Verhältnissen irgendwie arrangieren müssen: *Es tröstet mich ein wenig, dass ich die Verrücktheit allmählich wie irgendeine andere Krankheit ansehe und die Sache eben nehme, wie sie ist. Während der Krisen glaube ich immer, das, was ich mir einbilde, sei wirklich.*

Die Irrenanstalt ist ein wenig heruntergekommen und nur zur Hälfte belegt. Ihr Leiter ist Dr. Peyron, ein kleiner an Gicht leidender Mann, der nur zwei Behandlungsmethoden anwendet. Opiate werden zur Beruhigung verabreicht und zweimal die Woche findet die Hydrotherapie statt, die darin besteht, dass die Kranken ein jeweils zweistündiges Bad nehmen. Vincent bekommt einen halben Liter Wein zu den Mahlzeiten genehmigt. Theo bezahlt wie immer auch dieses Extra.

Zudem hat er ausgehandelt, dass Vincent zum Malen die Anstalt verlassen darf, allerdings nur in Begleitung eines Wärters. Vincent weiß, er muss sich beruhigen, um sein inneres Gleichgewicht wiederzufinden. Er weiß aber auch, er ist krank – und ob er jemals genesen wird, ist fraglich. Zumindest wird es eine lange Zeit dauern.

Über seine Unterbringung in Saint-Rémy berichtet er Theo: *Ich versichere Dir, dass ich mich hier sehr wohlfühle ... Ich habe ein kleines Zimmer mit graugrünen Tapeten und meergrünen Vorhängen, die mit blassen Rosen gemustert und durch schmale blutrote Streifen etwas belebt sind. Das Muster dieser Vorhänge ist sehr sehr schön. Vielleicht stammen sie aus einer reichen heruntergekommenen Familie. Ebenfalls von dort kommt wohl ein abgenutzter Sessel, dessen Stoffbezug á la Diaz und Monticelli gefleckt ist: braun, rot, rosa, weiß, cremefarben, schwarz, blau, vergissmeinichtfarben und flaschengrün. Durch das von außen vergitterte Fenster blicke ich auf ein umzäuntes viereckiges Kornfeld, ein Ausblick á la Goyen; darüber sehe ich jeden Morgen die Sonne in all ihrer Glorie aufsteigen.* Damit Vincent malen kann, hat Theo der Anstaltsleitung angeboten, noch ein weiteres Zimmer für seinen Bruder zu bezahlen. Da mehr als dreißig Räume leer stehen, bekommt Vincent seine Malstube. Mit dem Essen ist er weniger zufrieden: *Es schmeckt natürlich ein wenig nach Schimmel, wie in einer Pariser Kneipe oder einem Pensionat.* Das Schlimmste aber, was Vincent sofort an denen bemerkt, die schon länger hier sind, ist eine *Erschlaffung.* Das Nichtstun ist ihm die schlimmste Vorstellung. Immer mehr weiß er, was ihn an dem Süden abstößt, warum er hier nicht hinpasst. Die Passivität der Menschen im Süden bleibt dem manischen Arbeiter, der er ist, unerklärlich: *Was ich nicht ganz begreife, ist ihr vollkommener Müßiggang. Aber das ist doch überhaupt der große Fehler des Südens und sein Verderben. Doch was für eine schönes Land, was für ein schönes Blau, und diese Sonne!* Er ahnt, dass beides, die Sonne und der Müßiggang etwas miteinander zu tun haben. Also ist die Sonne etwas sehr Widersprüchliches: sie schenkt und enthält gleichzeitig das Geschenkte vor.

Vincent bittet Theo dringend um neue Farbe und mehr Leinwände. Die Szenerie von Saint-Rémy regt ihn zur Arbeit an, eben weil ihn das allgegenwärtige Nichtstun in der Anstalt immer aufs Neue zur Aktivität treibt: *Der Saal, in dem man sich während der Regentage aufhält, ist wie ein Wartesaal dritter Klasse in einem abgelegenen Ort, um* so mehr, als es ein paar Geisteskranke gibt, die immer den Hut tragen, eine Brille, einen Stock und tun, als wenn sie auf der Reise wären, etwa zu einem Seebad und hier nur Station machten.

Hier beginnt er nun seine Bilder nach Reproduktionen von Millet und Delacroix, auch nach Rembrandt zu malen. Landschaften mit Zypressen und Blumen aus dem Anstaltsgarten werden seine häufigsten Motive – die Sonnenblume verschwindet als Bildmotiv, überhaupt wird die Farbpalette dunkler, Zwielicht breitet sich aus. Das Ocker kehrt nicht nur als Bildhintergrund zurück – wie in seinem »Bildnis eines Patienten im Hospital Saint-Paul«, das durch eine Konzentration auf das Wesentliche, den leeren und dabei doch auf verzweifelte Weise schicksalsergebenen Blick aus wässrig-hellen, blau-grünen Augen beeindruckt – die Art des Malens wird, trotz verstärktem Pointillismus, auf spürbare Weise wieder holländischer. Und gleichzeitig primitiver in der Reduktion auf den wesentlichen Bildausdruck.

Neben den Aufsehern – er malt auch den Oberaufseher Trubuc in hellen Ockertönen als würdevoll-strengen älteren Herren – sind es Nonnen, die die Insassen der Anstalt versorgen. Von ihnen gibt es Zeugnisse über den geisteskranken Maler. Sie betonen, sie hätten »nie bemerkt, dass Vincent ihnen zu nahe getreten wäre«. Seine Bilder mochten sie nicht, fanden sie wie »mit Schwalbendreck« gemalt. Nur die junge Oberin Schwester Epiphane, die 1928 immer noch im Amt war, erkannte etwas von der Begabung Vincents. Sie überlegte, ob sie Vincent darum bitten sollte, ein Wandbild für den Versammlungsraum der Schwestern zu malen. Aber die anderen Nonnen fanden das abwegig. Vierzig Jahre später bedauert es die Oberin natürlich, nicht darauf bestanden zu haben, wie sie sagt: »nicht so sehr des Geldwertes wegen, den, wie es heißt, Vincents Bilder heute haben, sondern weil es eine bleibende Erinnerung an seinen Aufenthalt bei uns gewesen wäre«.

Vincent hat andere Sorgen als den Schwestern bleibende Erinnerungen zu hinterlassen. Angstvoll sieht er Theo sich ihm entfremden. In seinen Briefen gibt es keine Vorwürfe wegen seiner Heirat mit Johanna Bonger, aber unterschwellig klingt die Sorge mit, dass Theo nun anderes zu tun haben werde als sich um ihn zu kümmern. Er fürchtet, dem Ehemann und baldigen Familienvater eine zu schwere Last zu werden: *Alter Knabe, ich wünschte, Du wärest zwei Jahre weiter und hättest die erste Zeit Deiner Ehe hinter Dir, so schön es jetzt auch sein mag. Ich glaube nämlich, dass eine Ehe vor allem auf die Dauer gut ist; das Temperament verjüngt sich.* Vincent weiß natürlich selbst, seine Weisheiten in diesen Dingen klingen wie die abstrakten Ausmalungen eines, der eigentlich nicht mitreden kann. Ja, er fühlt sich ausgeschlossen – und so aufgesetzt seine Ehesentenz klingt, umso aufrichtiger ist sein Ausruf: *Dieses verfluchte Leben für die Kunst ist aufreibend!* Er stürzt sich ins Malen wie ein Selbstmörder ins strudelnde Wasser: *Ich habe eine stumpfe Arbeitswut in mir, mehr denn je.* Trotzdem freut er sich, Onkel zu werden. Wie er vieles nur stellvertretend erleben kann, so also auch die Vaterschaft. Aber, wenn neues Leben entsteht, dann kann er nicht zuerst die eigenen Befürchtungen ob finanzieller Zuwendungen sehen. Er liebt Kinder, und dass Theo, der ohnehin sein bürgerliches Alter Ego ist, Kinder bekommt, während er nur immer neue Bilder zeugen muss – Vincent kann es nicht wirklich als Ungerechtigkeit sehen: *Ich glaube, der Gedanke an das kommende Kind nimmt Dich voll in Anspruch. Ich bin sehr froh, dass es so ist, und glaube, Du wirst mit der Zeit Deine frühere Heiterkeit wiederfinden. Selbst in Paris, wo man durch das Übermaß von Geschäften und Kunst schwächer wird als die Bauern, ist es noch möglich, dass man sich durch das Zusammenleben mit Frau und Kind wieder der einfacheren und wahreren Natur verbunden fühlt, deren Ideal uns so oft vorschwebt.*

Die ersten Wochen malt Vincent nur innerhalb der Anstalt: Den Blick aus dem Fenster, den Garten der Anstalt oder Blumenstilleben wie »Iris«. Nach dieser ersten Zeit darf er die Anstalt zum Malen ver-

Zypressen unter dem Sternenhimmel, Auvers-sur-Oise, Mai 1890
Otterlo, Rijksmuseum Kröller-Möller

Der Gärtner, Saint-Rémy, September 1889
Rom, Galeria nazionale darte moderna

lassen, in Begleitung des jungen Wärters Jean-Francois Poulet. Dieser junge Mann erweist sich als guter Kenner der Gegend und führt Vincent bis in die Schlucht von Les Peyroulets. Sie gehen auch nach Saint-Rémy, wo Vincent sein Bild »Straßenarbeiter in einer Straße mit Platanen« malt. Doch immer wieder reagiert Vincent unvorhersehbar. Eines Tages, nach der Rückkehr von einer langen Wanderung in die Anstalt boxt er den jungen Wärter plötzlich heftig in den Bauch. Tags darauf entschuldigt er sich, er habe sich von Polizisten verfolgt gefühlt. Wie sehr Biografie Legende ist, wie unterschiedlich ein und dieselbe Geschichte aus verschiedenen Mündern klingt, zeigt sich auch hier. Denn John Rewald übermittelt 1957 den Bericht des Wärters Poulet so: »Einmal, als Poulet den Maler zum Arbeiten in die Umgebung des Hospitals begleiten wollte und vor ihm einige Stufen hinunterging, gab ihm van Gogh plötzlich von hinten einen heftigen Fußtritt. Der Wärter hielt sofort an und brachte Vincent in seine Zelle zurück. Am nächsten Tag entschuldigte sich van Gogh bei Poulet und sagte, er habe eine schwache Erinnerung, ihn beleidigt zu haben ... und erklärte, er habe gedacht, der Wärter sei ein Mitglied der Geheimen Polizei.« Ob Vincent nun von vorn geboxt oder von hinten getreten hat, wird nicht mehr aufzuklären sein, sicher aber scheint: Er bleibt unberechenbar in seinem plötzlichen Jähzorn.

Zypressen

Wie die Sonnenblume zum Symbol für den Aufbruch in den Süden nach Arles wird, so symbolisiert die Zypresse den Ausbruch der Nervenkrankheit und Vincents Internierung in Saint-Rémy. An Theo schreibt er: *Ich möchte mit ihnen gern etwas Ähnliches wie meine Sonnenblumenbilder schaffen, denn es wundert mich, dass sie noch nie gemalt wurden, wie ich sie sehe. Sie sind so schön in Linie und Proportion wie ein ägyptischer Obelisk. Und das Grün ist so ein außergewöhnlicher*

Ton. Es ist der s c h w a r z e Fleck in einer von der Sonne beleuchteten Landschaft, aber es ist einer der interessantesten schwarzen Töne; ich kann mir keinen denken, der schwieriger zu treffen wäre. Saint-Rémy und erst recht Auvers bedeuten Lichtverlust, das Dunkel kehrt mit Macht auf Vincents Farbpalette zurück; die Kontraste werden schärfer. Zunehmend beginnt er die Natur als Symbol aufzufassen.

Es passiert nun etwas Seltsames. Die Formen, die Vicent malt, werden in dem Maße expressiver wie die reinen Farben zurücktreten, zugunsten gebrochener, dunklerer Töne. Die Pinselstriche beschreiben lauter kleine Halbmonde. Es ist, als ob eine ständige Wellenbewegung zum Grundmotiv der Bilder geworden wäre, ein Rhythmus des Fließens, ein kosmisches Auf und Ab. Immer radikaler lässt er den Naturalismus zurück, sucht nach einer neuen Formensprache. Wie die Sonnenblume das Leben verkörperte, so die Zypresse den Tod.

Eine polare Einheit. Die Zypressen sind wie Fingerzeige des Todes in einer auf ewigen Sommer gestimmten Landschaft. Sie tragen die Nacht noch in die größte Mittagshitze hinein, sind wie der Schatten, der dem Wanderer folgt: Wenn Vincent über diese Bäume des Südens spricht, dann offenbart sich wie tief er sieht, bis dorthin, wo sich die sichtbaren Dinge in Vorzeichen des Unsichtbaren verwandeln. Auch sprachlich gelingt es ihm, die besondere poetische Qualität seines Sehens auszudrücken. An Gauguin schreibt er am 17. Juni 1890, schon aus Auvers: *Ich habe da unten noch eine Zypresse mit einem Stern gemacht, ein letzter Versuch: nächtlicher Himmel mit glanzlosem Mond, die zunehmende Sichel auftauchend aus dichten Schatten, die über der Erde liegen, und dann der hellblinkende Stern, ein lieblicher Glanz von Rosa und Grün, der – wenn Sie so wollen – über den Ultramarinhimmel und die Wolken zieht. Unten eine Straße, die mit hohen gelben Latten gesäumt ist, dahinter die blauen niederen Alpen; ein alter Gasthof, orangefarben, mit erleuchteten Fenstern. Eine Zypresse ganz dunkel. Auf der Straße ein gelber Wagen mit einem Schimmel davor und zwei verspätete Wanderer. Sehr romantisch, wenn Sie wollen, aber auch, glaube ich, ganz typisch Provence.*

So paradox es klingt, in dem Maße, wie sich seine Bilder verdunkeln, wie der Schnitter aus dem Sämann heraustritt, in demselben Maße hellt sich Vincents Gemüt wieder auf, kehrt die Lust am Malen zurück.

Sämann und Schnitter

Im Herbst 1889 bittet er Theo um neue Farben, denn: *Mein Pinsel bewegt sich so schnell in meinen Händen, wie ein Bogen über die Violine hingeht – und sehr zu meinem Vergnügen.*
Der Tod und die ihm verbundenen Verdunkelungen spiegeln sich nun immer stärker in seinen Bildern wider. Die Gestalt des Schnitters beschäftigt ihn: *Ich sehe in diesem Schnitter eine schemenhafte Figur, eine Art Teufel, der in der Gluthitze kämpft, um mit seiner Arbeit zu Ende zu kommen. Ich sehe auch das Bild des Todes darin, in dem Sinn, dass die Menschheit das Korn ist, das niedergemäht wird.*
Diese Ambivalenz wird zum bestimmenden Thema: »Sämann« und »Schnitter« symbolisieren Leben und Tod – als zwei Seiten fruchtbaren Wachstums. Der Gedanke, dass das Weizenkorn seine Bestimmung, zu neuem Leben zu keimen, nur durch seinen Tod erfüllt, bleibt Vincent auch in Zeiten vehementester Ablehnung der Bibel immer nahe. Hier zeigt sich sein mystischer Pantheismus: Gott ist überall, das Heilige existiert im Profanen – und nur dort, in den kleinen, den übersehenen, den verachteten Dingen. So tritt dann ein Moment von Ketzergeschichte in der modernen Kunst hervor: die Verketzerten, die Ausgestoßenen sind die Zeugen der Wahrheit. Damit steht er grundsätzlich jenseits aller dekorativen, aller die herrschende Macht ornamental legitimierenden Kunst. Diesen Bildern ist jeder Gestus des Siegens, des Triumphierens fremd – ihre Stärke kommt aus der unter Kämpfen behaupteten Bejahung bei aller gleichzeitigen Verneinung: sie ist Selbstüberwindung, die ihr Leiden weder verbirgt noch ausstellt.

Vincents Bilder beerdigen eine bürgerliche Kunst, die an den akademischen Traditionen von Repräsentation festhält – in Parallelität zu Zolas Sozialreport aus dem »Bauch von Paris«. Sie dokumentieren den Übergang, verabschieden das Gestern und ahnen ein Morgen herbei, das gleichzeitig Versprechen und Drohung ist. Damit schaffen sie Symbole für das 20. Jahrhundert und darüber hinaus. Der Fortschritt, den man bejahen muss, wenn man die Rückständigkeit kennt, steht immer in der Gefahr, den S i n n des Vorangehens zu vergessen. Auch darum unternimmt van Gogh seine »Pilgerreise zur Sonne«, die zugleich eine ins Conrad'sche »Herz der Finsternis« ist. Darum bewundert er Delacroix so, weil dieser *Sonne im Kopf und Sturm im Herzen* hatte. Lässt sich von hier aus Gott denken? Nur im Geiste der Minoriten: Gott ist immer das noch Kleinere. Er symbolisiert, was Paul Tillich »das was uns unbedingt angeht« nennt.

An Theo schreibt Vincent aus seiner Zelle: *Uff, der Schnitter ist beendet ... Es ist ein Bild des Todes, so wie das große Buch der Natur ihn verkündet. Was ich darin anstrebe, ist das ›fast Lächelnde‹. Es ist ganz gelb bis auf eine violette Hügellinie, helles blondes Gelb. Ich finde das erheiternd, dass ich so etwas durch die eisernen Stäbe einer Zelle gesehen habe.*

»Dostojewskis Neffe«

Ein neues Sehen hat von Vincent Besitz ergriffen. Ein Sehen, das von Innen kommt. Gleich nach seiner Ankunft in Saint-Rémy notiert er: *Haben Sie denn schon wahrgenommen, dass die alten Droschkengäule so große schmerzdurchzuckte Augen haben wie manche Christusgestalt? Aber wie dem auch sei, wir sind keine Wilden, keine Bauern, und mitunter sind wir sogar vielleicht verpflichtet, diese (sogenannte) Zivilisation zu lieben. Es wäre wohl scheinheilig, zu behaupten, dass Paris so schlecht ist, wenn man selber darin leben kann. Nur auf den ersten Blick sieht es fast aus, als wäre alles unnatürlich schmutzig und traurig.* Was er damit sagen will? Dass das Leiden ein anderes Gesicht bekommt, wenn man selber mittendrin ist, es offenbart auch skurrile, ja komische Züge: *Und obwohl man beständig Schreie und furchtbares Heulen wie von Tieren in einer Menagerie hört, kennen sich die Leute hier gut untereinander, und einer hilft dem anderen, wenn er einen Anfall erleidet.*

Aber selbst im solidarisch geteilten Schmerz bleibt man allein. Das ist eine bittere Erfahrung, die Vincent mit Dostojewski teilt. Die urchristliche Emphase beider erscheint darum immer skeptisch gebrochen. Aus beidem, Emphase wie Skepsis, kommt jene Art moderner Mystik, die bei beiden in einen gesteigerten Ausdruck mündet. Julius Meier-Graefe hat in seinem Buch über Dostojewski eine Frage in den Mittelpunkt gestellt, über die heute immer noch gestritten wird. Welchen Anteil am Werk hat das gelebte Leben eines Künstlers? »Einer der Biografen Dostojewskis behauptet zwar, sein Leben sei neben seinem Werk bedeutungslos. Es ist schwer etwas Verkehrteres zu sagen ... Hätte Dostojewski auf einer Datscha bei Petersburg das Dasein eines stillen Bürgers geführt, wären seine Romane ungeschrieben geblieben. Er hat außerordentliche Dinge erlebt, nicht nur Dinge, die ein Mensch mit seinem Herzen und seinem Hirn allein erleben konnte, sondern objektiv ungeheuerliche Dinge ...« Da tritt sie dann hervor, Meier-Graefes symbolische Form der Lebensbeschreibung, die mit der Legende spielt und dem objektiven Wert eines Kunstwerks immer zweifelnd gegenübersteht: »Fraglos haben van Gogh, dem Enkel Rembrandts und Neffen Dostojewskis, die schriftlichen Bekenntnisse geholfen, aus denen man genaueren Einblick in seine Beziehung zu der Kunst gewann. Dem ungestümen Schwung der Pinselstriche fügte man das Tempo der Briefe hinzu. Das anspruchslose Motiv der Bilder wurde von dem tragischen Erlebnis gerahmt und gewann an Inhalt. Heute bleibt das Werk des Malers hinter vielen anderen Meistern zurück, aber die Welt hat die Gestalt eines Kämpfers gewonnen, und das ist mehr wert.«

Vincent wird bemerkt

Im Jahr zuvor hatte er »Sternennacht« und »Iris« zum Salon der Unabhängigen eingereicht. Nun wird er eingeladen, Anfang 1890 in Brüssel bei der Ausstellung »Les Vingt« auszustellen. Ein Forum neuer Kunst und zudem überlassen die Veranstalter die Auswahl der Bilder den Malern selbst. Der Ausstellung ist regelmäßig Aufsehen garantiert, aber in diesem Jahr gibt es einen handfesten Skandal. Der Anlass: Vincent van Gogh. Die Kritiker überschütteten ihn mit Häme und der damals bekannte »realistisch-religiöse« belgische Maler Henri de Groux zieht seine Bilder zurück, weil er nicht in demselben Raum mit dem »abscheulichen Topf mit Sonnenblumen von Herrn Vincent oder anderen agents provocateurs« ausstellen will. Beim Eröffnungsbankett kommt es dann zum Eklat, als de Groux – so überliefern es die von John Rewald zitierten Erinnerungen von Octave Maus – Vincent van Gogh einen »Scharlatan« nennt: »Toulouse, am anderen Ende der Tafel, sprang plötzlich auf und schrie, es sei eine Unverschämtheit, einen so großen Künstler zu kritisieren. De Groux erwiderte. Tumult. Sekundanten wurden ernannt. Signac verkündete kalt, dass er selbst den Kampf übernähme, falls Lautrec getötet würde.« Rewald kommentiert: »Dieser Zwischenfall entbehrte nicht einer komischen Note, denn de Groux, kränklich und mit einer Gesichtsfarbe wie Lehm, war nicht größer als der durch seine verkrüppelten Beine zwergenhaft gebliebene Lautrec.«

Das Duell konnte nur deshalb knapp vermieden werden, weil sich de Groux auf allgemeines Drängen dann doch bei Lautrec entschuldigte – dafür wurde de Groux dann auch nicht ausgeschlossen, sondern durfte von sich aus seinen Austritt erklären.

Der Ausgang des Streits ist ungewöhnlich und wäre kurz zuvor noch undenkbar gewesen. Etwas ist anders geworden. Vincent van Goghs Stellung innerhalb der Avantgarde hat sich verändert. Er zählt nun plötzlich dazu.

Aber noch ist es eine reine Wunschvorstellung, wenn Vincent an Theo schreibt: *Es würde mich erleichtern, eines Tages beweisen zu können, dass ich die Familie nicht arm gemacht habe.* Tatsächlich, sein Druchbruch scheint nicht mehr fern, denn nun gelingt auch ein erster großer Verkauf. Anne Boch – die Schwester des belgischen Dichters Eugène Boch, dessen Porträt Vincent 1888 in Arles gemalt hatte – erwirbt sein Bild »Der rote Weinberg«. Sie zahlt dafür 400 Francs, eine Summe, die Vincents Lebensunterhalt für fast ein viertel Jahr deckt.

Die erste Rezension

Aus Anlass der Ausstellung »Les Vingt« veröffentlicht Albert Aurier 1890 in der Januarausgabe des »Mercure de France« einen Artikel über Vincent unter der Überschrift »Les Isolés« (Die Einzelgänger). Es ist die erste große – und brillante – Deutung der Bilder Vincents.

Aurier ist noch kein etablierter Kritiker, sondern ein Jurastudent, der sich für moderne Malerei interessiert. Er hat sich in Theos Wohnung Vincents Bilder angesehen – und ist hingerissen. Das verrät sein Text. In fiebernder Erregung geschrieben, steigert sich die Sprache darin ins Ekstatische, um im expressionistischen Ton den Ausdruck der Bilder zu treffen: »... da sind Bäume, die sich winden wie Riesen in der Schlacht, die mit den Gebärden ihrer knorrigen, drohenden Astarme, mit dem tragischen Wehen ihrer grünen Mähnen ihre unzähmbare Gewalt, den Stolz ihrer Leiber, ihren blutheißen Saft, ihre ewige Herausforderung an Sturm und Blitz, an die böse Natur verkünden; da recken Zypressen ihre unheimlichen Silhouetten empor gleich schwarzen Flammen, da krümmen Berge Mammut- und Rhinozerosrücken; da gibt es Obstgärten, weiß und rosa und blond wie unirdische Jungfrauenträume; zusammengeduckte Häuser winden sich leidenschaftlich wie lebendige Wesen, die leiden, sich freuen, denken ... das ist ein allumfassendes, tolles, blendendes

Geleucht; das ist die Materie, die gesamte Natur in wahnsinnigen Windungen, in tobender Raserei, gesteigert bis zur äußersten Erregung; das ist zum Abdruck gewordene Form, zu Farbe und Lava und Edelstein gewordene Farbe, das ist zum Brand gewordenes Licht, das ist Leben, heißes Fieber.« Er sieht in ihm den Symbolisten, der er fast immer sei, »eine Art trunkener Riese, mehr dazu geschaffen, Berge zu versetzen als mit Nippsachen zu hantieren, ein brodelndes Hirn, das seine Lava unwiderstehlich in alle Schluchten der Kunst ergießt, ein schreckliches, halbtolles Genie, oft erhaben, zuweilen grotesk, immer fast ans Krankhafte streifend«. Deshalb sei sein Realismus der eines »krankhaft empfindlichen Menschen« und deshalb sei »seine Lauterkeit und Wahrhaftigkeit so anders als der Realismus, die Lauterkeit und Wahrhaftigkeit dieser großen, an Körper und Geist so gesunden Kleinbürger Hollands, die seine Vorfahren und Lehrer waren.«

Hier ist ein »Sämann der Wahrheit« am Werk, befindet er, ein »leidenschaftlich Gläubiger«, dem die »Sonnenmythe« dauernd Sinn und Gedanken erfüllt. Solch ekstatisches Lob in einer modernen Kunstzeitschrift überrascht Vincent. Er schreibt Aurier am 12. Februar 1890 einen Brief, der typisch für seine Art der Selbstherabsetzung ist. Aber diese scheint mehr als äußerste Bescheidenheit zu sein (das ist sie ohnehin – aber zugleich auch das Gegenteil davon). Es ist vielmehr eine Verteidigung seiner Außenseiterstellung, diesem Raum des – öffentlichen – Schweigens, aus dem heraus Vincent zur Sprache kommt. Erträgt er also achtungsvolles Lob noch viel weniger als Missachtung? Hier offenbart sich das tiefkomplizierte, hyperempfindliche Naturell Vincents, das Aurier so genau beschrieb. Natürlich beglückt es ihn wie ein hereinbrechendes Wunder. Da stellt ihn jemand in die erste Reihe der Avantgardemaler. Tief im Innern weiß Vincent natürlich immer, dass er da hingehört. Aber derart a u s g e s p r o c h e n stört ihn solch überschwängliche Feier seiner Arbeiten, weil sie ihn von seiner immer unerfüllbaren Erwartung ablenkt.

Es ist ganz und gar ehrlich gemeint, wenn er Aurier über seinen Artikel schreibt: *Er gefällt mir ausgezeichnet als Kunstwerk an sich, ich finde, Sie verwandeln Ihre Worte in Farbe; in Ihrem Artikel finde ich meine Bilder wieder, aber besser, als sie in Wirklichkeit sind, reicher, bedeutender.* Und dann formuliert er sein Unbehagen, dass er dennoch dabei hat. Wie könne man über ihn so lobend sprechen und gleichzeitig über Monticelli, den Urvater der modernen Malerei schweigen! Auch Gauguin sei viel bedeutender als er und wie man von »Schandtaten Meissoniers« (den Vincent bewundert) reden kann, versteht er nicht. Vincent hat sich selbst längst den Platz zu Füßen anderer zugewiesen: *Denn mein Anteil, der mir gebührt oder gebühren wird, das versichere ich Ihnen, wird auch in Zukunft sehr nebensächlich sein.*

Er kündigt dem jungen Kritiker an, ihm als Geschenk eines seiner Zypressen-Bilder zu schicken. Das Preußisch-Blau in diesen Bildern habe jene Tendenz zum Schwarz, über die dieser schrieb. Was das Schwarz als Farbe ihm bedeute – und wie labil sein Zustand sei, dem er immer wieder schöpferische Leistungen abpresse, das erfährt Aurier auch: *Bis jetzt habe ich sie nicht so machen können, wie ich sie empfinde; die Erregung, die mich angesichts der Natur ergreift, steigert sich bei mir bis zur Ohnmacht, und dann folgen etwa vierzehn Tage, an denen ich unfähig zur Arbeit bin.*

Wie merkwürdig: Auriers Kritik erreicht ihn gleichzeitig mit der Nachricht, dass Theo Vater geworden ist. Am 1. Februar 1890 schreibt er ihm: *Endlich ist die kritische Zeit für Jo vorüber und der Kleine gut angekommen! Das macht mir soviel Freude, dass ich es gar nicht in Worten ausdrücken kann. Bravo! Und wie zufrieden wird unsere Mutter sein!* Es klingt aufrichtig, auch wenn der Hinweis auf die Zufriedenheit der Mutter manchen Interpreten dazu verführt hat, zu meinen, Vincent habe sich über die Geburt des Neffen (der ebenfalls Vincent heißt!) nicht gefreut. Das aber würde nicht seinem Wesen entsprechen. So eifersüchtig er auch sein kann, so gänzlich ohne Vorbehalt vermag er die Freude anderer zu teilen.

Vincent besitzt das seltene Talent, sich mit anderen mitzufreuen. Der Bruder also bekommt einen Sohn und er eine Kritik – und was für eine!

In demselben Brief gesteht er Theo: *Der Artikel über meine Gemälde, den Du mir geschickt hast, war eine außerordentliche Überraschung für mich. Ich brauche Dir nicht zu sagen, dass ich unaufhörlich daran denken will – denn so malen, wie er schreibt, kann ich wohl noch nicht, weiß aber, dass ich so malen m ü s s t e .* Aurier idealisiere ihn, schreibt er, das Lob sei übertrieben. Aber schon ist er einen Absatz weiter wieder beim neuen kleinen Vincent in der Familie: *Von Anfang an solltest Du daran denken, Deine junge Familie nicht zu oft in Künstlerkreise zu bringen.* Er hat es erfahren müssen: Das Menschliche und das Künstlerische liegen in einem ständigen Streit miteinander. Es ist jener Dualismus, über den Gottfried Benn schrieb, das was lebt sei etwas anderes als das, was denkt.

Dann springt Vincent in seinem Brief an den Bruder wieder zu Aurier – dessen Text ihn tief erschüttert hat, tiefer, als er je zuzugeben bereit wäre. Er warte noch auf einen *Lichtstrahl von oben,* damit ihm das gelinge, was Aurier ihm verheißen habe. Im Moment sieht er sich wieder nur auf der Stelle treten: *Als ich die Sonnenblumen fertig hatte, versuchte ich das Gegenteil und trotzdem zugleich etwas Ähnliches und sagte mir, das ist die Zypresse – aber da bin ich stehen geblieben.* Die Zypressen, die er Aurier schicken will, seien wie ein Monticelli gearbeitet, mit ungeheuer dickem Farbauftrag. Die tief ernste und dabei höchst talentierte Annäherung Auriers an sein Werk inspiriert ihn neu. Sein Fazit klingt dann auch – den Text des jungen (und früh gestorbenen) Kritikers im Rücken – mutig nach Aufbruch: *Auriers Aufsatz hat mich noch mehr ermutigt, von der Wirklichkeit wegzugehen und gleichsam eine Farbenmusik zu schaffen, wie sie gewisse Monticellis haben.* Welch ein neuer Horizont eröffnet sich da: *Farbenmusik!* Doch dann folgt im nächsten Satz schon ein halbes Dementi: *Aber sie ist mir so teuer, die Wahrheit, und das Suchen nach dem wahren Tun, dass ich glaube, ich ziehe es doch vor,*

Vierzehn Sonnenblumen in einer Vase, Arles, Januar 1889
Amsterdam, Rijksmuseum Vincent van Gogh, Vincent van Gogh Stiftung

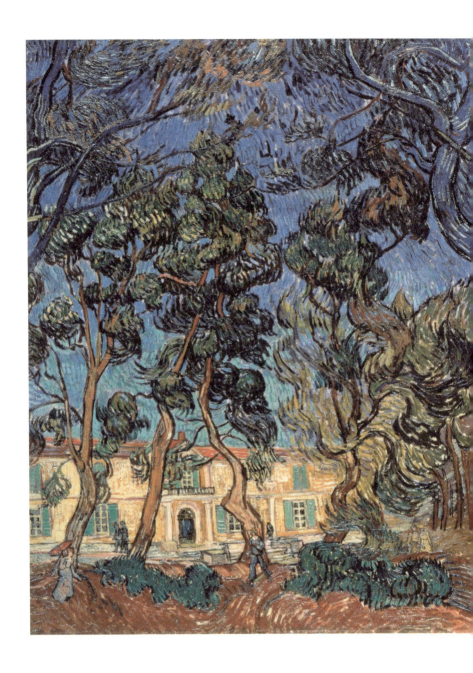

Heilanstalt in Saint-Rémy, Saint-Rémy, Oktober 1889
Los Angeles, Hammer Museum, The Armand Hammer Collection, Gift of the Armand Hammer Collection

Schuster zu sein anstatt ein Musikant der Farbe. Vincent ist hin und her gerissen.

Bilder nach Bildern

Warum gibt es von Vincent van Gogh, auf dessen Bildern Farbe und Form sich auf so unverwechselbare Weise durchdringen, so viele Bilder nach Bildern anderer Maler, allein mehr als zwanzig nach Millet? Aber auch Daumier und Delacroix sind Vorbilder nach denen er arbeitete. Das tat er zum einen aus ganz pragmatischen Gründen. In Saint-Rémy mangelte es ihm an Modellen. Zum anderen aber zeigt sich in diesen nur sehr bedingt als Kopien zu bezeichnenden Bildern wieder jener Grundzug im Charakter Vincents, der ihn so unstet zwischen Demut und eigenem Sendungsbewusstsein pendeln lässt. Er will lernen und wo könnte man das besser als bei den großen Meistern, die er bewundert?

Vincent verehrt jene Vorbilder, denen er hier bewusst nachfolgt. Wobei die Zeichnung größtenteils vorgegeben ist, denn er benutzt Schwarzweißvorlagen, meist die, die bei Theo in Goupils Galerie gehandelt werden. Die Farbe und – was ebenso wichtig ist – die Art ihres Auftrags bestimmt er selbst. Und so entsteht im Korsett der vorgegebenen Bildkontur etwas, das man musikalisch eine Variation über ein Thema nennen könnte.

Diese Bilder nach Bildern sind einerseits Hommage, andererseits aber auch ein Distanzierungsmedium. So ist es ihm möglich, Bildsujets auszuprobieren, die nicht die seinen sind. Er borgt sich fremde Bilder für eigene Bildexperimente. Vincent schreibt darüber an Theo: *Was ich darin suche und warum es mir gut scheint, diese Sachen zu kopieren, will ich Dir zu sagen versuchen. Von uns Malern wird immer verlangt, wir sollen selber komponieren und nur Kompositeure sein. Gut – aber in der Musik ist es nicht so – wenn jemand Beethoven spielt, da gibt er seine persönliche Interpretation dazu – in der Musik und be-*

sonders im Gesang ist die Interpretation eines Komponisten eine Sache für sich, und es ist nicht unbedingt erforderlich, dass nur der Komponist seine eigene Komposition spielt. Gut – aber besonders jetzt, wo ich krank bin, suche ich mir etwas zum Trost und zur Freude. Ich stelle das Schwarzweiß von Delacroix oder von Millet oder die Schwarzweißwiedergabe nach ihren Sachen als Motiv vor mich hin. Und dann improvisiere ich darüber in Farbe, doch versteh mich recht – ich bin nicht ganz ich, sondern suche Erinnerungen an ihre Bilder festzuhalten – aber diese Erinnerung, der ungefähre Zusammenklang der Farben, die ich gefühlsmäßig erfasse, auch wenn es nicht genau die richtigen sind – das ist meine eigene Interpretation.

Kein Kopieren also, sondern ein Imaginieren. Ein Masken- oder ein Rollenspiel, in dem es feste und variable Elemente gibt, deren Zusammenspiel auszuprobieren für Vincent reizvoll gewesen sein mag.

Bis wohin lässt sich ein Bild verändern und bleibt dennoch als es selbst erkennbar? Worin liegt seine Identität? Interessant ist, dass sich Vincent nun unter der Maske eines Kopisten auch religiösen Gegenständen zuwendet – so malt er Delacroix' »Pieta«.

Jesus von der klagenden Maria im Schoß gehalten, erinnert mit seinen roten Haaren und dem ebenso flammenden Bart an Vincent van Gogh. Tatsächlich, er nimmt sich mit hinein ins Bild, das ihm ein Gegenüber ist, an dem sich seine eigenen Gestaltungsfantasien entzünden, ohne jedoch eine autonome Form beanspruchen zu wollen. Er will sich innerhalb der engen Grenzen eines vorgegebenen Themas behaupten, präziser werden in der Nuance. Wie viel eigenes möglich – und wünschenswert – der Tradition gegenüber ist, das versucht er am Modellfall einiger von ihm verehrter Maler herauszufinden. Aber warum wählt sich Vincent Motive, die wie Masken wirken? Vielleicht weil er sich ohne deren Schutz nie dem Leidenspathos, das etwa von der »Pietá« Delacroix' ausgeht, nähern könnte. Auch Rembrandts »Halbfigur eines Engels« ist ein Motiv, das Vincent sich selbst nie erlauben würde. Das vorgegebene Thema steht vor ihm als zu lösende Aufgabe. Anders als Gauguin oder sein Freund und Bewunderer Emile Bernard, scheut Vincent vor einer offen christlichen Symbolik zurück. Aber sich ihr gleichsam spielerisch zu nähern, das wird ihm eine fortwährende Befreiung von der Versuchung zum religiösen Fanatismus, den er qualvoll durchlebt hatte. Und nun erprobt die künstlerische Autonomie am religiösen Sujet ihre Gestaltungskraft – und bewährt sich. Aber nicht nur die Farbe dieser »Kopien« ist nach eigenem Gutdünken gewählt, auch die Form ist vor allem eins: ein Vorschlag.

Vincent probiert an den vorgefundenen Formen aus, was Deformation sein kann: Prägung durch Lebensschmerz. Den nimmt er in diese Bilder nach Bildern hinein, verändert Linien und Figurenanordnungen und achtet dabei immer darauf, dass die »geborgten Bilder« eine stärkere Aura der Fremdheit behalten als seine eigenen.

Erinnerung an den Norden

In Saint-Rémy legt sich über Vincents Bilder zunehmend der Mehltau von Melancholie. Es ist bereits bemerkt worden, dass er mehr und mehr zurückkehrt zur Palette des Nordens, doch ohne die des Südens aus dem Gedächtnis zu tilgen. Der Traum vom Süden ist für ihn zu Ende geträumt, von der Sonne zu lauter Skepsis und Widerwillen verbrannt. Der Norden, das spürt er nun, er lebt noch in ihm. Die Himmel seiner Kindheit, die Erinnerungen an Brabant, warten darauf, dass er sie malt, jetzt, mit dem Wissen des Südens. Theo beschwört er: *Ich versichere Dir, der Norden wird mich wie ein ganz neues Land interessieren.* Er malt nun jene Bilder, die man als »Erinnerungen an den Norden« bezeichnet. Was sie verbindet, ist eine starke innere Anspannung, die sich in einem unruhigen Strich äußert, der die Flächen in einem Gewebe aus Linien auflöst und neu, als in ihm aufsteigende Traumlandschaft, zusammensetzt. Diese Bilder leben in einer archaischen Weise, ähneln Organismen auf ihrem Entwicklungsweg vom Einfachen zum Komplizierten. Es gärt in Vincent, er ist voller Erwartung an den Norden und seine Tiefe, der er jetzt mit anderen künstlerischen Mitteln zu begegnen weiß als noch vor Arles. Sein Heimweh ist groß. Er beschließt, so bald wie möglich Saint-Rémy zu verlassen. Aber wohin soll er gehen? Die Anfälle wiederholen sich und sie tragen selbstmörderischen Charakter. Mehrfach versucht Vincent während solcher Anfälle giftige Farben zu schlucken – und bekommt dann eine zeitlang Malverbot. Aber er beginnt immer wieder zu arbeiten. Er malt Weinberge, erst einen grünen, dann etwas später einen roten. Er sucht weiter nach neuen farbigen Ausdrucksmöglichkeiten: *Ich versuche, meine Farbskala möglichst zu vereinfachen* ... So verwendet er jetzt sehr oft Ockertöne.

Die Atmosphäre von Saint-Rémy bedrückt ihn nun immer mehr. Er sorgt sich, ob er noch einmal etwas wirklich Neues wird schaffen können. Und da zieht ihn die Szenerie des Irrenhauses nur immer weiter herunter. Denn zwischen seinen sich nun regelmäßig einstellenden Anfällen ist er ganz klar und normal in seinen Reaktionen. Warum also soll er ständig in einer Heilanstalt leben, wo man ihn doch auch nicht heilen kann? Er macht Pläne. Vor allem will er weg aus dem Süden, dem er eine Mitschuld an seinem Zustand gibt. Der Norden wird ihm guttun. Aber wohl eher nicht Paris: ... *ich fürchte, in Paris würde ich nichts Gutes machen.* Eines wäre mit Sicherheit noch weniger gut: *Es wäre unendlich schlimmer, auf den Zustand meiner Unglücksgefährten herunterzukommen. Die tun den lieben langen Tag nichts, Wochen, Monate, Jahre lang.* Für sich aber sieht er die Arbeit als einziges Mittel, *ein bisschen Geistesgegenwart* zu bewahren. Der Anstaltsleiter Dr. Peyron, der oft sehr gütig mit ihm spreche, wisse auch keine Heilung für ihn. Vincent, der Freiluftmensch, will aus den Anstaltsmauern raus, sie machen ihn noch kränker als er ohnehin schon ist. Und das Arbeiten nach Reproduktionen allein genügt ihm längst nicht. Das schier unlösbare Problem: wie soll er

– hilfsbedürftiger denn je – in Freiheit leben und vor allem wo? Vincent selbst gibt die Richtung vor: *Zwischen vier Wänden lernt man nur schwer etwas Gutes.* Doch gibt es eben wirklich Menschen, die man nicht freilassen kann, als ob nichts sei; *darüber verzweifle ich fast oder sogar schon ganz. Aber vielleicht kann ich noch einmal gesund werden, wenn ich eine zeitlang auf dem Land lebte.*

So malt er seine »Erinnerungen an den Norden«, die gleichzeitig sein Abschied vom Süden sind. Vincent ahnt, hier hat die überstarke Sonne alles in viel zu hohem Tempo verbrannt. Er braucht die Erholung durch Schattenkühle, die dunklen satten Farben des Nordens. An Theo: *Was soll ich Dir von den vergangenen Monaten schreiben? Es geht jetzt gut, aber ich bin traurig und mehr, als ich sagen kann, gelangweilt.* Ein schwerer Anfall trifft ihn, als er blühende Mandelzweige vor azurblauem Himmel malt – ein Geschenk für Theo und Jo zur Geburt seines Namensvetters Vincent. Aber all das macht ihn nur noch entschlossener. Er muss hier weg: *Die hiesige Umgebung beginnt mich mehr zu bedrücken als ich sagen kann. Mein Gott, ich habe hier mehr als ein Jahr ausgehalten, ich muss Luft haben!*

Auch Dr. Peyron, der eigentlich bemüht ist, seine Patienten in der halbleeren Anstalt zu halten, weiß nicht, wie er diesem merkwürdig arbeitswütigen und dabei psychisch so instabilen Maler noch helfen könnte. So schreibt er kurzerhand unter die Behandlungsakte als Schlussdiagnose: »Geheilt.« Damit ist Vincent – pro forma wenigstens – wieder ein freier Mensch.

Mit dem Süden ist er innerlich fertig. Menschlich waren diese zwei Jahre eine große Enttäuschung für ihn: *Die Leute machen, was sie wollen, und geben sich nicht die Mühe, darüber nachzudenken, was für die anderen gut ist, wenn diese anderen nicht in der Nähe sind.* Künstlerisch allerdings war es der Durchbruch zu einer von gesteigerter Sinnlichkeit und gleichzeitig wachsender Isolation geprägten Art paradoxer Malerei. Im Exil des Südens, denn das war es für Vincent, fand er endlich zu seinem eigenen Ausdruck.

Wohin er nun gern gehen würde, weiß er längst. Zu Pissarro, dem Impressionisten, der inzwischen schon einundsechzig Jahre alt ist, Probleme mit den Augen aber ein Herz für jüngere Maler hat, denen es gerade schlecht geht. Vincent weiß von Pissarro, dass er Cézanne bei sich aufgenommen und auch Gauguin unterstützt hatte. Aber diesmal verhindert Pissarros Frau die Einquartierung des soeben aus der Irrenanstalt Entlassenen.

Pissarro will trotzdem helfen und vermittelt ihn an Paul Gachet in Auvers-sur-Oise. Ein Arzt und ein Unikum. Er sammelt Impressionisten, Antiquitäten und Kuriositäten. Gachet malt auch selbst und stellt seine Bilder unter dem Pseudonym Paul van Ryssel im Salon der Unabhängigen aus. Bei ihm lernte Pissarro das Radieren und auch Vincent wird unter seiner Anleitung seine erste und einzige Radierung anfertigen – ein Bildnis des Arztes.

Gachet promovierte mit einer »Studie über Melancholie«, interessierte sich sehr für Psychiatrie und hatte sich schon als Student davor gefürchtet, am menschlichen Körper herumschneiden zu müssen. Der Chirurgie war er immer aus dem Wege gegangen – ein Umstand, der noch bedeutsam werden sollte, als er zu Vincent nach dessen Selbstmordversuch gerufen wird.

In Auvers könnte Vincent, so hatte Gachet vorgeschlagen, in einem Gasthaus in seiner Nähe wohnen – sodass er seine Selbstständigkeit behalten und gleichzeitig von ihm betreut werden würde. Vincent gefällt diese Lösung. Am 16. Mai 1890 verlässt er Saint-Rémy und fährt nach Auvers – über Paris, um Theo und Jo zu besuchen und seinen Neffen zu sehen. Ob er ahnt, dass gerade sein letzter Sommer begonnen hat?

NEUNTES KAPITEL

Auvers-sur-Oise

(20. Mai - 29. Juli 1890)

Doktor Gachet

> *Mein Gott, man muss halt im Leben das Schaf spielen.*
> Vincent an Theo

Die erste Frage ist: Wie soll Vincent reisen, braucht er nicht eine Begleitung? Und wenn nun unterwegs etwas Unvorhergesehenes passiert? Man weiß nie, wie er reagiert. Theo ist in Sorge, aber Vincent gibt sich entschieden: *Zunächst lehne ich es kategorisch ab, dass man mich, wie Du sagst, auf der ganzen Reise begleiten müsse. Bin ich erst einmal im Zug, dann fürchte ich nichts mehr.* Und er fügt hinzu: *Ich bin nicht einer von denen, die gefährlich sind.*

Nach seinem letzten Anfall hofft er, nun wieder einige Wochen Ruhe zu haben – und diese Zeitspanne will er für seinen Umzug nutzen. Die Fahrt nach Paris plant er genau: *Ich lasse mich, wenn Du darauf bestehst, bis Tarascon begleiten, sogar 1 oder 2 Bahnstationen weiter. Wenn ich in Paris ankomme (ich telegrafiere Dir meine Abreise und Ankunft), kommst Du an den Gare du Lyon, mich abzuholen.* Da Dr. Gachet in Paris seine Praxis betreibt und man von dort nur etwa eine Stunde nach Auvers fährt, will er sich dem *Landarzt*, wie er ihn nennt, am besten gleich vorstellen. *Bei Dir bleibe ich nicht länger als 2 bis 3 Tage,* beruhigt er den Bruder. Es ist ihm unwohl bei dem Gedanken, wieder in das quirlige, nervenaufreibende Paris zu kommen. Er weiß, er braucht jetzt keine laut diskutierenden Absinthtrinker um sich, er braucht Ruhe, er muss seine Kräfte für einen Neuanfang sammeln. Die Bedrückung der Anstalt trägt er mit sich und teilen kann er die mit niemandem: *Ich versichere Dir, es will schon viel heißen, ein Leben unter Überwa-*

chung zu führen, auch wenn es sonst ganz angenehm ist; aber seine Freiheit zu opfern, außerhalb der Gesellschaft zu stehen und nur seine Arbeit als Zerstreuung zu haben, das ist schlimm. Darum ist seine Botschaft an den Bruder deutlich: *Ich verlange ja keine volle Freiheit. Ich versuche geduldig zu sein. Ich tue keinem Menschen etwas zuleide. Ist es da richtig, mich wie ein wildes Tier unter Beobachtung zu stellen? Danke! Da protestiere ich.* Seine Geduld sei am Ende, er könne nicht mehr, es müsse eine Veränderung geben, *selbst wenn es schlimmer werden sollte.*

Die ersten Schritte zurück in die Normalität gelingen. Er fährt allein mit dem Zug nach Paris, Theo holt ihn am 17. Mai vom Gare de Lyon ab. Johanna und Vincent begegnen sich zum ersten Mal. Theos Frau ist erstaunt, sie hat einen kranken Mann erwartet, »aber da stand ein breitschultriger Mann mit gesunder Gesichtsfarbe und einem Lächeln vor mir. Eine sehr stattliche Erscheinung.« Es ist frappierend, der einzige, der hier krank aussieht, ist Theo. Der Druck, der von allen Seiten auf ihm lastet, macht ihm zu schaffen. Er wirkt müde und überlastet, während Vincent voller Energie zu sein scheint. Von seinen alten Malerfreunden hält ihn Theo fern, zu groß ist die Gefahr, dass diese Runden zu Besäufnissen ausarten. Stattdessen zeigt er Vincent die Bilder, die er von ihm in seiner Wohnung aufbewahrt. Sie sind überall, nicht nur an den Wänden, auch unter dem Bett, unter dem Sofa, unter dem Schrank, sogar in der Speisekammer. Sie gehen auch zu Vater Tanguy, bei dem Theo eine Dachkammer angemietet hat, in der Vincents Bilder lagern. Nach drei Tagen fährt er weiter nach Auvers zu Dr. Gachet. Gleich nach seiner Ankunft berichtet er nach Paris über sein neues Zuhause: *Auvers ist sehr schön, besonders die alten Strohdächer, die ja inzwischen selten sind ... wirklich ganz wunderbar, diese weithin originelle und malerische Landschaft.* Über Dr. Gachet klingt sein Urteil etwas verhaltener, *er scheint mir ziemlich exzentrisch; aber seine Erfahrungen, die er als Arzt macht, halten ihn im Gleichgewicht und be-*

kämpfen sein Nervenleiden, von dem er ebenso schwer befallen zu sein scheint wie ich.

Ebenso schwer an den Nerven leidend! Ob also dieser Gachet der Richtige ist, Vincent den Halt zu geben, den er braucht? Oder kann das nur genau so einer wie Gachet, der keine falschen Vorstellungen davon hat, wie so ein Halt überhaupt aussehen könnte, zumal für einen Künstler? Vincent berichtet Theo über Gachet und er klingt dabei nicht unzufrieden: *Sein Haus ist vollgestopft mit altem Trödelkram – einzige Ausnahme: die erwähnten Impressionistenbilder. Der Eindruck, den er auf mich macht, ist nicht ungünstig. Als wir von Belgien und den alten Malern sprachen, erhellte ein Lächeln sein von Kummer zerfurchtes Gesicht.* Und auch im nächsten Brief dominiert die freudig gestimmte Tonlage: *Er scheint mir sehr vernünftig zu sein, aber er ist in seiner Medizinerei genauso entmutigt wie ich in meinem Malermetier. Ich habe ihm gesagt, ich würde trotzdem gern sein Handwerk gegen das meine tauschen. Ich kann mir übrigens gut vorstellen, dass wir am Ende richtige Freunde werden.*

Malen in Auvers

Gachet ist verwitwet, hat eine einundzwanzigjährige Tochter (Vincent hält sie für neunzehn), Marguerite, und einen sechzehnjährigen Sohn. In seinem großen Haus am Hang mit Blick über das Tal der Oise sind die Wände von oben bis unten bedeckt mit Bildern Cézannes, Monets, Pissarros, Renoirs und anderer Impressionisten. Zweimal malt Vincent Dr. Gachet. Diese beiden einander sehr ähnlichen Porträts verzichten sehr mutig auf Vordergrund und Hintergrund und zwängen den Doktor diagonal so ins Bild hinein, dass er Körperkontakt zu allen vier Bildseiten hält. Es ist das Sinnbild eines Melancholikers, der der Welt mit auf den Arm gestütztem Kopf begegnet. Eine höchst resignative Haltung. Interessanterweise hatte Gachet Vincent gebeten, ihn im Stil seines letzten Selbstbildnisses aus Saint-Rémy zu porträtieren, daher das kosmische Blau, das mehr als zwei Drittel der Bildfläche einnimmt und auch durch den Körper des Arztes hindurchgeht. Vincent malt also bereits wieder, er selbst nennt sein Leben in Auvers jedoch *in den Tag hinein leben* und fügt hinzu: *es ist so schön hier.* Mit der Gesundheit gehe es gut: *Um 9 Uhr lege ich mich schlafen, aber stehe meistens um 5 Uhr auf.* Gachet erklärt ihm, wie Vincent nach Paris weiterberichtet, er halte es für unwahrscheinlich, *dass die Sache wiederkommt, und alles werde schon gut gehen.* Vincent gibt sich äußerst kostenbewusst. Der Gasthof, in dem er sich ursprünglich eingemietet hatte, ist ihm mit 6 Francs am Tag zu teuer, er findet einen anderen, wo er schon für 3,50 Francs am Tag wohnen kann, inklusive Verpflegung.

Regelmäßig wird Vincent zu Gachet eingeladen. Der asketische Maler, der es gewohnt ist, von Brot, Käse und Wein zu leben, sieht sich im Hause des Arztes und Feinschmeckers mit langwierigen opulenten Menüs traktiert. Bestimmt ist es für den Doktor keine große Freude, so einen genussunfähigen Tischgast zu haben, der dann gequält an Theo schreibt: *Aber wenn es auch für mich nett ist, bei ihm zu malen, so ist es mir doch um so quälender, bei ihm zu essen. Der gute Mann macht sich mit den Mahlzeiten viel zu viel Mühe, lässt vier oder fünf Gänge auffahren. Das ist für ihn wie für mich schrecklich; denn er hat sicher auch keinen guten Magen. Was mich zurückhält, ihm meine Meinung darüber zu sagen, ist meine Vermutung, dass ihn das an frühere Tage erinnert, wo man noch Familienessen machte, wie wir das ja auch machten.* Sein Haus, das Vincent *vollgestopft wie der Laden eines Antiquitätenhändlers* vorkommt, bietet ihm auch Anregung zum Malen. Man könne hier *immer Blumen oder Stillleben arrangieren.* An die Mutter schreibt er aus Auvers, er halte sehr viel von dem Doktor, der seinerseits auch *zu meinem Gunsten, einen Unterschied zwischen mir und seinen anderen Patienten* mache. Allerdings komme ihm Gachet *selber sehr nervös* vor. Trotzdem, der Umzug nach Auvers scheint ein Erfolg zu sein, denn seine Angstträume, so notiert er, seien hier ganz verschwunden.

Vögel

Zuallererst scheinen Vögel Todessymbole zu sein. Die Ahnenvögel der Senufa beispielsweise zeigen das auf archaische Weise. Aber die Toten sind in der animistisch-magischen Weltanschauung nicht wirklich tot – die Lebenden halten Kontakt zu den Ahnen, der langen Reihe von Gestorbenen, für die wir Modernen uns das sachliche Wort Geschichte angewöhnt haben.

Vögel sind Mittler von Geburt und Tod. Bei Max Ernst durchzieht das Vogelsymbol sein ganzes surreales Werk. Hesse schreibt nicht nur für seine drei Ehefrauen Vogelmärchen (der Vogel darin, um dessen Befinden alles kreist, ist jedesmal er selbst), sondern stellt auch seinen tiefenpsychologischen Aufbruchsroman »Demian« unter das Urvogelsymbol »Abraxas«.

Ein mythisches Urbild unserer Existenz: zu leben und doch auf den Tod hin. Im Bild des Vogels treffen Aufbruch und Zerstörung aufeinander. Verwandlung ist möglich, aber voller Gefahren. Unter dem dünnen, von der Sonne illuminierten Eis jeder Ordnung geht es tief hinab. Es wird immer dunkler und das verschlingende Chaos lauert. Erst kämpft sich der Vogel aus dem Ei, dann ist der Strick zerrissen und der Vogel frei. Aber diese Freiheit ist nur ein anderes Wort für ein In-der-Gefahrenzone-ausgesetzt-sein. Der Künstler, der sich in diese Regionen vorwagt, ist dem Rausch der eigenen Weltschöpfung verfallen, steht zuletzt wehrlos vor seinen gewalttätigen Hervorbringungen.

Auch Vincent werden seine eigenen Bilder töten. Natürlich sind es Vögel, die davon künden. Hitchcock hat mit seinen angreifenden Vögeln eine Urangst berührt. Während der Mensch mit der verborgenen Heimtücke der Schlange, vor der er eine in den Unterleib kriechende Urangst besitzt, keinerlei Hoffnungen – eher Ekel und Abschau – verbindet, ist die Angst vor den Vögeln eine, die aus seinen enttäuschten Hoffnungen auf sie niederfährt. Denn vor allem ist der Vogel Symbol für Aufbruch, für die Freiheit des Fliegen-Könnens und ebenso für natürliche Eleganz und Schönheit. Der Vogel lebt in einer Höhe, die etwas Atmosphärisch-Reines ausstrahlt – und wenn, wie Ikarus, der Mensch ihm dahin folgen will, stürzt er ab. Vincents Pariser Bild »Ein Weizenfeld« von 1887 zeigt einen solchen Vogel, vielleicht eine Wildente, die aus einem Feld auffliegt – möglicherweise um im nächsten Moment von einem wartenden Jäger abgeschossen zu werden. Und doch ist viel Arglosigkeit in diesem Vogelflug, es könnte auch alles ganz harmlos verlaufen.

Artaud hat von der »entwaffnenden Einfachheit« gesprochen, den Vogel »wie ein Komma platziert« über dieses wie ein Meer wogende Kornfeld zu setzen. Der Vogel ist schnell, in einem kurzen Augenblick schon wird er dem Blick entschwunden sein – und das kann für ihn Rettung bedeuten. Dieser eilige Vogel auf Vincents Pariser Bild vom Weizenfeld trägt seinen Traum vom Süden mit sich fort.

Ganz anders die Vögel in Auvers. Der Traum vom Süden ist ausgeträumt, die Ernte, die dennoch reichlich war, eingefahren. Und nun wiederholt sich noch einmal die Hitze des Sommers, aber Vincent erträgt sie nicht mehr. Die Vögel beginnen zu drohen, wie eine dunkle Gewitterwolke zieht der Schwarm von Krähen heran. Antonin Artaud hat Vincents Selbstmord mit dem Bild der Krähen verknüpft. Ein »Strom schwarzer Krähen in den Fasern seines inneren Baumes, überschwemmten sie ihn in einem letzten Aufbrausen
und, seinen Platz einnehmend,
töteten ihn.«

Damit löschten sie jenes »übernatürliche Bewusstsein in ihm, das er gerade erreicht hatte«, wieder aus. Die Krähen, das sind die Boten einer nur Mittelmäßigkeit tolerierenden Gesellschaft. Diese wird Vincent töten, der so unübersehbar anders ist als sie, ein »Besessener« eben.

Die Zeit in Auvers gehört zur produktivsten in Vincents Leben. Aber der Preis dafür, ahnt er, wird jetzt fällig. Sein Kredit an Zukunftserwartung ist längst aufgebraucht. Fast täglich beginnt und beendet er ein Bild, manchmal sogar mehr als eins. Der Pinselstrich wird immer dicker, und wenn er die Weizenfelder unter dem bis ins Grau abgedunkelten Himmel malt, dann sind nun auch ständig Vögel zu sehen, die direkt in den Betrachter hineinzufliegen scheinen. Wehe, so schallt es dem Betrachter entgegen, die hellen Hoffnungen haben alle getrogen, sie kehren als dunkle Schatten zurück und fallen auf jenen hernieder, der sie freiließ.

Mit »Kornfeld mit Krähen« bringt Vincent im Juni 1890 diese Vernichtungsdrohung ins Bild. Da rückt eine feindliche Front unaufhaltsam heran. Artaud: »Kein anderer Maler als van Gogh hätte, um seine Krähen zu malen, dieses Trüffelschwarz finden können, dieses Schwarz ›eines reichhaltigen Banketts‹ und gleichzeitig das exkrementähnliche Schwarz der Krähenflügel – überrascht vom sinkenden Abendlicht.

Und worüber beklagt sich unten die Erde unter den h e i l b r i n g e n d e n Krähenflügeln, heilbringend zweifellos bloß für van Gogh und andererseits prachtvolles Vorzeichen eines Unheils, das ihn nicht mehr berühren wird?

Denn niemand hatte bis dahin wie er aus der Erde diese schmutzige Wäsche gemacht, in Wein ausgewrungen und eingeweicht in Blut ...

Van Gogh hat seine Krähen wie die schwarzen Mikroben seiner Selbstmördermilz freigelassen, bis auf wenige Zentimeter vom oberen Rand u n d a l s o b s i e v o m u n t e r e n R a n d d e r L e i n w a n d k ä m e n, der üppigen Narbe der Linie folgend, wo das Schlagen ihres üppigen Gefieders mit der Bedrohung einer Erstickung von oben auf dem neuerlichen Zusammenbrauen des irdischen Sturmes lastet.«

Wiederkehrende Krisen

Das Verhältnis zum exzentrischen Doktor beginnt schon bald zu kriseln. Er ist enttäuscht von ihm, wie er Theo mitteilt: *Ich glaube, man darf auf keinen Fall mit Dr. Gachet rechnen. Zunächst einmal ist er kränker als ich, wie mir scheint, oder wenigstens ebenso krank. Und wenn ein Blinder einen anderen Blinden führt, fallen da nicht beide in den Graben?*

Die wachsende Distanz zwischen Vincent und Dr. Gachet mündet darin, dass Vincent überhaupt nicht mehr zu ihm geht. Der Grund: Vincent hat sich in Gachets Tochter Marguerite verliebt, deren Porträt als Klavierspielerin er malt. Ob die junge Frau die Liebe des Siebenunddreißigjährigen erwidert, scheint ungewiss. Gachets Sohn, der Bruder Marguerites, beschreibt rückblickend das Verhältnis der beiden so: »Meine Schwester ... war damals gerade erwachsen. Sie hatte eine erklärliche Scheu vor dem fremden Maler, der nur ein Ohr besaß. Als die Sitzungen zu dem Bildnis in Vincents Zimmer beginnen sollten, gestand meine Schwester den Eltern, dass sie sich vor Monsieur van Gogh fürchte und nicht sitzen möchte. Sie schämte sich sehr, es zu sagen, aber Monsieur van Gogh habe ihr von Liebe gesprochen. Das hatte natürlich eine Aussprache zwischen meinem Vater und Vincent zur Folge ... Es war ein Zerwürfnis; Vincent mied seitdem unser Haus.«

Wieder also ist Vincent in seinem Bemühen, eine Frau zu finden, die er heiraten kann, gescheitert, fühlt sich allein und traurig – aber er malt. Dass Theo und Johanna nun einen Sohn haben, macht ihm, der selbst so gern eine eigene Familie will, doch mehr zu schaffen als er zugibt. Zudem wächst die Sorge vor einem neuen Anfall. Theo gesteht er: *Und wenn mein Übel wiederkäme – verzeih, ich liebe das Leben und die Kunst immer noch von ganzem Herzen, aber ich glaube nicht daran, dass ich jemals eine Frau haben werde. Ich fürchte eher, dass gegen die, sagen wir, Vierzig – doch nein, sagen wir lieber nichts. Ich erkläre, dass ich absolut nicht weiß, welche Wendung das alles noch einmal nehmen kann.*

Er fühlt sich zunehmend als Last für Theo und seine Familie, er hat Angst, bald ganz allein dazustehen. Johanna schreibt an Vincent und beruhigt ihn. Nichts werde sich an der Fürsorge für ihn ändern.

Vincent reagiert erleichtert, man ahnt, seine Bedrückung war groß: *Jos Brief war für mich wirklich wie ein Evangelium, eine Befreiung aus der Angst, die mir die für uns alle schweren und schlimmen Stunden verursacht hatten, die ich mit Euch geteilt habe. Das ist nicht wenig, wo wir alle unser täglich Brot gefährdet sehen, nicht wenig, da wir fühlen, wie brüchig unsere Existenz ist.*

Vincent steckt in einer tiefen Existenzkrise. Der Sinn seines Lebens scheint ihm zweifelhaft. Und wieder vergleicht er sich mit seinem kleinen Neffen Vincent, von dem er insgeheim zu fürchten scheint, dass er nun seinen Platz in Theos Herzen eingenommen hat: *Ich denke oft an den Kleinen. Ich glaube, es ist sicher besser, Kinder großzuziehen, als seine ganze Nervenkraft ins Bildermalen zu legen. Aber was tun!? Ich fühle mich jetzt zu alt, um aufzuhören oder an etwas anderem Freude zu haben. Dieser Wunsch ist mir vergangen, obwohl die innere Trauer darüber bleibt.*

Auch Theos Sorgen werden immer größer. Er bekommt nun öfter Streit mit seinen Brotgebern, die nicht damit einverstanden sind, welche Maler er in seiner Galerie bevorzugt. Aber Theo ist immer weniger zu Kompromissen bereit. Längst hätte er sich von diesen Kunstkrämern befreien und sich als Freund der Pariser Avantgarde selbstständig machen sollen, denkt er nun immer öfter. Seine ohnehin schlechte Gesundheit leidet unter der Anspannung, sich entscheiden zu müssen.

Bei einem Besuch Vincents in Paris kommt es zu Misstönen. Es geht scheinbar um wenig – aber für Vincent um viel. Wie werden in Theos Wohnung Bilder gehängt? Johanna setzt sich – als Frau des Hauses – gegen Vincents Vorstellungen durch. Der ist verblüfft und gekränkt. So also wird es künftig sein: Johanna steht dem Bruder näher als er.

Tatsächlich kreist alles um Vincent. Aber nicht um ihn, sondern den kleinen Neffen, der krank ist und Johanna und Theo in Sorge versetzt. Es muss eine seltsame Erfahrung für Vincent gewesen sein, der mit dem Gedanken aufwuchs, nur der Ersatz für einen anderen

Vincent, den ein Jahr zuvor gestorbenen Bruder zu sein. Ist nun bereits wieder ein anderer Vincent zur Stelle, diesmal als Ersatz für ihn, dessen Tage gezählt sind?

Zudem gibt es Meinungsverschiedenheiten über Theos Entschluss, sich als Kunsthändler nun (endlich!) doch selbstständig zu machen. Mit einem bei ihm ungewöhnlichen Willensakt stellt er Boussod und Valadon ein Ultimatum. Er fordert eine Lohnerhöhung und setzt den Galerieinhabern auch gleich eine Frist von einer Woche, sich zu entscheiden. Er plant sogar schon für ein eigenes Geschäft. Da er nicht im vierten Stock des Hauses, in dem ihre ohnehin zu kleine Wohnung liegt, auch noch seine Galerie unterbringen kann, sucht er nach einer Räumlichkeit, die sich zugleich als Galerie eignet. In der Beletage eines Hauses in der Cité Pigalle Nr. 8 findet er so eine große Wohnung. Theo also ist entschlossen – aber alle anderen zögern.

Über diese Pläne streitet man bei Vincents Besuch in Paris. Theo und Johannas Bruder, Andries Bonger, der sich an der Galerie beteiligen soll, dessen Frau und Johanna sind uneins. Die beiden Frauen, besonders Johanna, scheuen gerade jetzt das Risiko, jegliche feste Einkünfte aufzugeben. Und das, wo der kleine Vincent ihnen schon so viele Sorgen macht! Andries Bonger verhält sich unentschieden – und Vincent ist verwirrt. Nun endlich ermannt sich der Bruder zu dem Schritt, den er seit Jahren von ihm fordert! Aber jetzt hat er eine eigene Familie, unterstützt ihn und auch die Mutter finanziell, lauter Lasten – da muss er auf Sicherheit bedacht sein. Auch Vincent hängt ja immer noch von Theos Geld ab, das von nun an Theos und Johannas Geld ist. Das muss er als besondere Demütigung empfinden.

Natürlich steht ihnen ihr eigener kleiner Vincent näher als der fast vierzigjährige Bruder. Diese neue unerwartete Konstellation macht Vincent zu schaffen. Die Gewissheit bemächtigt sich seiner, dass er versagt hat. So lange war Zeit gewesen, finanziell auf eigene Beine zu kommen – nun scheint seine Frist abgelaufen. Nein, vernünftig ist es von Theo nicht, gerade jetzt den ungewissen Schritt zu wagen. Aber er selbst hatte ihn doch dazu gedrängt.

Vor allem ist es wohl Johanna, die Theo schnell dazu bringt, das Ultimatum zurückzuziehen. Theo kriecht vor seinen ignoranten Brotherren zu Kreuze. Welche Demütigung! Nicht Vincent, sondern der Mutter in Leiden gesteht er am 22. Juli 1890 seine Feigheit, die die Familie aufatmend als Rückkehr zur Vernunft anerkennt: »Unterwegs und hier angekommen, wurde mir deutlich bewusst, dass es eine gefährliche Sache wäre, leichsinnig meine Stellung aufzugeben, um ein privates Geschäft zu beginnen, war aber weit davon entfernt, mir dessen sicher zu sein. Ich musste so sehr darüber nachdenken, dass ich fast daran verzweifelte, dass ich die Dinge hatte so weit kommen lassen und dass ich möglicherweise sehr bald ohne einen Pfennig Einkommen dastehen würde. Ich sprach also gestern früh wieder mit den Herren und stellte fest, dass sie trotz allem mir gegenüber recht gut aufgelegt waren. Ich sagte, dass ich, als ich zuerst mit ihnen gesprochen, vermutlich zu sehr auf mein Glück vertraut und mir nicht ausreichend bewusstgemacht hatte, wie mächtig die Firma sei, aber schließlich sei ich zu dem Ergebnis gelangt, dass es für mich sinnvoller wäre zu bleiben und dass, auch wenn sie fänden, ich würde keine Gehaltserhöhung verdienen, ich versuchen würde, das Beste draus zu machen und mich nach der Decke zu strecken.«

Allein schon dieser Brief offenbart den Charakterunterschied zwischen Theo und Vincent. Theo ist eben doch ein typischer »van Gogh«, das Gegenteil eines Künstlers, ein Angepasster, ein Lebensbefestiger.

Der Rückzieher ist natürlich auch ein Verrat an Vincent (obwohl er gewiss auch mit Rücksicht auf ihn geschah), eine endgültige Kapitulation vor der falschen Ordnung der Dinge. Nein, Theo ist kein Anarchist wie Vincent, er ist und bleibt ein kleiner Angestellter der Kunsthandlung Goupil. Aber beinahe hätte er den Mut doch aufgebracht. Dass ihm Johanna bei diesem fast schon gewagten Schritt nicht zur Seite stand, so wie es Vincent zweifellos getan hätte, dafür wird er sie hassen, ohne es sich jedoch einzugestehen. Erst nach dem

Ausbruch seines Wahnsinns kurz nach Vincents Tod zeigt sich, wie groß die Aggressionen gegen Frau und Kind tatsächlich sind.

Anfang Juli kommt Vincent zum letzten Mal nach Paris, sieht den kleinen Vincent, trifft Toulouse-Lautrec und den Kritiker Aurier. Sein Verhältnis zur Schwägerin Johanna ist nach dem Kleinkrieg um die Hackordnung in Theos Familie, zumindest nach außen hin wieder befriedet. Vincent weiß, er ist seinem Bruder eine größere Last als je zuvor – gerade weil Theo und Johanna ihn, das ist seine ebenso schöne wie bedrückende Gewissheit, niemals allein seinem Schicksal überlassen werden. Aber vielleicht doch mehr aus jener reglementierenden van Gogh'schen Familiensolidarität heraus, die er kennt und fürchtet, als aus Bewunderung für seine Bilder? Vincent fühlt sich überreizt und unendlich müde zugleich. Aber er muss malen. Wieder in Auvers entstehen drei seiner wichtigsten Bilder: *Als ich hierher zurückkam, habe ich mich an die Arbeit gemacht, obwohl mir der Pinsel fast aus der Hand fiel, und, da ich wohl wusste was ich wollte, habe ich seither wieder drei große Bilder gemalt.* Darunter jenes berühmte »Kornfeld mit Krähen«, das oft als sein letztes Bild angesehen wird, was es nicht ist, obwohl gerade in ihm all das zur Vollendung kommt, was bereits die letzten drei Jahre in ihm gärte.

Wege in den Symbolismus. Apokalypsen

> *Eines Tage wird van Goghs Malerei, bewaffnet mit Fieber und guter Gesundheit, zurückkehren, um den Staub einer Welt im Käfig in die Luft zu schleudern, die sein Herz nicht mehr ertragen konnte.*
> Antonin Artaud

Werner Weisbach sieht in Vincents letzten Bildern das Unkontrollierte die Oberhand gewinnen. Er nimmt Ekstase und Vision als Indizien für seine Geisteskrankheit. Diese habe nach und nach die

Grundlagen seiner Malerei zerstört. Bezeugen die Bilder aus Auvers einen unaufhaltsamen Verfallsprozess? »Der Garten von Daubigny« ist ein sich im Symbolischen verschließendes Gemälde. Vincent, der sich sonst selten lobt, meist nur herabsetzt, hält es selbst für eines seiner wichtigsten Bilder. Von diesem Bild sagt der Psychiater Kraus, die Hand könne der inneren Erregung kaum folgen. Was aber bedeutet das, spricht es für oder gegen die Kunst? Im Unterschied zu den flammenartig-steilen Zypressen sind hier die Kronen der Bäume kreisrund. Weisbach bemerkt eine »verschnörkelte« Form. Gemeint ist damit der kurze sichelförmige Pinselstrich, der keinem erkennbaren Anstoß (Wind!) mehr folgt, sondern sich wellenförmig ausbreitet, seinem eigenen, von außen her nicht mehr aufschließbaren Gesetz gehorchend.

Ein Biegen der Linie verhindert, dass deren vertikale Verlängerung einen allzu geraden Weg ins Jenseitige nimmt. Dem beugt Vincent vor, indem er die Linie krümmt – selbst aus höchsten Himmelsregionen kehrt sie doch unweigerlich wieder auf den Boden zurück. Mit dieser Aufhebung der Abstraktion, der Wendung des Geometrischen gegen sich selbst, feiern seine Bilder das vitale Prinzip von Werden und Vergehen. So bricht hier mit jedem neuen Pinselstrich die Immanenz ins Transzendente ein, anders gesagt: das Jenseits ist in den endlichen Dingen selbst – und nur in diesen. Damit koppelt sich die ästhetische Realität des Bildes von der äußeren Wirklichkeit und ihrem Gesetz der Kausalität ab. Diese wesentliche Wendung hin zum reinen Ausdruck vollzieht sich bei Vincent während seiner letzten Wochen.

Im Vordergrund des Bildes ist eine schwarze Katze zu sehen, die dem Betrachter sozusagen quer über den Weg läuft. Weisbach erkennt darin sehr richtig das existenzialistische Motiv der Angst – wenn auch ironisch distanziert. Diese Angst verwandle den Garten, der anfangs heiter und freundlich erscheine: »Das Dämonische hat das Heitere verdrängt – dadurch ist etwas Zwiespältiges in das Bild gekommen.«

»Feld mit Gewitterhimmel« und »Kornfeld mit Krähen« werden zu kraftvollen Schlussakkorden seiner nun voll erklingenden Farbensymphonie: *Es sind ungeheure Flächen mit Getreide und bewölkten Himmeln, und ich habe mich nicht geniert, Traurigkeit, äußerste Einsamkeit darin ausdrücken zu wollen.* In gewisser Weise wirken diese beiden Bilder wie zwei Phasen eines Unwetters auf hoher See. Ein weiter Himmel und am Horizont zieht sich das Unheil schon drohend zusammen. Starke horizontale Linien, am stärksten die Scheidelinie zwischen Himmel und Erde, die in der Bildmitte verläuft. Vorn der erntereife goldgelbe Weizen, dahinter das näher rückende Unheil in Form eines drohenden Gewitters. »Vor der Apokalypse«, so könnte man »Feld mit Gewitterhimmel« auch nennen.

Das »Kornfeld mit Krähen« dagegen ist ein Blick in die Apokalypse. Der in giftigen grün-blauen Tönen gehaltene Himmel hat sich geöffnet und verschlingt das Feld. Himmel und Erde gehen ineinander über. Statt Engeln mit Posaunen steigen schwarze Krähen herab – Totenvögel, bei denen man heute unwillkürlich an eine sich schnell nähernde Formation von Jagdbombern im Angriff denkt.

Herbert Frank hat einer solchen apokalyptischen Deutung allerdings mit dem Hinweis widersprochen, die Vögel würden »himmelwärts streben«. Kein gemalter »Klagesang«, sondern ein »Beweis seines Vertrauens zur Heilkraft der Natur«? Betrachtet man das Bild und versucht, die Flugrichtung zu erkennen, muss man kapitulieren. Beides scheint möglich. Aufsteigen ebenso wie Herabstürzen. Fraglos dagegen ist die drohende Szenerie. Und die beginnt oben und setzt sich nach unten fort. Warum sollten die Krähen in den Gewitterhimmel hineinfliegen? Unmöglich ist es nicht, wäre Vincent selbst eine dieser von ihm gemalten Krähen, dann würde er es gewiss tun.

Die expressive Bildbeschreibung von Irving Stone trifft die Atmosphäre – eine Vorwegnahme jenes Überfalls der Dämonen, die Vincent am 27. Juli 1890 die Pistole gegen sich selbst richten ließen: »Es wurde Mittag. Die feurige Sonne brannte auf ihn nieder. Auf einmal schossen schwarze Vögel aus dem Himmel auf ihn herab.

Sie füllten die Luft, verdunkelten die Sonne, verschlangen ihn, flogen durch seine Haare, in die Nase, in den Mund, in die Ohren, begruben ihn in einer dicken schwarzen Wolke schlagender Fittiche.«

In der Amsterdamer Ausstellung 2006/07 über Vincent van Gogh und den Expressionismus sah man neben dem »Kornfeld mit Krähen« auch Otto Dix' »Sonnenaufgang« und Ludwig Meidners »Apokalyptische Landschaft«, Bilder von 1913. Bei Dix herrscht kaltes Winterlicht, das dem Blau des Himmels eine Richtung ins Sterbensgrau gibt. Die gelbe Sonne schickt schwarze Strahlen; so sehen atomare Blitze im 20. Jahrhundert aus. Ob Dix, ein Visionär der Zerstörung, Vincent van Goghs Krähen (mittlerweile noch fetter geworden) aufsteigen oder herabstürzen lässt, entzieht sich jeder Entscheidbarkeit.

Bei Meidner befindet sich die sichtbare Welt im finalen Taumel, alles beginnt durcheinanderzufallen – ein Strudel oder eine Druckwelle; die Welt versinkt in Schutt. Wesentlicher kann die Kunst einer Zeit kaum sein, als die Drohung, die in ihr liegt, ins Bild zu bringen. Vincents Krähen über einem sommerlichen Weizenfeld werden so zu Boten, die den Expressionisten des 20. Jahrhunderts die Mitteilung vom angekündigten Untergang einer alten Welt überbringen.

Ein Selbstmörder durch die Gesellschaft?

> *Die furchterregende Unermesslichkeit der Tiefe des Himmels ist ein Abbild, ein äußeres Spiegelbild unserer eigenen Abgründe, in einem Spiegel gesehen ... Wenn wir die Milchstraße sehen, so bedeutet das, dass sie in unserer Seele wirklich existiert.*
> Leon Bloy

Warum schießt Vincent an jenem 27. Juli des Jahres 1890 auf sich? Jede Antwort bleibt eine Mutmaßung. Den Selbstmord eines Menschen kann wohl nur für völlig plausibel halten, wer selbst schon die Pistole aufs eigene Herz gerichtet hält. Ein Befremden bleibt. Auswege gibt es immer und auch ein Sich-Einrichten in der Ausweglosigkeit. Vincent ist beides vertraut, er hat in seinem Leben zu viel ertragen, zu viel ausgehalten, als dass man ihm vorwerfen könnte, ihn lasse die Abweisung durch Marguerite Gachet oder die Sorge um die weitere Unterstützung durch Theo nur noch den Tod als Ausweg sehen. Auch jene Stelle eines Briefes an Theo ist nicht mehr als ein Indiz unter anderen: *Wenn ich Deine Freundschaft nicht hätte, käme ich dahin, dass ich ohne Gewissensbisse Selbstmord beginge, und so feige ich auch bin, schließlich würde ich es doch tun.*

Nein, die Ursachen müssen zugleich tiefer und grundsätzlicher und zugleich zufälliger und beliebiger gewesen sein. Vincents Tod ist der Spiegel seiner Bilder – wie auch umgekehrt.

A.M. Hammacher schreibt: »Sein Entschluss, sich dem rätselhaften Vorgang des natürlichen Sterbens zu entziehen, stand voll im Einklang mit seinem Wesen. Spannungen hatte er immer durch hastige Abreisen oder durch forcierte Entscheidungen gelöst. Er konnte niemals in Ruhe abwarten und die Dinge auf sich zukommen lassen, weder bei seiner Arbeit noch in seinem Leben als Künstler.«

Vielleicht kommt die Ahnung hinzu, er könnte als Person dem Siegeszug seiner Bilder, für den es erste Anzeichen gibt, nur im Wege stehen? Fürchtet er diesen Erfolg gar, weil er eine Banalisierung dessen sein würde, was ihn diese Bilder malen ließ? Also doch ein Todestrieb?

Es ist wohl auf versöhnliche Weise natürlicher und dabei zugleich künstlicher und gewaltsamer: Der Tod liegt vor ihm, so wie der Schnitter dem Sämann folgen *muss*: als andere Häfte dessen, was immer ein Ganzes ist.

Maurice Blanchot über die Psychologie des Selbstmords: »Eine bemerkenswerte Absicht beim Selbstmord ist es, die Zukunft aufzuheben, da diese das Geheimnis des Todes birgt. Man möchte sich irgendwie selbst töten, um damit der Zukunft ihr Geheimnis zu nehmen.«

Antonin Artaud hat sich intensiv in die Denkfigur des Selbstmords hineinimaginiert. Da heißt es dann: »Ferner nimmt man sich das Leben nie allein. Nie wurde jemand allein geboren. Ebensowenig stirbt man allein. Aber im Falle des Selbstmords ist eine ganze Armee böser Wesen nötig, um den Körper zur Ausführung der widernatürlichen Handlung, sich seines eigenen Lebens zu berauben, zu bringen ... Van Gogh ist erst von seinem Bruder aus der Welt befördert worden, indem er ihm die Geburt seines Neffen ankündigte, dann ist er von Doktor Gachet abgefertigt worden ... Es gibt Bewusstseine, die sich an bestimmten Tagen wegen eines einfachen Widerspruchs umbringen würden, und deshalb muss man nicht gerade verrückt sein; ein gekennzeichneter und katalogisierter Verrückter sein; es genügt im Gegenteil, gesund zu sein und die Vernunft auf seiner Seite zu haben.«

Vincents Bilder, das sind die Notate eines Pilgers von unterwegs. Das Gebet eines Außenseiters, das ganz aus Rhythmus, Farbe und Form besteht. Mit seinen Bildern geht es uns wie mit den Gedichten Gottfried Benns. Sie sind zweifellos »an niemanden gerichtet«, aber wer würde das, vor ihnen stehend, je glauben? Welch poetisch tief verschattetes Geheimnis spricht da aus Vincent, der nach der Lektüre des Korintherbriefs in einem Brief notiert: *Die, denen ich am meisten zugetan war, habe ich nicht anders wahrgenommen als durch den Spiegel in einem dunklen Wort.*

Wohin also führt Vincents Pilgerreise? Zur Sonne, das ist gewiss. Erst findet er sie im Süden noch außerhalb von sich, dann auch innerlich als jenen göttlichen Lichtfunken, von dem die Mystiker wissen. Es handelt sich bei diesem Bedürfnis nach Religion, das Vincent auch noch am Ende seines Lebens in sich spürt, nicht um irgendeine Art von Frömmelei, von christlicher Symbolik hält er seine Bilder (bis auf die Bilder nach Bildern, die man nicht Kopien nennen sollte, sondern Improvisationen über ein Thema) bewusst frei. Sein religiöser Sinn prägt seine Haltung zu Leben und Tod.

Ist es dieser Glaube, der ihn sich selbst seinem Werk opfern lässt? In gewisser Weise ja. Aus Arles hatte er Theo über Tolstois Buch »Meine Religion« geschrieben, von dem er nur gehört hat, aber das reicht aus, davon zu schwärmen: *Anscheinend lässt er weder die körperliche noch die seelische Auferstehung gelten; er sagt, dass es nach dem Tode nichts mehr gibt, dass aber der tote Mensch, der einen guten Tod gefunden hat, immer ein Stück lebendiger Menschheit bleibe ... diese Religion ist nicht grausam und vermehrt nicht unser Leiden, im Gegenteil, sie macht sehr glücklich und gibt uns Heiterkeit, Lebensmut, Tatkraft und vieles mehr ... Anscheinend nimmt Tolstoi in seiner Schrift ›Meine Religion‹ an, dass neben der sichtbar aufflammenden Revolution in den Herzen der Menschen noch eine intime und geheime Revolution glüht, aus der ein neues Reich oder vielmehr irgend etwas ganz und gar Neues geboren wird, das vielleicht namenlos ist, aber auch, wie früher die christliche Religion, trösten und das Leben ermöglichen wird. Ich glaube das Buch muss sehr interessant sein. Vielleicht hat man, wenn man es gelesen hat, genug vom Zynismus, von der Skepsis und der Spötterei und möchte musikalischer leben.*

Vincent wird nicht von der Außenwelt gezwungen, sich zu töten. Er will leben, aber die Außenwelt ist eine so erbärmliche Kulisse dafür, dass man sich da nicht länger als unbedingt nötig aufhalten sollte. Nur solange wie man eben aushalten muss, einen Auftrag zu Ende zu bringen. Vielleicht erlangte Vincent im Juli 1890 die Gewissheit, dass er seine Mission erfüllt, sich genügend mitgeteilt habe?

Da ist also immer noch der Gedanke der »Nachfolge Christi«, das franziskanische Prinzip, wenn Vincent eine »neue Wirklichkeit« beschwört, eine andere Art zu leben, die in seinen Bildern angekündigt ist. Artaud: »Denn nicht für diese Welt, denn niemals für diese Erde haben wir alle immer gearbeitet, gekämpft, gebrüllt vor Entsetzen, Hunger, Not, Hass, Verleumdung und Ekel, dass wir alle vergiftet waren, wenn wir auch alle durch sie verzaubert waren, und wir schließlich Selbstmord begangen haben, denn sind wir nicht alle, wie der arme van Gogh, Selbstmörder durch die Gesellschaft!«

Er, der die toten Seelen nicht erträgt, gibt den äußersten Vitalitätsbeweis dadurch, dass er sich tötet. Frei und im Bewusstsein, das Seinige getan zu haben – gegen die allgegenwärtige Missachtung von denen, die nur das bereits Etablierte zu schätzen wissen. Der Bürger in seiner Verfallsform als Konsument hasst den Künstler, dessen Kunst noch nicht an der Börse gehandelt wird, weil er ihm ein Beispiel liefert für eine andere Art Reichtum.

Darum hat der Bürger das Wort vom Kultivieren erfunden, das ein anderes Wort für Ausrotten des barbarischen, des ursprünglichen Affekts ist. Weil er diesen Affekt in sich nicht aushält, weil er nichts damit anfangen kann, hasst er den Einzelgänger, den nicht domestizierten Waldgänger, der diesem Impuls eine Gestalt gibt. Jene, die keine »Animalkünstler« (Meier-Graefe), keine Wilden sind, sie müssen immer andere verfolgen und am Ende töten, weil sie dem Tier in sich nicht begegnen wollen.

Stefan Zweig hat den mit Arles beginnenden großen Schaffensrausch Vincents in seinem Essay »Der Kampf mit dem Dämon« so beschrieben: »… es gibt da kein Zögern, kein Planen mehr, kein Überlegen. Schöpfung ist Diktat geworden, dämonische Hellsichtigkeit und Schnellsichtigkeit, eine ununterbrochene Kontinuität der Visionen.«

Die Nietzsche-Analogie liegt für Zweig offen, wenn er schreibt, dieser sei »überlichtet von Geheimnis«. Ein Licht, das mehr ist als südliche Wärmung: aufblitzende Erkenntnis. Von Nietzsche aus bekommt in Zweigs kongenialer Lesart das Licht als Rettung und Vernichtungsdrohung zugleich, den Charakter eines Weltschlüssels: »Freilich, es ist ein gefährliches Licht, das hier auffunkelt, es hat die fantastische kranke Helligkeit einer Mittagssonne, die rotglühend über Eisbergen aufsteigt, es ist das Nordlicht der Seele, das in seiner einmaligen Grandiosität erschauern macht. Es wärmt nicht und erschreckt; es blendet, aber es tötet. Nicht vom dunkel wogenden Rhythmus des Gefühls wie Hölderlin, nicht von flutender Schwermut wird er herabgerissen: er verbrennt an seiner eigenen Helligkeit, in einer Art Sonnenstich allerhöchster Glut, allerhöchster Leuchtkraft, einer weißglühenden und nicht mehr zu ertragenden Heiterkeit. Nietzsches Zusammenbruch ist eine Art Lichttod, ein Verkohltwerden des Geistes von der eigenen Stichflamme.« Auch Vincent van Gogh ist so ein Ikarus – der Sonne sehr nahe, vielleicht zu nahe gekommen.

Theo van Gogh schreibt nach Vincents Tod am 5. August über die Worte, die man ihm in diesen Tagen allzu oft gesagt habe, es sei gut, dass sein unglücklicher Bruder jetzt ruhe: »Eher empfinde ich es als eine der größten Grausamkeiten des Lebens; er ist zu den Märtyrern zu zählen, die lächelnd starben.«

Die Bestimmung seines sich glücklich vollendenden – trotz des abrupten Endes! – Künstlerlebens liegt eben darin, dass er in Bildern Dinge zeigen konnte, für die ihm, dem schreibend höchst Wortgewandten, alle Worte fehlen. Die Brücke zur Welt, seine Worte, das sind seine Bilder. Sein Leben hat er in seinen Bildern gelebt. Diese werden nicht auf Dauer unverstanden bleiben, dessen kann er sich nun im Juli 1890, nach den ihn in ihrem hymnischen Lob irritierenden Reaktionen von Aurier und Gachet, auch von den Pariser Künstlern, die ihn als einen ihrer Besten ansehen, sehr sicher sein. Doch seine Bilder – und das ist ihr Schicksal – werden bald nicht mehr nur ihm gehören; andere werden anderes in ihnen sehen. Und wie soll er dann noch weiterleben, also weitermalen? Ingo F. Walter und Rainer Metzger haben diese Paradoxie benannt: »Der Vogel, der sich einst nach dem Gewitterhimmel sehnte, hat jetzt verbissen gegen die Übermacht der Elemente anzukämpfen. Die Sehnsucht nach der Naivität seiner Anfänge, begleitet von dem Wissen um ihre Unmöglichkeit: Von hier aus führt der Weg in den Selbstmord.«

Es ist die Erotik aller Kunst, ihr Traum vom Anfang, der sie dazu bringt, immer wieder – in einem neuen Bild, einem neuen Text – einen Anfang zu machen. Den Anfang, der der Ursprung selbst ist, die Blaue Blume bei Ofterdingen, hat sie dabei zwar immer vor Augen, aber erreicht ihn doch nie. Sehnsucht nach den Anfängen, das ist Sehnsucht nach einer Vollendung, die uns Sterblichen verwehrt bleibt. Insofern scheitert die echte Kunst immer, nur das Kunstgewerbe stößt an keinerlei Grenzen.

Und dann ist da auch immer noch die Masse der Zuschauer, das Publikum. Dem einen jubeln sie zu, den anderen missachten sie, von handgreiflicheren Formen der Abstimmung nicht zu reden. Manchmal missachten sie jemanden erst, um ihm kurze Zeit später umso stärker zuzujubeln. Auf welches geheime Signal hin erfolgt der Stimmungsumschwung? Vincent, der solidarische Mensch, dem jeder Dünkel fremd ist, hat (nach Auriers Aufsatz) mit wachsendem Unbehagen das Öffentliche näher an sich heranrücken sehen. Das Prinzip Mehrheit, die Meinungen und Diskussionen, all das, so spürt er instinktiv, ruiniert auf banale Weise sein in strenger Isolation (Askese!) erworbenes Ausdrucksvermögen als Maler. Davor hat er Angst, davor flieht er. Ob aus einem plötzlichen Entschluss oder einem langen Vorsatz heraus, wer will das sagen? Auch das Ewige entspringt dem Dunkel des gelebten Augenblicks.

Emile Bernard schreibt am 31. Juli 1890 an Albert Aurier über Vincents Tod: »Mein lieber Aurier, durch Ihre Abwesenheit von Paris ist Ihnen eine schreckliche Nachricht entgangen, die ich dennoch nicht umhin kann, Ihnen unverzüglich mitzuteilen: Unser lieber Freund Vincent ist ... gestorben. Ich nehme an, Sie ahnen bereits, dass er sich umgebracht hat ... Er starb schließlich am Montag abend, während er seine Pfeife rauchte, auf die er nicht verzichten wollte. Er erklärte, sein Freitod sei absolut b e a b s i c h t i g t und von ihm in völliger Klarheit begangen worden. Eine typische Sache, die man mir hinsichtlich seines Todeswunsches berichtet hat, war die, dass er, als Dr. Gachet ihm sagte, er hoffe, ihn noch retten zu können, antwortete:

›Dann muss ich es noch einmal tun.‹ Leider jedoch war es nicht mehr möglich ihn zu retten.« Der Vorhang schließt sich hinter seinem von zahllosen Bedrückungen beschwerten Dasein, der jedweder Erfolg im bürgerlich-zählbaren Sinne (von Auriers positiver Besprechung und dem Verkauf des »Roten Weinbergs« abgesehen) vorenthalten blieb. Er öffnet sich jedoch im selben Moment für sein postumes Nachleben. Dieses wird dann zur Erfolgsgeschichte ohne Gleichen.

Dr. Gachet stilisiert sofort nach Vincents Tod das Freitodmotiv zu einer Art Todessehnsucht, was unpassend erscheint, und manch ein Biograf hat dann auch sofort auf des Doktors schlechtes Gewissen hingewiesen, ein Vertuschen der von ihm unterbundenen Annäherung Vincents an seine Tochter, die zu einer Form des Hausverbots, jedenfalls zum Abbruch des freundschaftlichen Verhältnisses zwischen ihnen geführt hatte. Aber das ist dann wohl etwas trivial gedacht, denn Gachet bleibt zweifellos ein ungewöhnlicher Kopf, der vieles selbst aus der Außenseiterperspektive sieht und damit dem konventionellen Blick verborgen Bleibendes sichtbar macht. An Theo schreibt er im August 1890: »Je mehr ich darüber nachdenke, um so mehr empfinde ich Vincent als e i n e n G i g a n t e n. Es gibt keinen Tag, an dem ich mich nicht vor seine Bilder begebe. Jedesmal entdecke ich etwas Neues darin, etwas anderes als zuvor, und in meinen Gedanken, diesem Phänomen der Hirntätigkeit, kehre ich aufs Neue zu dem Mann zurück, den ich als Koloss empfinde. Er war darüber hinaus ein Philosoph von der Art eines Seneca. Diese souveräne Verachtung des Lebens, zweifellos ein Ausfluss seiner ungestümen L i e b e für die Kunst, hat etwas Außerordentliches. Es handelt sich meiner Ansicht nach um eine Art psychischer Veranlagung, bei der die religiöse Seite eine wichtige Rolle spielt. Der Begriff L i e b e für die Kunst ist nicht der richtige: G l a u b e muss es heißen, Glaube bis zum Märtyrertum!!!

Mir ist ein seltsamer Gedanke gekommen, den ich Ihnen mit allen Fragezeichen mitteilen möchte. Würde Vincent leben, würde es

noch Jahre und Jahre dauern bis zum Triumph der m e n s c h l i -
c h e n K u n s t. Mit seinem Tod dagegen gibt es eine Art Weihung
als Ergebnis des Kampfes zwischen zwei entgegengesetzten Prinzipien, dem Licht und der Dunkelheit, dem Leben und dem Tod.«

Antonin Artaud notiert über die erste Ausstellung 1946 mit Bildern
Vincent van Goghs im Frankreich nach der deutschen Besatzung:
»Nun ist der Hass vergessen, ganz wie die nächtlichen Säuberungen,
die folgten, und dieselben, die so viele Male der ganzen Welt ihre gemeinen schweinischen Seelen enthüllt haben, defilieren heute vor
van Gogh, dem sie oder ihre Väter und Mütter zu Lebzeiten den
Hals so gründlich umgedreht haben.«

Wahrer Wahnsinn trifft falsche Vernunft: Vincent van Gogh als Teil
moderner Ketzergeschichte

Der Ketzer als Heiliger, das ist nicht etwa ein Glücksfall, das ist vor
allem ein Missverständnis. Petrus Waldus verfolgt man und seine
Anhänger werden ermordet. Franz von Assisi, dasselbe Evangelium
einer armen Kirche predigend, bringt es zum Heiligen der katholischen Kirche. Vincent van Gogh wird als Maler, solange er lebt, nur
von einer Handvoll Menschen nicht ignoriert und missachtet, heute
verschönern Reproduktionen seiner millionenschweren Sonnenblumen die Warteräume von Zahnärzten oder täuschen die Humanisie-
rung von Finanzamtfluren vor. Vom Platz über dem heimischen Sofa zwischen Schrankwand und Fernseher nicht zu reden. Niemand
fühlt sich mehr abgestoßen von seiner gewalttätigen Unbedingtheit
des Malens – vielleicht weil man sie sich zu ignorieren angewöhnt
hat. Die Mehrheit kann sich nur schwer entscheiden, ob sie den Außenseiter, der sie provoziert, nun vernichten oder anbeten soll. Darum macht sie es sich leicht und lässt den Zufall bestimmen. Mit der
Zeit entgeht ohnehin nichts noch so Hochfliegendes oder Tiefgehen-

des der jovialen Zwangsbeheimatung in jenen engen Horizonten, in denen alles auf gleiche Weise egal wird.

G.K. Chesterton, der Ketzerverächter und selber ein exzentrisch-orthodoxer Außenseiter des Katholizismus, schreibt in seinem Buch über Franz von Assisi, was dieser Verkünder eines anderen Lebens im ursprünglichen Geiste des Evangeliums im Grunde war: ein Ekstatiker, den seine Gegner einen religiösen Schwärmer oder Irrsinnigen nannten. Tatsächlich erscheint angesichts solch eines Sendungsbewusstseins Berufung nur als ein schwaches Bürgerwort. Antonin Artaud hat diesen Franziskus-Typ auf der Grenze vom Ketzer zum Heiligen, von der Vernichtung zur Anbetung, in Vincent van Gogh wiedererkannt. Seine Schrift »Van Gogh, der Selbstmörder durch die Gesellschaft« ist das Requiem auf einen modernen Ketzer, dem das Unglück zustößt, postum heilig gesprochen zu werden – vom gleichen herrschenden Konformismus, der ihn zuvor verketzerte. Ein Schicksal, wie es jedem derart von einer ihm bislang verborgen gebliebenen Wahrheit Ergriffenem zu widerfahren droht. Vincents Gottsuchertum offenbart sich in der Unbedingtheit des Suchens nach dem Bild einer neuen Wirklichkeit. Dieses ist Drohung und Verheißung zugleich, steht skeptisch vor allen Heilsversprechen und tiefgläubig inmitten der geheimnisvollen Natur. Vincent van Gogh betet das Wunder des Lebens an, seine Ehrfucht vor diesem geht einher mit einer grenzlosen Verachtung allen Kirchenglaubens, aller Dogmatik, allen Auserwähltheitsdünkels, aller Machtanmaßung.

Vincent van Gogh hat, wie Artaud wusste, »keusch« im asketischen Sinne gelebt, weil er immer nur seiner Berufung folgte. Selbst seine Liaison mit der Hure Sien ist Opferdienst aus Gottesliebe. Als er schnell und schmerzhaft zu spüren bekommt, dass die Gesellschaft es nicht duldet, den Namen Gottes neben dem einer Hure stehen zu sehen, wählt er die Hure, die Krankheit, den Schmutz und das Elend. Fortan will er den Namen Gottes nie wieder aus dem Munde eines Predigers hören. Er hört nur noch auf die einfachen Menschen,

Bauern, Bergarbeiter, Weber und Postboten, auf die Bäume, Blumen und Felder. Und sieht nur noch die Ursymbole seiner Bilderwelt, Sämann und Schnitter, die Sternennacht, die Sonnenblumen und Zypressen, das Selbstmörderlicht der Cafés und die Irrenanstalten von innen. Wenn man will, kann man das göttlich nennen, aber man kann auch einen weniger diskreditierten Namen wählen. So hält es Vincent van Gogh mit der Religion, in dem Maße wie seine Malerei an Ausdruckskraft gewinnt. Gott ist immer das noch Kleinere, wussten die Minoriten. So allein wird er menschlich.

Gott ist tot, heißt für Vincent, es lebe die Frau! Ein Sehnsuchtsbild löst das andere ab. Über Sien übermittelt er Theo, der ihn bedrängt (und finanziell erpresst!), diese der Familie tief peinliche Frau zu verlassen: *Dadurch, dass ich die Liebe, die sie, die Theologen, Sünde nennen, anbete, oder auch dadurch, dass ich die Hure respektiere etc. und viel would be ehrwürdige, fromme Damen nicht. Die Frau ist für die eine Partei immer Ketzerin und Teufelswerk – für mich ist sie das Entgegengesetzte.*

Vincent ist sich gewiss: Man kann in einer gottverlassenen Welt nur sich selber der Leere entgegensetzen. Er geht diesen Passionsweg als Maler und erscheint uns dabei wie ein Mönch der Moderne, der einer industriell entzauberten Welt ihr Geheimnis zurückgibt: *Ich meine also, man sollte leben wie ein Mönch oder Einsiedler, mit der Arbeit als einziger Leidenschaft und im Verzicht auf Wohlbefinden.* Aber auch in seiner Definition des Mönchs bleibt er ein Ketzer: *Da zöge ich es vor, mich wie ein Mönch klösterlich abzuschließen, aber frei, wie die Mönche, ins Bordell oder in die Kneipe zu gehen, wenn uns das Herz danach steht. Doch unsere Arbeit verlangt ein Zuhause.*

Er ginge nur lieber nicht immer allein. Aber gerade das Alleingehen, das als Außenseiter Verketzert-Werden, gehört zu seiner Berufung. Versucht denn heute noch jemand – wo wir angeblich bis zum Überdruss schon alles über über diesen Maler wissen – den »anderen« Vincent van Gogh zu erkennen, indem er das andere an ihm aufzeigt? Bleibt also das Feld allein denen überlassen, die die Kunstgeschichte immer nur jenseits aller metaphysischen Zwischenräume verhandeln? So lange und gründlich, bis kaum noch jemand ihre sich kunstgeschichtlich missverstehende polizeiliche Ermittlungsarbeit mit genuin ästhetischen oder gar religionsphilosophischen Erwägungen zu unterbrechen wagt?

Meier-Graefes Sentenz, Kunst werde nicht der Kunstgeschichte wegen gemacht, erbittert natürlich so manchen Kunstgeschichtler. Da outet sich jemand als Kunstfreund, desertiert von der Seite der ewig misslaunigen Kritik zur emphatischen Parteinahme.

Artaud über die Wahrheit, in der Vincent van Gogh lebt: »Und was ist ein wahrer Geisteskranker? Das ist ein Mensch, der es vorgezogen hat, verrückt zu werden, im gesellschaftlichen Sinne des Wortes, statt eine bestimmte höhere Vorstellung von menschlicher Ehre zu verletzen. Derart hat die Gesellschaft in ihren Asylen all jene erdrosselt, die sie loswerden wollte und vor denen sie sich schützen wollte, denn sie weigerten sich, mit ihr bei bestimmten erhabenen Schweinereien gemeinsame Sache zu machen. Denn ein Geisteskranker ist auch ein Mensch, den die Gesellschaft nicht hören wollte und den sie daran hindern wollte, unerträgliche Wahrheiten zu äußern.«

So bleibt Vincent gläubig in seinem Unglauben. Aber genauso ungläubig in jedem Glauben, nicht nur dem äußerlich verordneten. Denn die Ekstasen, aus denen heraus er malt, kühlt jederzeit ein skeptisches Moment herunter, sodass sie überhaupt darstellbar werden. Und immer wieder erwacht dann auf dem Grund seiner Skepsis gegen die Welt die Ekstase, der unbedingte Glaube, der jedoch unbestimmt und unerfüllt bleiben muss. Im Herbst des Jahres 1888 schreibt er aus seinem *Atelier des Südens* an Theo in Paris: *Es tut mir gut, schwer zu arbeiten. Aber es hemmt nicht mein furchtbares Bedürfnis nach, darf ich das Wort aussprechen, ja nach Religion. Dann gehe ich nachts hinaus, um die Sterne zu malen, und immer träume ich*

Korridor in der Heilanstalt, Saint-Rémy, September 1889
New York, The Metropolitan Museum of Art, Bequest of Abby Aldrich Rockefeller, 1948

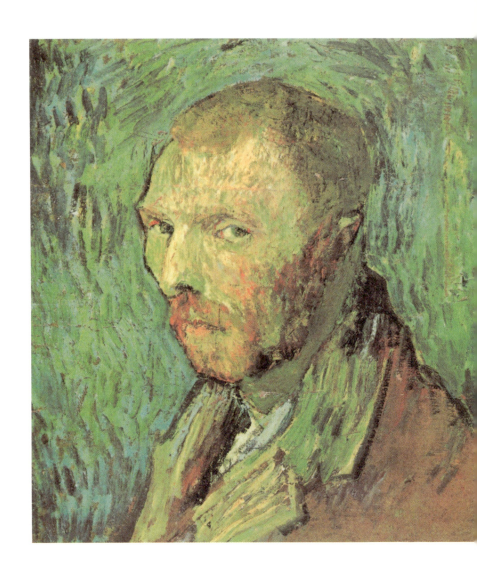

Selbstbildnis, Saint-Rémy, September 1889
Oslo, Nasjonalgalleriet

von einem Gemälde mit einer Gruppe lebendiger Gestalten, die meine Freunde sind.

Vincent, der die ganze Welt umarmen will, stößt sie, wo sie sich ihm tatsächlich nährt, als ärgerliche Störung wieder zurück. Diese ständige Anziehung-Abstoßung ist der Motor, der Vincent zum Malen treibt. Das macht ihn, das kräftige rothaarige Tier und überreizten Nervenmenschen, so modern wie einen Roman von Dostojewski, gelesen von Friedrich Nietzsche. Sein Herbeirufen in die Nähe ist von einem distanzgebietenden Pathos, unter dem er bis zur Selbstauslöschung leidet: *Leiden zu lernen, ohne zu klagen, und den Schmerz mit Widerwillen hinnehmen: Das eben ist der Punkt, wo einem schwindlig werden kann.*

Weil sie vom Zugleich seines Glaubens und seiner Skepsis künden, vor innerer Spannung schier berstende Lebenszeugnisse sind, werden Vincents Bilder zum Beweis des Jenseits mitten im Diesseits. Ein artistisches Vermögen, aber ebenso ein menschliches, das über das Opfer führt. Das Unerlöste in Vincents Bildern, das keine Ruhe gibt, wirkt anachronistisch in einer Zeit, die vergessen hat, nach ihrem Sinn zu fragen.

Mit feinem Sensorium für die »Monotonisierung der Welt« (Stefan Zweig) sieht er den von Zola angekündigten »triomphe de la médicrité« bereits eingetreten: *Spießbürger und Unbedeutende rücken an die Stelle von Arbeitern, Denkern und Künstlern, und man merkt es nicht einmal.*

Karl Jaspers denkt in seiner Schrift »Strindberg und Van Gogh – Versuch einer pathographischen Analyse unter vergleichender Heranziehung von Swedenborg und Hölderlin« (1922) über die psychische Disposition des gesteigert Schöpferischen nach. Wie auch Gottfried Benn sieht er in der »schizothymen« Disposition des Einzelnen eine Voraussetzung für Schöpferisches: »Die Persönlichkeit und Begabung ist vorher da, aber sie bleibt viel harmloser. Die Schizophrenie ist bei solchen Persönlichkeiten später Voraussetzung dafür (kausal gesehen), dass sich diese Tiefen öffnen.«

Diese Charakterisierung erspürt das Paradox, das zum Ausdruck (Ausbruch!) drängt: »Er neigt zu Isolierung, Absonderung, und ebenso sehr ist er jederzeit voll Sehnsucht nach Liebe, Gemeinschaft. Für die meisten – nicht alle – Menschen ist ein Zusammenleben mit ihm schwierig. Er hat wenig Glück mit den Menschen.« Vincent charakterisierte ein Porträt von sich so: *Ein Mensch mit Elektrizität geladen*. Jaspers erkennt in den Werken ab 1888 eine neue Qualität: »Alles Frühere wirkt vergleichsweise harmlos.« Und dann folgt eine Charakterisierung der »Existenz«, die an Meier-Graefe erinnert: »Seine Werke, isoliert genommen, würden wohl sehr weit unter den großen Schöpfungen der Kunst im letzten halben Jahrtausend stehen; die Existenz als Ganzes genommen, die wiederum ohne die Kunstwerke niemals deutlich wäre und vor allem in ihnen sich klar ausspricht, ist von einzigartiger Höhe.« Weshalb das so ist, sagt er auch: »Die Unbedingtheit, der hohe Anspruch, der religiös durchdrungene Realismus, die vollkommene Wahrhaftigkeit wirken sich in der gesamten Existenz aus.« Aber kann man überhaupt von einer Schizophrenie bei Vincent van Gogh sprechen? Seine psychische Erkrankung hat einen syphilitischen Hintergrund, soviel scheint inzwischen klar. Auch die Diagnose Epilepsie wurde immer wieder erwogen. Eine Krankheit übrigens, der seit jeher eine Nähe zur religiösen Ekstase zugesprochen wird. Jedoch, Jaspers ist Philosoph, kein Mediziner. Wenn er von Epilepsie und Schizophrenie bei Vincent van Gogh spricht, dann im Zusammenhang mit seiner ungewöhnlichen künstlerischen Produktivität: »›Schizophrenie‹ ist kein scharfer, aber dafür unendlich reicher Begriff, der in verschiedenen Zusammenhängen verschiedene Bedeutungen annimmt. Einmal bezeichnet er alle nicht rückgängig zu machenden Prozesse ... dann bezeichnet er eine psychologisch-phänomenologisch zu erfassende Erlebnisweise, eine ganze Welt sonderbaren seelischen Daseins, für das man im einzelnen zahlreiche schärfere Begriffe gefunden hat, ohne sie als Ganzes genügend charakterisieren zu können. Es ist eine ungeheure Wirklichkeit, die man nicht an einfachen, objektiven ›Merkmalen‹ erkennt, sondern als jeweilige seelische Totalität …«

Nehmen wir die paradoxe Denkfigur auf, die Jaspers vorgibt, so steht in Vincent van Goghs Bildern der kühl-protestantische (Ketzer-)Chronist des eigenen kryptokatholischen Seelenlebens vor uns. Eine einzige Vivisektion des gelebten Gefühlsextremismus. Vincent malt Ikonen einer zerbrechenden Zeit.

Der Künstler müsste ein Heiliger sein, um nicht vom Drang nach Anerkennung in einer Welt von Kaufen und Verkaufen umhergetrieben zu sein. Aber so innerlich beruhigt, so frei vom Äußeren vermag Vincent – glücklicherweise – nicht zu sein. Ironie hilft, den Schmerz zu ertragen, wenn er mit Thomas Carlyle konstatiert: *Sie kennen die Leuchtkäfer in Brasilien, die so strahlen, dass die Damen sie am Abend mit Nadeln in ihre Frisur stecken. Es ist etwas sehr Schönes um den Ruhm, aber für den Künstler ist er das, was diese Nadel für die Insekten ist. Ihr wollt Erfolg haben und glänzen. Wisst Ihr auch wirklich, was Ihr Euch wünscht?*

Vincents letzter Sommer. Eine Allegorie

> Gewiss, es gibt einen Gemäldesaal in einem Stadtmuseum, da sieht man ein schmerzverzerrtes Gesicht und ist erschüttert – wie auf einem Friedhof … Die Gemälde welken an diesem Ort wie Blumen …
> Vincent an Theo

»Klingsors letzter Sommer«, Hermann Hesses 1919 erschienene Lobpreisung auf den Süden und schöpferische Ausbrüche, so gewaltig, dass ihnen nur noch ein selbst gewählter Abbruch zu folgen vermag, kann man als eine Allegorie auf Vincent von Gogh im Jahr 1890 lesen. Hesse schreibt selbst mit dem beschleunigten Puls jenes »Luftschiffers des Geistes« (Nietzsche), den es nach Süden zog – wie vor ihm Goethe, wie Nietzsche – wie auch Vincent van Gogh. Wir haben Süden um jeden Preis nötig, hatte Nietzsche ausgerufen – und so zahlen sie nun den Preis dafür. Der Romantiker in ihnen will vom Norden erlöst werden – aber bestätigt ihn am Ende doch nur in seiner Unerlöstheit. Wer da mit Nietzsche unter der »schwarzen Freibeuterflagge des Piraten« (Stefan Zweig) segelt und Erkenntnis zuerst als ein Abenteuer versteht – er bleibt vogelfrei, ohne Siege und von einem Ruhm, der das Attribut zweifelhaft nie los wird. Die Sehnsucht: unerfüllt.

Nun also ein letzter Sommer noch, ein letztes Mal die jugendliche Überfülle an Kraft, der Glaube an die Unsterblichkeit! Und doch sind die Freibeuter der Erkenntnis in einem Alter, wo ihnen aus ihrem Leib die Gewissheit entgegenstolpert, dass gerade die intensiven Augenblicke, die so schnell vorübergehen, am meisten von jener Lebenskraft verbrauchen, die nun klug wäre sich einzuteilen. Aber so viel Vernunft wäre auf unpoetische Weise demütigend.

Jugendlich erhitzte Sinne treffen auf altersmüde Skepsis, ja die Resignation dessen, der nicht mehr allein im faszinierenden Augenblick zu leben vermag, sondern immer schon darüber hinausdenkt, fühlt, leidet. Klingsor in seinem letzten Sommer sieht den Untergang in allem Aufbruch. Wie auch Vincent in Arles, Saint-Rémy und in Auvers. Aber sind es darum weniger echte Aufbrüche, weil sie nur kurze Illuminationen einer zunehmenden Dunkelheit sind? Waren sie je anderes?

Zu Besuch kommt ein befreundeter Maler, Louis der Grausame, für den Hesse den expressionistischen Maler Louis Moilliet zum Vorbild nahm. Er hätte auch Paul Gauguin nehmen können, ebenfalls ein überlegener Kraftmensch, der mit jenen Dingen, die Klingsor am Ende des Sommer umbringen werden, noch etwas länger zu leben versteht. Der nicht solche selbstmörderischen Überlegungen wie Klingsor anstellt: »... unsere ganze Kunst ist bloß ein Ersatz, ein mühsamer und zehnmal zu teuer bezahlter Ersatz für versäumtes Leben, versäumte Tierheit, versäumte Liebe. Aber es ist doch nicht so. Es ist ganz anders. Man überschätzt das Sinnliche, wenn man das Geistige nur als einen Notersatz für fehlendes Sinnliches ansieht. Das Sinnliche ist um kein Haar mehr wert als der Geist, so wenig wie umgekehrt. Es ist alles eins, es ist alles gleich gut. Ob du ein Weib umarmst oder ein Gedicht machst, ist dasselbe. Wenn nur die Hauptsache da ist, die Liebe, das Brennen, das Ergriffensein, dann ist es einerlei, ob du Mönch auf dem Berge Athos bist oder Lebemann in Paris.« Das meint nicht Beliebigkeit oder eine äußere Gelassenheit, die oft nur ein anderes Wort für innere Gleichgültigkeit ist, sondern: den Standpunkt der Synthese, die unio mystica zwischen Ich und Welt. Ich ist Welt und Welt ist Ich – einen kurzen Schöpfungsaugenblick lang, wie ihn der Künstler kennt.

Malen stellt uns Hesse vor als ein schönes, liebes Spiel für brave Kinder. Hier jedoch geschieht anderes. Hesses Klingsor und Vincent van Gogh treffen sich in ihrer beider Abschiedsvorstellung von der Welt, die identisch mit dem Vergehen des Sommers ist. Da kann es sich nur noch darum handeln, »die Sterne zu dirigieren, Takt des eigenen Blutes, Farbenkreise der eigenen Netzhaut in die Welt hinein fortzusetzen, Schwebungen der eigenen Seele ausschwingen zu lassen im Wind der Nacht. Sei Wolke, fliege nach Persien, regne über Uganda! Her mit Dir, Geist Shakespeares, sing uns Dein besoffenes Narrenlied vom Regen, der regnet jeglichen Tag!« So spricht jene pantheistische Mystik, die keinen Gott mehr braucht, weil alles Gott ist. Derselbe, von dem Nietzsche in »Wanderers Nachtlied« schreibt, seine Seele sei ein nächtlicher Brunnen. Lauter singt sie, wenn alles schweigt und sie auf das horcht, was kommen wird.

Manchmal wird die Ahnung des Untergangs so unerträglich, dass man sich ein Stück vom Ohr abschneiden muss. Louis der Grausame geht bald wieder, wie Gauguin auch. Es sind andere Umlaufbahnen anderer Gestirne. Man begegnet sich – und auch wieder nicht, da bleibt eine unüberwindliche Grenze aus Fremdheit noch in der größten Nähe. Man weiß einiges, etwa, dass ›ausgedrückte Gedanken‹ tot sind: ›Lassen wir sie leben!‹ Man ist sich einig, wenn es um die Ablehnung des Außen geht. Denn das betrifft das eigene Innen nicht, belästigt es bloß: »›Es ist schauderhaft. Denke dir, ein Professor in hundert Jahren, wie er den Gymnasiasten predigt: Klingsor, geboren 1877, und sein Zeitgenosse Louis, genannt der Vielfraß, Erneuerer der Malerei, Befreiung vom Naturalismus, bei näherer Betrachtung zerfällt dies Künstlerpaar in drei deutlich unterscheidbare Perioden! Lieber komme ich noch heute unter eine Lokomotive.‹

›Gescheiter wäre es, es kämen die Professoren darunter.‹

›So große Lokomotiven gibt es gar nicht. Du weißt, wie klein unsere Technik ist.‹«

Wieviel Hohn und Spott werden da ausgegossen über alles Analysegebaren, jede bedeutungstuerische Abstraktionshuberei, die nichts eröffnet, aber ganze Horizonte verstellt.

Woran liegt es? Das ist immer auch Vincents Frage gewesen und die Antwort, sie zeigt sich den einen und verschließt sich den anderen. Es ist das Zulassen der eigenen Erfahrung, der individuellen Prägung jeglichen Weltwissens, das zugleich ein Selbstwissen sein muss, um für das Eigene wichtig zu werden. Der heiße Odem Nietzsches erfüllt den Raum, jenes »Flamme bin ich sicherlich«. Das ist eine Erkenntnis, »kriegerisch gepanzert und bewehrt«, von der Stefan Zweig schreibt: »Aber bei Gefühlen ist die Intensität alles, der Inhalt nichts: und dämonischen Naturen ist es gegeben, auch den längst eingefriedeten und temperierten Begriff noch einmal empor in ein schöpferisches Chaos, in eine unendliche Anspannung zurückzureißen. Sie geben selbst den unbetontesten, den abgenutztesten Elementen der Konvention das Feuerfarbene und Ekstatische des Überschwangs: was ein Dämonischer ergreift, wird immer wieder neu chaotisch und voll unbändiger Gewalt.«

An solch subjektiv-gesteigerter Formung des Vorfindlichen scheiden sich die Geister. Doch für den Künstler ist sie die einzig mögliche Aneignungsweise von Welt. Ich und Welt sind im schöpferischen Augenblick identisch, weiß Klingsor, weiß Vincent van Gogh. Innen und Außen fallen zusammen, einen Augenblick lang erfährt man das jeweils andere an sich. Jeder schöpferische Augenblick ist etwas, das Licht in die Welt bringt und das Heilige im Profanen zum Leuchten bringt.

Dagegen das Untergangsleuchten der bürgerlichen Welt, von dem sie wiederum beide wissen: Hesses Klingsor ohnehin, aber auch Vincent van Gogh mit seinem sonnenverbrannten Weizenfeld unter einer Decke von schwarzen Krähen, die ein schwerer blauer Himmel zum ästhetischen Ereignis macht. Vincent van Gogh greift im 27. Juli 1890 zur Pistole und Klingsor stirbt dem Ende eines großen Sommers entgegen: »Ich glaube nur an eines: an den Untergang. Wir fahren in einem Wagen überm Abgrund, und die Pferde sind scheu geworden. Wir stehen im Untergang, wir alle, wir müssen sterben, wir müssen wiedergeboren werden, die große Wendung ist für uns gekommen. Es ist überall das gleiche: der große Krieg, die große Wandlung in der Kunst, der große Zusammenbruch der Staaten des Westens. Bei uns im alten Europa ist alles das gestorben, was bei uns gut und unser eigen war; unsere schöne Vernunft ist Irrsinn geworden, unser Geld ist Papier, unsere Maschinen können bloß noch schießen und explodieren, unsere Kunst ist Selbstmord.«

ZEHNTES KAPITEL
Nachleben

Vincents Begräbnis

Die örtliche Zeitung »L'echo Pontoisien« berichtet in aller Kürze und mit mehr als einwöchiger Verspätung über Vincents Tod: »Am Sonntag, dem 27. Juli, hat sich ein gewisser Van Gogh, 37 Jahre alt, holländischer Untertan, Kunstmaler, vorübergehend in Auvers, mit einem Revolver auf freiem Feld erschossen; da er nur verwundet war, kehrte er in sein Zimmer zurück, wo er am übernächsten Tag verstarb.«

Die Beerdigung findet am 30. Juli 1890 nachmittags gegen 15 Uhr statt. Zuvor versammelt man sich in Vincents Kammer im Gasthaus der Ravouxs, Place de la Mairie, wo der Tote aufgebahrt liegt. Wegen der Hitze muss man sich beeilen. Emile Bernard verspätet sich, der Sarg ist bereits geschlossen. Er schreibt darüber an Aurier: »Der Gastwirt erzählte uns sämtliche Einzelheiten des Unfalls, auch von dem unerhörten Besuch der Gendarmen, die sogar an sein Bett gegangen sind, um ihn für eine Tat zu rügen ...« An den Wänden des Zimmers sind all seine Arbeiten der letzten Zeit aufgehängt, sie überstrahlen die düstere Szenerie. Der Leichnam wird abtransportiert – die Bilder beginnen ihren Siegeszug. Der Sarg ist mit einem weißen Tuch bedeckt worden, darauf liegen gelbe Blumen: Sonnenblumen und Dahlien. Vor den Sarg hat man seinen Klappstuhl gestellt, dazu die Staffelei mit den Pinseln. Auch dieses Detail in der Vorbereitung der Beerdigung hält Bernard fest: »Der katholische Pfarrer von Auvers verweigerte dem ›Selbstmörder‹, diesem Sohn eines protestantischen Pastors, der selbst eine Zeitlang als Evangelist tätig gewesen war, den Leichenwagen. Man besorgte schließlich einen aus dem Nachbarort, wo ein Geistlicher residierte, der entweder barmherziger oder aber über die Umstände dieses Todes nur noch nicht informiert war.«

Andries Bonger gibt 1923 folgenden Bericht: »Theo und ich gingen an der Spitze des Trauerzugs. Er und ich haben eine Schaufel voll Erde auf den Sarg geworfen, nachdem er in das Grab hinabgelassen worden war. Doktor Gachet hielt eine kurze Rede ...« Anwesend sind »nicht mehr als ein Dutzend Freunde«, darunter Vater Tanguy, Emile Bernard, mehrere andere Maler, die sich zufällig am Ort aufhalten, aber auch Lucien Pissarro, der Sohn von Camille Pissarro, der seinen Vater vertritt, weil dieser den Zug versäumt hat.

Theo ist so geschockt, dass er selbst nicht am Grabe sprechen kann. An die Mutter wird er berichten: »Es ist ein Schmerz, der lange auf mir lasten wird und der mir gewiss mein ganzes Leben lang nicht aus dem Gedächtnis kommt, aber wenn man etwas dazu sagen soll, dann dies: Er hat die Ruhe, die er herbeigesehnt hat.« Am 3. August reist Theo zur Mutter nach Leiden, wo er auch seine Schwestern trifft, die Vincent mit Eifersucht und seine Malerei mit kaum verhohlener Verachtung gesehen hatten. Vielleicht erinnert sich Theo des Streits mit den Schwestern nach dem Tod des Vaters, der dazu führte, dass Vincent abrupt auf sein Erbteil verzichtete. Die Schwestern hatten ihm vorgehalten, er habe schon viel mehr bekommen als sie. Da Theo die van Goghs kennt – und selber einer ist – legt er den drei Schwestern ein Dokument vor, dass ihn zum alleinigen Erben seines Bruders einsetzt. Die Schwestern unterschreiben sofort, an den Wert von Vincents Bildern glauben sie ohnehin nicht.

Theo als Nachlassverwalter, sein Zusammenbruch und Tod

Am 17. August kehrt Theo nach Paris zurück, in die Galerie von Boussod & Valadon, die er kurz zuvor noch verlassen wollte. Der Tod Vincents hat ihn rigoros gemacht. Er spürt in sich nur noch eine Verpflichtung: Vincents Bilder zum Erfolg zu bringen. Er weiß auch, die Stunde ist günstiger denn je. Er lädt Durand-Ruel ein, einen anderen Kunsthändler, der sich bereits auf die neue Pariser Avantgarde konzentriert. Dieser zeigt sich von Vincents Bildern beeindruckt, rät jedoch, abzuwarten, da das Publikum noch nicht reif dafür sei. Theo will nicht mehr warten. Er legt eine seine angeschlagene Gesundheit weiter ruinierende Geschäftigkeit an den Tag, setzt alles daran, Vincents Bilder schnell auszustellen. So schreibt er an Octave Maus, drängt auf eine Vincent van Gogh-Retrospektive bei der nächsten »Les Vingt«-Ausstellung. Aurier soll eine Biografie schreiben (die nicht zustande kommt) und Signac hat die Idee, einen ganzen Raum mit Vincents Bildern bei den Indépendants zu zeigen. (Das geschieht dann erst nach Theos Tod, zwei Jahre später, als sechzehn Gemälde Vincent van Goghs in einer kleinen Pariser Galerie ausgestellt werden.)

Der Kampf, den Theo um Vincents Anerkennung als Maler führt, verschlechtert seine Gesundheit weiter. Er leidet unter quälendem Husten. Darüber schreibt er am 8. September an die Mutter, er nehme täglich die Tropfen, die ihm Dr. van der Maaten verschrieben habe. Sie scheinen zu wirken. Eine Woche später fügt er jedoch an: »Ich huste sehr viel weniger, wahrscheinlich bedingt durch die Tropfen, aber ich habe es ziemlich im Kopf. Ich denke, es sind die Nerven, dass ich mich so elend fühle und dass ich die Woche über so viele Beschwerden in meinem Hirn hatte.« Was sind das für Tropfen? Vermutlich Morphine, die seine Nerven weiter angreifen. Am 27. September klagt Theo: »Ich bin von den Tropfen dieses Doktors so krank ... Sie halfen, mich während der Nacht zu betäuben, und bewahrten mich vor dem Husten, aber sie verursachten mir Tag und Nacht Halluzinationen und Albträume in einem Maße, dass ich aus dem Fenster gesprungen wäre oder mich selbst auf die eine oder andere Weise umgebracht hätte, wenn ich nicht aufgehört hätte sie zu nehmen. Ich war buchstäblich verrückt.«

Am 10. Oktober schreibt Andries Bonger an Dr. Gachet: »Seit gestern war mein Schwager in einem derartigen Zustand der Übererregung, dass wir uns ernsthaft sorgen ... Die Übererregung hat ihre Ursache in Meinungsverschiedenheiten mit seinen Arbeitgebern, weswegen er sich nun unverzüglich selbstständig machen will. Die Erinnerung an seinen Bruder verfolgt ihn in einem derartigen Ausmaß, dass er jedem grollt, der nicht mit seinen Ideen übereinstimmt. Meine Schwester ist erschöpft und weiß nicht, was sie tun soll.« Theo ist seit langem krank. 1990 erfährt man über diese Krankengeschichte Genaueres, als man auf dem Dachboden einer Utrechter Klinik die Krankenakte Theos findet. Daraus geht hervor, dass er an »Dementia paralytica« in Folge von Syphilis leidet. Im Oktober 1890 kommt ein quälende Harnverhaltung hinzu. Und jetzt eskaliert auch die Auseinandersetzung mit seinen Chefs bei Goupil, Boussod und Valadon, die er, solange Vincent lebte, nicht bis zur letzten Konsequenz getrieben hatte.

Mitten in dieser heftigen Auseinandersetzung, bei der es auch um Vincents Bilder ging, gerät er in äußerste Erregung, kündigt bei ihnen – und wird dann plötzlich wahnsinnig. Es ist, als ob der bislang immer Gemäßigte, nun, nach Vincents Tod, gleichsam im Zeitraffer, seinen Bruder an Radikalität noch übertreffen wollte. Dazu allerdings musste er erst seinen allzu bürgerlich festgezurrten Verstand verlieren.

Der Wahnsinn ist – ähnlich dem Nietzsches – urplötzlich ausgebrochen. Gauguin erhält folgendes Telegramm: »Reise in die Tropen gesichert, Geld folgt, Theo, Direktor.« Gauguin sieht keinen Anlass, an den Worten seines Galeristen zu zweifeln und beginnt voller Freude seine Sachen zu packen. Um so größer ist seine Enttäuschung, als er von dem Geisteszustand Theos erfährt. Niemand kann Theo stoppen bei seinem Aufbruch in die Freiheit, der mit einem Absturz in den Wahn einhergeht.

Er will das Café Tambourin mieten und eine Malergesellschaft gründen – an sich eine vernünftige Idee, nur, Theo findet erst im Irrsinn den Mut zu ihr. Zudem wird er gemeingefährlich, wie Camille Pissaro seinem Sohn Lucien berichtet: »Er, der seine Frau und sein Kind so liebte, wollte sie umbringen!« Unterbewusst gab es da wohl starke Aggressionen gegen Frau und Kind. Hatten sich diese nicht zwischen ihn und seinen Bruder gedrängt? Diese Logik scheint von Theo Besitz ergriffen zu haben.

Zwangsweise wird er nun in ein Irrenhaus eingewiesen. Die Diagnose kommt schnell und lässt – anders als bei Vincent – keine Hoffnung: Theo ist unheilbar verrückt. Aber auch sein Körper ist schwer krank. Alles bricht jetzt, nach der Erschütterung durch Vincents Tod und der ihn weiter aufputschenden »Hustentropfen«, aus ihm heraus – nein, es bricht zusammen.

Anfangs geben sich Boussod und Valadon solidarisch und weigern sich, die Kündigung, die im Zustand geistiger Unzurechnungsfähigkeit erfolgte, anzunehmen. Aber schnell kehren die Inhaber der Kunsthandlung Goupil zur Tagesordnung zurück. Das Geschäft muss weitergehen. Der Nachfolger in Theos Filiale am Boulevard Montmartre wird Maurice Joyant, ein Jugendfreund Toulouse-Lautrecs. Dieser erinnert sich der Rede, mit der ihn Boussod und Valdon ins Geschäft einführten: »Unser Geschäftsführer, van Gogh, halb verrückt wie sein Bruder, der Maler, ist in einer Heilanstalt. Treten Sie an seine Stelle, machen Sie, was sie wollen. Er hat schreckliche Sachen von modernen Malern angesammelt, die unserem Haus zur Schande gereichen ... Sie finden auch eine gewisse Anzahl von Gemälden eines Landschafters, Claude Monet, der sich in Amerika zu verkaufen beginnt. Aber er malt zuviel. Wir haben mit ihm einen Vertrag, seine ganze Produktion zu kaufen, und er überschüttet uns mit seinen Landschaften, immer die gleichen Motive. Alles übrige ist schrecklich. Ordnen Sie das, und fragen Sie uns nichts, sonst schließen wir den Laden.« Für diese Kunstkrämer also hat sich Theo aufgerieben!

Johanna verlässt mit Theo Paris und bringt ihn in eine Klinik nach Holland, was einiges an bürokratischen Schwierigkeiten mit sich bringt, die Johannas Vater jedoch schnell löst. Am 18. November 1890 wird Theo in einer Utrechter Klinik aufgenommen. Sein Zustand verschlechtert sich rapide. Er verliert jede Raum-Zeit-Orientierung, kann sich nicht mehr artikulieren. Tobsuchtsausbrüche, bei denen er sich seine Kleidung zerreißt, stellen sich ein. Er ist inkontinent geworden und eine Lähmung breitet sich über den ganzen Körper aus. Er weigert sich, zu essen. Als ihm Johanna einen Blumenstrauß schickt, zertrampelt er ihn. Der Husten wird immer stärker, ebenso klagt er über rasende Kopfschmerzen. All dies gehört zum Krankheitsbild der Endphase von Syphilis.

Am 25. Januar 1891, ein halbes Jahr nach Vincent, stirbt Theo, mit zweiunddreißig Jahren. Drei Tage später wird er auf dem Utrechter Friedhof beigesetzt, in einer Stadt, zu der er nie eine Beziehung besaß. Damit starben kurz nacheinnander zwei der van Gogh-Brüder. Der jüngere Bruder Cor nimmt sich später in Südafrika das Leben und die Schwester Will stürzt ebenfalls in geistige Verwirrung und verbringt die Jahrzehnte bis zu ihrem Tod in einer Anstalt.

So geht das Erbe Theos, Vincents Bilder, an Johanna über. Die aber kann sich wenig darum kümmern, sie muss sich und ihrem Sohn Vincent das Überleben sichern. Ein Kraftakt zweifellos. Johanna lässt sich durch Emile Bernard Vincents Bilder nach Holland schicken und eröffnet in Bussum bei Amsterdam eine Pension. Gleichzeitig arbeitet sie als Übersetzerin. Die Bilder kommen erst einmal auf den Dachboden. Ihr Bruder Andries, der Versicherungsagent, mit dem sich Theo einmal als Galerist selbstständig machen wollte, bedrängt sie, sich von dieser Last doch endlich zu befreien. Auf den Müll mit den Leinwänden! Aber Johanna glaubt an Theos Kunstkennerschaft. Und der hatte ihr versichert, die Stunde für Vincents Bilder würde erst noch kommen.

1894 erscheint in Bussum der junge Architekt Henry van de Velde und bittet Johanna Bonger, die Bilder Vincents anschauen zu dürfen. Man beginnt nun von ihnen zu schreiben und zu sprechen, aber zu sehen bekommt man sie kaum. Johanna führt ihn auf den Dachboden, wo die Gemälde mit der Bildseite zur Wand stehen und lässt ihn allein. Van der Velde notiert über diese Begegnung: »Während wir Bild um Bild umwandten, fühlten wir uns in eine Sphäre versetzt, in der unser eigenes Empfinden eins wurde mit der Verzückung, von der Vincent erfasst war, als er die Bilder malte, die wir jetzt berührten. ... Die Zahl der Bilder, die wir umwandten, nahm kein Ende. Eine Reihe von Porträts, unter ihnen das Bildnis des Doktor Gachet ... verschlug uns buchstäblich den Atem. Dieses unbeschreiblich intensive Bild habe ich zitternd wieder gegen die Wand gekehrt. Es war offenbar, dass ein Maler, der in diesem Maße die äußersten Grenzen überschritt, von einer Krise niedergestreckt werden musste.«

Johanna weiß, wenn sie Vincent bekannt machen will, dann muss viel über ihn geschrieben werden. Leben und Bilder gehören zusammen – damit ist der Ansatz für Vincents Popularisierung gefunden. Johanna selbst schreibt über ihren Schwager und sie fasst den Plan, die Briefe Vincents an Theo zu veröffentlichen.

Vincents Schwester Lies, die sich zu Lebzeiten nicht für dessen Bilder interessiert hatte, ist schneller als Johanna. 1910 veröffentlicht sie ihre Erinnerungen, die mangels einer echten Beziehung wenig Aufschließendes enthalten. Doch gegen Johannas Plan, Vincents Briefe an Theo herauszugeben, wehrt sie sich. Zu viele Familiengeheimnisse kämen damit in die Öffentlichkeit. Matthias Arnold hat dokumentiert, was damit gemeint ist. Lies hatte 1886 in der Normandie heimlich ein uneheliches Kind geboren und dieses bei Pflegeeltern zurückgelassen. Der Vater des Kindes war ihr Vorgesetzter, ein verheirateter Anwalt, dem daran gelegen sein musste, die Affäre zu vertuschen. Als der Anwalt eine Zeit darauf verwitwet, heiratet er Lies und zusammen bekommen sie noch vier weitere – legitime – Kinder. Aber über das eine nichtlegitime schweigt man weiter, obwohl der Anwalt durchaus bereit gewesen wäre, es ins Haus zu nehmen. Lies selbst soll das verhindert haben. Erst als sie 1936 starb, erfuhren ihre vier Kinder, dass sie noch eine Schwester in Frankreich hatten, die dort in sehr ärmlichen Verhältnissen lebte. Lies' Tochter

Jeanette habe sich dann bereit erklärt, ihre Schwester (vom gleichen Vater, der gleichen Mutter) zu sich zu nehmen. Ein Akt der Hochherzigkeit? Nein, nicht bei den van Goghs – die Schwester sollte eine Stelle als Dienstmädchen bei ihr annehmen, was sie allerdings ablehnte. Aus dem Millionenvermögen der van Goghs hat schließlich Theos Sohn Vincent seine Cousine bis zu ihrem Tod 1969 finanziell unterstützt, mit »skandalös niedrigen Geldbeträgen«, wie Matthias Arnold anmerkt.

1914 wird Theos Sarg nach Auvers überführt und auch Vincent auf dem Friedhof umgebettet. Nun liegen die beiden Brüder – effektvoll nebeneinander – in neuen Gräbern an der Friedhofsmauer. All das gehört schon, schnöde gesagt, zur Imagepflege. Denn kurz vor dem ersten Weltkrieg erscheinen die van Gogh-Briefe in einer deutschen und einer holländischen Edition. Während des Ersten Weltkrieges zieht Johanna mit ihrem Sohn Vincent, der Ingenieur geworden war, nach New York und kehrt 1919 nach Amsterdam zurück. Sie selbst übersetzt nun die Briefe Vincents ins Englische und stirbt 1925 kurz vor Abschluss der Edition. Da ist Vincent van Gogh bereits auf dem ersten Höhepunkt seiner Popularität angelangt.

Kurze Biografie der Bilder

In der 90er Jahren des 19. Jahrhunderts sieht es zunächst so aus, als sollte Vincent van Gogh tatsächlich eine halbvergessene Schattenexistenz in der Pariser Avantgarde beschieden sein. Zwar stellt Emile Bernard 1892 sechzehn Bilder aus – aber der große Durchbruch ist das nicht. Erst nach der Jahrhundertwende beginnt Vincent van Goghs europäischer Siegeszug. Nicht in Frankreich, sondern in Deutschland. Johanna hat wieder geheiratet, den Maler und Kunstkritiker Johan Cohen-Gosschalk. Gemeinsam initiieren sie nun Ausstellungen (so 1905 in Amsterdam) mit den in ihrem Besitz befindlichen Gemälden, und sie verkaufen auch an Museen, was regelmäßig aufsehenerregende Auseinandersetzungen provoziert.

Hugo von Tschudi bricht – zusammen mit Julius Meier-Graefe die Werkauswahl treffend – 1906 mit der »Jahrhundertausstellung deutscher Kunst« (immerhin in der Berliner Nationalgalerie) ein in die bis dahin herrschende Clique der akademischen Hofmaler Wilhelms II. Ein anderer Kunstbegriff wird öffentlich gemacht – ein Tabubruch mit Folgen!

So bekommt dieser Streit um die moderne Kunst bald den Charakter eines Kulturkampfes im wilhelminischen Deutschland. Neue Galerieleiter demonstrieren einen europäischen Blick und zeigen neueste Kunst. So kauft Karl-Ernst Osthaus für das Folkwang-Museum in Essen zwischen 1902 und 1906 mindestens neun Gemälde Vincent van Goghs an. Das »Kornfeld mit Schnitter« ist 1902 das erste seiner Bilder in einem deutschen Museum überhaupt!

Eine wichtige Rolle bei der Verbreitung der Bilder Vincent van Goghs spielt der Berliner Galerist Paul Cassirer. Aber auch die Galerie Arnold in Dresden zeigt 1905 eine große van Gogh-Ausstellung, die auf die im gleichen Jahr in Dresden gegründete Expressionistengruppe »Brücke« ausstrahlt.

Der Streit eskaliert, als Gustav Pauli 1911 van Goghs »Das Mohnfeld« für die Bremer Kunsthalle erwirbt – zu einem Preis von 30.000 Mark. Das »Mahnwort« Carl Vinnens, veröffentlicht in den »Bremer Nachrichten«, wird im Diederichs Verlag kurz darauf noch einmal als Kampfschrift unter dem Titel »Ein Protest deutscher Künstler« veröffentlicht und enthält zustimmende Beiträge des etablierten nationalkonservativen Kunstmainstreams. Das Bild sei nicht nur zu teuer gewesen, so der Grundtenor, zu kritisieren sei vielmehr, dass immer mehr ausländische Kunst (die französischen Impressionisten!) in deutsche Galerien gelange. Und das vom Geld deutscher Steuerzahler! Sind deutsche Museen nicht zuerst für deutsche Kunst da?! Kaum verbergen lässt sich in all dem patriotischen Getöse, dass hier ein Verteilungskampf entbrannt ist. Man fürchtet um seine Pfründe, hat Angst vor der Konkurrenz.

Die Antwort auf den »Protest deutscher Künstler« lässt nicht lange auf sich warten. Im selben Jahr noch erscheint der Aufruf »Kampf um die Kunst. Antwort auf den ›Protest deutscher Künstler‹«, dem sich 75 Galeristen und Künstler anschließen, u.a. Max Liebermann, Harry Graf Kessler, Paul Cassirer und Gustav Klimt – auch Vinnens Worpsweder Kollege Otto Modersohn ist auf der Seite der Modernen, anders als Fritz Mackensen, der mit zu den raunenden Beschwörern deutscher Kunst gehört. Wie weltläufig, wie modern darf eine deutsche Kunst denn sein?

Julius Meier-Graefe gehört zu den wichtigsten Stimmen in dieser Auseinandersetzung. Ihm ist es neben Tschudi, Pauli und Cassirer vor allem zu verdanken, dass die Avantgarde-Kunst überhaupt – langsam aber stetig – auch im wilhelminischen Deutschland (gegen den Kaiser und seine Kulturpolitik!) an Akzeptanz zu gewinnen vermag.

Die Preise für Bilder Vincent van Goghs beginnen nach dem Ersten Weltkrieg unaufhörlich zu steigen, Ludwig Justi kauft 1929 für die Berliner Nationalgalerie den »Garten von Daubigny« bereits zu einem Preis von 240.000 Mark an.

Die erste große Berliner Ausstellung mit Bildern Vincent van Goghs initiierte die »Galerie Otto Wacker«, in der 128 Gemälde gezeigt wurden. Sie wurde ein ungeheurer Publikumserfolg. Erich Kästner schrieb heißen Herzens in seiner Ausstellungskritik über »diese mit ausdrucksvollen Zauber-Runen übersäten Papiere«: »Kein Punkt ist umsonst, und keiner fehlt. Und alle wirken am richtigen Ort: denn – van Goghs Linien und Punkte haben Energie, die ausstrahlt; es sind lebendige Zeichen. Sie fügen sich zur atmenden Gestalt, deren Lebendigkeit die wirkliche Welt zuweilen ahnungsvoll übertrifft ... Man drängt sich, flüsternd und wortlos, in diesen Räumen zu Hunderten. Man benimmt sich, als verrichte man eine ernste, ergreifende Andacht.«

Kurz darauf steht Otto Wacker vor Gericht – nicht wenige Gemälde waren gefälscht. Das wurde (und wird) dadurch begünstigt, dass Vincent viele seiner Bilder in mehreren Fassungen malte. Wie überhaupt in der Masse seiner Arbeiten auch Kenner nicht von sich mit letzter Sicherheit behaupten konnten (und können!), wirklich alles genau zu kennen. Selbst Julius Meier-Graefe fiel mit nonchalanter Geste auf einige der Fälschungen in Otto Wackers Galerie herein.

Der erste große Kunstfälscherprozess offenbarte dann das Problem, dass, wenn etwas zu leben beginnt, es sich kaum mehr auf einen abgeschlossenen Fundus beschränken lässt. Was lebt, wächst – und das nennt man dann im Sinne des Bürgerlichen Gesetzbuches eine Fälschung.

Dem Problem von Kunst als einer »zweiten Wirklichkeit« ist Wolfgang Hildesheimer in seinem hinreißenden Buch »Paradies falscher Vögel« denkbar nahe gekommen. Was jeweils für echt oder unecht gilt, unterliegt in einer Gesellschaft, die vom Schein regiert wird, ganz eigenen Gesetzen.

Otto Wacker, der die Fälschungen auf den Markt gebracht hatte (was mit Röntgenbildern nachgewiesen wurde), kam für ein Jahr ins Gefängnis – und fortan mutmaßte man bei jedem neu auftauchenden Bild des Malers, es könnte sich um eine Fälschung handeln. Auch echte van Goghs gerieten so in Verdacht. So ähnelt die Szenerie des Kunsthandels einer nervösen Börse am Freitagnachmittag, wo die Spekulation entweder ins Bodenlose kippt oder goldene Früchte trägt (ein Zockermilieu wie auf dem Rennplatz!).

Nur Zwischenresultate auf dem Markt, wo mit fiktiven Werten gehandelt wird, dürften darum jene Verkaufserlöse sein, die zwei Bilder Vincent van Goghs bei Versteigerungen erzielten: Das »Bildnis des Dr. Gachet« wurde 1990 für 82,5 Millionen Dollar nach

Japan verkauft und Vincents »Selbstporträt ohne Bart« ging 1998 für 71,5 Millionen Dollar ebenfalls an einen privaten Sammler. Museen haben bei diesen Preisen längst keine Chance mehr mitzubieten.

EPILOG
Vom Nutzen und Nachteil der Kritik für die Biografie

Alles Werk bleibt zugleich Weg.
Karl Jaspers in »Strindberg und van Gogh«

Alle Biografie muss eine Form der Kritik sein? Ja, auch Vincent van Goghs »Pilgerreise zur Sonne« ist eine Form kritischer Biografie, insofern sie eine Infragestellung gelebten Lebens ist.

Nein, keine polizeiliche Ermittlung. Hier wird deutlich, dass man unter Kritik sehr Verschiedenes, ja durchaus Gegensätzliches verstehen kann. Kritik, wie sie in diesem Buch verstanden wird, folgt Rilkes Eintrag im »Florenzer Tagebuch«: »Solange die Kritik nicht Kunst neben anderen Künsten ist, bleibt sie kleinlich, einseitig, ungerecht und unwürdig.«

Dazu im Folgenden einige Bemerkungen.

Ohne Selbstinfragestellung des Biografen wird seine Tätigkeit zu der eines Denunzianten. Wer fremden Leben nachspürt, soll sich selbst der Kritik des Lesers aussetzen. Er muss erkennbar werden, eine eigene ästhetische Ausdrucksform wollen.

Der Biograf sucht Nähe, aber Kritik bedeutet auch: auf Abstand halten. Erst im rechten Abstand sieht man deutlich, zeigen sich die Konturen des Ganzen. Die Arbeit an der Biografie ist das Suchen nach diesem rechten Abstand. Ist er zu gering oder zu groß, misslingt das Porträt.

Doch was bedeutet das Wort Kritik für den Biografen, der nicht nur dem Gang des Lebens, sondern auch der Werkentstehung folgt? Wobei unterstellt wird, dass diese Werke konzentriertester Lebensausdruck – und zugleich Antithese des eigenen Lebens sind.

Ursprünglich, vor dem 17. Jahrhundert, wird das Wort rein klinisch gebraucht. Da meint »kritisch« das Nahen einer Entscheidung. Die Krankheit ist auf ihrem Höhepunkt, die »Krisis« wird zeigen, wohin sich das Blatt wendet: Leben oder Tod. Um nichts weniger geht es in der Kritik.

Der Kritiker ist in diesem Wortsinne ein Täter, einer, der eine Entscheidung herbeiführt. Welch merkwürdiger Drang treibt Kritiker, über anderer Leute Leben und Werk zu urteilen, was in diesem Sinne nicht weniger bedeutet als über Wert und Unwert zu entscheiden? Nicht zuletzt die Fülle »kritischer« Versuche, eine Biografie über Vincent van Gogh zu schreiben, lässt vermuten, dass zuallererst das Selbstverständnis des Biografen den Ausschlag gibt, welches Bild eines anderen Lebens er sich zu erschreiben entschließt.

Aber was bringt jemanden überhaupt zur Kritik? Vielleicht dasselbe, das einen anderen zur Kunst bringt? Baudelaire sagt ganz klar: das Temperament.

Obzwar Kritiker sei man doch »nicht weniger Mensch, und die Leidenschaft verbindet verwandte Temperamente und erhebt die Vernunft zu neuen Höhen.« Gerade aber um das Temperament der heutigen Kritiker muss man sich Sorgen machen. Für Baudelaire kann Kritik nur dann gerecht sein, wenn sie »parteiisch, leidenschaftlich, politisch« ist, das heißt, »sie muss unter einem ausschließendem Gesichtspunkt erfolgen, unter einem Gesichtspunkt jedoch, der möglichst viele Horizonte eröffnet.«

Heute dagegen hat man nicht selten den Eindruck, dass die Kritik mit dem Gegenstand ihrer Kritik nicht verwechselt werden will. Solch Unberührbarkeitsrituale der Kritik provozieren durch Gleichgültigkeit. Die so Kritisierten zeigen Nerven: ein hysterischer Kreislauf gegenseitiger Herabsetzung beginnt.

Die Maßstäbe der Kritik gründen im Einzelnen und gehen doch über ihn hinaus. Nur so wird Besonderes möglich, das zugleich einzeln und allgemein ist. Der wahre Kritiker also ist zuerst immer eines: ein Liebender. Mal höchst begeistert, mal tief enttäuscht – dazwischen bleibt wenig. Jetzt sind wir an der Grenze des »nützlichen Tadels«, an den Rochefoucauld glaubte. Denn es gibt einen Typus Kritiker, der sich als objektiven Maßstab von Kunst missversteht. Es ist der ewig übellaunige Kritiker, dem man schon von weitem die gefühlte Zumutung ansieht, sich hier und jetzt schon wieder langweilen lassen zu müssen.

Dieser Typus des schlecht gelaunten Richters über die Kunst wird, so scheint mir, immer häufiger. Er verkörpert die völlig distanzierte und ihrem Gestus nach unbeteiligt-objektive Kritik. Diese Kritik kommt aus einer emotionalen Wüste und – die Wüste wächst. Die objektive Kritik hält sich für unbestechlich und ist doch zumeist bloß unberührbar. Sie legt die immer gleichen feststehenden Kriterien an sehr Verschiedenes – so herrscht Ordnung und jeder darf sich nach denselben Maßstäben verkannt fühlen. Das dünkt sich demokratisch, vermutlich sogar gerecht.

Jeder Kritiker ist ungerecht, weil subjektiv urteilend. Nur gestehen es sich die einen ein und die anderen weisen es als Unterstellung zurück. Dabei reflektiert allein die forciert subjektive Kritik die Frage der Angemessenheit der Maßstäbe mit. Eine Kritik muss nicht unbedingt Kunst sein wollen, aber wo sie es dennoch versucht, ist es ihr von Vorteil. Denn sie bekommt, mit der eigenen Form ringend, ein Gefühl für die Möglichkeit des Scheiterns.

Auch Kritik ist ein Ausdrucksversuch, der fehlgehen, also scheitern kann. Wer sich dessen bewusst bleibt, dem ist das Scheitern anderer mehr als eine fremde Fehlleistung, die den Kritiker nichts angeht. Doch, sie geht ihn etwas an, er ist schreibend sogar an dem Scheitern beteiligt. Er muss wissen, indem der sich sein Bild einer Theatervorstellung, eines Films, eines Buches, eines Konzerts oder eines Gemäldes erschreibt, ist er beteiligt an deren Erfolg oder Misserfolg. Muss ihn das belasten? Nein, während er schreibt, ist er selbst egomaner Schöpfer, der keine Rücksichten kennt – aber hinterher beginnt er regelmäßig an seinen Urteilen zu zweifeln. Er ist ja kein

Gott, und heute ist er für bestimmte Dinge empfänglicher als gestern, heute würde er einiges ganz anders sehen.

Das ist nicht Reue, sondern Unruhe, dass man Urteile, die schließlich in einer leicht irritierbaren Atmosphäre entstehen, über den Tag hinaus konserviert sieht. Und dabei unweigerlich sein eigener Kritiker wird. Die Erfahrung hat jeder schon einmal gemacht: man ist sehr lange blind für ein Bild, aber irgendwann stößt man wieder darauf und alles ist anders: es ist großartig. Was heißt: man hatte etwas gesehen und es doch nicht erkannt.

Gut, wenn man eine zweite Chance bekommt. Die schwierigste Form der Kritik ist das Erkennen eines Lebens in seinem wesentlichen Ausdruck. Wenn Kritik hier nicht auf die Höhe einer Verstehenskunst gelangt, beraubt sie sich des originären Zugangs zu dem, was lebendig, also in ständiger Verwandlung begriffen ist.

Ohne die selbstgemachte Erfahrung schöpferischer Unwägbarkeiten wird aus dem Kritiker schnell ein kaltschnäuziges Scheusal, das bei allem äußeren Wissen doch nichts Wesentliches mitzuteilen hat. Denn worum geht es bei aller Kritik, wenn nicht darum, herauszufinden, ob etwas – auf ganz verschiedene Weise – anfängt zu leben? Es geht doch immer darum, was sich mit Menschen abspielt, in Menschen vorgeht. Wenn man das »Tschechow'sche Talent zum Menschen« so gar nicht hat, taugt man genauso wenig zum Künstler wie zum Kritiker.

Kritik kann grausam sein. Zweifellos. Aber wer sagt eigentlich, dass Liebe nur blind macht? Blickt sie nicht zugleich auch viel klarer? Begeisterung überträgt sich, wenn ein Kritiker das Ausdrucksvermögen besitzt, die Atmosphäre des Außergewöhnlichen in eine Form zu bringen – von etwas, aus dem man anders herauskommt als man hineinging. Solche Erfahrungen sind selten, aber sie bewirken etwas. Es gibt Augenblicke, die man nicht verpassen, nicht verkennen darf. Danach sieht man anders. Das meine ich, ist überhaupt die wichtigste Aufgabe von Kritik: Etwas zu entdecken, das andere vielleicht übersehen. Aber wie furchtbar kann der Enttäuschungsschmerz des auf Emphase gestimmten Kritikers sein! Nein, ein Kritiker, der liebt, was er kritisiert, ist keinesfalls »milder«. Er kann, wo er sich verraten und verlassen sieht, in seinem Schmerz maßlos sein.

Der Kritiker muss lieben wollen, worüber er urteilt. Dann wird auch die eigene Enttäuschung über ein Misslingen eher von denen akzepiert werden, die es angeht – sogar dann, wenn sich seine Kritik in großer Härte ausdrückt. Was aber Aggressionen, Verachtung und letztlich totale Kritikfeindschaft provoziert, ist jene arrogante Gleichgültigkeit von Kritikern, die sich für abgeklärt halten. Die »abgeklärte Kritik« ist bestenfalls eine unangemessene Schulmeisterei, schlimmstenfalls selbstläufige Ignoranz. Wer urteilt, braucht eine Distanz, gewiss, aber ein guter Kritiker schafft sich diese Distanz noch in der größten Nähe. Wie man auch an einem Menschen, den man liebt, Wesentliches erkennen kann, ohne darum aufhören zu müssen, ihn zu lieben.

Soll also Kritik wieder Demut lernen? Nicht in jedem Falle, aber die völlige Unfähigkeit zu einer solchen ist eben noch lange kein Ausweis für einen Kritiker.

Blind und taub ist jede innere Unbeteiligtheit, die bloß den eigenen Dünkel kultiviert. Solcherart Kritik reicht an das immer wieder neu zu entdeckende Geheimnis des Schöpferischen, in welcher Gestalt auch immer, niemals heran.

Literaturverzeichnis

Briefausgaben:
Briefe an seinen Bruder, Hg. Johanna Gesina van Gogh-Bonger (aus dem Holländischen von Leo Klein-Diepold, aus dem Französischen von Carl Einstein) Bd. 1-3, Frankfurt a.M. 1998
Sämtliche Briefe, Hg. Fritz Erpel (Übertragungen von Eva Schumann), Bd. 1-6, Berlin 1965 (Bd. 1-4), Berlin 1968 (Bd. 5-6)

Person und Werk Vincent van Goghs:
Arnold, Matthias: Vincent van Gogh, München 1993
Arnold Matthias: Van Gogh und seine Vorbilder, München / New York 1997
Artaud, Antonin: Van Gogh, der Selbstmörder durch die Gesellschaft (aus dem Französischen von Franz Loechter), Nachwort Elena Kapralik, München 1993
Cabanne, Pierre: Van Gogh (aus dem Französischen von H. Strauss), Gütersloh 1980
Döppe-Ehser, Ruth: Vincent van Gogh, Leipzig 1955
Field, D.M.: Van Gogh (aus dem Englischen von Peter Albrecht), Fränkisch-Crumbach 2005
Forrester, Viviane: Van Gogh oder Das Begräbnis im Weizen (aus dem Französischen von Gerhard Stange), Hamburg 2002
Frank, Herbert: Vincent van Gogh, Reinbek bei Hamburg 1976
Grames, Eberhard / Küster, Bernd: Van Goghs Provence, Hamburg 1999
Hammacher, A.M. und Renilde: Van Gogh, Die Biographie in Fotos, Bildern und Briefen, (aus dem Englischen von Peter und Renate Renner), Stuttgart 1982
Hess, Walter: Dokumente zum Verständnis der modernen Malerei, Reinbek bei Hamburg 2001
Jaspers, Karl: Strindberg und van Gogh, München 1953
Keller, Horst: Vincent van Gogh, Die Jahre der Vollendung, Köln 1978

Koldehoff, Stefan: Meier-Graefes van Gogh, Wie Fiktionen zu Fakten werden (Bd. 12 der Reihe »Schriften zur Kunstkritik«, Hg. Walter Vitt), Nördlingen 2002
Koldehoff, Stefan: Vincent van Gogh, Reinbek bei Hamburg 2003
Koldehoff Stefan: Van Gogh, Mythos und Wirklichkeit, Köln 2003
Meier-Graefe, Julius, Vincent, Bd. 1/2, München 1922
Meier-Graefe, Julius: Vincent van Gogh – Roman eines Gottsuchers, Berlin / Wien / Leipzig 1932
Meier-Graefe, Julius: Entwicklungsgeschichte der modernen Kunst, Bd. 1-3, Stuttgart 1904
Meyer, Schapiro: Vincent van Gogh (aus dem Englischen von Bodo Cichy), Köln 1978
Nagara, Humberto: Vincent van Gogh. Psychoanalytische Deutung seines Lebens anhand seiner Briefe, München 1973
Nemeczek, Alfred: Van Gogh – Das Drama von Arles, München / London / New York 2001
Nigg, Walter: Vincent van Gogh. Der Blick in die Sonne, Zürich 2003
Ozanne, Marie-Angélique / Jode de, Frédérique: Der unbekannte Bruder Theo van Gogh (aus dem Französischen von Brigitta Neumeister-Taroni), Leipzig 2005
Rewald, John: Die Geschichte des Impressionismus, Köln 2001
Rewald, John: Von van Gogh bis Gauguin, Die Geschichte des Nachimpressionismus, Köln 1967
Sternheim, Carl: Gauguin und van Gogh, Berlin 1924
Stone, Irving: Vincent van Gogh, Berlin 1952
Uitert, Evert van: Vincent van Gogh, Leben und Werk, Köln 1976
Walter, Ingo F. / Metzger, Rainer: Van Gogh, Sämtliche Gemälde, Köln 2006
Walter, Ingo F.: Vincent van Gogh, Vision und Wirklichkeit, Köln 2004
Weisbach, Werner: Vincent van Gogh, Bd. 1/2, Basel 1949

Allgemeine Literatur:
Däubler, Theodor: Der neue Standpunkt. Zur Kunst des Expressionismus, Leipzig / Weimar 1980

Daudet, Alphonse: Tartarin von Tarascon, (aus dem Französischen von Paul Stefan), Leipzig 1962
Fechter, Paul: Der Expressionismus, München 1920
Gauguin, Paul: Vorher und Nachher (aus dem Französischen von Erik-Ernst Schwabach), Köln 1998
Gehlen, Arnold: Zeit-Bilder, Frankfurt a.M. 1986
Heidegger. Martin: Der Ursprung des Kunstwerkes, Leipzig 2005
Kandinsky, Wassily: Über das Geistige in der Kunst, Bern 1952
Meier-Graefe. Julius: Dostojewski, Frankfurt a.M. 1988
Meier-Graefe, Julius: Kunst ist nicht für Kunstgeschichte da, Göttingen 2001
Meier-Graefe, Julius: Kunst-Schreibereien (Hg. und mit einem Nachwort von Henry Schumann), Leipzig / Weimar 1987
Meier-Graefe, Julius: Cézanne und sein Kreis, München 1922
Nigg, Walter: Rembrandt, Maler des Ewigen, Zürich 2006
Simmel, Georg: Rembrandt, Ein kunstphilosophischer Versuch, Leipzig 1916
Vollard, Ambroise: Erinnerungen eines Kunsthändlers, Zürich 1957
Woolf, Virginia: Die schmale Brücke der Kunst, Leipzig 1986
Zola, Emile: Das Werk (aus dem Französischen von Hans Balzer), Berlin 1983

Ausstellungskataloge:
Dorn, Roland; Schröder, Klaus Albrecht und Sillevis, John: Van Gogh und die Haager Schule, Wien 1996
Prinz von Hohenzollern, J.G. und Schuster, Peter Klaus (Hg.): Manet bis van Gogh. Hugo von Tschudi und der Kampf um die Moderne, Berlin / München 1997
Druick, Douglas W. und Zegers, Peter Kort: Vincent van Gogh und Gauguin, Chicago / Amsterdam 2002
Stolwijk, Chris; van Heugten, Sjaar; Jansen, Leo und Blühm, Andreas (Hg.): Mit den Augen von Vincent van Gogh, Amsterdam 2003
Lloyd, Jill: Vincent van Gogh und der Expressionismus, Amsterdam 2006

Erste Auflage, Berlin 2009

Copyright © 2009
MSB Matthes & Seitz Berlin Verlagsgesellschaft mbH
Göhrener Str. 7 – 10437 Berlin
info@matthes-seitz-berlin.de

Alle Rechte vorbehalten.

Druck und Bindung: GGP Media GmbH, Pößneck
Umschlaggestaltung: Falk Nordmann, Berlin
Satz: Rainer Tschernay, Berlin

ISBN 978-3-88221-747-6

www.matthes-seitz-berlin.de

Philosophie und Kultur bei Matthes & Seitz Berlin

Georges Bataille
Henker und Opfer
Mit einem Vorwort von André Masson
96 Seiten, Klappenbroschur

Die hier versammelten Essays kreisen u.a. um die Frage nach der Möglichkeit von Literatur über den Holocaust und um die Nützlichkeit von Literatur überhaupt.

»Wir können nicht menschlich sein, ohne in uns die Fähigkeit zum Schmerz, auch die zur Gemeinheit wahrgenommen zu haben. Aber wir sind nicht nur die möglichen Opfer der Henker: Die Henker sind unseresgleichen. Wir müssen uns auch noch fragen: Gibt es nichts in unserem Wesen, das so viel Entsetzliches unmöglich macht? Und wir müssen uns wohl die Antwort geben: tatsächlich, es gibt nichts. Tausend Hindernisse stellen sich in uns dem entgegen ... Trotzdem ist dies nicht unmöglich. Wir sind also nicht bloß zum Schmerz, sondern auch zur Raserei des Folterns fähig.« *Georges Bataille*

Antonin Artaud
Van Gogh, der Selbstmörder durch die Gesellschaft
Aus dem Französischen von Franz Loechler
120 Seiten, Klappenbroschur

»Eines Tages wird van Goghs Malerei, bewaffnet mit Fieber und Gesundheit, zurückkehren, um den Staub einer Welt im Käfig in die Luft zu schleudern, die sein Herz nicht mehr ertragen konnte.« *Antonin Artaud*

Antonin Artaud nähert sich dem Künstler und dem Menschen Vincent van Gogh in dieser legendären Schrift mit dem Mittel der Einfühlung, entdeckt in ihm sein Alter ego und gibt ihm die Würde zurück, die ihm eine verständnislose Gesellschaft raubte. »Denn ein Geisteskranker ist ein Mensch, den die Gesellschaft nicht hören wollte und den sie daran hindern wollte, unerträgliche Wahrheiten zu äußern.«

Philosophie und Kultur bei Matthes & Seitz Berlin

Bernd Mattheus
Cioran. Portrait eines radikalen Skeptikers
367 Seiten, geb. mit Schutzumschlag

Cioran, der »Dandy der Leere, neben dem selbst Stoiker wie unheilbare Lebemänner wirken« (Bernard-Henri Lévy), war einer der einflussreichsten kulturkritischen Denker des 20. Jahrhunderts. Sein widersprüchliches Leben ist noch nie so detailreich rekonstruiert worden wie in der vorliegenden Biografie von Bernd Mattheus. In bisweilen schmerzlicher Nähe zu den Äußerungen des Selbstmord-Theoretikers beleuchtet er auch die bislang wenig bekannte Zeit vor dessen Emigration nach Frankreich.

Bernd Mattheus
Antonin Artaud
Leben und Werk des Schauspielers, Dichters und Regisseurs
558 Seiten, geb. mit Schutzumschlag

Diese erste deutsche Biografie Artauds ist eine Dokumentation, die Jahr um Jahr die Ereignisse eines Lebens mit Genauigkeit archiviert. Die strenge Chronik der Fakten wird von einer Auswahl von Originalzitaten begleitet und durch einen reichhaltigen Anhang ergänzt.

»Artaud ist der Ernstfall. Er hat die Literatur der Polizei entrissen, das Theater der Medizin. Unter der Sonne der Folter, die alle Kontinente dieses Planeten gleichzeitig bescheint, blühen seine Texte. Auf den Trümmern Europas gelesen, werden sie klassisch sein.« *Heiner Müller*

»Ich anerkenne, was mir passt und nicht, was auf der Linie liegt.«
Antonin Artaud

Philosophie und Kultur bei Matthes & Seitz Berlin

Wolfgang von Wangenheim
Der verworfene Stein. Winckelmanns Leben
332 Seiten, geb. mit Schutzumschlag, 24 Abb.

Wolfgang von Wangenheim geht in diesem Buch dem faszinierenden Leben Winckelmanns nach. Er erhellt darin auch die zwar bekannte, aber wenig erforschte Homoerotik Winckelmanns und stellt Verbindungen zwischen ihr und der Entwicklung seiner Theorien her.
Johann Joachim Winckelmann (1718-1768) gilt als Begründer der klassischen Archäologie und der neueren Kunstwissenschaft. Seine Schriften waren bahnbrechend für den Geschmackswandel vom Barock zum Klassizismus und ließen ihn zum führenden Kunstwissenschaftler nicht nur seiner Zeit werden.

László F. Földényi
Newtons Traum. Blakes Newton
Aus dem Ungarischen von Akos Doma
272 Seiten, geb. mit Schutzumschlag, 52 Abb.

»Blake hat das neuzeitliche Wissensideal abgelehnt und zeitlebens an der biblischen Tradition festgehalten, wonach das Wissen ein Begleitumstand der Erbsünde des Menschen sei: Verstand und Denken sind für den Menschen nicht natürlich, er erlangt sie durch Leid und Not, d.h. durch Erfahrung. Blake hat die Unschuld und die Erfahrung des Menschen in den umfassendsten metaphysischen Zusammenhang gestellt und damit die Messlatte so hoch wie möglich angesetzt.
Für ihn bestand die größte Herausforderung darin, das Ideal der uneingeschränkten Freiheit aufrechtzuerhalten, daran festzuhalten, wenn nötig auch gegen die ganze Existenz. Er wollte dem Freiheitsbegriff der Mystik in einem Zeitalter Geltung verschaffen, das sich zur Säkularisation verpflichtet hatte.«
László F. Földényi